Helmut Martens, Jutta Steinke

Gewerkschaftliche Arbeit »vor Ort«
Lokale Arbeitspolitik
als Zukunftschance

HBS Forschung Band 17
Herausgegeben
von der Hans-Böckler-Stiftung

Helmut Martens
Jutta Steinke

Gewerkschaftliche Arbeit »vor Ort«

Lokale Arbeitspolitik als Zukunftschance

HBS

Bund-Verlag

Die Deutsche Bibliothek – CIP-Einheitsaufnahme

Martens, Helmut:
Gewerkschaftliche Arbeit »vor Ort« : lokale Arbeitspolitik
als Zukunftschance / Helmut Martens ; Jutta Steinke.
HBS. – Köln : Bund-Verlag 1993
(HBS-Forschung ; Bd. 17)
ISBN 3-7663-2492-6
NE: Steinke, Jutta:; Hans-Böckler-Stiftung: HBS-Forschung

© 1993 by Bund-Verlag GmbH, Köln
Lektorat: Christiane Schroeder-Angermund
Redaktion: Peter Manstein
Herstellung: Norbert Neunaß
Umschlag und Typographie: Christa Berger
Satz: Typobauer Filmsatz GmbH, Ostfildern
Druck: Wagner, Nördlingen
Printed in Germany 1993
ISBN 3-7663-2492-6

Alle Rechte vorbehalten,
insbesondere die des öffentlichen Vortrags,
der Rundfunksendung
und der Fernsehausstrahlung,
der fotomechanischen Wiedergabe,
auch einzelner Teile.

Inhaltsverzeichnis

9		Abkürzungsverzeichnis
13		Vorbemerkung
15	I.	**Entstehung, Zielsetzung und Aufbau der Untersuchung** (H. Martens)
22	II.	**Gewerkschaften und lokale Arbeitspolitik – Thesen zu den konzeptionellen und praktischen Bezügen der Untersuchung** (H. Martens)
36	III.	**Lokale Arbeitspolitik – Das Beispiel des DGB-Kreises Dortmund** (J. Steinke)
36	1.	Einleitung
38	2.	Das traditionelle, sozialdemokratische Arbeitermilieu als Basis gewerkschaftlichen wie politischen Handelns – Strukturmerkmale des DGB-Kreises Dortmund
46	3.	Traditionelles Arbeitermilieu, Gewerkschaften und sozialwissenschaftliche Infrastruktur: frühe gewerkschaftliche Neuansätze, ihre Bedingungen und ihre Grenzen
63	4.	Neue Impulse und Herausforderungen – Strukturpolitik und endogene Regionalentwicklung als Elemente lokaler Arbeitspolitik
65	4.1	Ohne Netz(werke) und klare Leitorientierung – Lokale Arbeitspolitik als »Ein-Mann-Show«?

74	4.2	Zwischen klassenkämpferischem Pathos und partnerschaftlicher Kooperation – Orientierungsversuche lokaler gewerkschaftlicher Politik
79	5.	Zur Praxis des örtlichen DGB auf zentralen Feldern der regionalen Strukturpolitik
80	5.1	Das Technologiezentrum Dortmund als arbeitspolitische Herausforderung für den DGB Dortmund und seine Mitgliedsgewerkschaften
87	5.2	»Regionalisierung der Regionalpolitik« als Herausforderung lokaler gewerkschaftlicher Arbeitspolitik
104	**IV.**	**Das traditionsgebundene lokale Organisationsprinzip der IG Bergbau und Energie** (H. Martens)
104	1.	Einleitung
106	2.	Das Büro Dortmund im Bezirk Ruhr-Ost der IGBE
114	3.	Funktion und Bedeutung der Ortsgruppenarbeit für die IGBE
131	4.	Ausgewählte systematische Aspekte der Ortsgruppenarbeit
131	4.1	Die Ortsgruppenarbeit im Kontext gemeinschaftlicher Strukturen
135	4.2	Zur Bedeutung der Knappschaft und des Knappschaftsältesten im Rahmen des Ortsgruppenprinzips
139	4.3	Zur Integration der Ausländer in die Ortsgruppenarbeit der IGBE
142	4.4	Die Ortsgruppe als Bezugspunkt des Handelns der haupt- und ehrenamtlichen Funktionäre
151	4.5	Die Ortsgruppen an der Schnittstelle zum politischen Funktionssystem
156	5.	Traditionsgebunden und modernisierungsfähig – Stabiler institutioneller Wandel als dauerhafte Aufgabe

164	**V.**	**Das gebrochene lokale Organisationsprinzip der IG Metall Dortmund (J. Steinke)**
164	1.	Die IG Metall Dortmund – Traditionalistische Gewerkschaft unter Modernisierungsdruck
164	1.1	Stellung und Selbstverständnis im örtlichen DGB
168	1.2	Mitbestimmung als Bestandteil politischer Kultur
170	1.3	Die IG Metall als »Spitze der Bewegung«
175	1.4	Betriebliche Interessenvertretungsstrukturen als Basis – Stadtteilgruppen als »zweites Standbein«
179	1.5	Zum gewerkschaftlichen Organisationsverständnis
185	2.	Das Ortsprinzip und seine Bedeutung für die IG Metall
202	3.	Die Stadtteilgruppen der IG Metall Dortmund
217	4.	Zur Integration »gewerkschaftlicher Randgruppen«
231	5.	Die Stadtteilgruppe in ihrem soziokulturellen Umfeld
234	6.	Die IGM Dortmund im sozialdemokratisch geprägten Arbeitermilieu
240	7.	Zusammenfassung
246	**VI.**	**Neuansätze in einer teilweise ländlichen und einer nicht montangeprägten, großstädtischen Region (J. Steinke)**
247	1.	Die Vergleichsregion Hamburg
247	1.1	Zu einigen strukturellen Merkmalen
248	1.2	Der DGB und seine Mitgliedsgewerkschaften
252	1.3	Die Angestellten-Kampagne »City-Nord«
263	1.4	Erste Schlußfolgerungen
264	2.	Die Vergleichsregion Recklinghausen
264	2.1	Zu einigen strukturellen Merkmalen
265	2.2	Der DGB und seine Ortskartelle

270	2.3	DGB-Kreis, Ortskartelle und Mitgliedschaft – Thematische Schwerpunkte und organisatorische Bezüge
281	2.4	Erste Schlußfolgerungen

286	**VII.**	**Schlußfolgernde Überlegungen (H. Martens)**
287	1.	Vor der Herausforderung ihrer institutionellen Reform: die Gewerkschaften als traditionelle Institutionen der Arbeit in der Krise
292	2.	Im Lichte der Befunde: lokale Arbeitspolitik als Reformansatz
304	3.	Institutionelle Erstarrung, organisatorische Modernisierung oder institutionelle Reform: drei Zukunftsszenarien

314	**VIII.**	**Und die Gewerkschaftsforschung? – Theoretische und methodologische Aspekte praxisorientierter Gewerkschaftsforschung (H. Martens)**
314	1.	Die Gewerkschaften in der Krise
318	2.	Gewerkschaftspolitik und Gewerkschaftssoziologie – Zum möglichen Stellenwert theoretischer Praxis
326	3.	Die Gewerkschaften vor der Herausforderung zu einer institutionellen Reform – Ein Interpretationsvorschlag

Anhang

337 Einige Bemerkungen zum methodischen Vorgehen

347 **Literatur**

Abkürzungsverzeichnis

ABM	Arbeitsbeschaffungsmaßnahme
ACE	Automobilclub Europa
AfA	Arbeitsgemeinschaft für Arbeitnehmerfragen (der SPD)
AFG	Arbeitsförderungsgesetz
ASF	Arbeitsgemeinschaft Sozialdemokratischer Frauen
AT	Außertarifliche (Angestellte)
BfG	Bank für Gemeinwirtschaft
BKV	Beratender Kreisvorstand
BSE	(Industriegewerkschaft) Bau/Steine/Erden
DGB	Deutscher Gewerkschaftsbund
DPG	Deutsche Postgewerkschaft
EfaS	Entwicklungsagentur für arbeitsorientierte Strukturpolitik
EWZ	Entwicklungszentrum
FfAB	Forschungsinstitut für Arbeiterbildung Recklinghausen
G 1 (2...)	Grundlehrgänge der Gewerkschaften
GABS	Gesellschaft für Arbeit, Beruf und Stadtentwicklung
GEWOS	Institut für Stadt-, Regional- und Wohnforschung

GfW	Gesellschaft für Wiederaufbau
GLEB	Greater London Enterprise Board
HBS	Hans-Böckler-Stiftung
HBV	Gewerkschaft Handel/Banken/Versicherung
HdA	Humanisierung der Arbeit
IGBE	Industriegewerkschaft Bergbau und Energie
IGCPK	Industriegewerkschaft Chemie/Papier/Keramik
IGM	Industriegewerkschaft Metall
IHK	Industrie- und Handelskammer
IKS	Innovations- und Koordinierungsstelle für die Metallindustrie an der Ruhr
ISDN	Integrated Services Digital Network
K	(kaufmännische) Gehaltsgruppe
KAB	Katholische Arbeitnehmer-Bewegung
OG	Ortsgruppe
MdB	Mitglied des Bundestages
MdL	Mitglied des Landtages
NGG	Gewerkschaft Nahrung /Genuss/Gaststätten
ÖPNV	Öffentlicher Personen-Nahverkehr
ÖTV	Gewerkschaft Öffentliche Dienste, Transport und Verkehr
RAG	Ruhrkohle Aktiengesellschaft
SFS	Sozialforschungsstelle Dortmund
SU	Sowjetunion
TBS	Technologie-Beratungsstelle
TöB	Träger öffentlicher Belange
TZ	Technologie-Zentrum

ULA	Union Leitender Angestellter
VdF	Verband der Führungskräfte
VEW	Vereinigte Elektrizitätswerke
VRR	Verkehrsverbund Rhein-Ruhr
WESTLB	Westdeutsche Landes-Bank
WLT	Westfälisches Landestheater
ZIM	Zukunftsinitiative Montanregion
ZIN	Zukunftsinitiative Nordrhein-Westfalen
ZWAR	›Zwischen Arbeit und Ruhestand‹ (Gruppe)

Vorbemerkung

Das Forschungsprojekt »Gewerkschaften und lokale Arbeitspolitik« wurde am Landesinstitut Sozialforschungsstelle Dortmund mit finanzieller Förderung der Hans-Böckler-Stiftung durchgeführt. Der Hans-Böckler-Stiftung und dem bei ihr eingerichteten Projektbeirat, der die Arbeiten begleitet und nach Kräften unterstützt hat, gilt deshalb unser besonderer Dank für die tatkräftige Hilfe bei einem Forschungsprojekt, das unter dem Titel der »lokalen Arbeitspolitik« auf einen u.E. sehr wichtigen Aspekt der aktuellen gewerkschaftlichen Struktur- und Programmreformdiskussion zielt.

Der Bericht soll einen Beitrag zu dieser Diskussion leisten, und er ist deshalb von seiner Gesamtanlage her vor allem für Gewerkschaftspraktiker geschrieben. Bezüge und Schlußfolgerungen in bezug auf den ›wissenschaftlichen Diskurs‹ stehen deshalb auch nicht – wie sonst oft üblich – am Anfang, sondern sie werden am Schluß für die speziell daran Interessierten nachgereicht.

Unser ganz besonderer Dank richtet sich an die haupt- und ehrenamtlichen FunktionärInnen von DGB, IGBE und IG Metall (und fallweise auch weiterer Mitgliedergewerkschaften im DGB). Sie standen uns für ausführliche Gespräche zur Verfügung und ermöglichten es uns darüber hinaus, ihre gewerkschaftliche Arbeit ›vor Ort‹ im Wege direkter teilnehmender Beobachtung kennenzulernen. Schließlich fanden sie auch noch die Zeit, die verschiedenen Texte unserer umfänglichen Ergebnisproduktion bis hin zu diesem abschließenden Forschungsbericht zu lesen und mit uns zu diskutieren. Unsere Erhebungen stammen, falls nicht anders angegeben, aus dem Zeitraum zwischen Herbst 1990 und Sommer 1992.

An den Projektarbeiten waren neben Autorin und Autor vor allem noch Winfried Mengelkamp in der Konzipierungsphase des Projekts und Gerd Peter bei manchen hilfreichen Diskussionen im Projektverlauf beteiligt. Für unterstützende Diskussionen, vor allem für weiteres Interviewmaterial über lokale Arbeitspolitik in Dortmund danken wir außerdem Eckhard Domnik, der im Rahmen eines Forschungspraktikums der Hans-Böckler-Stiftung an den Projektarbeiten beteiligt war.

Mit vielfältigen Dokumentations- und Archivarbeiten hat Marianne Sondermann uns im Laufe der Projektarbeiten geholfen. Die Arbeiten im Projektsekretariat und die umfangreichen Schreibarbeiten wurden von Gerald Bettermann und Dora Braun mit viel Geduld beim Umgang mit unseren Manuskripten erledigt. Auch ihnen gilt unser Dank.

Dortmund, im Januar 1993

I. Entstehung, Zielsetzung und Aufbau der Untersuchung

Im folgenden präsentieren wir Ergebnisse einer Untersuchung, die an eine mit der Neugründung der Sozialforschungsstelle Dortmund 1972 begründete Tradition empirischer Gewerkschaftsforschung anknüpft. Gewerkschaftssoziologische Fragestellungen haben seinerzeit, auch in der Außenwahrnehmung, einen erheblichen Stellenwert gehabt. Verfolgt wurden sie damals im Kontext eines konfliktsoziologischen Ansatzes, der den »sozialen Konflikt als Hauptaspekt industriesoziologischer Forschung« begriff (Pöhler 1969). Konzeptionell leitend war der Versuch einer Verknüpfung von Phänomenologie (Husserl bzw. im Bereich der Industriesoziologie die Anknüpfung an Bahrdt u.a.) und strukturell-funktionaler Theorie (Parsons), wie ihn Pöhler (1969) vorgeschlagen hatte. Aber natürlich waren – der allgemeinen soziologischen Diskussion, gerade auch in der Industriesoziologie entsprechend – Bezüge zur Marxschen Theorie wichtig (Brandt 1983).

Empirisch stand die Untersuchung »Offener und verdeckter Konflikte« im Vordergrund, so die Septemberstreiks 1969 (Surkemper 1978), der Chemie-Streik 1971 (Dzielak u.a. 1978a), das Interessenvertretungshandeln von Betriebsräten und Vertrauensleuten (Dzielak u.a. 1978b) sowie später die Metall- und Stahlstreiks 1978 und 1978/79 (Dzielak u.a. 1979 u. 1981).

Faktisch setzten sich in diesen damaligen Projekten konzeptionelle Orientierungen unter Rückgriff auf neomarxistische, strukturtheoretische Ansätze durch. Phänomenologische Bezüge waren nur methodisch, nicht aber methodologisch weiterhin wichtig. Noch Mitte der 80er Jahre gab es Reformulierungsbemühungen dieser konzeptionellen Bezüge in marxistischer Tradition, inbesondere unter Rückgriff auf die Arbeit von O. Negt und A. Kluge (1981), wobei Kluge versuchte, die

Konfrontation mit phänomenologisch geleiteten Zugängen auf die gesellschaftliche Wirklichkeit gewissermaßen »hinterrücks« wiederzuerzwingen.

Diese Reformulierungsversuche waren verschränkt mit einer im Forschungsbereich »Arbeitspolitik, Mitbestimmung und Interessenvertretung« des Instituts 1984 begonnenen konzeptionellen Diskussion, die systematischer darauf abzielte,

1. phänomenologische Theorieansätze (Husserl, Schütz),
2. neuere Entwicklungen der Systemtheorie (Luhmann) und
3. institutionentheoretische Ansätze (Gehlen, Schelsky, Pöhler)

aufzunehmen, um diese zunächst schwer miteinander zu vereinbarenden theoretischen Ansätze für empirische Auftragsforschung nutzbar zu machen, wie sie am Institut zunehmend betrieben wurde[1]. Im Ergebnis dieser Diskussion, die in bezug auf die Gewerkschaftsforschung am Institut an anderer Stelle ausführlich dokumentiert und rückblickend reflektiert ist (Martens 1991), thematisieren wir heute Gewerkschaften unter dem Aspekt der *Krise traditioneller Institutionen der Arbeit*. Wir fassen also Gewerkschaften, dezidiert in Abgrenzung von den Bemühungen anderer, sich kritisch verstehender gewerkschaftsnaher Forscher, die Anstöße »jenseits der Beschlußlage« zu geben versuchen (Hoffmann u.a. 1989), ganz bewußt als Institutionen; und uns interessiert, wie sie über Prozesse eines »stabilen institutionellen Wandels« die gegenwärtigen gesellschaftlichen Modernisierungsprozesse einerseits selbst bewältigen und andererseits deren Bewältigung insgesamt aktiv mitbeeinflussen und -gestalten können[2].

Es geht also um Reformprozesse, die sicherlich nicht ohne Konflikte abgehen und die wir auch keineswegs mit einem

---

[1] Vgl. zum theoretisch-konzeptionellen Ertrag dieser Diskussionprozesse insbesondere Peter 1991 u. 1992.

[2] Wenn hier und im folgenden von systemisch induzierten Modernisierungsprozessen die Rede ist, die entsprechenden Veränderungsdruck auf die traditionellen Institutionen der Arbeit auslösen, so geschieht dies in dem Bewußtsein, daß mit dem Begriff der Moderne ein Anspruch auf Gesellschaftstheorie nicht aufgegeben werden sollte (Habermas 1985), daß aber Luhmann, nicht ohne feine Ironie, zu Recht feststellen kann, daß wir – nicht zuletzt in Folge der Überlegenheit der Marxschen Theorie gegenüber ihren liberalen und restaurationsphilosophischen Konkurrenzangeboten – heute, angesichts der »Selbstauflösung der Marxschen Theorie ... statt dieser Lösung jetzt also gar keine haben« (Luhmann 1988, 175).

verengten institutionentheoretischen Ansatz begreifen. Wir sehen unsere konzeptionellen Überlegungen insoweit durchaus in der Tradition des bei der Wiederbegründung der Sozialforschungsstelle formulierten konfliktsoziologischen Ansatzes. Uns interessieren und wir rechnen mit Konflikten, die z.B. auftreten, wenn traditionelle Institutionen der Arbeit veränderte funktionale Leistungsbezüge bewältigen und veränderte Formen ihrer Rückkopplung zu lebensweltlichen Bezügen entwickeln müssen – also konkret im Alltagshandeln, im Arbeits- und Lebenszusammenhang der Menschen vor dem Hintergrund von Wertewandel, »neuem Individualismus«, Erosion alter und Entwicklung neuer sozialer Milieus usw. Wir wollen wissen, ob und wie die Gewerkschaften aufgrund der Erstarrung ihrer institutionellen Strukturen in Widersprüche und Konflikte mit ihrer Mitgliedschaft oder anderen sozialen Gruppen, Organisationen, Institutionen geraten. Aber so wie in den 70er Jahren die starke Betonung des Konfliktaspekts aus dem zeitgeschichtlichen Kontext heraus nahegelegen haben mag und zu einer problematischen Vernachlässigung institutioneller Strukturen führte[3], so prägt heute die Akzentuierung der Widerständigkeit institutioneller Strukturen stärker die wissenschaftliche Diskussion – und dies wohl zu Recht. Wir tragen dem Rechnung. Dabei soll die von uns verwendete Formel vom »stabilen institutionellen Wandel«, die wir Helmut Schelsky entlehnen, deutlich machen, daß uns Institutionen im Prozeß des sozialen Wandels interessieren, der nach unserer Auffassung soziale Konflikte impliziert.

Daß wir empirisch die »lokale Arbeitspolitik« als ein zentral bedeutsames Feld, in dem über eine »arbeitspolitische Erweiterung von Interessenvertretung« nach unserem Verständnis Schritte institutioneller Reform der Gewerkschaften eingeleitet werden könnten, aufgegriffen haben, war primär konzeptionell begründet. Der Bezug zu aktuell neu aufgeworfenen Fragen der Struktur- und Programmreform des DGB war auch schon in der Phase der Konzipierung dieser Untersuchung offensichtlich; und nicht zufällig hatte die Hans-Böckler-Stiftung im gleichen Zeitraum die »soziokulturellen Handlungsfelder

---

3 K.-S. Rehberg (1990) spricht in diesem Zusammenhang zu Recht von »der Wiederkehr des Verdrängten«.

der Gewerkschaften« als ein thematisches Feld ihrer Forschungsförderung ins Auge gefaßt.

Grob vereinfacht lautet die konzeptionelle Begründung für unsere Untersuchung wie folgt: Gewerkschaften als arbeitsbezogene Institutionen müssen, wenn sie nicht zu bloßen Interessenverbänden werden wollen, das Kunststück fertigbringen, ihre intermediäre Funktion zwischen Ökonomie und Politik zu erhalten. D.h., sie müssen zum einen als Institutionen von Interessenvertretung (im engeren Sinne) fungieren, bezogen vor allem auf den ökonomischen und ökonomisch vermittelten Kontext; zum anderen müssen sie aber für sich einen Rückbezug zu den sozialen und personalen Interessen und Bedürfnissen des Alltags organisieren und sich in die hierüber begründeten politischen Prozesse einbringen, ohne dabei wiederum ihre Interessenvertretungsfunktion zu gefährden. Wenn sie dies tun wollen, müssen sie aber auch offen sein für neue moralische Ansprüche und Rigiditäten, die aus dem Alltagshandeln erwachsen und von neuen sozialen Bewegungen zum Ausdruck gebracht werden; denn die intermediäre Funktion der Gewerkschaften zwischen Ökonomie und Politik besteht ja gerade in einer spezifischen institutionellen Verarbeitung von moralisch begründeten Ansprüchen und Rigiditäten der Gesellschaft, die über sie auf das ökonomische System zurückwirken. Dies ist jedenfalls eine Seite der Vermittlungsprozesse. Die andere ist die einer auf Effizienzsicherung und -steigerung gerichteten Systemregulation. In diesem Sinne haben wir vorgeschlagen, vom Erfordernis einer arbeitspolitischen Erweiterung von Interessenvertretung zu sprechen. Diese Formulierung soll also der historisch begründeten, spezifischen Konzentration gewerkschaftlichen Handelns auf im Kern ökonomische Interessen ihrer Mitglieder Rechnung tragen. Zugleich soll sie aber im Blick auf die Eigenständigkeit des Politischen eine Option oder Erweiterung von Interessenvertretungshandeln offenhalten, die für Gewerkschaften handhabbar ist. Sie setzt u.a. ein verändertes institutionelles Leitbild voraus. Zu ihrer Konkretisierung und Realisierung bedarf es erweiterter Organisationsformen, z.B. auch nach lokalen Gesichtspunkten, um die Bereiche nicht lohnabhängiger Arbeit überhaupt dauerhaft in den Blick zu bekommen und so den Rückbezug zu den sozialen und personalen Interessen des Alltags herstellen zu können.

Wir haben diese Überlegungen[4] in ein empirisches Projekt übersetzt, das am Beispiel einer exemplarisch ausgewählten Fallstudie gewerkschaftliches Handeln im lokalen Politikfeld zum Gegenstand hat. Methodisch wurde über Intensivinterviews, Expertengespräche und Dokumentenanalysen zum einen versucht, historisch zum Teil tief verwurzelte Strukturen (Organisationspraxen, Deutungsmuster) und Veränderungen gewerkschaftlichen Handelns im lokalen Politikfeld zumindest in bezug auf das gesamte Jahrzehnt vor der Untersuchung zu rekonstruieren. Zum anderen haben wir für die Analyse gewerkschaftlichen Handelns in örtlich gerichteten Organisationsstrukturen oder bei herausgehobenen Aktionen auch das Instrument der teilnehmenden Beobachtung eingesetzt, um typischen Interaktionsprozessen und Handlungssituationen, eingeschliffenen Alltagsroutinen usw. auf die Spur zu kommen[5].

Ausgewählt haben wir für unsere empirische Fallstudie den DGB-Kreis Dortmund, weil wir es hier mit einer Region zu tun haben, in der Entwicklungen und Strukturen in drei für unsere Fragestellung wichtigen Dimensionen in einer bemerkenswerten Weise verknüpft sind:

– Es handelt sich um eine altindustrielle Region, die in den vergangenen Jahrzehnten von massiven Strukturkrisen betroffen war, die sie in bemerkenswerter Weise und nach z. T., auch innergewerkschaftlich, vertretener Auffassung geradezu modellhaft bewältigen konnte.
– In Dortmund als »heimlicher Hauptstadt der Sozialdemokratie« finden wir im Organisationsbereich der für die altindustriellen Strukturen wichtigsten Gewerkschaften (IG Metall und IG Bergbau und Energie) noch traditionelle örtliche Organisationsgliederungen, die ein spezifisches Modell gewerkschaftlicher Verankerung im betrieblichen wie außerbetrieblichen Lebenszusammenhang der ArbeitnehmerInnen, hier einem traditionellen, stark sozialdemokratisch geprägten Arbeitermilieu, repräsentieren.
– Zugleich finden wir auf der Ebene des DGB-Kreises eine ganze Reihe früher arbeitspolitischer Neuansätze, insbeson-

---

4 Vgl. in diesem Zusammenhang zu den Begriffen Interesse, Politik und Arbeit: Martens (1991) sowie die ausführlichen theoretischen Überlegungen am Schluß dieses Berichts.
5 Zur methodischen Anlage der Untersuchung und zum Umfang der Erhebungen vgl. die Ausführungen im Anhang.

dere für beschäftigungs- und strukturpolitische Problemstellungen.

Ob und wie unter diesen Bedingungen alte, traditionelle Strukturen noch Wirkungen entfalten oder nachhaltigen Erosionsprozessen unterliegen, was sie für Neuansätze im Sinne einer arbeitspolitischen Erweiterung gewerkschaftlicher Interessenvertretung zu leisten vermögen oder wo sie ihnen möglicherweise auch entgegenstehen, welche neuen Strukturen neben ihnen entstanden sind und ob und wie sie sich mit den alten verknüpfen lassen, all dies sind Fragen, denen unsere besondere Aufmerksamkeit gilt.

Bei unserer Konzentration auf einen ausgewählten Fall gehen wir davon aus, daß es möglich ist, über die Rekonstruktion des Geflechts von institutionellen Strukturen, formalisierten Organisationsformen, Deutungsmustern und Alltagsroutinen, typische Strukturen herauszuarbeiten, die mehr über die Wirklichkeit und Entwicklungsmöglichkeiten gewerkschaftlichen Handelns in dem uns interessierenden thematischen Feld aussagen als Erhebungen, die mittels standardisierter Instrumente auf Repräsentativität zielen. Wir setzen also an die Stelle der Repräsentativität von Meinungen die Rekonstruktion typischer Fälle. Um aber dabei die im Einzelfall enthaltenen, besonderen und allgemeinen Strukturen leichter unterscheiden zu können, aber auch, um die Reichweite gezielter gewerkschaftlicher Neuansätze zur Veränderung bestehender Organisationspraxen und Strukturen empirisch sicherer abschätzen zu können, wurden in die Untersuchungsanlage zusätzlich zwei Vergleichsregionen einbezogen. Es handelt sich dabei um die DGB-Kreise Hamburg und Recklinghausen. Die Erhebungen beschränkten sich hier im wesentlichen auf Expertengespräche, Intensivinterviews und Dokumentenauswertungen und haben insofern einen deutlich evaluativen Charakter. Die Auswahl der beiden Vergleichsregionen erfolgte wegen unterschiedlicher thematischer Akzentsetzungen: Hamburg ist eine von fünf Modellregionen der Schwerpunktaktion ›Angestellte‹ des DGB-Bundesvorstandes, Recklinghausen eine auch deutlich montangeprägte, aber in Teilen auch eher ländlich strukturierte Region, die sich nach unseren Vorinformationen durch modellhafte Entwicklungen der DGB-Ortskartellarbeit auszeichnet.

Die Ergebnisse unserer Untersuchung präsentieren wir im folgenden in der Weise, daß wir zunächst den konzeptionellen Rahmen, der hier ja nur knapp skizziert werden konnte, in bezug auf den Stellenwert der lokalen Politikebene für gewerkschaftliches Handeln stärker konkretisieren (Kap. II). Wir verwenden dazu den leicht überarbeiteten Text eines Referats, das im Projektverlauf entstanden und vornehmlich auf Gewerkschaftspraktiker als Adressaten gezielt war. Die sonst als Einleitung übliche systematische Diskussion dieser Überlegungen und Bezüge zur aktuellen wissenschaftlichen Diskussion präsentieren wir erst am Schluß (Kap. VIII); dort versuchen wir auch ein paar theoretische und methodologische Schlußfolgerungen für weitere gewerkschaftssoziologische Forschung zu ziehen. Im Anhang finden sich schließlich nähere Angaben zum methodischen Vorgehen im Rahmen dieser Arbeit.

Die Präsentation unserer empirischen Ergebnisse gliedert sich in vier Hauptkapitel. Bewußt ist jedes davon so abgefaßt, daß es für sich allein stehen kann, also ohne Rückgriff auf Einleitungs- und Schlußkapitel oder die jeweiligen anderen empirischen Hauptteile. Die ersten drei dieser vier Kapitel handeln von institutionellen Strukturen, Neuansätzen gewerkschaftlichen Handelns und ihnen entgegenstehenden Widerständen in unserer Modellregion Dortmund. Wir beginnen dabei mit dem örtlichen DGB (Kap. III) und wenden uns dann den beiden Mitgliedsgewerkschaften zu, die historisch und aktuell in besonderer Weise prägend für das gewerkschaftliche Selbstverständnis und Handeln in der Region sind. Das traditionsgebundene Ortsprinzip der IGBE (Kap. IV) wird dabei dem gebrochenen lokalen Organisationsprinzip der IG Metall (Kap. V) gegenübergestellt. Am Schluß stehen schließlich die Ergebnisse aus den beiden Vergleichsregionen (Kap. VI).

Kap. VII enthält die Zusammenfassung unserer Ergebnisse. Hier soll sich im Lichte der Befunde zeigen, ob unser Zugriff auf Gewerkschaften als traditionelle Institutionen der Arbeit in der Krise neuen Erkenntnisgewinn erbracht hat und ob sich für unseren Diskussionsvorschlag einer arbeitspolitischen Erweiterung von Interessenvertretung praktische Anknüpfungspunkte in der sozialen Wirklichkeit finden lassen.

II. Gewerkschaften und lokale Arbeitspolitik – Thesen zu den konzeptionellen und praktischen Bezügen der Untersuchung

> »Global denken – lokal handeln: Gerade die Gewerkschaften müssen hierfür ihr politisches und gesellschaftliches Gewicht, ihre Gestaltungskompetenz in Politik und Gesellschaft, in Betrieb und Unternehmen in die Waagschale werfen. Nur so werden wir unserer Verantwortung gerecht – für Demokratie, Solidarität und Freiheit, für das Leben aller in der einen Welt.«

An herausgehobener Stelle findet sich dieses Zitat von Franz Steinkühler in der Einladung zum Internationalen Zukunftsforum der IG Metall am 6. und 7. Juni 1991 aus Anlaß ihres 100jährigen Bestehens in Frankfurt. Wie kann diese Formel »global denken – lokal handeln« – die ja zunächst einmal aus der Ökologiebewegung heraus bekannt ist – im Rahmen gewerkschaftlichen Handelns umgesetzt werden? Dies heißt z.B.:

- Welchen Stellenwert hat die lokale Politikebene, generell und im besonderen für die Gewerkschaften vor Ort?
- Wie können der DGB und seine Einzelgewerkschaften auf dieser Ebene politisch handelnd eingreifen, politisches und gesellschaftliches Gewicht zur Geltung bringen, oder wie sehr begrenzen sich die Gewerkschaften auf die Funktion von Interessenverbänden in Betrieb, Unternehmen und Branche?
- Welches sind für die Gewerkschaften als traditionelle Organisationen und Institutionen der Arbeit die zentralen, also arbeitsbezogenen Ansatzpunkte auf der lokalen Politikebene?
- Über welche Hebel verfügen sie, um an diesen Punkten Wirkung zu entfalten; vor allem, wie sieht es dabei mit der Arbeitsteilung zwischen DGB und Einzelgewerkschaften aus, erlaubt sie produktives Handeln oder wirkt sie eher blockierend?

Wir wollen auf diese Fragen anhand von Thesen eingehen. Die

Erläuterungen dazu sind relativ knapp gehalten. Eine ausführliche Darlegung und Begründung der darin enthaltenen theoretischen Ausgangsüberlegungen findet sich im Schlußkapitel.

1. *Der aktuell ablaufende technische, ökonomische und politische Modernisierungsprozeß bringt generell einen Bedeutungszuwachs der lokalen und regionalen Politikebene mit sich. Das heißt natürlich nicht, daß wir die Bedeutung von Rahmensetzungen auf der nationalen Ebene, also in Bonn, bzw. auf der internationalen, also in Brüssel, das im Zuge des EG-Binnenmarktes immer wichtiger wird, herunterspielen wollen, ganz im Gegenteil. Aber: Angesichts der Grenzen der klassischen wachstumsorientierten Global- und Stabilitätspolitik ist der Bedeutungszuwachs regionaler Struktur-, Technologie- und Beschäftigungspolitik unübersehbar.*

Auf einer Veranstaltung des DGB-Landesbezirks NRW[1] trägt man mit dieser These ja fast »Eulen nach Athen«. Zwar ist hier im Lande die These einer »Regionalisierung des europäischen Raumes« umstritten – also die Annahme, daß die Verlagerung von Kompetenzen von der nationalen Ebene nach Brüssel zwar einen Kompetenzverlust von Parlament und Regierung in Bonn nach sich zieht, dafür aber die Bedeutung der regionalen Ebene, also der Bundesländer erhöht (Scharpf 1988). Selbst wenn man wie die Landesregierung in NRW (Landtagsdrucksache 10/4174, 14. 3. 89) erwartet, daß auch Landesparlamente und -regierungen Regelungskompetenzen verlieren, kann man doch davon ausgehen, daß bei der Umsetzung der Regelungen aus dem »fernen Brüssel« sich ein Bedeutungszuwachs für die Exekutive der Länder (und der Kommunen) ergeben wird. Finanzmittel aus EG-Programmen können nicht einfach verteilt werden, sondern müssen abgerufen werden. Dadurch ergeben sich Gestaltungschancen für die regionale Exekutive. Heinz Kruse, Regierungsdirektor und Wirtschaftsbeauftragter des Regierungspräsidenten in Arnsberg, sieht denn auch in einer »Reform durch Regionalisierung« eine politische Antwort auf die Umstrukturierung der Wirtschaft (so der

---

[1] Der Text ist eine überarbeitete Fassung von Thesen für den Arbeitskreis »lokale Arbeitspolitik« auf der Kultur- und Infobörse für DGB-Ortskartelle in Nordrhein-Westfalen am 22. Juni 1991 in der DGB-Bundesschule Hattingen.

Titel und Untertitel seines Buches von 1990). Und er diskutiert unter diesem Blickwinkel die »Zukunftsinitiative Montanregionen« (ZIM) und die »Zukunftsinitiative für die Regionen Nordrhein-Westfalens« (ZIN).

Ein letzter Hinweis: Die Soziologen Horst Kern und Charles Sabel (1989 u. 1990) haben in jüngerer Zeit die These einer »Regionalisierung der Produktion« diskutiert. Aus den Tendenzen zu einer »flexiblen Automation« und stärkeren »Verkettung technisch-organisatorischer Einheiten« bei gleichzeitiger Dezentralisierung der Produktion innerhalb der einzelnen Unternehmung ergebe sich ein bestimmtes Muster der industriellen Reorganisation. Beide Autoren sprechen von einer räumlichen Bündelung durch den Bezug von Firmen aufeinander und verweisen auf eine steigende Nachfrage nach technisch hochqualifizierten Arbeitskräften und auf neue Herausforderungen an Gewerkschaften und Betriebsräte, denen die traditionelle industriegewerkschaftliche Orientierung auf Großbetriebe – mit halbwegs sauber abgrenzbaren Organisationsbereichen – zunehmend weniger entspricht. Gleichzeitig aber laufen Kern und Sabel zufolge die Handlungsmöglichkeiten auch hochqualifizierter Betriebsräte den neuen Gestaltungsanforderungen hinterher.

Die Gewerkschaften könnten – so formulieren diese Soziologen im Blick auf diejenigen Beschäftigten, die auf dem regulären, ersten Arbeitsmarkt noch Beschäftigungschancen haben – eine wichtige Rolle bei der Organisierung von Qualifizierung spielen: die »Kontrolle offener Arbeitsmärkte« als Machtquelle im Unternehmen und in der regionalen Wirtschaft wird als ein strategisch zentrales Handlungsfeld der Gewerkschaften bezeichnet. Sie verlange aber eine stärkere Beteiligung an der Formulierung von Unternehmenszielen einerseits und an der regionalen Wirtschaftspolitik andererseits.

Wir wollen zunächst diese Argumentation nicht weiter ausführen. Es ist aber wohl schon erkennbar, daß sie sich ganz gut mit der im Grundsatz zustimmenden, in der Ausführung aber mit Detailkritik nicht sparenden Position des DGB-Landesbezirks in bezug auf das ZIM- und ZIN-Programm verknüpfen läßt, also mit der Forderung nach einer reformierten, integrativen Regionalpolitik auf Grundlage regionaler Entwicklungskonzepte (Aktionsprogramme) sowie eines im institutionellen Rahmen erarbeiteten, regionalen Konsenses vor Ort (regionale Förderkonferenzen) unter angemessener Beteiligung der Gewerkschaften. Letztere gilt es nach Auffassung des DGB erst noch zu realisieren.

2. *Wir können, ja wir müssen angesichts der eben beschriebenen Entwicklungen auch von einem Bedeutungszuwachs der regionalen und lokalen Ebene für gewerkschaftliches Handeln ausgehen. Die Frage nach dem »zweiten Standbein« neben der vor allem durch Tarifautonomie und Betriebsverfassung institutionell gefestigten Verankerung der Industriegewerkschaften im Betrieb stellt sich deshalb.*

Die angedeuteten ökonomischen und technologischen Umbruchprozesse führen dazu, daß die traditionellen Ansatzpunkte gewerkschaftlicher Interessenvertretung wie:

– Erwerbsarbeit als identitätsstiftendes Lebenszentrum der Arbeitnehmer,
– das am vollerwerbstätigen männlichen Facharbeiter orientierte Normalarbeitsverhältnis,
– das traditionell gewerkschaftlich geprägte soziale Milieu

in Frage gestellt werden. Die Gewerkschaften stehen vor der Aufgabe, auf neue Vorstellungen über den Zusammenhang von Leben und Arbeiten, Veränderungen der tradierten gesellschaftlichen Arbeitsteilung zwischen Frauen und Männern auf betrieblicher wie außerbetrieblicher Ebene zu reagieren und selbst im Rahmen ihrer Organisation Räume zu schaffen, in denen neue Konzepte stärker selbstbestimmter Lebensgestaltung und sozialer Sicherheit entwickelt werden können. In dem Gutachten »Jenseits der Beschlußlage« (J. Hoffmann u. a. 1990) und auf dem darauf bezogenen »Hattinger Forum« im November 1991 wurde sehr stark, ausgehend von veränderten Bedürfnissen und Interessen der Mitglieder und potentieller Mitglieder der Gewerkschaften, zukünftige Herausforderungen diskutiert, und dabei hat die örtliche gewerkschaftliche Arbeit eine erhebliche Rolle gespielt.

Gestaltungsansprüche in bezug auf die veränderten ökonomischen und technologischen Entwicklungen im Sinne der weiter oben angesprochenen »Kontrolle offener Arbeitsmärkte« bedingen, daß die Gewerkschaften ihr Handlungsfeld, stärker als dies bisher der Fall war, über Betriebs- und Unternehmensgrenzen hinaus auf Kommune und Region ausweiten. So wie die Unternehmen stärker aufeinander und auf das »Ektoskelett«, also ein von außen umschließendes Gerüst regionaler

Dienste angewiesen sind, so kann auch die Gewerkschaft in einem einzelnen Werk die langfristige Beschäftigung ihrer Mitglieder oft dadurch am besten sichern, daß sie nicht nur mit dem Unternehmen, sondern auch mit den kommunalen, regionalen und Fachbehörden kooperiert, um das Entstehen und das Wachstum potenter Unternehmen oder Werke, die für die zukünftige Entwicklung der regionalen Wirtschaft bedeutsam sind, zu fördern. Die »Einwirkung auf kommunalpolitische Entscheidungen zur besseren Durchsetzung von Arbeitnehmerinteressen (Beispiele: Verkehrs-, Wohnungsbau-, Medien-, Schul-, Kultur-, Umwelt-, Wirtschafts- und Finanzpolitik)« ist so gesehen wohl zu Recht im Beschluß des DGB-Bundesvorstands vom 9. Mai 1989 als gewerkschaftspolitische Aufgabe formuliert worden, bei der zu prüfen wäre, ob sie den DGB-Ortskartellen zugeordnet werden könne.

Am Beispiel eines der DGB-Ortskartelle, die wir im Zuge der Untersuchung näher kennengelernt haben, läßt sich ganz gut andeuten, welche Aktivitäten da z. T. schon stattfinden:

- die Mitglieder des DGB-Ortskartells haben ortsansässige Firmen aufgesucht und Gespräche im Hinblick auf deren beschäftigungspolitische Aktivitäten geführt,
- das Ortskartell entsendet einen Repräsentanten in den Wirtschaftsförderungsrat,
- in ein bestehendes Zentrum für die Erwerbstätigkeit von Frauen,
- in den Planungsausschuß für Verkehr und Verkehrsberuhigungsfragen,
- schließlich auch in den Ausländerbeirat, den Seniorenbeirat und den Jugendwohlfahrtsausschuß der Stadt.

Wie verbreitet solche oder ähnliche Beispiele sind, entzieht sich unserer Kenntnis. Auch ist es für uns zunächst eine offene, nur empirisch zu beantwortende Frage, was eine solche Erweiterung des Blickfeldes und des Handelns vor Ort schließlich wirklich tragen kann, aber für entsprechende Informationsbedürfnisse werden inzwischen zunehmend Informations- und Erfahrungsaustauschveranstaltungen seitens des DGB durchgeführt.

Für die Entfaltung solcher Ansätze dürfte allerdings auch eine organisationspolitische Stärkung der Ortskartellarbeit wichtig sein. Entsprechende Anträge, die auf eine Umsetzung des Beschlusses des DGB-Bundesvorstands zielten, wurden auf dem letzten DGB-Bundeskongreß (noch) nicht verabschiedet. Die weitere Entwicklung ist insoweit offen. Der Vorsitzende des DGB-Landesbezirks Niedersachsen, Karl Neumann, hat dies unseres Erachtens zu Recht betont und dabei als zentralen Punkt hervorgehoben, daß sich »zunächst und vor allem die 16 Mitgliedsgewerkschaften (...) bekennen müssen.« Und er stellt fest: »Nicht wenige Gewerkschaften lehnen ein zweites Standbein neben dem Betrieb ab.« (Neumann 1990, 18)

Dies führt uns zu unserer 3. These, mit der wir zunächst etwas Wasser in den Wein derjenigen gießen möchten, die gewissermaßen in der verstärkten Hinwendung der Gewerkschaften zum außerbetrieblichen Lebenszusammenhang der ArbeitnehmerInnen, zum lokalen und regionalen Politikfeld, den Schlüssel zur Rückgewinnung ihres Charakters als einer sozialen Bewegung in der Tradition der alten Arbeiterbewegung sehen. Wir möchten aber gleichzeitig die Bedeutung außerbetrieblicher Handlungsebenen für die zukünftige Entwicklung der Gewerkschaften unterstreichen:

3. Die Gewerkschaften in der Bundesrepublik Deutschland sind aus einer alten sozialen Bewegung hervorgegangen. Sie haben in den vergangenen vier Jahrzehnten mit bemerkenswertem Erfolg in Betrieb, Unternehmen und Branchen Arbeitnehmerinteressen institutionell abgesichert. Sie sind deshalb selbst nicht nur als Organisationen und Interessenverbände, sondern in gewissem Sinne als eine traditionelle Institution der Arbeit in unserer Gesellschaft heute zu verstehen – und zwar auf den angesprochenen Feldern als eine erfolgreiche Institution, zumal im internationalen Vergleich. Die »Kampfzeiten«, in denen diese erfolgreichen Institutionalisierungsprozesse durchgesetzt wurden, liegen hinter uns; aber die erreichten institutionellen Strukturen sind heute unter Modernisierungsdruck geraten und befinden sich z. T. in der Krise, jedenfalls aber werden hier Handlungsgrenzen aufgezeigt. Wir haben das in unserer ersten These angedeutet. Die Gewerkschaften stehen deshalb vor der Herausforderung einer arbeitspolitischen Erweiterung von Interessenvertretung.

Die Gewerkschaften sind also zu einer Erweiterung ihres Interessenvertretungshandelns herausgefordert, wenn sie sich nicht auf die Funktion von Interessenverbänden beschränken wollen, die auf den ihnen angestammten traditionellen

Feldern die Interessen der im ersten Arbeitsmarkt noch Beschäftigung findenden ArbeitnehmerInnen(-Gruppen) beschränken wollen – wobei auch hier wichtige Teilgruppen der »modernen ArbeitnehmerInnen« nicht mehr in den Gewerkschaften ihre natürliche und selbstverständliche Interessenvertretung sehen. Politische Gestaltungsansprüche innerhalb der aktuellen gesellschaftlichen Umwälzungsprozesse können die Gewerkschaften unseres Erachtens vor allem dann geltend machen, wenn sie sich im Blick auf die Eigenständigkeit der politischen Handlungsebene die Option einer Erweiterung von Interessenvertretungshandeln offen halten. Dies muß eine Option sein, die für sie als traditionelle Organisationen und Institutionen der Arbeit handhabbar ist. Deshalb scheint uns der Bezug auf arbeitsbezogene Interessen wichtig zu sein. Eine gewissermaßen umfassende Allzuständigkeit für alle Themen, die heute von den neuen sozialen Bewegungen besetzt sind, würde die Gewerkschaften unseres Erachtens überfordern.

Der Begriff *lokale Arbeitspolitik* scheint uns deshalb einen ganz zentralen Ansatzpunkt für gewerkschaftliches Handeln vor Ort zu umreißen.

- Fragen lokaler und regionaler *Beschäftigungspolitik* seien zuerst genannt. Dabei geht es sowohl um die Langzeitarbeitslosigkeit und die Qualifizierung von Arbeitslosen, so daß sie wieder Chancen auf dem ersten Arbeitsmarkt haben, wie auch um die Qualifizierung von Beschäftigten im Bereich betrieblicher Weiterbildung, z.B. im Hinblick auf neuen Bedarf, schließlich aber auch um die Weiterentwicklung der gewerkschaftlichen Arbeitszeitpolitik im Hinblick auf veränderte Lebenslagen und Bedürfnisse von Arbeitnehmern ebenso wie im Interesse ihres Schutzes vor neuen Formen nicht mehr regulierter Nutzung ihrer Arbeitskraft durch die Unternehmen.
- Es geht ferner natürlich um den großen Bereich der *Strukturpolitik*, also um regionale Erneuerungskonzepte, die am industriellen Bestand einer Region ansetzen und dabei aber auf Innovationen und Diversifizierungen gerichtet sind, die z.B. auf Zukunftsmärkten der Altlastenbeseitigung, Energietechnik, Umwelttechnik und Entsorgungstechnik, um nur einige Beispiele zu nennen, beschäftigungspolitische wie auch ökologische Impulse geben können. Ganz praktisch

geht es also darum, daß die Gewerkschaften sich bei den zukünftigen ZIN-Runden aktiver einschalten können, sich auch für Initiativen stärker öffnen, die in den alternativen Bereich hineinragen und eher die Schattenwirtschaft und den zweiten Arbeitsmarkt betreffen, aber auch bei eher technologieorientierten Initiativen (Stichwort Technologiezentren) nicht in abwartender Distanz verharren.

– Auch der Bereich der *Kulturpolitik* sollte nicht vergessen werden. Er reicht von einer den veränderten Zeitumständen entsprechenden Gestaltung des Ersten Mai über die Frage, welche dauerhaften Angebote z.B. in und durch ein DGB-Haus organisiert werden können, über gesellige Veranstaltungen in Wohnbereichen und eher traditionelle Jubilarfeiern, bis hin zu Versuchen, z.B. gemeinsame Projekte mit Künstlern vor Ort in Gang zu bekommen.

Natürlich ist diese Auflistung keinesfalls erschöpfend; denn auch in den Bereichen der Sozialpolitik, der Arbeitsmarktpolitik (Mitwirkung in den Selbstverwaltungsgremien), der Wohnumfeldverbesserung oder kommunalen Verkehrspolitik, um noch einige weitere Stichworte zu nennen, gibt es Ansatzpunkte gewerkschaftlicher lokaler Arbeitspolitik.

Welche Strukturen sind nun geeignet, gewerkschaftliches Handeln auf dem Feld lokaler Arbeitspolitik in hinreichender Breite und Tiefe zu fundieren? Die innergewerkschaftliche Diskussion der letzten Jahre hat in diesem Zusammenhang den DGB-Ortskartellen einen herausgehobenen Stellenwert zugewiesen; und Veranstaltungen, wie die inzwischen alljährlich stattfindenden Kultur- und Infobörsen für Ortskartelle des DGB-Landesbezirks Nordrhein-Westfalen dienen ja auch eben diesem Zweck, Ansatzpunkte, Projekte, modellhafte Entwicklungen darzustellen. Für eine systematische Darstellung geschweige denn Bewertung der DGB-Ortskartellarbeit ist hier nicht der Ort, und sie ist auch nicht Gegenstand dieser Studie. Auf diesem Feld haben andere geforscht (Negt u.a. 1989). Allerdings haben wir eine These:

4. *Es ist sicher richtig, wenn unter der Überschrift einer arbeitspolitischen Erweiterung von Interessenvertretung zunächst einmal an den DGB als Dachverband und an die DGB-Ortskartelle als geeignete Organisationsgliederung gedacht wird. Für die regionale und lokale Struktur- und Beschäftigungspolitik ist ganz selbstverständlich erst ein-*

mal der DGB zuständig. Und dies meinen wir hier nicht zuletzt im Sinne der alltäglichen, selbstverständlichen Arbeitsteilung in den Kreisverwaltungen vor Ort. Wenn man aber eine arbeitspolitische Erweiterung von Interessenvertretung will, dann bedeutet dies u. E. die Herausforderung zu einer institutionellen Reform, die nicht so einfach in diesen arbeitsteiligen Strukturen abzuwickeln ist. Will man das inhaltliche Themenspektrum der Institution Gewerkschaft dauerhaft erweitern, dann betrifft das Grundorientierungen, Leitbilder gewerkschaftlicher Arbeit ebenso wie organisatorische Strukturen, in denen die alltägliche gewerkschaftliche Arbeit organisiert wird. All das kann nicht ausschließlich im DGB und seinen Ortskartellen stattfinden. Wir vermuten, daß hierfür auch lokale Organisationsstrukturen der Mitgliedsgewerkschaften im DGB wichtig sind.

Das Spektrum von traditionellen Strukturen und Neuansätzen, die in unserem Zusammenhang bedeutsam sein könnten, ist ja auch breiter. Zu fragen wäre etwa:

- Was leistet das traditionsgebundene lokale Organisationsprinzip, über das einige Mitgliedsgewerkschaften im DGB (BSE, IGM) noch z. T. oder punktuell verfügen und das bei der IGBE noch flächendeckend existiert, in diesem Zusammenhang? Welche Themen werden dort auf welche Weise bearbeitet?
- Gibt es z.B. örtliche Arbeitskreise, v.a. in großen Städten, wo es keine Ortskartelle gibt, die sich mit Fragen lokaler/regionaler Struktur-Beschäftigungspolitik beschäftigen?
- Wenn es sie gibt, wie werden die dortigen Aktivitäten in die Einzelgewerkschaften rückvermittelt?
- Welche Erfahrungen und Überlegungen gibt es in dieser Hinsicht in bezug auf die Nutzung von Kooperations- und Beratungsstellen?
- Und ganz konkret: Wer repräsentiert zukünftig den DGB und seine Einzelgewerkschaften auf den Regionalkonferenzen, die im Rahmen zukünftiger ZIN-Runden durchgeführt werden, und wie ist das Handeln der dort agierenden KollegInnen auf die Ebene der Einzelgewerkschaften rückgebunden?
- Gibt es örtliche Arbeitskreise von Technikern und Ingenieuren oder andere, lockere Formen (Stammtische), in denen Mitglieder und interessierte Nichtmitglieder aus der

Gruppe höherqualifizierter Angestellter zusammenkommen können und deren Sachverstand für die Entwicklung strukturpolitischer oder technologiepolitischer Positionen des DGB vor Ort genutzt werden könnte? Welche Erfahrungen aus den entsprechenden Schwerpunkten (DGB, IGM) liegen vor?

Auf dem »Hattinger Forum: Jenseits der Beschlußlage« im November 1991 hat Hans Werner Meyer in seiner Rede der Forderung nach verstärkter Aktivität des DGB auf der örtlichen Handlungsebene zugestimmt, aber auch die Frage der Arbeitsteilung zwischen dem DGB und seinen Einzelgewerkschaften angesprochen: Sie könne nicht so aussehen, daß die Einzelgewerkschaften für den Erhalt von Betrieben oder Branchen, der DGB aber für den Erhalt der Gattung zuständig seien. Karl Neumann, der Vorsitzende des DGB-Landesbezirks Niedersachsen, hat diese Frage der Arbeitsteilung ganz konkret als Problem der Spielräume für die DGB-Ortskartellarbeit formuliert, z.B. im Hinblick auf deren Öffentlichkeitsarbeit. Er fragt: »Was passiert, wenn ein Ortskartell die Stilllegung eines chemischen Betriebs fordert und sich in Gegnerschaft zur zuständigen Gewerkschaft begibt? Was passiert, wenn Ortskartelle vor Ort gegen Projekte wie Fahrzeugteststrecken oder Müllverbrennungsanlagen mobilisieren, die Entscheidungen aber auf Landes- und Bundesebene angesiedelt sind und die Gewerkschaften und der DGB auf dieser Ebene zustimmen?«

Bei einigen Mitgliedsgewerkschaften im DGB sei eher die Tendenz einer Reorientierung auf die Betriebspolitik, allerdings auch auf neue Formen der Betriebspolitik festzustellen. Das mag so sein, aber wenn dort dann das Wie und das Was der Produktion – also Fragen eines umfassender verstandenen Arbeits- und Gesundheitsschutzes und der Sicherung menschenwürdiger Arbeitsbedingungen wie auch Fragen nach der Sinnhaftigkeit bestimmter Produkte – mit in den Blick genommen werden sollen, dann ist der Bezug zu überbetrieblichen arbeitspolitischen Fragen am Ort und der Region gar nicht mehr zu vermeiden. Am Beispiel: Das Ende des Ost-West-Konflikts führt heute zu einer Reduzierung der Truppenstärken bei der Bundeswehr wie auch bei den verbündeten Streitkräften. Truppenstandorte werden entfallen, was mancherorts die Lebensqualität erhöhen kann, es gehen aber auch Arbeitsplätze für Zivilbeschäftigte verloren. Zu hoffen ist, daß zukünftig vermehrt auch der Umfang der Rüstungsproduktion gemindert wird. Regionale Entwicklungskonzepte, Strategien für Qualifizierung von Beschäftigten, durch die ihnen auch zukünftig Zugänge zum ersten Arbeitsmarkt gesichert werden sollen, sind hier ebenso gefordert wie modellhafte Ansätze betrieblicher Rüstungskonversion. Der DGB und seine Einzelgewerkschaften sind auf beiden Feldern gefordert (Mengelkamp/Michel 1991; Michel 1992).

Diese Probleme sind schon in Nordrhein-Westfalen[2] groß genug, wenngleich manche andere der alten Bundesländer sehr viel härter betroffen sind; aber die Probleme sind noch größer geworden, weil es für die Gewerkschaften in der Bundesrepublik heute gilt, den Spagat zu schaffen »zwischen den Wohlstandsverteilungsinteressen im Westen, der sozialen Nothilfe im Osten und den technologischen, arbeitsweltlichen und ökologischen Herausforderungen der Zukunft« (und auch schon unserer unmittelbaren Gegenwart, möchte man hinzufügen). »Das war in der Bundesrepublik schwer genug, z.B. beim Konflikt zwischen Ökologie und Arbeitsplatzsicherung, und das wird jetzt noch schwerer. Zumal es Interessengegensätze neuer Art innerhalb der arbeitenden Bevölkerung gibt, z.B. zwischen Ost und West.« (Reich 1991)

Dies ist ein Zitat aus der Rede, die Jens Reich auf der öffentlichen Sitzung des Beirats der IG Metall anläßlich ihrer 100-Jahr-Feier im Juni 1991 gehalten hat. Inzwischen, Ende 1992, erscheinen die darin angesprochenen Probleme angesichts der sich abzeichnenden Rezession in den alten Bundesländern, die den beschworenen »Aufschwung Ost« vollends zu blockieren droht, der immer noch wachsenden Arbeitslosigkeit, der in Frage gestellten tarifpolitischen Fortschritte im Osten, der wachsenden Unzufriedenheit der Bürger und v.a. des besorgniserregenden Auflebens rechtsradikaler Gewalttätigkeit noch ungleich dramatischer. Dieses in der Tat umfassende Problemszenario wird hier von uns nicht deshalb angedeutet, weil wir meinen, daß die Gewerkschaften in einer ganz besonders herausgehobenen Weise, gleichsam als »Menschenrechtspartei« (Negt), zur Lösung der damit angesprochenen gesellschaftspolitischen Fragen aufgerufen wären. An-

---

2 Darauf bezieht sich die voranstehend zitierte Literatur.

dererseits wollen wir auch nicht den Eindruck erwecken, daß die Gewerkschaften vor wirklich riesigen Aufgaben stehen, für deren Bewältigung sie womöglich doch nur recht schwache Kräfte haben. Und keinesfalls soll möglichen Selbstberuhigungen und Entschuldigungen des »man kann ja doch nichts tun« angesichts der Größe der Probleme Vorschub geleistet werden. Vielmehr kommt es darauf an, im gewerkschaftlichen Handeln und eben auch im Handeln vor Ort auf überbetrieblicher Ebene die riesig aufgetürmten globalen und nationalen Probleme, so wie sie sich für die Gewerkschaften als arbeitsbezogene Organisationen und Institutionen darstellen, in handhabbare, zu bearbeitende Teilaufgaben und -probleme zu zerlegen, mit denen FunktionärInnen und Mitglieder sich dann auch praktisch folgenreich auseinandersetzen können. Nur ist es eben dafür unerläßlich, übergreifende Zusammenhänge und gesamtgesellschaftliche Dimensionen solcher Probleme auch im Blick zu behalten. Dies schützt dann z.B. davor, sich auf Aufgaben einer betriebs- und branchenbezogenen Interessenvertretung allein zurückzuziehen und gesellschaftspolitische Gestaltungsansprüche als Gewerkschaft aufzugeben.

Unseren Überlegungen liegt ein Verständnis zugrunde, das die in der geschichtlichen Entwicklung – und Arbeitsteilung mit den anderen tragenden Säulen der alten Arbeiterbewegung, also Partei, Genossenschaftsbewegung und Arbeiterkulturbewegung – entstandene Konzentration gewerkschaftlichen Handelns auf den Kern der ökonomischen Interessen ihrer Mitglieder auch heute in Rechnung stellt. Zugleich ist es aber möglich und – im Blick auf den Traditionsbestand, den die Gewerkschaften als Organisationen und Institutionen, die aus der alten Arbeiterbewegung hervorgegangen sind, zu bewahren haben – auch eine aktuelle Herausforderung, wenn man an einem arbeitspolitischen Gestaltungsanspruch der Gewerkschaften festhält. Dabei sollte der Blick über den engen Bereich der Erwerbsarbeit hinausreichen:

- Das Verständnis von Arbeit darf sich also nicht einschränken lassen auf die Tätigkeit des vollerwerbstätigen, männlichen Facharbeiters.
- Gestaltung von Arbeit muß auch die Interessen berücksichtigen, die sich aus der Verteilung von Arbeit im Haushalt, bei der Erziehung der Kinder usw. ergeben.

- Im Sinne einer »Kontrolle offener Arbeitsmärkte« wären aber auch Fragen regionaler Struktur-, Beschäftigungs- und Technologiepolitik Gegenstände gewerkschaftlicher Arbeitspolitik.
- Sie könnte aber z.B. auch die Frage danach einschließen, welchen geringen Stellenwert in unserer heutigen Arbeitskultur eigentlich Gesundheit hat (Gutke u.a. 1991) – auf die unsägliche jüngste Diskussion über die Karenztage könnte man dann als GewerkschafterIn vielleicht auch offensiver reagieren.
- Gewerkschaftliche Arbeitspolitik müßte sich schließlich auch auf den Zusammenhang von Erwerbsarbeit und freier Zeit erstrecken, wobei hier die gewerkschaftliche Arbeitszeitpolitik ebenso angesprochen sein kann wie Fragen der örtlichen Verkehrspolitik oder Wohnumfeldverbesserung.

Um aber dieses Spektrum von Interessen und Bedürfnissen aus gewerkschaftlicher Sicht angemessen aufnehmen zu können, brauchen die Gewerkschaften erweiterte Organisationsformen, z.B. auch nach lokalen Gesichtspunkten. Nur so wird es ihnen möglich sein, Bereiche nichtlohnabhängiger Arbeit überhaupt dauerhaft in den Blick zu bekommen und gewerkschaftliches Handeln zu den sozialen und individuellen Interessen der Menschen in ihrem alltäglichen Leben in Beziehung zu setzen.

Die Arbeit der DGB-Ortskartelle ist nach unserer Auffassung in diesem Zusammenhang ein ganz wesentlicher Bereich gewerkschaftlichen Handelns; aber es geht auch um andere örtliche Neuansätze und um die Frage, wie sie stabil in die Arbeit der Einzelgewerkschaften rückvermittelt werden und wie sie darüber letztlich auch für das einzelne Mitglied als ein wichtiger Teilbereich gewerkschaftlichen Handelns gestaltbar werden. Gerade im Ruhrgebiet sollten wir dabei auch nicht darauf verzichten, traditionelle gewerkschaftliche Strukturen, die im Wohnbereich ansetzen, im Blick auf ihren möglichen Beitrag für die Bewältigung von Zukunftsaufgaben der Gewerkschaften näher anzusehen. Hier gibt es ja noch flächendeckend die Ortsgruppenstrukturen der IGBE und in einigen wenigen Organisationsbereichen der IG Metall in freilich etwas gebrochenerer Weise ebenfalls Formen der Einbeziehung der Mitgliedschaft im Bereich von Stadtteilen und Wohnbezirken. Und es gibt auch einzelne Beispiele dafür, daß solche traditionellen einzelgewerkschaftlichen Strukturen für die Entwicklung der DGB-Ortskartellarbeit im Sinne einer arbeitspolitischen Erweiterung von Interessenvertretung von Nutzen gewesen sind.

Das Spektrum von Ansätzen, Projekten und Modellen auf örtlicher Ebene ist sicherlich noch breiter, als wir es in diesem einleitenden Kapitel andeuten und in dieser Untersuchung anhand einer exemplarischen Fallstudie (nebst eingeblendeten Kontrastfällen) behandeln können. Zukunftsperspektiven werden sicherlich auch nicht darin bestehen können, einfach auf jene traditionellen Strukturen zurückzugreifen, die wir zuletzt angesprochen haben und die im folgenden besonders interessieren. Vielmehr wird es darauf ankommen, aus der Vielzahl von Ansätzen und Projekten, einschließlich überkommener älterer Strukturen, modellhaft solche Neuansätze zu entwickeln, die auch in der Zukunft den arbeitspolitischen Gestaltungsanspruch der Gewerkschaften stützen können, einen Anspruch, der für gesamtgesellschaftliche Reformprojekte, die diesen Namen wirklich verdienen, in der Zukunft unverzichtbar sein wird.

III. Lokale Arbeitspolitik – Das Beispiel des DGB-Kreises Dortmund

1. Einleitung

»Dortmund – grüne High-Tech-Metropole mit Stil und Lebensqualität«, mit diesem Motto versucht sich die Ruhrgebietsstadt Dortmund einen neuen, weltoffenen Anstrich zu geben. Die immer noch stark von der Metallindustrie geprägte industrielle Struktur der Stadt jedoch läßt sich trotz verstärkter Imagepflege nicht leugnen. Als altindustrielle Region des östlichen Ruhrgebiets ist Dortmund sozial und politisch immer noch in hohem Maße durch den Bergbau und die Stahlindustrie und mithin auch durch jene »Mitbestimmungskultur« geprägt, wie sie Faulenbach (1987 u. 1989) am Beispiel der Städte Bochum und Recklinghausen geschildert hat. Sie ist allerdings in Dortmund stärker durch die Stahlindustrie und die IG Metall als lange Zeit ganz eindeutig dominierende Gewerkschaft geprägt[1]. Die Stadt ist mit einigem Erfolg bemüht, in dem Prozeß des strukturellen Wandels innerhalb der gesamten Region Ruhrgebiet vor allem im Dienstleistungsbereich zu expandieren. Darüber hinaus wird die Ansiedlung technologieintensiver Unternehmen stark gefördert, um neben den Altindustrien neue Industriezweige für die Stadt zu gewinnen.

In diese Entwicklung ist auch der DGB eingebunden. Als Kooperationspartner der örtlichen Akteure nimmt er arbeitspolitisch Einfluß auf ein breites Themenspektrum (von Strukturpolitik über Arbeitsmarktpolitik und Beschäftigungsförderung auf dem zweiten Arbeitsmarkt bis hin zur kommunalen Ver-

---
1 So finden wir auch in Dortmund jene charakteristische Verschränkung der durch die Montan-Mitbestimmung geforderten Professionalisierung von Betriebsratsarbeit und der von Betriebsratslaufbahnen ausgehenden parteipolitischen Karrieren. Auf kommunalpolitischer Ebene beginnend und in die Landes- und Bundespolitik fortgesetzt, lassen sich so bis in die jüngste Vergangenheit eine Reihe prominenter Politikerlaufbahnen nachzeichnen.

kehrspolitik), vor allem aber als Interessenvertreter der organisierten ArbeitnehmerInnen sowie auch der Arbeitslosen.

Die Teilhabe des DGB an bedeutsamen arbeitspolitischen Entwicklungen hat sich im Laufe der vergangenen Jahre verändert. Zugleich deutet sich seit geraumer Zeit eine größere Offenheit der allgemeinen innergewerkschaftlichen Diskussion in bezug auf den Stellenwert lokaler Arbeitspolitik für die Arbeit der örtlichen DGB-Gliederungen an (DGB 1988; Neumann 1990), die in NRW nicht zuletzt an der inzwischen jährlichen Durchführung von zentralen »Kultur- und Infobörsen« für die DGB-Ortskartelle abzulesen ist. Erkennbar gibt es auch in Dortmund eine gestiegene Aufmerksamkeit für das Feld lokaler Arbeitspolitik.

Ganz unproblematisch verlaufen diese Entwicklungen freilich nicht – weder bei den anderen Akteuren im lokalen Politikfeld, die nun mit eindeutigeren Ansprüchen der Gewerkschaften zu rechnen und umzugehen haben, noch innergewerkschaftlich bei den notwendigen und nicht immer konfliktfreien Abstimmungsprozessen zwischen DGB und Mitgliedsgewerkschaften. Ihre Autonomie und Arbeitsteilung muß auch auf der örtlichen Ebene neu austariert werden.

Klärungsbedürftig ist auch die allenthalben innergewerkschaftlich geforderte, jedoch selten konkret durchdachte oder gar modellhaft umgesetzte, stärkere Einbeziehung von ehrenamtlichen FunktionärInnen, »einfachen« Mitgliedern oder auch unorganisierten, interessierten ArbeitnehmerInnen. Ob und wie sich hier Strukturveränderungen im DGB vollziehen werden, ist derzeit ungewiß. Wenn man aber eine arbeitspolitische Erweiterung von Interessenvertretung will, dann bedeutet dies die Herausforderung zu einer institutionellen Reform, die nicht so einfach in den bestehenden arbeitsteiligen, repräsentativen Strukturen professioneller Arbeit abzuwickeln ist. Will man dauerhaft und stabil das inhaltliche Themenspektrum der Institution Gewerkschaft erweitern, dann betrifft dies Grundorientierungen und Leitbilder gewerkschaftlicher Arbeit ebenso wie organisatorische Strukturen, in denen die alltägliche gewerkschaftliche Arbeit organisiert wird und die Problemnähe und Handlungsfähigkeit insbesondere auf der dezentralen örtlichen Ebene sicherstellen müssen.

Im folgenden wollen wir versuchen, anhand unserer Fallstudie die örtliche Arbeit des DGB vor dem Hintergrund dieser Herausforderungen nachzuzeichnen. Indem wir charakteristische Strukturen alltäglicher Arbeit vor Ort herausarbeiten, sollen die Komplexität und Schwierigkeit der ins Auge gefaßten Reformprozesse deutlich gemacht werden.

Dazu beschreiben wir zunächst in knapper Form Strukturmerkmale des DGB-Kreises Dortmund, also das quantitative und qualitative Gewicht seiner Mitgliedsgewerkschaften, die örtlichen gewerkschaftlichen Gremien und vor allem die Entwicklung von wichtigen Branchen, Beschäftigtenstrukturen und Arbeitsmarkt.

Wie vor diesem Hintergrund der Wandel der gewerkschaftlichen Arbeit in der jüngeren Vergangenheit vonstatten gegangen ist, welche Behinderungen von außen und von innen auftraten und noch aktuell wirksam sind, soll im Anschluß aufgezeigt werden. Wir betrachten dazu in etwa das letzte Jahrzehnt, da innerhalb dieser Zeit interessante Entwicklungen und Neuansätze in Gang gekommen sind, die im Hinblick auf die Modernisierungsanstrengungen des DGB einer eingehenderen Betrachtung unterzogen werden sollten. Stichworte für diese örtliche Entwicklung sind: der Hochschul- und später der strukturpolitische Arbeitskreis des DGB, die Entwicklung der Kooperationsstelle Hochschule/Gewerkschaft, die Gründung des Entwicklungszentrums Dortmund (EWZ) sowie (dies allerdings im Blick auf geplante Aktivitäten) auch das Technologiezentrum Dortmund (TZ).

In einem dritten Schritt gehen wir schließlich auf aktuelle struktur- und arbeitsmarktpolitische Aktivitäten von Kommune, Land und DGB mit seinen Mitgliedsgewerkschaften ein, wie sie sich im Zuge der »Regionalisierung der Regionalpolitik«, die durch die Zukunftsinitiative Nordrhein-Westfalen (ZIN) angestrebt ist, entwickelt haben.

2. Das traditionelle, sozialdemokratische Arbeitermilieu als Basis gewerkschaftlichen wie politischen Handelns – Strukturmerkmale des DGB-Kreises Dortmund

Der DGB-Kreis Dortmund repräsentiert 16 Mitgliedsgewerkschaften. Tabelle 1 gibt einen Überblick über ihr jeweiliges

Gewicht entsprechend den Mitgliederzahlen. (Aktuellere Zahlen liegen nicht vor.) Es wird deutlich, daß daran gemessen der Strukturwandel zu Lasten der Montanindustrie die herausragende Bedeutung der IG Metall und mit deutlichem Abstand auch der IGBE noch kaum geschmälert hat. Die ÖTV ist aber schon zweitstärkste Gewerkschaft am Ort, und die relative Stärke der HBV, die freilich ihr Mitgliederpotential deutlich weniger ausgeschöpft haben dürfte, signalisiert, daß Dortmund sich in den vergangenen Jahrzehnten zu einem bedeutenden Standort privater Dienstleistungsunternehmen entwickelt hat.

Tabelle 1:
Zur Struktur des DGB-Kreises Dortmund
Mitgliederstand

Gewerkschaft/IG.	Stand 31.12. 1988	Stand 31.12. 1984
IG Bau-Steine-Erden	6037	6413
IG Bergbau und Energie	18564	22592
IG Chemie-Papier-Keramik	3055	2864
IG Druck und Papier	1647	1376
Gewerkschaft der Eisenbahner Deutschlands	4280	4391
Erziehung und Wissenschaft	2220	2220
Gartenbau-Land- und Forstwirtschaft	186	162
Handel-Banken-Versicherungen	9768	9756
Holz und Kunststoff	2229	1300
Gewerkschaft Kunst	480	480
Industriegewerkschaft Metall	47973	48116
Gewerkschaft Nahrung-Genuss-Gaststätten	7531	7063
Gewerkschaft ÖTV	25828	25818
Gewerkschaft der Polizei	2013	2166
Deutsche Postgewerkschaft	6807	7161
Gewerkschaft Textil-Bekleidung	501	501
Gesamt:	139119	142379

Quelle: DGB-Geschäftsbericht, Dortmund o.J.

Gleichwohl, schon an diesen Zahlen[2] wird erkennbar, daß sich in der Stadt ein Modernisierungsprozeß vollzogen hat, durch den das traditionelle Arbeitermilieu und die mit ihm verwobenen gewerkschaftlichen und sozialdemokratischen Strukturen zunehmend deutlichen Erosionsprozessen ausgesetzt sind[3]. In Dortmund wurde diese Entwicklung im letzten Jahrzehnt auf gewerkschaftlicher Seite durch ein spezifisches Moment geprägt, das mit dem Selbstverständnis der hier im örtlichen DGB dominierenden IG Metall zu tun hat. In deren Reihen – sowohl an der Spitze der Ortsverwaltung wie auch bei den Repräsentanten der wichtigsten Stadtteilgruppen, gerade auch dort, wo sie sich als traditionell kritisch zur Ortsverwaltungsspitze verstehen – ist das große Selbstbewußtsein, mit und in der IG Metall gleichsam an der Spitze reformpolitischer Bestrebungen in der Bundesrepublik Deutschland zu stehen, ganz unübersehbar[4].

Zurück zu den eher formalen Strukturen gewerkschaftlicher Arbeit vor Ort: Alle 16 Mitgliedsgewerkschaften entsenden je einen Vertreter in den DGB-Kreisvorstand. Er setzt sich weiter aus dem Kreisvorsitzenden sowie den Vorsitzenden des Angestellten-, Beamten-, Frauen- und Jugendausschusses sowie den beratenden Mitgliedern (Gewerkschaftssekretären) aus den Bereichen Organisation, Sozial- und Arbeitsrecht zusammen. Dieses Gremium tagt einmal im Monat.

Zum hauptamtlichen Personal des DGB-Kreises zählen neben dem Kreisvorsitzenden selbst noch fünf Sekretäre, von denen vier im Rechtsschutz tätig sind. Zusätzlich zu den satzungsge-

---

2 deutlicher natürlich an der Entwicklung der Beschäftigten nach Branchen (s.u.).
3 Dabei werden bestimmte Brüche und Entwicklungsschübe möglicherweise immer in zugespitzten Konflikten sichtbar. Als es z.B. während unserer Untersuchung im Konflikt um die »feindliche Übernahme« der Hoesch AG durch Krupp zu massiver Kritik an und wohl auch etlichen Austritten aus der SPD in Dortmund kam, sah sich der DGB-Kreisvorsitzende veranlaßt, das Bild der SPD als traditionelle Arbeiterpartei (und Weltanschauungspartei) nochmals zu beschwören: »Aus der SPD scheidet man durch Tod oder durch Rausschmiß aus«, wurde er in der örtlichen Presse zitiert.
4 Alle narrativen Interviews mit maßgeblich handelnden Personen weisen in dieser Hinsicht ein einheitliches Deutungsmuster auf: gewissermaßen eine Dortmund-spezifische Überhöhung eines allgemeinen Merkmals gewerkschaftlichen Selbstverständnisses innerhalb der IG Metall. Wir werden darauf, aber auch auf die Brüchigkeit dieser Strukturen bei der Behandlung der IG Metall Dortmund vertiefend eingehen.

mäßen Gremien und dem hauptamtlichen Personal gibt es in Dortmund keinen ehrenamtlichen »Unterbau« der örtlichen DGB-Arbeit. Ortskartelle sind hier, wie auch in allen übrigen großstädtischen Verwaltungsstellen, nicht gebildet.

Zur ZIN-Region zählen neben Dortmund und Schwerte die Städte Hamm, Unna und Lünen (DGB-Kreise Unna und Hamm). Diese beiden DGB-Kreise wurden im wesentlichen nicht in unsere Untersuchung einbezogen. Eine Ausnahme macht allerdings die Nebenstelle Lünen des DGB-Kreises Unna, denn Lünen gehört zum Organisationsbereich des Büros Dortmund der IGBE und auch zur Verwaltungsstelle Dortmund der IG Metall, die dort eine Nebenstelle unterhält[5].

Ebenfalls in Lünen existiert das einzige DGB-Ortskartell, auf das wir im Zuge der Fallstudie Dortmund gestoßen sind und auf das an dieser Stelle kurz eingegangen werden soll[6]. Zum Zeitpunkt unserer Untersuchung gibt es in Lünen noch mehrere aktive IGBE-Ortsgruppen, und so ist es beinahe zwangsläufig, daß die IGBE auch im Ortskartell besonderes Gewicht hat. Dafür spricht schon, daß ein IGBE-Ortsgruppenvorsitzender zugleich Vorsitzender des Ortskartells ist. Bis zur Neubelebung der Arbeit vor gut fünf Jahren war das Ortskartell Lünen v.a. mit Bildungsaufgaben befaßt. Daneben spielte die Organisierung der Mai-Feierlichkeiten eine große Rolle (wobei die Mai-Kundgebungen nach Aussagen verschiedener Beteiligter – IGBE-Mitglieder – vor allem durch Aktivitäten der IGBE geprägt waren).

Die Neubelebung ist aus Sicht des Ortskartellvorsitzenden nicht zuletzt der Unterstützung durch die hauptamtlichen Sekretäre der DGB-Nebenstelle in Lünen zu verdanken[7]. Unbeschadet des besonderen Gewichts der IGBE legt man deutlich Wert auf die Teilnahme aller Mitgliedsgewerkschaften und hat

---

5 Dem Wunsch des DGB-Kreises Dortmund, u.a. aus diesen Gründen Lünen auch dem DGB-Kreis zuzuschlagen, wurde seitens des Landesbezirks nicht entsprochen.
6 Ortskartelle sind die untersten Gliederungen des DGB und existierten lediglich in Orten ohne DGB-Kreisvorstand. Die klassische Ortskartell-Gemeinde ist eine Stadt mit einer Zahl zwischen 20–50000 Einwohnern. Im Landesbezirk NRW existieren zur Zeit ca. 150 Ortskartelle.
7 Mit entsprechender Sorge werden denn auch Maßnahmen in der Folge der Sparbeschlüsse des DGB von 1988 beobachtet, die diese Nebenstellenarbeit gefährden.

auch »nichts dagegen«, wenn es mal aus einer Gewerkschaft zwei TeilnehmerInnen sind: »Dann kommen die halt.«

In bezug auf die inhaltlichen Schwerpunkte der Arbeit wird nicht ohne gewissen Stolz über ein beachtliches Spektrum von Aktivitäten berichtet:

- Die Mitglieder des DGB-Ortskartells haben ortsansässige Firmen aufgesucht und dort Gespräche über deren beschäftigungspolitische Aktivitäten geführt,
- das Ortskartell entsendet einen Repräsentanten in den Wirtschaftsförderungsrat der Stadt,
- desgleichen in ein bestehendes Zentrum für die Erwerbstätigkeit von Frauen,
- in den Planungsausschuß für Verkehr und Verkehrsberuhigungsfragen,
- schließlich auch in den Ausländerbeirat, den Seniorenbeirat und den Jugendwohlfahrtsausschuß der Stadt.

Dem Ortskartell ist es wichtig, bei all diesen Aktivitäten auf die Kommunalpolitik einzuwirken. Auch wenn es schwerfalle, konkrete Erfolge zu messen, sei es eben doch wichtig, im Gespräch zu sein:

»... daß man halt dann in die Partei hineingeht... man hat darüber natürlich auch entsprechende Kontakte... Wir haben dann im letzten Jahr beispielsweise noch mal Gespräche mit dem Fraktionsvorstand gehabt... und haben unsere Position zu der Frage dargestellt«,

so ein Mitglied des Ortskartells. Aber auch der Bezug zu einzelnen Mitgliedsgewerkschaften ist dem Ortskartell wichtig. Er wird nicht zuletzt über besondere Aktionen hergestellt: So sei man im Zusammenhang mit der Tarifrunde der IG Metall aktiv geworden oder habe Aktionen der IGBE unterstützt.

Insgesamt stellt sich das Ortskartell Lünen als eine gewerkschaftliche Einrichtung dar, die über Einzelkontakte, jedoch bewußt »nicht als Einzel*person*«, so der Ortskartellvorsitzende, Gremienarbeit für ihre gewerkschaftliche Klientel leistet. Die gewerkschaftliche Arbeit vor Ort wird dabei von einem festen Stamm ehrenamtlicher Funktionäre getragen. An der Schnittstelle zur örtlichen Politik spielen persönliche Kontakte, auch Verknüpfungen von politischen und gewerkschaftlichen Funktionen in einer Person eine wichtige Rolle; gewerkschaftliche Öffentlichkeit für lokale Arbeitspolitik wird noch nicht systematisch hergestellt und der Einbezug einer größeren Zahl von Mitgliedern erfolgt nur nach traditionellem Muster bei gelegentlichen herausgehobenen Aktionen.

Aber ehe wir diese sozialen Strukturen und Muster alltäglichen Handelns näher betrachten, wollen wir noch etwas genauer auf ökonomische Strukturdaten eingehen. Dazu müssen wir die ZIN-Region[8] in den Blick nehmen, die sich mit dem Kammerbezirk der IHK Dortmund deckt und die kreisfreien Städte Dortmund und Hamm sowie den Kreis Unna umfaßt, also nicht mit dem DGB-Kreis Dortmund identisch ist. Etwas vereinfachend kann man wohl sagen, daß in Dortmund der Dienstleistungssektor eine größere Rolle spielt, während der Kreis Unna stärker industriell und deutlich mittelständisch geprägt ist. In Hamm finden wir sowohl erhebliche Beschäftigtenanteile in der Industrie als auch eine große Bedeutung des Bergbaus, aber auch zahlreiche Beschäftigte in öffentlichen Einrichtungen.

Nach einer Statistik der IHK verteilen sich die Beschäftigten des Kammerbezirks folgendendermaßen auf die Sektoren:

Aus der Tabelle 2 geht die führende Rolle des Dienstleistungssektors deutlich hervor. Demgegenüber gingen die Zahlen im sekundären Sektor drastisch zurück, wobei insbesondere die Eisen- und Metallerzeugung sowie der Bergbau- und Energiebereich betroffen waren. Eine Erhebung der IHK zeigt, daß Arbeitsstätten mit bis zu 499 Beschäftigten 1987 einen Anteil von 99,7% ausmachten; lediglich 0,3% der Betriebe waren demnach Großunternehmen (vgl. IHK 1992)! Die Zahl der Unternehmen im IHK-Bezirk stieg innerhalb von 10 Jahren um 37% (ebd.), wobei der Trend offenbar in Richtung Mittelstand weist: »Die Chance liegt im Mittelstand«, hofft daher auch IHK-Präsident Jäger[9] und die Entwicklung scheint ihm recht zu geben:

---

8 Die »Zukunftsinitiative Nordrhein-Westfalen« ist ein Konzept der Landesregierung, das bewußt und gezielt auf die Eigenverantwortung, das Engagement und die Kraft zur Selbstorganisation in den Regionen setzt und dazu die Zusammenarbeit aller regional verantwortlichen Kräfte in Wirtschaft, Wissenschaft, Gewerkschaften, Kammern und Politik zu befördern sucht (vgl. eingehender Kap. 5.2).
9 anläßlich einer Podiumsdiskussion in der Kommende (Sozialinstitut des Erzbistums Paderborn) im Februar 1992.

Tabelle 2:
Anteile der Wirtschaftsbereiche an den sozialversicherungspflichtig beschäftigten Arbeitnehmern im Kammerbezirk Dortmund

Jeweils am 31.12.	1980 in %	1990 in %
Land und Forstwirtschaft		
(= primärer Sektor)	0,5	0,6
Bergbau, Energie	12,3	9,4
Verarbeitendes Gewerbe	32,2	29,4
Baugewerbe	8,5	6,4
Sekundärer Sektor insgesamt	53,0	45,2
Handel, Verkehr	20,0	20,8
Sonstige Dienstleistungen	26,5	33,4
Tertiärer Sektor insgesamt	46,5	54,2
Insgesamt:	100,0	100,0

Quelle: IHK Dortmund 1992

»Die Verbreiterung des Branchenspektrums gerade auch im industriellen Bereich ist vornehmlich das Verdienst mittelständischer Betriebe. Beispielhaft seien nur genannt die Halbleiterfertigung, die Herstellung elektronischer Bauelemente, Maß- und Regelgeräte, Ausführung von Bauspezialleistungen, Spezialmaschinenbau oder das Angebot eines breiten Spektrums an Umwelttechnik.« (IHK ebd.)

Diese erfreuliche Tendenz täuscht jedoch nicht darüber hinweg, daß gerade die in diesen Bereichen neu entstandenen und entstehenden Betriebe mit einem relativ geringen Mitarbeiterpotential auskommen. Das heißt, die von der Großindustrie »freigesetzten« Arbeitslosen finden im Mittelstand eben nur bedingt entsprechende Beschäftigungsmöglichkeiten, da sie zum einen für diese Tätigkeiten nicht qualifiziert sind und weil sich zum anderen neue mittelständische Betriebe durch nur geringe Beschäftigtenzahlen auszeichnen.

So sieht auch das Arbeitsamt Dortmund eine Ursache der immer noch überdurchschnittlich hohen Arbeitslosigkeit im

»(anhaltenden) Strukturwandel der Wirtschaft, so vorteilhaft er in der Neugestaltung und Festigung von Beschäftigung ist, [der] beim Abbau von Arbeitsplätzen Arbeitnehmer getroffen hat, die heute aus unterschiedlichen Gründen nur schwer in die neuen Prozesse mit eingeschleust werden können oder die – wie die etwa 3000 Sozialplanarbeitslosen – dem Arbeitsmarkt nur mit Einschränkungen oder in Ausnahmefällen wieder zur Verfügung stehen« (Arbeitsamt Dortmund, April 1992).

Tabelle 3:

Entwicklung der Anzahl sozialversicherungspflichtig Beschäftigter in wichtigen Wirtschaftszweigen im Arbeitsamts-Bezirk Dortmund

	6/1980	6/1991
Bergbau	24762	11265
Stahlerzeugung	28521	15543
Maschinenbau	12501	11495
Baugewerbe	23162	17367
Handel	42746	41258
Dienstleistungen	13083	17524

Quelle: Arbeitsamt Dortmund 1992

Ersichtlich ist auch hier der alleinige Zuwachs im Dienstleistungsbereich, während die bisher strukturprägenden Bereiche des Arbeitsmarktes infolge des strukturellen Wandels der 80er und beginnenden 90er Jahre empfindliche Einbußen erlitten. So haben 16% aller Arbeitslosen im April 1992 Metallberufe. Bei den Bergleuten macht sich – laut Statistik – die Nordwanderung des Bergbaus positiv bemerkbar, so daß sich bei den Bergleuten die Arbeitslosigkeit gegenüber dem September des Vorjahres (1991) geringfügig verringern konnte.

Im Arbeitsamtsbezirk Dortmund[10] waren im Juli 1992 rund 36000 (= 11,5%) Arbeitslose gemeldet. In dieser Zahl steckt ein mittlerweile erheblicher Anteil Langzeitarbeitsloser[11]. Die

---

10 Er umfaßt lediglich die Städte Dortmund, Lünen, Selm und Schwerte und ist damit nicht identisch mit dem IHK-Bezirk, entspricht dafür aber eher der räumlichen Ausdehnung des DGB-Kreises Dortmund.
11 Mengelkamp (1990b, 64) nennt für September 1989 bezogen auf 39882 gemeldete Arbeitslose 42,1% oder 16806 Personen mit mehr als einem Jahr Arbeitslosigkeit, dabei 26% oder 10309 Personen, die länger als zwei Jahre arbeitslos sind.

Zahl der arbeitslosen Angestellten erhöhte sich dabei um 9,7%, die der Arbeiter um 3,8% gegenüber dem Vorjahresmonat (Arbeitsamt Dortmund 1992a). Der Zuwachs lag darüber hinaus bei den weiblichen ArbeitnehmerInnen höher als bei den männlichen. Auffallend und als »zukunftsorientierter« Indikator in der Statistik ausgewiesen ist das relativ breite Angebot an offenen Stellen aus dem Bereich »übrige Dienstleistungen«, der Ingenieur- und Architekturbüros, Beratungseinrichtungen und Firmen des High-Tech-Bereichs umfaßt.

Eine in vielen Bereichen vornehmlich auf Großindustrien ausgerichtete Politik der Gewerkschaften steht damit zur Disposition. Wie der DGB im Kreis Dortmund auf diese Entwicklungen eingeht und welche Handlungsmöglichkeiten sich ihm bieten, soll in der Folge erläutert werden.

3. Traditionelles Arbeitermilieu, Gewerkschaften und sozialwissenschaftliche Infrastruktur: frühe gewerkschaftliche Neuansätze, ihre Bedingungen und ihre Grenzen

Im DGB-Kreis Dortmund sind relativ früh, in der ersten Hälfte der 80er Jahre, eine Reihe von Neuansätzen örtlicher gewerkschaftlicher Politik verfolgt worden. Diese Ansätze verbinden sich mit dem schon Anfang der 80er Jahre bestehenden hochschulpolitischen Arbeitskreis des DGB Dortmund. Sie führten zur Bildung einer Kooperationsstelle Hochschule/Gewerkschaft in Dortmund als einem der fünf DGB-Kreise, in denen eine solche Stelle Anfang der 80er Jahre eingerichtet wurde, zur Entstehung eines strukturpolitischen Arbeitskreises beim DGB-Kreis Dortmund, der von Kooperationsstelle und DGB-Kreisvorsitzendem zur Initiierung verschiedenster Aktivitäten genutzt wurde, und sie mündeten schließlich in die Gründung des Entwicklungszentrums Dortmund (EWZ). Dieses galt – in der Sicht von außen – lange Zeit als einer der wenigen modellhaften und erfolgreichen Versuche, den programmatischen Dreischritt von Beschäftigung, Qualifizierung und Entwicklung neuer Produkte (Eichler 1985) praktisch zu erproben, partiell umzusetzen und darüber auch »neue Themen« in die innergewerkschaftliche Diskussion einzubeziehen (Mengelkamp 1990a).

Wichtige Voraussetzungen für die Entstehung der Initiativen liegen sicherlich – außer bei einzelnen Personen, wie dem damaligen DGB-Kreisvorsitzenden, dem ersten Leiter der Kooperationsstelle und manchen anderen, die mit besonderem Engagement den schwierigen Aufbau neuer Strukturen versuchten – zum einen in dem oben beschriebenen spezifischen gewerkschaftlichen Selbstverständnis, aus dem heraus Dortmund auch hier wieder mit an der Spitze neuer Entwicklungen stehen sollte. Zum anderen sind sie jedoch auch begründet in der doch beachtlichen sozialwissenschaftlichen Infrastruktur der Stadt, mit einer Reihe von Bezügen zwischen forschenden Gruppen und Einrichtungen einerseits, DGB und Einzelgewerkschaften andererseits.

Rückblickend ist es wahrscheinlich angemessen, für die Phase bis 1987/88, die mit der Auflösung des strukturpolitischen Arbeitskreises und dem ersten personellen Wechsel in der Kooperationsstelle endet, davon zu sprechen, daß hier insbesondere von seiten der Kooperationsstelle wie auch der ersten Generation maßgeblicher Mitarbeiter im EWZ und vielleicht mancher weiterer Wissenschaftler der praktische Versuch unternommen wurde, neue Themen auf örtlicher Ebene an die traditionelle Gewerkschafts*bewegung* heranzutragen. Von den damals handelnden Personen in der Kooperationsstelle wie auch manchen der Aktiven der ersten Stunde im EWZ kann man vermutlich sagen, daß sie dabei an Konzepte einer endogenen Regionalentwicklung anzuknüpfen suchten. Mit diesen Konzepten verbanden sich Anfang der 80er Jahre Vorstellungen eines ökonomischen, politischen und kulturellen Alternativkonzepts, auch wenn neben oder auch an Stelle der unter diesem Stichwort bei Kilper (1991, 3ff.) genannten Literatur eher die gewerkschaftsnähere Diskussion um Belegschaftsinitiativen (Nottenbohm/Hammel 1984; Martens 1985) oder um das GLEB (Greater London Economic Board) in Großbritannien (Spies 1984) wichtig war. Dabei wurden vielfach Kooperationsbezüge mit Personen hergestellt, die an den Rändern der strukturellen, örtlichen gewerkschaftlichen Macht- und Entscheidungszentren agierten – z.T. auch in kritischer Distanz zu ihnen. Man könnte auch sagen, daß in dieser Phase in Dortmund insbesondere von der Kooperationsstelle aus der Versuch unternommen wurde, mit z.T. neuen Themen und über den Aufbau neuer, vorwiegend projektförmiger Strukturen ein basisnahes Mobilisierungskonzept zu verwirklichen. Dieses Konzept stand einerseits durchaus in der Tradition gewerkschaftskritischer Strömungen Ende der 60er und Anfang der 70er Jahre (Bildungsobleutebewegung, Septemberstreiks, Rückgewinnung des Bewegungscharakters von Gewerkschaften durch betriebsnahe Ansätze); andererseits war es ein Versuch, der aktuellen theoretischen Diskussion über die Rückgewinnung eben dieses Bewegungscharakters durch eine Erweiterung des gewerkschaftlichen Interessenbegriffs, die Herstellung einer neuen innergewerkschaftlichen Streitkultur usw. praktisch vorzugreifen.

Betrachten wir die verschiedenen Ansätze einmal näher: Bereits Ende der siebziger Jahren hatte der damalige DGB-Kreisvorsitzende einen Impuls des Bundesvorstandes aufgegriffen, sich nach der Welle von Gründungen neuer Universitäten und Institute »um diesen Bereich zu kümmern«. Er hatte mit der Initiative des »*Dortmunder Arbeitskreises Hochschule/Gewerkschaften*« Kontakt aufgenommen und stellt dazu fest:

> »Dem stimmte der Kreisvorstand ausdrücklich zu. Allerdings wurde in dieser Diskussion sofort auch festgehalten: Die Politik wird hier gemacht.«

Die Zusammenarbeit von Wissen- und GewerkschaftlerInnen erwies sich zunächst als schwierig: »wir wußten gar nicht, was wir miteinander anfangen sollten«, so der Kreisvorsitzende; nicht zuletzt aber durch die Beharrlichkeit einiger WissenschaftlerInnen entstanden doch stabile Strukturen. Sie waren sowohl bei der Gründung der Kooperationsstelle von Nutzen als auch für einen etwa zeitgleich ins Leben gerufenen strukturpolitischen Arbeitskreis. Der DGB-Kreis Dortmund war seit 1984 Modellregion des DGB-Bundesvorstandes für ein Beratungsprojekt zur regionalen Arbeits- und Beschäftigungspolitik. Ein Antrag an die Stadt zwecks finanzieller Beteiligung schlug hohe kommunalpolitische Wellen: CDU und Kammervertreter gaben ihrer Befürchtung Ausdruck, »daß es nicht gerade ein Standortvorteil Dortmunds sei, wenn der DGB mitzuentscheiden hätte, welche Betriebe förderungswürdig seien und welche nicht« (Bullmann 1991, 241). Aus diesem Forschungsprojekt »Regionale Öffnung der Hochschul-Forschung für Arbeitnehmer-Probleme durch Kooperationsstellen« mit Mitteln des Bundesministers für Bildung und Wissenschaft, der Hans-Böckler-Stiftung und des DGB durchgeführt, konstituierte sich die beim DGB angesiedelte *Kooperationsstelle Hochschule/Gewerkschaft*[12].

Die Gewerkschaften wagten mit der Kooperationsstelle einen Schritt in bisher unbekannte Felder: Die Bezüge zwischen Arbeitswelt und Wissenschaft waren und sind noch heute (sicherlich weniger) gespannt. Der Bruch zwischen Hand- und Kopfarbeit/ArbeiterInnen und Angestellten ist – wie wir am Beispiel der IGM-Dortmund noch sehen werden – ein äußerst sensibler Bereich.

Mit der Kooperationsstelle sollte daher der Versuch gemacht werden, diese Distanzen zu verringern: »wir haben immer versucht, etwa über diese Arbeitskreise neue Strukturen aufzubauen; überall Kooperationsstrukturen aufzubauen«, so der frühere Leiter der Kooperationsstelle.

Der Austausch sollte zum wechselseitigen Vorteil beider Seiten gereichen. Am Anfang stand das Bestreben, Konzepte und daraus resultierend praktikable Handlungsformen zu entwikkeln. Es mangelte dabei nicht an Unterstützung der Kooperationsarbeit durch beteiligte Mitgliedsgewerkschaften. Ein früherer Mitarbeiter der Kooperationsstelle sagt über die damals beteiligten Gewerkschafter (DGB-Kreisvorstand, Kreisvorsitzender, Vertreter von IGM und BSE):

> »Die haben einfach die Erfahrung gehabt und wußten auch, was die für sich persönlich, also was sie hier so für persönliche Arbeit in den Gewerkschaften herausziehen können... Wir haben eine Veröffentlichung gemacht zu Stahlkonzepten, zur Vergesellschaftung der Stahlindustrie... Wir hatten ja noch dieses gemeinsame Seminar mit P., Stahlarbeitern und Studenten. Das war so – also, das paßte alles sehr schön zusammen. Was wir dort diskutiert haben an der Hochschule mit P. zusammen und den Betriebsräten und den Studenten auf der betrieblichen Ebene... fand auch immer seine Entsprechung.«

Die Arbeit der Kooperationsstelle fand also ihren Niederschlag innerhalb der Mitgliedsgewerkschaften, lief nicht iso-

---

12 So der Name bei Gründung dieser Einrichtung. Seit einigen Jahren lautet er »Kooperationsstelle Wissenschaft–Arbeitswelt«, was eine weitere Fassung der Bereiche oder vielleicht besser der institutionellen Strukturen signalisiert, zwischen denen die Kooperationsstelle wechselseitigen Austausch befördern soll.

liert oder abgehoben nebenher. Dabei legt der ehemalige Leiter der Kooperationsstelle Wert auf die Feststellung, daß dies nicht nur ein Diskussionsforum für Wissenschaftler gewesen sei, das in erster Linie ehrgeizige Veröffentlichungen produzierte, sondern »wir haben gesagt, wir wollen stabile Strukturen aufbauen, wo die Leute tatsächlich daran arbeiten«. Kooperation diente hier quasi als eine Art »Managementfunktion«, um VertreterInnen von Wissenschaft und Gewerkschaft an einen Tisch zu bekommen und zu gemeinsamem Handeln zu bewegen.

Wie im folgenden an der Geschichte des strukturpolitischen Arbeitskreises ersichtlich wird, gelang dies nur zum Teil und blieben Konflikte nicht aus. Seit Bestehen der Kooperationsstelle ist mittlerweile die dritte MitarbeiterInnen-Generation tätig: in den Bereichen (1) regionale und sektorale Strukturpolitik, Qualifizierung, (2) neue Technologien, (3) Frauen–Arbeit–Technik, (4) Arbeit–Umwelt–Gesundheit soll heute darauf hingearbeitet werden,

> »daß in Wissenschaft und Forschung die Interessen der Betroffenen mit einbezogen werden und somit Chancen zur Verbesserung der Arbeits- und Lebensbedingungen genutzt und gesellschaftliche Risiken vermieden werden«. (Faltblatt der Kooperationsstelle).

Der Tätigkeitsradius erfuhr also im Unterschied zu früher eine Erweiterung um die beiden letztgenannten Punkte (Materialien aus der Kooperationsarbeit, 1987). Da diese Zielsetzungen zum Zeitpunkt unserer Erhebungen im wesentlichen programmatischer Natur waren und die Arbeit in neuer personeller Besetzung gerade erst aufgenommen wurde, begrenzen wir unsere Analyse auf die frühen Entwicklungsphasen der Kooperationsstellenarbeit. Der Arbeitskreis Strukturpolitik ist in diesem Zusammenhang von besonderem Interesse.

Der *Arbeitskreis Strukturpolitik* entstand Anfang der 80er Jahre aus einer Überlegung der Kooperationsstelle und des DGB zur Entwicklung neuer strukturpolitischer Ansätze. Hier sollte Fachwissen gebündelt und zu möglichen Ansätzen für Struktur- und Krisenregulierung, Abbau von Arbeitslosigkeit, Umweltproblematik etc. geraten. Teilnehmer waren neben Mitgliedsgewerkschaften (z.B. der ÖTV, BSE, IGM) und örtlich ansässigen, gewerkschaftsnahen Wissenschaftlern u.a. auch ein Vertreter des Arbeitsamtes (der nach Aussage eines Beteiligten sehr kontinuierlich mitgearbeitet hat) sowie ein Vertreter des Stadtreinigungsamtes. »Dieser strukturpolitische Arbeitskreis war *das* zentrale Steuerungsinstrument für die Handlungsebene von Kooperation in Dortmund«, meint der ehemalige Leiter der Kooperationsstelle.

Am Arbeitskreis Strukturpolitik wird das Problem der Interessenskollisionen zwischen den verschiedenen Gewerkschaften deutlich: Zum Thema »Müll« beriet das Gremium über Konzepte zur Müllverwertung etc. Das spezifische Interesse der IGM, die innerhalb eines engen branchenspezifischen Rahmens für Beschäftigungsförderung argumentierte, wurde hierbei nach Aussage eines der ehemaligen Mitarbeiter der Kooperationsstelle überaus deutlich: »Ganz eng auf ihr Interessensgebiet hin, ›wir bauen einen Container zum Sammeln, das schafft Beschäftigung‹.«

Dabei wurde die IGM über den örtlichen Rahmen hinaus aktiv und versuchte, in einem Antrag an den Gewerkschaftstag Konzepte zur Entwicklung der Abfallwirtschaft anzuregen, die allerdings eingeschränkt branchenspezifisch ausgerichtet waren. Die IGM wollte durch den Containerbau zu einer »sinnvollen Beschäftigung« von Arbeitslosen beitragen. Dieser Vorschlag fand allerdings nicht das uneingeschränkte Interesse der Kooperationsstelle, denn er fügte sich nicht ohne weiteres in ein Gesamtkonzept ein.

Einvernehmlich mit der ÖTV beabsichtigte die Kooperationsstelle, gemeinsam mit den Betroffenen (Personalräten aus dem Bereich des öffentlichen Dienstes und Müllwerkern) zukünftige Anforderungen an ein öffentliches Müllerfassungs- und -verwertungssystem aus deren Sicht zu entwickeln. Die ÖTV hatte ihrerseits auf Drängen von interessierten Mitgliedern einen eigenen »Arbeitskreis Müll« ins Leben gerufen, der parallel zum DGB-Arbeitskreis agierte und dieselbe Konstruktion wie der strukturpolitische Arbeitskreis hatte, jedoch relativ zusammenhanglos arbeitete, was aus Sicht einiger Beteiligter einer Vergeudung von Kräften gleichkam.

Von der ÖTV war dennoch eine hauptamtliche Funktionärin in den strukturpolitischen Arbeitskreis delegiert, die es sich zur

Aufgabe machte, beschäftigungspolitische Ansätze in der Region mit der Zielsetzung herauszuarbeiten, auf seiten der Vertrauensleute das Interesse dafür zu wecken, in ihrem eigenen Bereich strukturpolitisch aktiv zu werden:

> »Ich habe dann versucht, im Grunde über die Ortsgruppe Castrop-Rauxel, das Problem auch für die ÖTV ein bißchen aufzuarbeiten. ... Meine BezugspartnerInnen sind aber im Grunde Vertrauensleute Stadtverwaltung schwerpunktmäßig und ein paar andere wie also Arbeiterwohlfahrt, ganz gering Kirche, Krankenhäuser, Sparkassen, die sich aber wenig beteiligen, so daß ich also im Grunde das versucht habe mit dem Vertrauenskörper Stadtverwaltung.«

Diese Bemühungen von hauptamtlicher Stelle schlugen jedoch fehl:

> »Das Ganze ist dann allerdings nicht weiter forciert worden, weil ich auch feststellen mußte, daß der Personenkreis, der das mittragen sollte – Vertrauensleute, Stadtverwaltung – also im Grunde zu wenig eigenen Drive hat, das also kontinuierlich zu betreiben.«

Eine Initiative von oben also, die auf Mitglieder-Ebene keine Resonanz hervorrief – zum einen hatte dies nach Einschätzung der hauptamtlichen Funktionärin »damit zu tun, daß einfach die Stadtverwaltungsleute doch im Verhältnis relativ gute Absicherungen haben« und von daher Beschäftigungssicherung und -förderung nicht auf ihr vorrangiges Interesse stieß. Zum anderen war aber wohl auch wichtig, *daß* es eben eine Initiative von oben war, die nicht an spezifische, artikulierte Bedürfnisse und Interessen der Mitglieder anknüpfen konnte:

> »Ich hatte schon die Vorstellung, daß es auch vor Ort im Grunde politisch getragen werden muß, daß dies keine Initiative sozusagen eines hauptamtlichen Menschen sein kann. Geht nicht! Also, ich kann im Grunde das Engagement der Leute vor Ort nicht ersetzen!«

Es zeigt sich in diesem Fall einmal mehr, daß eine »Arbeitskreis-Inflation« nur bedingt effektiv ist und Gefahr läuft, lediglich der Legitimation zu dienen, ohne innerhalb der Mitgliedschaft auf nennenswerte Resonanz zu stoßen.

Beim strukturpolitischen Arbeitskreis, der ja ebenfalls den Ansatz hatte, die »Basis« zur Mitarbeit zu bewegen, kann nach Ansicht des ersten Leiters der Kooperationsstelle mit Einschränkungen von gewissen Erfolgen gesprochen werden.

Die Kooperationsstelle betrachtete es nach seinen Worten als ihr Anliegen, »Zukunftsvisionen zu entwickeln« und diese dann z.B. an Betriebs- und Personalräte weiterzuvermitteln:

> »Da hatten wir Szenarien entwickelt, z.B. auch, wo wir gesagt haben, aufgezeigt haben: ›Wie könnte eigentlich die Zukunft der Müllabfuhr aussehen?‹ So. Das heißt also, die haben sich nicht gewehrt, aber sie haben erst mal diese typische Beharrungshaltung – also: ›ihr müßt uns mal erklären, warum wir eigentlich hier sind... Warum ich mich überhaupt bewegen soll‹.«

Diese Art Kooperation sei bei einer Reihe von Betriebsräten auf Interesse gestoßen, die konkrete Arbeitskreis-Ergebnisse etwa in Belegschaftsversammlungen verwenden konnten. Nicht zuletzt dieses Vorgehen habe zur Akzeptanz der Kooperationsstelle innerhalb der Gewerkschaften beigetragen. Andererseits wurden über die Initiierung von dezentral arbeitenden Arbeitskreisen, in denen sich nicht zuletzt junge und dynamische Betriebsratsmitglieder engagierten, die sich z.T. als Newcomer eher noch an den »Rändern« der Machtzentren betrieblicher Vertretungsstrukturen bewegten, auch konfliktträchtige Konstellationen herbeigeführt. Die Grundorientierung der Projekte auf eine Verknüpfung von traditioneller Gewerkschaftsbewegung mit Themen neuer sozialer Bewegungen – so die damalige Sicht der Kooperationsstelle – dürfte diese Konflikträchtigkeit eher gefördert haben, ohne zugleich tragfähige Perspektiven der Konfliktlösung entwerfen zu können.

Gescheitert ist der Arbeitskreis Strukturpolitik wohl letztlich wegen der in Richtung Wirtschaftsförderung bzw. Kommune nur teilweise kooperativen und mehr konfliktbehafteten Strategie wesentlicher Initiativen. Gescheitert ist er jedoch auch an seiner Eigendynamik: Ein Arbeitskreis, der relativ losgelöst von gewerkschaftlichen Gremien agiert, über die von ihm initiierten Prozesse aber u.U. den Kreisvorsitzenden oder örtliche Gewerkschaftsgremien in Zugzwang bringt, weil er eben nicht in den gewohnten, traditionellen gewerkschaftspolitischen Bahnen handelt, steht in Gefahr, an den ihn umgebenden Strukturen zu scheitern. In den Worten des damaligen Leiters der Kooperationsstelle:

> Der strukturpolitische Arbeitskreis wollte inhaltlich »einen Beitrag leisten zur Strukturierung der Region mit diesem Instrumentarium« und stieß, als er Konzepte produzierte, an Akzeptanzgren-

zen des Kreisvorsitzenden: der »hat gesehen, *das* ist das Instrumentarium, was mir die Macht aus der Hand nimmt«.

Die Folge waren Beschneidungen der Handlungskompetenzen des Arbeitskreises. Sie begannen damit, größere zeitliche Abstände zwischen den einzelnen Treffen des Arbeitskreises zu legen und mit einer verstärkten Intervention des Kreisvorsitzenden – nicht in dem Sinne, daß er nun seinerseits den Arbeitskreis gezielt zu nutzen versuchte, eher, daß er ihn »ausbremste«. Aus dem Blickwinkel der damaligen Kooperationsstelle hat der Kreisvorsitzende

> »sofort die technischen, technokratischen Instrumentarien, die es gibt, um das plattzumachen, auch benutzt. Also: wir hatten bis dato monatliche Sitzungen. Da war also so 'ne Power drin, daß wir uns wirklich monatlich hingesetzt haben in diesem Arbeitskreis und diskutiert haben. Die ersten waren praktisch alle vier Wochen, dann alle zwei Monate! So geht das los, ne?! So macht man dann solche Sachen kaputt... Oder: ›was hast Du da für einen Referenten? Ne, ne – komm, Du mußt mir vorlegen, was, welche Referenten da eingeladen werden. Ich bin ja schließlich der Vorsitzende!...«

Das Vorgehen des damaligen DGB-Kreisvorsitzenden ist zwar insofern nachvollziehbar, als hier letztlich nicht einfach dezentrale und ungesteuerte Prozesse blockiert wurden, sondern Entwicklungen, die von einem Konzept her angelegt waren, das potentielle Steuerungsmöglichkeiten gewerkschaftlicher Gremien am Ort unterlief. Falls es aber auch richtig ist, daß ihm danach nur noch die Möglichkeit verblieb, »Strukturpolitik in der Presse« zu machen, wie der damalige Leiter der Kooperationsstelle meint, verweist die »Konfliktlösung« auf ein tiefliegendes Strukturproblem örtlicher Gewerkschaftsarbeit, das wir weiter unten noch näher behandeln wollen.

Aus der Sicht mancher Beteiligter fällt das allmähliche »Austrocknen« des strukturpolitischen Arbeitskreises aber auch mit der Gründung des *Entwicklungszentrums Dortmund* (EWZ) zusammen, über das verschiedene Projekte gebündelt werden konnten und das aus Sicht der Kooperationsstelle als einem der treibenden Initiatoren geradezu so etwas wie der gewerkschaftliche Gegenentwurf zum Technologiezentrum Dortmund werden sollte. Am Beispiel des EWZ, das in gewisser Weise dieses Konzept der Verknüpfung von alten und neuen sozialen Bewegungen und seine Umsetzungsbemühungen gebündelt zum Ausdruck bringt, lassen sich deshalb auch am deutlichsten Leistungen und Grenzen dieser Neuansätze zeigen:

Zunächst ist hervorzuheben, daß das EWZ trotz empfindlicher Einschränkungen des Ursprungskonzepts – insoweit ein vor allem für den DGB vorrangiges Teilziel darauf gerichtet war, verschiedene Fördertöpfe zu bündeln, um ein kommunales Beschäftigungsprogramm zu entwickeln – infolge der gleichzeitigen Gründung einer städtischen »Arbeit und Umwelt GmbH«, dennoch erfolgreich politisch durchgesetzt und unter der Trägerschaft eines eingetragenen Vereins gegründet werden konnte. Ein ambitioniertes Konzept der Verknüpfung arbeitsmarktpolitischer, umweltökonomischer und sozialer Innovationen war dabei von den Gründern selbst intendiert, wohl auch wichtige Voraussetzung der gelungenen politischen Durchsetzung, erwies sich aber in der inzwischen nahezu siebenjährigen Geschichte des EWZ auch als chronische Überforderung (Mengelkamp/Franz 1990; Mengelkamp 1990a): Gemessen an den hohen Anfangserwartungen wurden Zielkorrekturen erforderlich. Zugleich waren örtlicher DGB und Einzelgewerkschaften immer wieder gefordert, wenn es darum ging, das finanzielle Überleben des EWZ durch geeignete Interventionen abzusichern.

Die Grenzen des Ansatzes kommen treffend in der Formulierung mehrerer Experten zum Ausdruck, derzufolge das EWZ als um so erfolgreicheres Modell erscheint, je weiter entfernt der so urteilende Beobachter sich von der Stadt Dortmund befindet. Unbeschadet aller (vorläufigen) Erfolge insbesondere im Zusammenhang mit dem angegliederten Gewerbehof zeigt sich, daß es 5 Jahre nach seiner Gründung noch kaum zureichend gelöste Zielkonflikte gab (Mengelkamp 1990a), insbesondere die ambitionierten Ansprüche der Entwicklung und Vermarktung alternativer Produkte angesichts der gegebenen Rahmenbedingungen unrealistisch waren. Es zeigt sich aber auch, daß die mit dem EWZ verknüpfte Hoffnung, es könne eine Brückenfunktion zwischen traditioneller Gewerkschaftsbewegung und Gruppen der neuen sozialen Bewegungen wahrnehmen, sich wohl nur sehr bedingt erfüllt hat.

Das EWZ blieb trotz seines hohen Aufmerksamkeitswertes v.a. in der ersten Zeit nach der Gründung eben doch eher ein randständiges Thema bezogen auf die Alltagsarbeit der wichtigen örtlichen Gewerkschaften. Die Schwierigkeiten der Ausfüllung einer »Brückenfunktion« werden aber auch aus unseren Intensivinterviews sichtbar, und zwar dort, wo diese zeigen, wie schwer es selbst den maßgeblichen, professionell handelnden Personen aus beiden »Lagern« fällt, die jeweiligen Handlungsbedingungen der anderen mitzureflektieren. Etwa dann, wenn es hauptamtlichen Gewerkschaftern schwerfällt, sich auf die Handlungsperspektiven der Mitglieder kleinerer Beschäftigungsinitiativen einzulassen, diese umgekehrt selbstverständlich die dauerhafte politische Absicherung ihrer Projekte erwarten, ohne zu sehen, daß dies selbst unter der Voraussetzung beachtlicher Aufgeschlossenheit politische »Tauschgeschäfte« (z. B. im Verhältnis DGB – örtliche SPD) erfordert, die abgewägt sein wollen und nicht ohne weiteres auf Dauer geleistet werden können. Die teilweise Revision des ursprünglichen Konzepts, die im November 1991 gegen Ende unserer empirischen Erhebungen vollzogen wurde, ist insofern die Konsequenz einer langen und schwierigen Entwicklung.

Das ursprüngliche Konzept des Trägervereins sah das EWZ als einen betrieblichen bzw. betrieblich angebundenen Arbeitskräftepool vor, wobei gleich zu Anfang festgestellt werden mußte, daß weder die betrieblichen noch die politischen Grundlagen zur Verwirklichung dieses Konzepts vorhanden waren (Mengelkamp 1990b, 59). Mit dem Entzug der Müllcontainer-Idee durch die Stadt verringerte sich der Anspruch und die materielle Substanz des Konzepts enorm. Für den Leiter des Wirtschaftsförderungsamtes der Stadt stellt sich die Angelegenheit 1986 allerdings etwas anders dar:

> »Die Einschätzung, daß mit der Realisierung des Containerbaus durch die Stadt dem EWZ ›Wind aus den Segeln‹ genommen wurde, teile ich nicht! Das Containerprojekt ist ja nicht prinzipiell neu in der Bundesrepublik. Auch in Berlin gibt es schon seit längerer Zeit eine getrennte Müllsammlung. Die Herstellung der für die getrennte Sammlung notwendigen Container ist auf dem ›normalen‹ Produktionsweg sicherlich erheblich kostengünstiger als in AB-Maßnahmen. Die manuelle Eigenproduktion als erstes Bewährungsprojekt für das EWZ-Projekt zu nehmen, wäre nach meiner Einschätzung für das EWZ sicher schädlich gewesen. Man hätte leicht feststellen können, daß ein solches EWZ-Vorhaben gegenüber dem marktüblichen Containerbau nicht wettbewerbsfähig ist. Gerade in der Startphase mit besonderem Anspruch wäre es also

kein guter Rat gewesen, den Containerbau dem EWZ als erstes Projekt auf den Weg zu geben.«

Hier entsteht der Eindruck, daß die Stadt dem EWZ das Projekt aus der Hand genommen habe, um die Beschäftigungseinrichtung vor Schaden zu bewahren. Zu vermuten ist jedoch, daß die Stadt ein vermeintlich imageförderndes Projekt vor Augen hatte, das dann allerdings zu kurzsichtig und undurchdacht durchgeführt wurde[13]. Andererseits weiß es auch der Vorstandsvorsitzende des EWZ durchaus positiv zu deuten, daß seinerzeit mit Gründung der »Arbeit und Umwelt«-GmbH durch die Stadt dem EWZ ein wichtiger Bereich entzogen wurde: zeige dies doch

> »unseren richtigen Ansatz. Die Krücken ›Beschäftigungsinitiativen‹ sind ja dann notwendig, wenn die regulären Institutionen versagen oder nicht ausreichen, um einen Bedarf zu decken, als auch für einen nicht funktionierenden Arbeitsmarkt. Wenn die regulären Institutionen es dann endlich selber durchführen, muß man froh und dann auch bereit sein, die Krücke wegzuwerfen bzw. nur die funktionierenden Teile (zu) behalten.«

Auch die zweite Schiene ›Produktentwicklung‹ erwies sich auf Dauer nicht als tragfähig und wurde nach einiger Zeit eingestellt, nachdem die Mitglieder des Trägervereins zur Kenntnis nehmen mußten,

> »daß der Bereich Produkt- und Verfahrensentwicklung mit zu hohen Erwartungen überfrachtet worden ist, zugleich mit unzureichender Ausstattung und Organisation zu kämpfen hatte, und daß wir daraus den Schluß gezogen haben, von der Entwicklung neuer Produkte abzusehen und uns vielmehr der Anpassung vorhandener Produkte unter Umweltgesichtspunkten insbesondere an handwerkliche Bedürfnisse zuzuwenden«.

Auch der Vertreter der örtlichen IGM zieht eine ähnliche Schlußfolgerung und nimmt dann andere Ansatzpunkte zum Thema Produktentwicklung aus Sicht seiner Organisation in den Blick:

> »Die ist mittlerweile eine andere, als wir das damals diskutiert haben. Das ist jetzt stärker ein betrieblicher Ansatz geworden in

---

13 Atmosphärische Auswirkungen dieser Transaktion sind bis heute spürbar: Für den DGB-Kreisvorsitzenden macht »dieses Fiasko vor ca. fünf Jahren in dieser Stadt... in der Tat eine kontinuierliche Politik in diesem Bereich (Beschäftigungsinitiativen, d. V.) unmöglich«.

Krisenbereichen. Wir sagen, daß dort, auch mit öffentlichen Geldern, etwas passieren müßte, und es auch hier ein paar Ansätze gibt.«

So mache die IGM bei Hoesch in Dortmund wie auch im Nachbarort Castrop-Rauxel die Erfahrung, daß sich in der direkten Zusammenarbeit mit Betrieben der Ansatz ›Produktentwicklung‹ ausbauen lasse[14].

Dem Entwicklungszentrum bleibt so letztlich als alleinige Aufgabe des Entwicklungszentrums der Qualifizierungsbereich mit dem Ziel, möglichst viele Menschen durch Qualifizierung und Beschäftigung im Umweltbereich für den ersten Arbeitsmarkt zu befähigen.

Der Verein wird getragen von derzeit mehr als zwanzig Mitgliedern (natürlichen Personen und Institutionen – als da sind: die Bank für Gemeinwirtschaft, die Stadt Dortmund, die Gewerkschaften DGB, IGM, BSE, die Vereinigten Kirchenkreise, das Arbeitslosenzentrum u.a.m.), wobei sowohl die Stadt Dortmund als auch die Gewerkschaften eher kurzfristig erfolgsorientiert waren. Die Stadt Dortmund sprang helfend bei vorübergehenden Liquiditätsproblemen in Form von Bürgschaften ein, um den drohenden Konkurs abzuwenden. »Die Stadt hat sich nicht vollständig herausgezogen, aber eine noch distanziertere Mitgliedschaft eingenommen«, so ein Mitglied des Trägervereins. Für sie müssen sich EWZ-Projekte ›rechnen‹, da die Stadt nicht als »Dauersubventionsgeber« auftreten kann, dies stellte der städtische Wirtschaftsförderungs-Dezernent 1986 fest.

Unterstützungen seitens der Gewerkschaften erhielt das EWZ von Anfang an vorrangig auf ideeller Ebene (Unterstützungen des Projekts als modellhafte Erfahrung und formell Vereinsmitgliedschaft von DGB und verschiedenen Mitgliedsgewerk-

---

14 Auf seiten der Betriebsräte jedoch sieht der IGM-Sekretär immer noch einen Mangel an Initiative: »Das Problem bei den Betriebsräten ist gegenwärtig noch immer – wie z.B. bei Beratungsleistungen –, sich frühzeitig zu kümmern. Ähnlich wie die Unternehmer verhalten sich hier die Betriebsräte auch: Solange es läuft, ist doch alles klar. Also, als typisches Beispiel: Im Bergbauzulieferbereich war der erste Ansatz, sich um andere Projekte zu kümmern, Mitte der 80er Jahre. Dann gab es wieder ein paar Jahre gar nichts. Stillstand, weil die Auftragslage wieder erheblich besser war. Kehrte sich die Situation wieder um, war das Thema plötzlich da. Das ist unser Problem: eine Kontinuität dafür bei den Betriebsräten zu erreichen.«

schaften). Vor allem jedoch konnten sie für das EWZ hilfreichen Druck auf die Stadt ausüben hinsichtlich der Übernahme von Bürgschaften.

»Aber – und das ist ein sehr wichtiges Aber – sie haben von sich aus überhaupt keine inhaltlichen Punkte mitgebracht! Wenn es welche gegeben hat, dann hat es sie gegeben, weil gewerkschaftlich denkende Leute – wie K.E., M.B. oder ich und einige andere – zu den Gewerkschaften gegangen sind und sie auf gewerkschaftlich zu bearbeitende Themenfelder hingewiesen haben, Arbeitskreise ins Leben gerufen haben, sie auch am Leben erhalten haben. Das ist in den Gewerkschaften aber nie richtig aufgegriffen worden. Lokal ist es schon mal mitgetragen, aber nicht weiterentwickelt worden. Zum Beispiel unser Plan, eine Ver- und Entsorger-Ausbildung zu koppeln mit der Planung eines Entwicklungskonzeptes für ein integriertes Abfallwirtschaftssystem in Dortmund als Projekt bei der Hans-Böckler-Stiftung durchzusetzen, das hat die ÖTV nicht zustande gebracht«, resümiert ein EWZ-Vorstandsmitglied.

Es ergibt sich so ein Bild, nach dem das EWZ zwar formell und auch in bezug auf wichtige organisatorische und finanzielle Absicherungen von den Gewerkschaften aktiv unterstützt wurde, diese jedoch bei der inhaltlichen Arbeit, das Ingangbringen von Projekten selbst keine Impulse einbrachten und auch Anstöße von anderen kaum aufnehmen konnten. Es blieb daher den akademischen und gewerkschaftlich orientierten Mitarbeitern des EWZ überlassen, entsprechende Ideen in die Gewerkschaften hineinzutragen. Bei diesen herrsche hingegen eine starke Ertragsorientierung, »die möglichst vorgestern die Wirtschaftlichkeit erwartet und verlangt und sehr wenig Geduld (aufbringt).« Ursache dafür ist aus Sicht der gewerkschaftsnahen Wissenschaftler die starke Betriebs- und Branchenorientierung der Mitgliedsgewerkschaften, die wenig über ihre ureigensten Belange hinausdenken, sich vorrangig den unmittelbaren Interessen ihrer Mitglieder verpflichtet fühlen und sich teilweise auch mangels eng begrenzter personeller Ressourcen auf einem sehr eingeschränkten Handlungsfeld bewegen.

Auch der jetzige DGB-Kreisvorsitzende, der erst seit rund zwei Jahren die Entwicklung des EWZ begleitet, äußert eine »bewußt skeptische Einschätzung«: Für ihn stellt sich die Tätigkeit im Zusammenhang mit der Einrichtung mehr als Krisenmanagement (Bürgschaftsverhandlungen mit der Kommune) denn als Entfaltung eines inhaltlichen Konzepts dar. Aufgrund eines drastischen Mangels an administrativen und finanziellen Ressourcen konnte das EWZ seiner Ansicht nach nicht die gewünschte Wirkung auf die Kommunalpolitik zeitigen. Zurückhaltend äußert er sich auch hinsichtlich der Teilhabe des EWZ an der Diskussion um ökologisch verträgliche Produkte. Diese Inhalte seien eher von den Gewerkschaften, z.T. auch von der Wirtschaftsförderung, Handwerkskammer und IHK eingebracht worden.»Die Philosophie, die vom EWZ ausgehen sollte, hat in den Gewerkschaften keine hohe Resonanz gefunden« – eine Einschätzung, die auch ein Vertreter der örtlichen IGM teilt: Viel mehr als »Berührungspunkte« zwischen IGM und EWZ seien nicht vorhanden gewesen.

Das ungeliebte Kind ›EWZ‹, so scheint es, lebt von nur geringer Unterstützung seiner diversen ›Mütter‹ und ›Väter‹: für wissenschaftliche Begleitung nicht versiert/qualifiziert genug (»da haben wir Leute vom DGB-Bundesvorstand, der IKS, der GEWOS«, so ein Sekretär der IGM) und als sich selbst tragende, geschweige denn profitträchtige Einrichtung (via Produktentwicklung) längst abgeschrieben. Zu vermuten ist eher eine finanzielle Belastung seiner ›Erzeuger‹. Einzig die moralisch und politisch verpflichtende Unterstützung einer Beschäftigungseinrichtung für Langzeit-Arbeitslose bleibt verbindendes Element für alle Beteiligten – laut einem IGM-Sekretär auch für seine Organisation:

> »Also, das allgemein politische Interesse über den Rahmen hinaus des spezifischen IGM-Interesses war die Arbeitslosigkeit und die spezielle Langzeitarbeitslosigkeit in dieser Stadt. Das war ja ein Ansatz – zwar ein kleiner – zu versuchen, dort hineinzukommen.«

Über gewisse Berührungspunkte hinaus – z.B. die Thematisierung sinnvoller Produktentwicklung in der Ausbildungswerkstatt oder eine Maßnahme des EWZ mit Langzeitarbeitslosen bei Hoesch – war, so der IGM-Sekretär, »viel mehr auch nicht vorhanden«.

Als Resultat all dieser Erfahrungen fand im November 1991 eine Konzeptrevision statt, die den Schwerpunkt der Arbeit des EWZ nunmehr gänzlich auf umweltorientierte berufliche Weiterbildung mit qualitativ hohem Anspruch legte, was dem EWZ zustimmendes Wohlwollen nicht zuletzt auch von seiten der Stadt eintrug. So versichert ein Vorstandsmitglied des EWZ:

»Das ist der ›goldene Punkt‹ des EWZ! Entsprechend einer Statistik haben rund 70 % der Leute, die im EWZ beschäftigt waren oder qualifiziert wurden, hinterher eine Arbeitsstätte gefunden«;

und dies sei eine Quote, die weit über dem Landesdurchschnitt sowie vergleichbarer Beschäftigungsinitiativen liege.

Gelöst sein dürfte damit auch eines der vorrangigen Probleme, die sich zum Zeitpunkt unserer Erhebungen für die örtliche IG Metall stellten: Wichtig war für einen ihrer hauptamtlichen Funktionäre

»erst mal, daß es (das EWZ, d. V.) aus dem Schußfeld kommt... Wir haben weitergehendes Interesse daran, daß der Qualifizierungsteil verknüpft mit inhaltlichen AB-Maßnahmen positiv weiterläuft. Wir haben eine gute Vermittlungsquote gehabt, und von daher ist es auch vorzeigbar.«

Wie als Selbstbestärkung, eingedenk der eigentlich doch geringen eigenen Erwartungen an das EWZ, habe die IGM

»keinen Grund, damit defensiv umzugehen. Das gewerkschaftliche Interesse an Qualifizierung ist dort umgesetzt, und das werden wir auch weiter fördern. Da gibt es eine Anforderung, auch aus unserer Mitgliedschaft heraus.«

Letzteres dürfte allerdings fraglich sein, da das EWZ bei den Gewerkschaftsmitgliedern nur wenig bekannt ist. Von Interesse für die IGM ist also v.a. der Qualifizierungsbereich – ein Feld jedoch, das auch wieder nur die Führungsriege zu interessieren scheint: Innerhalb der Mitgliedschaft sind die Anliegen des EWZ kaum ein Thema[15], und auch die Betriebsräte dürften es allenfalls am Rande ihrer Arbeit wahrnehmen:

---

15 E. Niemeyer hebt in seiner Untersuchung hervor, daß bei den wenigen lokalen Themen, die in den IGM-Stadtteilgruppen eine Rolle spielen (6 % aller Arbeitsschwerpunkte), die Auseinandersetzung mit der lokalen/regionalen Beschäftigungskrise einen herausgehobenen Stellenwert hat (Niemeyer 1988, 79). In diesen Rahmen gehören Veranstaltungen, auf denen Mitarbeiter des EWZ oder der Kooperationsstelle über das Entwicklungszentrum informierten. In unseren Interviews mit Vorstandsmitgliedern des EWZ lesen sich die Berichte über solche Veranstaltungen resigniert und skeptisch. »Da (in den IGM-Stadtteilgruppen) sitzen alte Männer, die sich Geschichten erzählen wollen. Die hat das nicht interessiert... Das war keine Lösung für ihre Probleme.«

»(Das EWZ) spielt bei unseren Betriebsräten eigentlich keine Rolle. Von einer Identifizierung der Betriebsräte von Hoesch mit diesem Projekt kann eigentlich nicht gesprochen werden«,

urteilt z.B. der Arbeitsdirektor der Hoesch-Stahl AG 1986. Immerhin bestehen aber nach dem EWZ-Geschäftsführer zum Zeitpunkt unserer Erhebungen (1990) seit eineinhalb Jahren betriebliche Kooperationsbeziehungen:

> »Bei diesem Lehrgang mit Langzeit-Arbeitslosen bei Hoesch, wo es konkret um Menschen ging, war es dann ganz einfach, mit Betriebsräten und Vertrauensleuten ins Gespräch zu kommen – auch über uns und unsere Einrichtung.«

Wenig effektiv sei hingegen ein Diskussions-Arbeitskreis mit Ingenieuren der IGM oder Ausbildern gewesen, was auf die Bedeutung von Praxisbezügen bei der Arbeit mit ArbeitnehmerInnen verweist.

Bis auf den Hoesch-Konzern, der bislang leerstehende Gebäude und brachliegende Flächen zur Verfügung stellte (dies ist einer Intervention des EWZ-Mitglieds und Hoesch-Arbeitsdirektors zu verdanken) und darüber hinaus Langzeit-Arbeitslose im Rahmen von Qualifizierungsmaßnahmen innerhalb der Betriebe beschäftigte, zeigt die Arbeit des EWZ auf andere örtliche Betriebe kaum entsprechende Wirkung. Dies zu befördern, wäre Aufgabe der Gewerkschaften, die für den derzeitigen Geschäftsführer des EWZ ein wichtiger Bezugspunkt sind:

> »Wir könnten eine offensivere Funktion wahrnehmen, wenn es von den Gewerkschaften gewollt wäre... Wir werden als Belastung empfunden« anstatt als »originärer eigener Beitrag der Arbeitnehmerseite in der Frage der Entwicklung einer Region oder eines Ansatzes der Lösung eines Strukturwandelproblems in dieser Region.«

Ein Grunddilemma des EWZ waren (und sind) Abhängigkeiten von Förderungsbedingungen, die letztlich zu geringer Kontinuität führen (müssen). Eine Reihe von Einzelprojekten wurden durchgeführt, die aber keine Fortsetzung fanden: Die Ursache liegt – dem IGM-Sekretär zufolge – zum Teil

> »an Förderungsbedingungen, die teilweise geändert wurden und z.B. eine Maßnahme mit Coop, die wird höchstens nur alle drei Jahre einmal durchgeführt. Das sind Bereiche, wie dieser Qualifizierungsbereich, wo ein breites Angebot vorhanden sein muß. Es

reicht nicht aus, nur zwei, drei Qualifizierungsangebote zu haben. Man muß einen breiten Angebotsfächer haben, um ständig Beschäftigung zu gewährleisten. Z.B. Maßnahmen zum umweltschonenden Bauen kann man wahrscheinlich auch nur einmal im Jahr mit der Kreishandwerkerschaft machen.«

Vor allem jedoch dürfte die Tatsache mangelnder Kooperationsfähigkeit zwischen (Beschäftigungs-)Initiativen aus dem ursprünglich alternativen Bereich und traditionellen Gewerkschaftern der Grund für die geringe Unterstützung seitens der Gewerkschaften sein.

4. Neue Impulse und Herausforderungen – Strukturpolitik und endogene Regionalentwicklung als Elemente lokaler Arbeitspolitik

Zum Zeitpunkt unserer Erhebungen (1990) lagen diese frühen Neuansätze, deren konzeptionelle Grundlagen, Umsetzungserfolge und -grenzen am Beispiel des strukturpolitischen Arbeitskreises und des EWZ Dortmund besonders prägnant gezeigt werden können, schon einige Jahre zurück. Die Position des DGB-Kreisvorsitzenden war in den vergangenen vier Jahren zweimal neu besetzt worden; die Kooperationsstelle stand im Zusammenhang mit personellen Veränderungen vor einem Neubeginn ihrer Arbeit; das EWZ, verschränkt mit dem als konsolidiert betrachteten Gewerbehof, stand vor der Korrektur programmatischer Ansprüche und war im Themen- und Handlungsspektrum des örtlichen DGB dadurch, aber auch wegen des Versuchs zu Neuansätzen auf den Feldern lokaler/regionaler Struktur- und Beschäftigungspolitik – durch das Betreiben der Gründung einer »Gesellschaft für Arbeit, Beruf und Stadtentwicklung GmbH« (GABS) (vgl. weiter unten sowie Mengelkamp 1990b) – in seinem Stellenwert ein Stück weit relativiert.

Vor dem Hintergrund der eingangs allgemein skizzierten weiter vorangeschrittenen Modernisierungsprozesse stellen sich Ansatzpunkte einer lokalen und regionalen Arbeitspolitik von seiten des DGB und der Einzelgewerkschaften verändert dar: Der Begriff der endogenen Regionalentwicklung ist nun eher verknüpft mit Forderungen nach einer stärkeren Kooperation und Koordination in der Region (Dortmunder Konsens) als einer wichtigen Voraussetzung für zugleich sozialverträgliche Modernisierungsprozesse (aktive Bestandspflege und Neuansiedlung von Unternehmen in zukunftsträchtigen Branchen, z. B. über das Technologiezentrum auf dem Gelände der Universität Dortmund) und erfolgreiche Selbstbehauptung im internationalen Wettbewerb[16].

Erstmals ist in Dortmund die Position des DGB-Kreisvorsitzenden nicht mit einem Gewerkschafter besetzt, der aus den Reihen der IG Metall kommt, vielleicht auch ein Ausdruck der zuvor erwähnten Gewichtsverschiebungen. Jedenfalls gilt nicht mehr, daß der örtliche DGB aus der Sicht der größten Einzelgewerkschaft am Ort schlicht als »Erfüllungsgehilfe« charakterisiert wird, wie dies der frühere, erste Bevollmächtigte der IG Metall für seine Amtszeit noch griffig formuliert hat[17]. Vielmehr wird der örtliche DGB nun als »Koordinationsinstanz« bezeichnet mit Zuständigkeiten für die von den Einzelgewerkschaften innerhalb der Arbeitsteilung im DGB weniger abgedeckten Felder regionaler Struktur- und Beschäftigungspolitik. Diese gewissermaßen angestammte und selbstverständliche Aufgabenteilung wird so auch von seiten der maßgeblichen Repräsentanten des örtlichen DGB gesehen – allerdings nicht ohne den nachdrücklichen Hinweis, daß im Hinblick auf proklamierte Gestaltungsansprüche eine stabile Besetzung dieser Felder voraussetze, daß auch die Einzelgewerkschaften »eine vorausschauende Strukturpolitik nicht nur in Krisenzeiten, sondern generell auch als ihre Aufgabenstellung begreifen«. Man sei dabei, entsprechende innergewerkschaftliche Informationsprozesse zu institutionalisieren[18].

---

16 Nicht zuletzt dürfte es auch ein Ausdruck solcher korporatistischen Politikansätze in der Region sein, daß angesichts der unfreundlichen Übernahmedrohung gegenüber der Hoesch AG durch Krupp 1991 doch weitgehend einheitliche Kritik aller relevanten örtlichen Akteure bis hin zur Industrie- und Handelskammer im Interesse der Erhaltung von Arbeitsplätzen und Lebensqualität in der Region zu vermerken war.

17 Das folgende Zitat macht diese Gewichtsverteilung sehr plastisch deutlich: »Hier in Dortmund ist es noch nie anders gewesen. Wir haben also auch noch nie bei unserer Politik, auch örtlicher Politik, erst Rücksprache mit dem DGB genommen. Überhaupt nicht! Im Gegenteil: Wenn eine Vorstandssitzung des DGB war, wo ja die Vorsitzenden bzw. die Geschäftsführer der Gewerkschaften dann Mitglied sind, hat sich der DGB-Vorsitzende erkundigt, ›was läuft hier überhaupt‹ – damit er informiert ist, was sich tut in den einzelnen Gewerkschaften.«

18 Beabsichtigt wird in diesem Zusammenhang:
– die gezielte Nutzung der personell neu besetzten Kooperationsstelle,

Entscheidend ist aus der Sicht des DGB-Kreisvorsitzenden weiter, ob es zukünftig gelingen wird, »die betrieblichen Interessen mit den regionalen Interessen in Verbindung zu bringen.« Die Probleme, die sich dabei stellen, sollen im folgenden näher ausgeleuchtet werden.

4.1 Ohne Netz(werke) und klare Leitorientierung – Lokale Arbeitspolitik als »Ein-Mann-Show«?

Will man die Probleme lokaler gewerkschaftlicher Arbeitspolitik plastisch vorführen, ist man gut beraten, die Handlungsbedingungen und -perspektiven eines DGB-Kreisvorsitzenden zu rekonstruieren. Denn vieles, allzu vieles ist unter heute gegebenen gewerkschaftlichen Strukturen vor Ort auf eine Person zugeschnitten.

Solange die betriebs- und tarifpolitischen Schwerpunktsetzungen (und partiellen Verselbständigungen) der Mitgliedsgewerkschaften noch unproblematisch erscheinen, mag es angehen, daß ein DGB-Kreisvorsitzender sich mit einer schwerpunktmäßigen Aufgabenstellung von »Koordinieren, Ergänzen, Repräsentieren« bescheidet, auch wenn diese gleichsam über den Mitgliedsgewerkschaften »schwebende« Position[19] – zumal bei Konflikten zwischen ihnen – immer wieder als zutiefst unbefriedigend erlebt wird und zudem Anlaß zu der Klage besteht: »Wir ersticken in Kleinarbeit und kommen nicht dazu, über Grundsatzfragen nachzudenken.«

In dem Maße, wie lokale Arbeitspolitik als Handlungsanforderung gerade für die örtliche DGB-Ebene gesehen wird, müssen die tradierten gewerkschaftlichen Strukturen zum Problem werden.

»Der DGB-Vorsitzende ist kein ›Grüß-Gott-August‹!« – Diese Feststellung des örtlichen DGB-Kreisvorsitzenden ist deshalb sozusagen Programm. Er betrachtet den DGB nicht als Organisation, die aus Repräsentativitätsgründen in allen denkbaren Ausschüssen vertreten sein muß, sondern will seine Vorstel-

---

- eine Neubelebung des strukturpolitischen Arbeitskreises sowie
- der Aufbau thematisch gerichteter gewerkschaftlicher Arbeitskreise.

19 Für den früheren DGB-Kreisvorsitzenden galt noch die Devise: »Der DGB-Vorsitzende mischt sich nicht in die inneren Angelegenheiten der Einzelgewerkschaften. Punkt. Feierabend«: Er empfand sich eher als »Hüter der Arbeiterbewegung« und »Mahner«, mischte sich nur ein, »wenn es gewünscht wird, daß er die notwendige Unterstützung gibt«.

lungen von Politik für ArbeitnehmerInnen effektiv umsetzen durch Kooperation mit zahlreichen Akteuren auf dem kommunalen Parkett. Trotz eines kapazitätsmäßig eng begrenzten Aktionsradius[20] lassen sich zwei Schwerpunkte in der Arbeit des DGB Dortmund festmachen:

- Öffnung nach außen, zu Gruppen/Verbänden, mit denen der DGB bislang wenig Kontakte hatte, sowie
- Stärkung von Kompetenzen und Einfluß auf den Feldern der Arbeitsmarkt-, Struktur- und Regionalpolitik.

Will der DGB-Kreisvorsitzende in diesem Sinne nicht nur als Repräsentant des DGB, sondern als handlungsmächtiger Akteur im lokalen Politikfeld auftreten, so muß er Probleme in zweierlei Richtungen lösen, nämlich (1) in koordinierender und moderierender Funktion zwischen DGB und Mitgliedsgewerkschaften und (2) bei der Einbringung von gewerkschaftlichen Positionen und Zielsetzungen in Aushandlungsprozesse mit anderen lokalen Akteuren aus Kammern, Verbänden und lokaler Politik.

Die Crux besteht im ersten Fall darin, den durchaus nicht immer deckungsgleichen Forderungen der Mitgliedsgewerkschaften gerecht werden zu müssen. Von der örtlichen Presse werden die Verlautbarungen des DGB zumeist wohlwollend und häufig kommentiert, aber das trifft nicht immer auf uneingeschränkte Zustimmung *aller* Mitgliedsgewerkschaften: So verbucht es der Bezirksvorsitzende der IGBE deutlich negativ, daß seiner Meinung nach der DGB auf Kosten seiner Gewerkschaft Schlagzeilen macht – z.B. bei der (öffentlich gestellten) Frage nach der Stellung zu Beschäftigungsgesellschaften:

> »Da muß er differenzieren, daß die Reporterin da nicht das Fazit ziehen kann: ›Die IGBE sagt nein, aber der DGB sagt: für *alle* Beschäftigungsgesellschaften!‹ Mitten in der Kohlerunde kann er da doch nicht sagen, für uns im Bergbau könnte das in zehn Jahren das Instrument sein, das wir brauchen... Dann darf er nicht von uns erwarten, daß wir ihm wohlgesonnen sind. Er ist derjenige,

---

20 Sowohl »personell als auch organisatorisch, finanziell und kompetenzmäßig« fühlt sich der örtliche Kreisvorsitzende beschnitten. Und er gibt zu bedenken, daß anhand des Personalschlüssels deutlich werde, welchen inhaltlichen Stellenwert die politische Arbeit des DGB vor Ort habe: In den 50er Jahren habe es fünf politische und zwei Rechtssekretäre in Dortmund gegeben: Heute hingegen sei dieses Verhältnis genau umgekehrt, und »dies verdeutlicht die politische Richtung, die der DGB eingeschlagen hat«.

der versuchen muß, alles unter einen Hut zu bringen, für alle da zu sein, aber auch keinen zu vernachlässigen von den Kleinen.«

Auch über die Kommunalisierung der Energieversorgung gibt es deutliche Interessendivergenzen, wie der IGM-Sekretär berichtet:

»Das haben wir hier... lokal ganz konkret gehabt bei der Energiefrage, wo es darum ging: Stadtwerke oder VEW (Vereinigte Elektrizitätswerke, d. V.) bei der Stromversorgung. Da gab es eine Menge Reibereien, z.B. IGBE und DGB. Es werden also Konfliktfelder auftreten. Ich weiß noch nicht, wie wir das konkret machen werden.«

Die Zahl solch konfliktträchtiger Konstellationen ist beachtlich – schon innerhalb des knappen Zeitraums unserer Untersuchung: Die massive und generalisierende Befürwortung von Beschäftigungsgesellschaften kann da – wie gezeigt – in Widerspruch zur sozialen Flankierung des Personalabbaus im Bergbau geraten oder doch durch entsprechende journalistische Aktivitäten gebracht werden: Bezieht der DGB Position zur zukünftigen Energieversorgung der Stadt (Kommunalisierung), so gerät er in ein Feld widersprüchlicher Interessen sowohl innerhalb der ÖTV als großer Einzelgewerkschaft am Ort als auch zwischen ÖTV und IGBE – mit anderen, kohlepolitisch begründeten Branchenbezügen – und natürlich auch innerhalb der kommunalen Politik selbst. Im Konflikt um den ›feindlichen Übernahmeversuch‹ der Hoesch AG durch Krupp kann eine mit der örtlichen IG Metall vertretene Forderung nach Rücktritt des nordrhein-westfälischen Wirtschaftsministers in Widerspruch zu Interessen der IGBE treten, deren kohlepolitische Positionen zur gleichen Zeit durch eben diesen Minister gestützt werden. Neuansätze wie das »Familienfest des DGB zum Ersten Mai« erfordern zusätzliche finanzielle Mittel, die verschiedene Einzelgewerkschaften nicht ohne weiteres aufzubringen bereit sind, usw. Hier trifft dann auch auf die gegenwärtigen Handlungsbedingungen in vollem Umfang zu, was der frühere DGB-Kreisvorsitzende für bestimmte Ausnahmesituationen in seiner Amtszeit wie folgt formuliert hat:

»In solchen Situationen, die von scharfen Spannungen auch innerhalb der Gewerkschaften oder zwischen einzelnen Gewerkschaften geprägt sind, macht es wirklich keinen Spaß, DGB-Vorsitzender zu sein. In der Mathematik würde man sagen: Man sucht den kleinsten gemeinsamen Nenner. Du balancierst irgendwo zwischen dem, was du persönlich möchtest, was du gewerkschaftspolitisch notwendig findest und was zu diesem Zeitpunkt überhaupt bei diesen Strukturen machbar ist.«[21] (Zitiert nach Kruse/Lichte 1991)

Jedoch am Bild des DGB als bloßem Dachverband mit eher diffusen Aufgaben hat sich in den Vorstellungen so mancher Mitgliedsgewerkschaft im Laufe der Zeit offenbar wenig geändert. Gewiß, die Mitgliedschaft im DGB ist eine Selbstverständlichkeit, der sich keine Gewerkschaft entziehen kann und will. Aber es kommen von seiten der Mitgliedsgewerkschaften kaum nennenswerte Impulse, den DGB zu effektivieren. Zu sehr ist man dort selbst mit ähnlichen organisationsinternen Problemen geplagt[22]. Der Stellenwert des DGB im Kreis Dortmund wird deutlich, wenn ein hauptamtlicher Funktionär der IGM zwar einräumt, *alle* Mitgliedsgewerkschaften müßten sich ändern, bevor man vom DGB erwarten könne, daß er strukturelle Umbrüche vollziehe, er andererseits jedoch ernüchternd feststellt: »Der DGB ist eben nur 'ne Dachorganisation!«

Auch der Vorsitzende des DGB-Angestelltenausschusses beklagt den Mangel an Resonanz bei den Mitgliedsgewerkschaften: Er beschreibt das allgemein konstatierte Dilemma der Ausschußarbeit, wenn er feststellt, daß selbst die Ausschußmitglieder an den Veranstaltungen nicht mehr teilnähmen und das Interesse von Funktionären an der Arbeit insgesamt zurückgehe. Dies sei nicht zuletzt darauf zurückzuführen,

»daß man die DGB-Arbeit in den Gewerkschaften erst mal an letzter Stelle sieht. Erst mal kommt die eigene Arbeit. Na ja – und wenn man dann überhaupt noch Zeit hat, dann kommt die DGB-Arbeit.

---

21 Vergegenwärtigt man sich Erfahrungsberichte anderer DGB-Kreisvorsitzender auf den Zukunftsforen des DGB in Hattingen 1990 und 1991, so wird deutlich, daß unsere Skizze am Beispiel Dortmund durchaus allgemeingültige Handlungsprobleme des DGB auf der örtlichen Ebene charakterisiert. Werden die Herausforderungen einer lokalen gewerkschaftlichen Arbeitspolitik ernst genommen, dann verweisen diese Handlungsprobleme darauf, daß sehr dringlich strukturelle Weiterentwicklungen erforderlich sind, um auf einem stabilen »zweiten Standbein« außerhalb der Betriebe stehen und von ihm aus agieren zu können.
22 »Nur der DGB hat es damit zu tun, daß er erst *nach* den einzelnen Gewerkschaften kommt. Jede Gewerkschaft hat es für sich schon schwierig, und dann noch DGB-Arbeit«, stellt z.B. der Vorsitzende des DGB-Angestelltenausschusses fest.

Und dazwischen gibt es für diejenigen wahrscheinlich so viel interessante Tätigkeiten oder was weiß ich, daß man für die DGB-Arbeit dann kein Interesse mehr aufzeigt.«

Der Schwerpunkt der Arbeit liege im Zentrum industriegewerkschaftlich geprägter Interessenvertretung. Trotzdem werde der DGB gebraucht – für all die Dinge nämlich,

»die über den Bereich ihrer (der Mitgliedsgewerkschaften, d. V.) organisatorisch wichtigen Tätigkeit, Betrieb und Tarifpolitik von allen Gewerkschaften geleistet werden müssen. Und da sind sie auch froh darüber, daß es den DGB gibt, auf den das zukommt.«

Der Kreisvorstand des DGB ist das Gremium, in dem formal alle Gewerkschaften vertreten sind, wo Austausch und Absprachen zwischen den Gewerkschaften stattfinden. Darüber hinaus gibt es nur wenige formelle Berührungspunkte der Mitgliedsgewerkschaften, die über Beteiligungen und Solidaritätsbekundungen bei Arbeitskampfmaßnahmen u. ä. hinausreichen.

Konkurrenz statt Zusammenarbeit – nach diesem Prinzip verfahren überregional die Gewerkschaften ÖTV und IGBE in dem Konflikt um Zuständigkeiten für entsprechende Organisationsbereiche in den neuen Bundesländern – und so manches Mal steht der Proporz den Inhalten auch auf örtlicher Ebene im Wege: so z. B. bei der Besetzung eines Aufsichtsrats-Mandats, für das der Dortmunder DGB-Kreisvorsitzende in die Auswahldiskussion geriet, und die sich für eine Vertreterin der ÖTV folgendermaßen darstellte:

»Und dann gab es so diese typische Diskussion in der ÖTV, daß man gesagt hat: ›Das ist aber *unser* Mandat!‹ – Also ÖTV-Mandat. Und nicht mehr geguckt hat, daß der Kreisvorsitzende im Grunde auch ganz gut für die ÖTV da Position, auch inhaltlich, beziehen kann. Oder als DGB-Vorsitzender eigentlich noch mehr Gewicht hat.«

Diese Begebenheit gibt den Blick frei auf starre institutionelle Verselbständigung, für die nicht das Ziel optimalen personellen Einsatzes, sondern Organisationsegoismus maßgeblich ist.

Bislang – so scheint es – ist für die Mitgliedsgewerkschaften ihre Organisation von größerer Bedeutung als der DGB, hat z. B. nach Auffassung einer hauptamtlichen Funktionärin der ÖTV das,

»was auf DGB-Ebene im Kreisvorstand etwa oder auch auf Kreisdelegiertenversammlungen diskutiert worden ist, in der ÖTV normalerweise keine große Rolle gespielt«.

Die vielfältigen Erfordernisse, resultierend aus der strukturellen Situation des DGB-Kreises, sind für den DGB als *alleinigen* Akteur eine glatte Überforderung[23]. Zwar gestehen die Mitgliedsgewerkschaften die Notwendigkeit strukturpolitischer Maßnahmen ein, aber es gibt eine deutliche Hilflosigkeit hinsichtlich geeigneter Schritte und nur geringen Willen zur gemeinsamen Problemlösung, da letztlich die jeweiligen eigenen Schwierigkeiten als ganz besonders drängend und primär erlebt werden. Aus den Augen verloren wird dabei leicht die Chance, die in einem abgestimmten arbeitsteiligen Vorgehen von DGB und Mitgliedsgewerkschaften liegt. Aus Sicht des Kreisvorsitzenden ist dazu der Einsatz der Mitgliedsgewerkschaften zwingend notwendig:

»hier ist weniger der DGB gefordert, sondern es sind vielmehr die Gewerkschaften gefordert! Und hier sehe ich erhebliche Defizite! Organisationspolitische Defizite. Ich sag' das ganz offen: Regionalpolitik... ist nur bedingt, nur sehr bedingt ein Arbeitsfeld der Gewerkschaften. Da sind wir als DGB-Vertreter oftmals – das liegt in der Funktion und liegt auch in der Aufgabenstellung begründet – weiter als die Mitgliedsgewerkschaften. Ich will den Kollegen keinen Vorwurf machen, das liegt in der Aufgabenstellung begründet, wir als DGB-Vertreter haben damit mehr oder weniger täglich zu tun. Und die Gewerkschaften haben da eine etwas andere Aufgabenstellung. Und es wird jetzt darauf ankommen, daß wir z.B. den Bereich Qualifizierung, den Bereich innovativer Produktentwicklung, Diversifizierung – also alle diese Dinge, die sich auf betrieblicher Ebene entwickeln und darstellen, hier in eine Beziehung zur regionalen Ebene zu bringen. Oder anders ausgedrückt: die betrieblichen Innovationen, d.h. die privaten Innovationen, die auf betrieblicher Ebene stattfinden, mit den öffentlichen Innovationen und Gedankengängen zu verbinden. Das ist der eigentliche Knackpunkt, mit dem wir uns hier auseinandersetzen müssen.«

---

23 Und wenn man dann für DGB realistischerweise dessen Kreisvorsitzenden einsetzen muß, der hier ohne breiten »Unterbau« agiert, dann können auch persönliche Professionalität und einiges Geschick beim Aufbau informeller beratender Expertenkreise das grundlegende Strukturproblem allenfalls überspielen. Es fehlen die Strukturen, in denen – von den Betrieben ausgehend – Sachverstand gebündelt und Meinungsbildung organisiert werden kann.

Diese Verbindung von betrieblicher und außerbetrieblicher arbeitspolitischer Perspektive ist dabei gleichsam gewerkschaftliches Neuland – vor allem eben für die Mitgliedsgewerkschaften, für die der außerbetriebliche Bereich bislang nur sehr bedingt zu ihren originären Aufgaben gehört.

Die vorhandenen Ressourcen werden nicht hinreichend ausgeschöpft, da es bislang noch an der Einsicht mangelt, daß es für Gewerkschaften durchaus einträglich sein kann, sich im Feld lokaler Arbeitspolitik zu bewegen. Der Kreisvorsitzende:

> »Das ist der entscheidende Punkt bei der Regionalisierung der Regionalpolitik, die wir ansonsten ja durchaus begrüßen! Da sind neue Anforderungen mit verbunden, ist auch eine neue Denk- oder Denkungsart auch bei den Gewerkschaften mit verbunden. Und ich habe die Befürchtung, und daran müssen wir noch arbeiten – insbesondere auch der DGB –, diese Philosophie der Regionalisierung, die zunehmend an Gewicht gewinnt vor dem Hintergrund des sich dynamisch entwickelnden Binnenmarktes, den Gewerkschaften als Problem auch darzustellen.«

Die branchenübergreifende Struktur- und Regionalpolitik gehörte bisher nicht zum Arbeitsbereich der (Mitglieds-)Gewerkschaften. Handlungsbedarf entstand in der Regel nur in Krisensituationen. Gestaltungsorientiertes Handeln im lokalen Politikfeld als Daueraufgabe ist neu, und die vorhandenen Strukturen – organisatorisch, aber auch im Sinne selbstverständlicher inhaltlicher Orientierungen in den Köpfen – reichen dafür nicht aus. Der DGB befindet sich erst in dem Prozeß der lokalen Etablierung im struktur- und beschäftigungspolitischen Bereich.

Dies erfordert aber auch die Klärung des Verhältnisses zu den anderen örtlichen Akteuren, die den DGB bisher nur bedingt als gleichrangig auf kommunaler sowie regionaler Ebene erlebten. Und auch hier ergeben sich neue Handlungsprobleme – nicht zuletzt, weil die alten Leitbilder nicht mehr stimmig sind. Die Zeiten des »auf die Sahne Hauens« sind vorbei, neue korporatistische Handlungsmuster sind auf örtlicher Ebene zu entwickeln. Daß solche Muster sich in einem langen Prozeß stabil entwickeln, setzt nicht zuletzt die Bereitschaft zur Revision eines in konfrontativen Schablonen verharrenden Denkens *aller* Beteiligten voraus. Der DGB-Kreisvorsitzende illustriert das anhand seiner Erfahrungen:

»Ich bin vor einem Jahr hier... vor gut einem Jahr in die erste Sitzung (der »Dortmunder Konsens«-Runde, d.V.), ich hab' das noch gut im Gedächtnis. Da hatte – heute würde ich darüber lachen – da hatte ein Vertreter der IHK, natürlich auch, um mal den Neuen so ein bißchen zu testen, so ein bißchen zu pieken, hatte der einen flotten Spruch drauf. Ja, da hab' ich so, wie ich das traditionell gelernt habe, habe ich dann in einem fünfminütigen Statement da also die klassische Gewerkschaftslinie da voll dagegengehalten... So hatte ich das gelernt. Knallhart da drauf! War einer frech, sofort kriegte er einen auf die Mütze. – Da saß neben mir einer, der klopfte mir auf die Schulter und sagte: ›E., das hatten wir schon! Wir können jetzt...‹ – Alle haben sie gegrinst, jeder hatte Verständnis, und dann konnten wir uns denn also wirklich – sag' ich mal – konstruktiv weiterunterhalten.«

Erst wenn auf seiten aller beteiligten Akteure Kooperationsbedarf signalisiert wird, kann auch von einer (gegenseitigen) Lernbereitschaft ausgegangen werden.

So sucht der DGB-Kreisvorsitzende nicht nur das Gespräch mit einzelnen Mitgliedern, sondern auch mit Gruppierungen, die der Gewerkschaft bisher eher distanziert bis ablehnend gegenüberstehen (z.B. Kirche und Arbeitgebervertreter), um dort den Auftrag der Gewerkschaften zu verdeutlichen. Durch den Kontakt zu diesen Institutionen hat sich nach Auffassung des Kreisvorsitzenden auch auf deren Seite die Haltung zum DGB verändert:

»Ich habe den Eindruck, daß die einjährige Diskussion, die wir dort geführt haben... im Kopf etwas verändert hat in (der) Einschätzung von Arbeitslosigkeit und von Langzeitarbeitslosigkeit. Da hat sich in der Person, im Kopf etwas verändert. Das muß man ganz objektiv feststellen... Da gibt's einen Ratsherrn der CDU, wenn ich mir dessen Aussage vor einem Jahr im Wirtschaftsförderungsausschuß angucke im Verhältnis zur – wie der sich geäußert hat zur aktiven Arbeitsmarktpolitik, und wenn der sich heute äußert –, das ist kein Gewerkschaftler, der ist auch nicht auf gewerkschaftlichen Positionen. Aber es lohnt sich heute, sich mit ihm inhaltlich über aktive Arbeitsmarktpolitik in dieser Stadt auseinanderzusetzen. Das war vor einem Jahr nur bedingt möglich. Heute kann man sich ganz vernünftig mit dem an einen Tisch setzen und über die Probleme diskutieren. Ich erwarte ja nicht, daß die mit den DGB-Positionen identisch oder weitgehend identisch sind. Aber es lohnt sich, die Diskussion zu führen. Und man kommt weiter!

Und wenn ich in einem solchen Diskussionsprozeß drinstecke, dann kann ich am nächsten Tag – wenn ich abends geredet habe –, kann ich nicht morgens in die Presse gehen und da die harte Linie verfolgen! Dann hab' ich den so verprellt, daß ich mit dem nie wieder in ein qualitatives Gespräch einsteigen kann... Also, die Interessensgegensätze bleiben, aber dennoch: über korporatistische Arbeitsbeziehungen entwickelt sich da was. Und da ist man in einem Spannungsverhältnis, das ist hochinteressant. Wo ich natürlich auch wieder aufpassen muß, daß ich nicht zu stark auf eine Kompromißlinie abweiche.«

Dieser Gefahr voreiliger, nicht tragfähiger Kompromisse ist sich der Kreisvorsitzende durchaus bewußt. Doch bisher überwiegen für ihn die Vorteile der durchaus fruchtbaren Zusammenarbeit – mit dem Unternehmerverband beispielsweise hinsichtlich der Förderung des Öffentlichen Personennahverkehrs (ÖPNV):

»Wir haben gemeinsame Verlautbarungen veröffentlicht, wir haben gemeinsam den Gesprächskreis ›Sozialpartner‹ geführt mit dem Vorstand der Stadtwerke, mit VRR, um bestimmte Detailfragen – wie kriegen wir mehr Leute in den ÖPNV, wie können wir den ÖPNV beschleunigen, attraktiver machen etc. Das heißt, ein globales Problem hat der in ähnlicher Weise – wenngleich vor einem anderen Interessenshintergrund vielleicht als wir – auch im Blick. Und da kooperieren wir.«

Die außerbetriebliche Interessenvertretung des DGB ist nicht mehr auf »verbale Kraftmeierei« ausgerichtet, bei der in jeder Diskussion »der Urschleim« noch mal auf den Tisch kommt (Int.), sondern dort, wo es Übereinstimmung in den Zielen gibt, wird mit wechselnden Partnern so weitgehend wie möglich kooperiert. Findet der Kreisvorsitzende mit seinem Kooperationskurs also durchaus auf der Arbeitgeberseite Gehör, kann er auf der anderen Seite mit der »klassischen Gewerkschaftslinie« durchaus in Konflikt geraten, wenn diese im Konfliktfall z.B. von einzelnen Mitgliedsgewerkschaften vertreten wird. Er hat die Erfahrung gemacht,

»eine solche Gewerkschaftspolitik z.B. bei den klassischen Stahlarbeitern zu diskutieren, ist ungeheuer schwierig. – Wobei die im Betrieb genau dasselbe machen, aber nach außen hin die rote

Fahne so weit hoch hängen, daß kaum noch einer drankommt! Und vom DGB erwarten die den totalen Crash-Kurs!«[24]

Es geht hier um tiefverwurzelte Leitbilder gewerkschaftlichen Handelns, wie der Begriff »Urschleim« ja auch sehr prägnant zum Ausdruck bringt; und es wird deutlich, daß das alte, am Kapital-Arbeit-Paradigma festgemachte Leitbild der (klassen)- kämpferischen Gewerkschaft immer weniger trägt. Wir wollen die Widersprüche und Irritationen, die hier zu beobachten sind, anhand einer Textanalyse des Geschäftsberichts des DGB-Kreises über die Jahre 1985-1988 noch einmal verdeutlichen, ehe wir danach zwei konkrete Handlungsfelder lokaler gewerkschaftlicher Arbeitspolitik noch etwas näher in den Blick nehmen.

4.2 Zwischen klassenkämpferischem Pathos und partnerschaftlicher Kooperation – Orientierungsversuche lokaler gewerkschaftlicher Politik

Der umfängliche Geschäftsbericht, vorgelegt der Kreisdelegiertenversammlung am 1. 6. 1989, beginnt mit einer darstellenden Bewertung der Struktur- und Arbeitsmarktpolitik in Dortmund, handelt dann an thematischen Feldern die »Umweltschutz- und Flächenpolitik«, »Medienpolitik« und »allgemeine Gewerkschaftspolitik« ab, kommt nach Berichten über »Aktionen und Kundgebungen« zum »Kassenbericht« und zu einer recht ausführlichen Behandlung der »Personengruppenarbeit«, die etwa ein Drittel des Berichts ausmacht. Am Schluß werden weitere thematische Felder wie »berufliche Bildung«, gewerkschaftliche Hochschularbeit«, »Bildungsarbeit« sowie die »Berichte der Abteilungen Arbeits- und Sozialrecht« präsentiert. Der Bericht enthält umfangreiche Pressedokumentationen und umfaßt 93 Seiten. Es kann also hier nur um eine sehr selektive Auswertung und Interpretation gehen.

Recht ausführlich und differenziert nach Branchen wird im ersten Teil auf den Strukturwandel und die Arbeitsmarktentwicklung in der Region eingegangen. Als Fazit heißt es dann:

---

[24] Den der DGB dann im Falle der massiven Kritik der IGM an der »feindlichen Übernahme« der Hoesch AG durch Krupp ja auch in vorderster Front gefahren ist, als er den Rücktritt des NRW-Wirtschaftsministers forderte.

»Es kann festgestellt werden, daß sich die Dortmunder Wirtschaft am Ende des Berichtszeitraumes, global betrachtet, in einer hervorragenden Verfassung präsentiert. Die Ertragssituation fast aller Unternehmen in fast allen Branchen ist gut bis ausgezeichnet. Der heimische Wirtschaftsraum nimmt teil am Exportboom der bundesdeutschen Wirtschaft und hat gegenüber vielen Bereichen der nordrhein-westfälischen Wirtschaft erhebliche Vorsprünge bei der Produktivitätsentwicklung. Das vorliegende Auftragsvolumen sowie die Auftragseingänge lassen vermuten, daß die ausgezeichnete wirtschaftliche Situation, die nicht zuletzt neue Spielräume in der Verteilungs- und Tarifpolitik schafft, mittelfristig anhält.«

Bemerkenswert an dieser Passage einer offiziellen Selbstdarstellung des DGB-Kreises ist zunächst, daß offenbar mit einigem Stolz auf eine auch aus gewerkschaftlicher Sicht positive wirtschaftliche Entwicklung – nicht zuletzt auch im Vergleich zu anderen Regionen des Landes – hingewiesen wird; und zwar ohne, daß im gleichen Atemzug der Anteil der Arbeitnehmer an diesem Erfolg hervorgehoben und erweiterte Gestaltungsmöglichkeiten eingeklagt werden. Statt dessen wird die Betonung der positiven wirtschaftlichen Entwicklung in wichtigen Branchen (Metall- und Stahlindustrie) sogleich argumentativ auf die anstehenden nächsten Tarifauseinandersetzungen bezogen. Zu diesen Kernbereichen gewerkschaftlichen Handelns werden also allererst Bezüge hergestellt[25].

Bemerkenswert erscheint uns, daß an dieser Stelle, wie auch im folgenden noch relativ oft, von der »heimische(n) Wirtschaft« die Rede ist; verweist doch diese Begriffswahl auf starke – auch gefühlsbetonte – Bindungen zur Region. Neutrale Begriffe wie »örtlich« oder »regional« werden nicht verwandt. Zugleich wird an verschiedenen Stellen des Geschäftsberichts der gemeinsame Bezug von Arbeitnehmern *und* örtlich ansässiger Wirtschaft auf die Region deutlich hervorgehoben: »*Wir* verfügen über einen ausgesprochen weit entwickelten Anla-

---

25 Abrupt folgt dann der Übergang zur Beschäftigungslage, die mit dem Begriff der Massenarbeitslosigkeit charakterisiert wird. EWZ, »Regionalisierung der Regionalpolitik« und »Dortmunder Konsens« werden in diesem Zusammenhang behandelt, nicht ohne am Schluß nachdrücklich zu betonen, daß hier (im Dortmunder Konsens) keinesfalls »natürliche Interessengegensätze« verwischt werden dürften.

genbau (Hervorh. d. V.)«, heißt es z.B.; und in ähnlichen Formulierungen werden gewerkschaftliche strukturpolitische Vorstellungen für das östliche Ruhrgebiet dargestellt, wobei gefordert wird, anzusetzen

> »bei der ›Pflege der Bestände‹, d. h. wir müssen die Stahlindustrie erhalten, was auch nur über modernste Technologien geht. Dafür ist Hoesch ein Musterbeispiel mit der sogenannten kontinuierlich arbeitenden Durchlaufglühe, die natürlich computergesteuert ist, im vorigen Jahr in Betrieb genommen, die auf einem sehr hohen Qualitätsniveau Feinbleche für die Automobilindustrie herstellt. Mit diesem Aggregat ist natürlich auch ein Arbeitsplatzverlust durch Rationalisierungseffekte verbunden, aber andererseits würde es ohne diesen Schritt Hoesch als Stahlstandort in einigen Jahren nicht mehr geben.«

Stichworte wie das der »aktiven Bestandspflege« verweisen auf Elemente einer endogenen Regionalentwicklung, wie sie in den ZIM- und ZIN-Runden programmatisch angezielt wird, wobei auch hier die sprachliche Behandlung der Modernisierungsbemühungen der Hoesch Stahl AG (»modernste Technologien«, »Musterbeispiel«, »natürlich computergesteuert«) erkennen lassen, daß mit einigem Stolz auf diese Entwicklungen verwiesen wird, natürlich nicht ohne zugleich die Ambivalenz solcher Modernisierungs- und Rationalisierungsprozesse zu betonen.

Für andere Branchen fehlt nicht der Hinweis auf das Erfordernis stützender, überbetrieblich ansetzender Aktivitäten staatlicher Instanzen: So stellt der Geschäftsbericht z.B. im Zusammenhang mit den strukturellen Problemen im Bereich der Bergbauzuliefererindustrie fest, daß sie »mit betrieblichen Initiativen« nicht zu überwinden seien (Geschäftsbericht, 2), und zugleich betont er, daß es »besondere(r) Beratungskapazitäten« bedürfe, die »über öffentliche Initiativen bereitgestellt werden« müssen (ebd., 3).

Auch die Dortmunder Universität, an der im gleichen Zeitraum das Technologiezentrum aufgebaut wird, findet hinsichtlich ihres Stellenwerts für die Bewältigung der Strukturprobleme der Region entsprechende Erwähnung:

> »Unübersehbar ist die Strategie, die Universität Dortmund praktisch zu einer technischen Hochschule zu formen. Für die Gewerkschaften ist klar, daß die Universität Dortmund als regionales

Hochschul-Zentrum mit der heimischen Wirtschaft eng zusammenarbeiten muß, um zur Modernisierung des heimischen Wirtschaftsraumes und damit zum Strukturwandel beizutragen.« (ebd., 68)

Zugleich wird kritisch, wenn auch in einer relativ abstrakten Formulierung, gewerkschaftliche Mitbestimmung auch auf diesem Feld eingeklagt:

»Die zunehmende Verwissenschaftlichung der Arbeitswelt und die Rolle der Wissenschaft als Produktivkraft erfordert die Mitbestimmung der Gewerkschaften als Vertretung der Arbeitnehmer in jeder demokratischen Hochschulpolitik.« (ebd.)

Dies ist gewissermaßen ein Grundtenor, der sich durch den gesamten Geschäftsbericht zieht. Auffällig ist dabei, daß das zustimmende Aufgreifen von Ansätzen einer endogenen Regionalentwicklung sich z.T. in Formulierungen ausdrückt, die die Interessenunterschiede zur »heimischen Wirtschaft« bisweilen fast nicht mehr erkennen lassen und fast von so etwas wie einem »Wir-Gefühl« geprägt sind. Die andere Seite klingt in der abstrakten Einklagung einer demokratischen Hochschulpolitik oder in den Forderungen an »die Politik« schon schwach an und wird in anderen Teilen des Berichts noch sehr viel deutlicher: Der örtliche DGB präsentiert sich hier als eine Instanz, die zugleich diesen örtlichen Ansätzen und Impulsen in gewisser Weise hinterherläuft und sie, als Stimme der örtlichen Einzelgewerkschaften – gelegentlich im Tenor »klassischer« gewerkschaftlicher Deutungen der Beziehungen von Arbeitnehmern und Wirtschaft – begleitet.

So fällt auf, wie sich der Begriff der »Aktion« in auffallender Weise durch den gesamten Geschäftsbericht zieht, so daß der Eindruck entsteht, als bestünde das Handeln des DGB in Dortmund vorrangig aus einem Bündel von Aktionen. So wird etwa eine Großkundgebung gegen den Sozialabbau im Jahre 1988 unter die Formel »Arbeit und Brot« gestellt, über verschiedene Aktivitäten (ohne nähere Charakterisierung) und Veranstaltungen berichtet, in denen es im Zuge der gewerkschaftlichen Angestelltenpolitik darum gegangen sei, *den* Angestellten ein »Bewußtsein (davon) zu vermitteln, daß der DGB ihre Interessen vertreten kann«. Ferner wird über ein Kulturfest im Zusammenhang mit der Tarifauseinandersetzung zur 35-Stunden-Woche 1987 sowie eine weitere DGB-Demonstration in diesem Zusammenhang berichtet, um nur einige Beispiele zu nennen. Hier ist dann vom Interessengegensatz zwischen »Kapital und Arbeit« die Rede, findet sich Kritik an der »reaktionären Regierungspolitik« in »wichtigen gesellschaftlichen Feldern« oder aber auch der lobende Hinweis auf die Rolle der Polizei, die

> »bewiesen (habe), daß sie keinesfalls die Polizei der Herrschenden(!) ist, sondern die Interessen der Arbeitnehmer bei der Abwägung ihrer Operationen berücksichtigt (habe)« (ebd., 12).

In dieser und einer Reihe weiterer Formulierungen wird die gewohnte Rückführung der gesellschaftlichen Wirklichkeit auf »den Interessengegensatz von Kapital und Arbeit« oder eine vereinfachende, dichotomische Beschreibung (»Herrschende« und »Beherrschte«) deutlich[26]. Der krasse Gegensatz zu den Formulierungen, in denen die Ansätze einer endogenen Regionalentwicklung beschrieben werden, ist offensichtlich und bleibt unaufgelöst. Die Schwierigkeiten, als örtlicher DGB im lokalen Politikfeld zu handeln, werden durch die Unschärfen der gewerkschaftlichen Leitvorstellungen natürlich nicht gerade verringert. Neben der Aufreihung von Großaktionen, die einen kämpferischen DGB zeigen sollen, wird die Arbeit der gewerkschaftlichen Gremien am Ort nur in dürren Worten beschrieben, die die Krise des gewerkschaftlichen »Ausschuß-Wesens« nur mühsam verbergen. Auf den Kreis-Angestelltenausschuß wurde ja schon weiter oben eingegangen, und die gewerkschaftliche Jugendarbeit werden wir im Zuge der vertiefenden Betrachtung von IG Metall und IGBE-Dortmund behandeln. Wir beschränken uns hier auf die Hinweise des Geschäftsberichts zur Arbeit des Kreis-Frauenausschusses. Welche inhaltlichen Themen in diesem Ausschuß aufgegriffen worden sind, läßt sich dem Bericht nicht entnehmen. Der Hinweis auf die Häufigkeit der Sitzungen soll wohl als Indiz dafür gelten, daß die gewerkschaftliche

---

26 Bemerkenswert ist in diesem Zusammenhang im übrigen die Ansammlung von Vokabeln aus dem (ursprünglich) militärischen Sprachgebrauch (Offensive, Strategie, Operation...). Ganz abgesehen davon, daß bisweilen der Verdacht aufkommt, daß diese Formulierungen ein Bild von planvoll gerichtetem strategischen Handeln vermitteln sollen, dem das tatsächliche gewerkschaftliche Handeln unter den gegenwärtigen Bedingungen gerade nicht entspricht, verstärken auch diese Begriffe den Eindruck, daß das gewerkschaftliche Handeln im Kontext einer dichotomischen Wirklichkeitsbeschreibung verstanden und gedeutet wird.

Frauenarbeit sich im Berichtszeitraum »organisatorisch und politisch erheblich ausgeweitet (hat)« (ebd., 37). »Mittelpunkt« der zahlreichen Sitzungen waren dem Bericht zufolge die »sehr erfolgreichen« Veranstaltungen zu diversen internationalen Frauentagen. Als ein »Schwerpunkt in der Frauenpolitik« wird daneben auf die heftige und auch öffentlichkeitswirksame Auseinandersetzung um die Schließung eines Kaufhauses in der Dortmunder Innenstadt verwiesen, in deren Verlauf

> »in beispielhafter Weise... Kolleginnen aus fast allen Organisationsbereichen mobilisiert (wurden), um die Schließung des Kaufhauses zu verhindern« (ebd.).

Dies mag sachlich zutreffend sein, hat aber am Dilemma des Ausschußwesens nichts geändert. Für unseren Untersuchungszeitraum jedenfalls kann eher gesagt werden, daß die Ausschußarbeit »vor sich hindümpelt«.

5. Zur Praxis des örtlichen DGB auf zentralen Feldern der regionalen Strukturpolitik

Die voranstehenden Abschnitte haben sich im Anschluß an eine eher summarische Charakterisierung örtlicher Neuansätze auf dem Wege zu einer lokalen gewerkschaftlichen Arbeitspolitik vornehmlich mit gewerkschaftlichen Binnenstrukturen (Organisationsstrukturen, Handlungs- und Deutungsmustern) befaßt, mit denen ein solches arbeitspolitisches Konzept zu rechnen hat. Der zuletzt unter solchen Aspekten interpretierte DGB-Geschäftsbericht bot auch zu wenig Material, um das konkrete gewerkschaftliche Handeln in bezug auf zentrale Felder regionaler Struktur- und Beschäftigungspolitik in Dortmund näher zu beleuchten. Dies soll nun abschließend anhand weiteren Textmaterials (Interviews, Beobachtungsprotokolle und Dokumente) in bezug auf zwei Handlungsfelder von herausgehobener arbeitspolitischer Bedeutung geschehen: zum einen für das Technologiezentrum Dortmund, einem bemerkenswert erfolgreichen Innovationsansatz in der Stadt, der mit seinem Erfolg einen immer größeren »weißen Fleck auf der gewerkschaftlichen Landkarte der Stadt« produziert, zum anderen für die struktur- und beschäftigungspolitischen Handlungsansätze, die sich für den DGB im Zuge der »Regionalisierung der Regionalpolitik« ergeben.

5.1 Das Technologiezentrum Dortmund als arbeitspolitische Herausforderung für den DGB Dortmund und seine Mitgliedsgewerkschaften

Im Rahmen einer innovationsorientierten Regionalpolitik, die sich auf endogene – d.h. regionsinterne – Ressourcen stützt, werden ab 1983 bundesweit in verschiedenen Städten Technologiezentren in Angriff genommen. Die innovative Regionalpolitik will all jene Faktoren fördern, die für den Erfolg unternehmerischer Anpassung an die Technikentwicklung von Bedeutung sind:

- »Die Dichte vorhandener innovativer und dynamischer Unternehmen,
- die Qualität und Motivation des regionalen Arbeitskräftepotentials,
- die Verfügbarkeit innovationsrelevanter Dienstleistungen, wie Ausbildung, Consulting, Finanzierungseinrichtungen,
- der rasche Zugang zu den Informationsmärkten (Technik, Absatzmärkte, Beschaffungsmärkte, Konkurrenzunternehmen).« (Mengelkamp 1989)

Mit der Einrichtung von Technologiezentren wollen kommunale Wirtschaftsförderer allgemeine wirtschaftspolitische Zielsetzungen wie v.a. den Aufbau technologisch intensiver Industriezweige, die Schaffung und Sicherung qualifizierter Arbeitsplätze, eine erhöhte Standort-Attraktivität, eine Verbesserung des Wirtschaftsklimas und nicht zuletzt die Forcierung des regionalen Strukturwandels erreichen (ebd.).

Für den Standort Dortmund ist festzuhalten, daß das Technologiezentrum Dortmund (TZ) durchaus Erfolge zu verzeichnen hat und von verschiedenen Seiten als erfolgreiches Modell der Ansiedlung von High-Tech-Firmen anerkannt wird. Im Laufe der vergangenen Jahre habe das TZ Dortmund ein

»regionales Netzwerk aufgebaut, durch das in immer stärkerem Maße Dienstleistungen des TZ von Unternehmen der Region wahrgenommen werden. In rund 200 Fällen kam es dabei zu einer konkreten Zusammenarbeit, wobei ein steigender Trend zu beobachten ist«,

heißt es z.B. in der Hochglanzbroschüre »Transferbrief« der Technologieregion Dortmund-Unna-Hamm (1991, 11).

Aus dem Aufgabenkatalog des TZ werden z.B. genannt:

- durch einen Kapitalfonds Dortmunder Unternehmen sollen junge, zukunftsträchtige Unternehmen aus der Region unterstützt werden;
- gemeinsam mit der Universität Dortmund und der Fachhochschule hat das TZ eine »Umweltagentur« konzipiert, deren Aufgabe es ist, umweltrelevante Studien sowie Branchenanalysen zu erstellen;
- das Projekt »Zentrum für Internationalisierung« ist ein Angebot des TZ, Unternehmen der Region bei Internationalisierungsbestrebungen beratend zur Seite zu stehen. D.h., hiesige Unternehmen, die sich im Ausland engagieren wollen, werden ebenso unterstützt wie ausländische Betriebe, die bestrebt sind, sich in der Region zu etablieren.

Das TZ Dortmund sei spezialisiert auf den Bereich der Mikroelektronik und zeichne sich durch »große Wirksamkeit« aus, heißt es in einem Referat eines wissenschaftlichen Beobachters (eigene Mitschrift), wohingegen es seiner Einschätzung nach andere gebe, deren Stoßrichtung begrenzt und deren Branchenspezifizierung nicht erkennbar sei.

Träger der durch ZIM-Gelder geförderten Einrichtung sind die Stadt Dortmund, die IHK, Banken sowie verschiedene Mieterfirmen (Bullmann 1991, 257). Laut Aussage des Wirtschaftsförderungsamtes wurde Wert darauf gelegt, »leistungsfähige Unternehmen herauszufiltern«, um von Anfang an eine tragfähige Einrichtung für ortsansässige und auswärtige Betriebe zu gewährleisten, für Existenzgründer, »aber eben nicht ausschließlich für sie. Und dieser Ansatz zündet.« In der Tat:

> »Ein hoher Anteil – 60-70 % der Arbeitsplätze – sind nach meiner Kenntnis hochqualifizierte Arbeitsplätze. Dort sind Arbeitnehmer – 60 %, glaub' ich – Arbeitnehmer und Arbeitnehmerinnen tätig, die eine Fachhochschul- oder universitäre Ausbildung haben. Wir wissen, daß also in diesen Bereichen die Beschäftigtenzahlen steigen werden. Wir wissen aber auch, daß der gewerkschaftliche Organisationsgrad völlig unzureichend ist.« (Referatsmitschrift)

Das EWZ wurde – wie eingangs erwähnt – nach der Meinung und Intention einiger Beteiligter als eine gewerkschaftliche Antwort auf die Einrichtung des TZ konzipiert, zumal die Gewerkschaften bei der Konstituierung des TZ »außen vor« waren. Dies hatte zwei Gründe: Anfang der 80er Jahre standen die Gewerkschaften der Technologiepolitik noch recht abwartend und mit einigen Vorbehalten gegenüber, nicht zuletzt aus Furcht vor unabsehbaren Technologisierungs- und damit einhergehenden Rationalisierungsfolgen im Zuge des Vormarsches der Mikroelektronik und Datenverarbeitung. Ihre Befürchtungen gingen dahin, daß bei einer Unterstützung von Spitzentechnologien die »beschäftigungspolitische Seite« zu wenig Berücksichtigung fände.

»Keine Konkurrenzsituation« zwischen EWZ und TZ sah demgegenüber ein früherer Projektleiter des EWZ (1986): Zum einen habe der Schwerpunkt des EWZ nicht im High-Tech-Bereich gelegen, sondern

> »es sind Projekte, die auf einer sehr einfachen technologischen Stufe stehen, die später einmal für Handwerksbetriebe umsetzbar sein werden. Da bin ich der Meinung, daß man nicht so einen organisatorischen, finanziellen und technologischen Background braucht wie in einem TZ.«

Die andere Differenz zum TZ sieht er in der geringeren finanziellen Ausstattung, die nach seiner Überzeugung allerdings durchaus Sinn macht:

> »Die Finanzmittel, die in die Technologieparks gegeben werden, sind so viel größer, als was bei uns ›im Kasten klingelt‹. Ich denke, das Kleingeld, was wir bekommen, ist allemal vorhanden. Die Technologieparks haben eine gänzlich andere Zielsetzung des Outputs als wir. Beides hat erst mal seinen Sinn. Manchmal könnte man sicherlich neidisch sein, was dort an Geld fließt, aber es ist schon eine ganze Menge an Geld, Eingaben, Hilfestellungen in das EWZ eingeflossen. Für ein experimentelles Projekt ist es schon viel, und vielleicht wäre es sogar schlecht, wenn wir entsprechend finanziell ausgestattet wären. Vielleicht würde es die Phantasie verhindern, die hier im Augenblick unentbehrlich ist.«

Und gleichsam in einer Art Trotzreaktion und Absetzung von den ›postmodern‹ anmutenden Gebäuden im Technologiepark verweist er auf die Bezüge zum Alternativbereich, die für das EWZ sehr wichtig seien:

> »Wir könnten sicherlich nicht mit den verschiedenen Initiativen in Dortmund zusammenarbeiten, wenn wir in Prunkbauten auf dem Campus der Hochschule untergebracht wären.«

Von einer grundsätzlichen Ablehnung des TZ seitens der Gewerkschaften im weitesten Sinne kann jedoch keine Rede sein. Ein Vorstandsmitglied des EWZ heute:

»Also, ich will mal so sagen: Ich habe die generelle Skepsis gegenüber diesem Technologiezentrum-Boom eigentlich geteilt, die es so gab. Aber ich habe das Dortmunder Konzept von Anfang an für gut gehalten. Und ich denke, der Erfolg bestätigt es auch. Das hat mir hier nicht unbedingt Freunde eingebracht... Der Umstand, daß weder die CDU-Fraktion noch die IHK noch die Handwerkskammer jemals gegen das Entwicklungszentrum Front gemacht haben, auch nicht hinter den Kulissen... Schwierigkeiten kamen – wenn – dann von der SPD, ist darauf zurückzuführen, daß E. und ich eigentlich hauptsächlich, frühzeitig Kontakt gesucht haben und gesagt haben, also, wir haben keine Absicht hier jetzt, wie immer das nach außen hin aussehen mag, Konkurrenz oder weiß ich was, irgendwie Front oder sonst etwas zu machen. E. hat bei dem Gespräch damals gesagt, o.k., das ist nicht unser Ansatz. Das ist ziemlich klar, aber wir werden auch nichts dagegen unternehmen. Solange der DGB sich in Sachen Technologiezentrum zurückhält. Und das ist auch durchgehalten worden.«

Zentraler gewerkschaftlicher Kritikpunkt – v. a. von seiten der ÖTV – war indes nach Auffassung des EWZ-Vorstandsmitglieds

»daß da keine gewerkschaftlichen Beteiligungen da sind. Zwar öffentliche Mittel, Steuermittel in durchaus beachtlichem Umfang, wobei, für das Technologiezentrum selbst war das ja gar nicht soviel, aber für alles, was da so darumherum war, 38 Millionen für dieses ISDN-Projekt, und was die da alles hatten. Und alles das eben ohne gewerkschaftliche Beteiligung. Das war eigentlich der Punkt, weswegen die ÖTV da Front gemacht hat. ÖTV Dortmund einschließlich Personalrat der Uni, aber das ist dann im Grunde noch mal bei der Einweihung zur zweiten Ausbaustufe aufgenommen worden. Wir haben da so eine kleine Aktion gemacht, die aber irgendwie gar nicht ganz richtig wahrgenommen worden ist. Und danach ist es hauptsächlich eingeschlafen. Also, es war schon eher eine Beteiligungskritik oder wie man das nennen will. Wir waren uns ziemlich früh darüber im klaren, daß das schon eine sehr erfolgreiche Angelegenheit war in Dortmund.«

Auch der damalige Kreisvorsitzende des DGB hatte durchaus Sinn für eine zukunftsträchtige Technologiepolitik: Er sah (1986)

»keinen Gegensatz zwischen High-Tech und Umweltschutz. Wir wissen mittlerweile, daß modernste Umweltschutztechnologien auch einen gewissen Standard im Bereich der Mikroelektronik als Basistechnologie voraussetzen. Beispielsweise kann man heute keine Entschwefelungsanlage für ein Kraftwerk mehr bauen ohne High-Tech.«

Die ÖTV verlangte seinerzeit in einem Brief an den Oberstadtdirektor, »sicherzustellen, daß die Gewerkschaften auf die Forschung und deren Umsetzung im Interesse ihrer Mitglieder Einfluß nehmen können« (zit. n. Pollmeyer 1986, 118), um die Sozialverträglichkeit der Produkte gewährleistet zu wissen. Diesem Ansinnen der ÖTV wurde seitens der Stadt nicht entsprochen. Diese verwies ihrerseits auf die Möglichkeit von Begleitforschung durch staatliche Forschungsprogramme, die arbeits- und sozialwissenschaftliche Probleme behandeln könnten.

Diese damals zurückhaltende Einstellung der Technologiepolitik gegenüber – so kann vom heutigen Standpunkt aus gefolgert werden – warf die Gewerkschaften – wohl nicht nur in Dortmund – in ihren Möglichkeiten der Einflußnahme auf kommunale Technologiepolitik um Jahre zurück. Durch ihre selbstgewählte Distanz beraubten sich die örtlichen Gewerkschaften selbst der Gestaltungsmöglichkeiten innerhalb des TZ.

Diese Distanz bestand darüber hinaus auch noch zu allen weiteren örtlichen Akteuren, die in das Projekt TZ involviert waren. Erst in der jüngeren Vergangenheit bekundet der DGB ein gesteigertes Interesse am TZ. So macht der Kreisvorsitzende des DGB deutlich, daß es sehr wohl von Nachteil für seine Organisation wäre,

»wenn wir ausschließlich in die Bremsen treten würden. Eine abwartende oder eine negative Haltung einnehmen, was beispielsweise die technologische Entwicklung im Rahmen des Strukturwandels angeht. Ich würde vielmehr den Gestaltungsansatz in den Vordergrund stellen, wo natürlich Technologiefolgenabschätzung dabei eine wichtige Rolle einnimmt – das will ich ja überhaupt nicht an den Rand drücken. Aber ich würd' den Gestaltungsansatz in den Mittelpunkt stellen.«

An dieser Passage wird der Handlungsansatz des DGB (vom Verhinderer zum Mitgestalter von Technik) deutlich.

»Und dieser Gestaltungsansatz, der fängt für mich am Arbeitsplatz eines Kollegen oder einer Kollegin an. Die Kompetenzen dieser Kollegin und Kollegen, die mit neuen Technologien am Arbeitsplatz umgehen müssen, sollten wir als Gewerkschaften sehr viel stärker als bisher aufgreifen. Das sind absolute Fachleute. Und deren Kenntnisse, auch deren Kenntnisse, was Arbeitsorganisation, was Arbeitsabläufe angeht in den Betrieben, sollten wir sehr viel stärker berücksichtigen, als wir das bisher gemacht haben.«

Der Kreisvorsitzende setzt in diesem Zusammenhang auf eine wachsende Zahl von Arbeitsplätzen, die im Bereich des TZ/Technologie-Parks eingerichtet werden sollen. Und hier soll der DGB nicht weiter außen vor bleiben: Gerade im Bereich der sogenannten ›neuen‹ ArbeitnehmerInnen-Schichten will der DGB Fuß fassen, um den Anschluß an diese Klientel nicht gänzlich zu verlieren. Dabei ist man sich im örtlichen DGB bewußt, daß man zunächst in einer Art »Lernphase« Wege finden muß, um die Arbeits- und Lebenszusammenhänge der dortigen »modernen Arbeitnehmer« aus deren subjektiver Perspektive wirklich kennenzulernen und umgekehrt den DGB als dafür aufgeschlossene Organisation zu profilieren. Zur Zeit existieren hier ca. 1500 Arbeitsplätze in rund 130 Unternehmen, die bis zur Mitte des Jahrzehnts auf etwa 5000–6000 ansteigen sollen. Die Unternehmen sind einem internen Positionspapier der IGM zufolge in drei Typen zu gliedern:

- rechtlich ausgegliederte Forschungs- und Entwicklungsabteilungen mittlerer/größerer Betriebe – v.a. aus der Metallindustrie;
- von hochschulangehörigen Technikern oder Naturwissenschaftlern gegründete Unternehmen;
- aus der Industrie abgewanderte Techniker und Naturwissenschaftler, die sich selbständig gemacht haben und eigene Produkte oder Prozeßentwicklungen vermarkten wollen (IGM, 1991).

Trotz der starken Präsenz von Metallbetrieben befindet sich die örtliche IGM seit geraumer Zeit in einem Dilemma: Zwar häufig gedrängt von der Mitgliedschaft, hat sie bislang keine Möglichkeit gefunden, sich in diesem Feld zu etablieren. Die (japanische) Firma Alps z.B., die sich mit vollmundigen Plänen hinsichtlich des Arbeitsplatzvolumens im Technologiepark ansiedelte, macht seit längerem immer mehr Abstriche von ihren Voraussagen. Zwar stehe nach Auskunft der Wirtschaftsförderung (eigene Mitschrift bei der Funktionärsversammlung der IGM am 26. 5. 92) ihr Standort Dortmund nicht in Frage, jedoch müsse von einer weitaus geringeren Zahl von Arbeitsplätzen als geplant ausgegangen werden.

Die IGM bedauert, daß sie durch zu wenige Mitglieder innerhalb dieser Firma auch nur geringe Zugangsmöglichkeiten habe, und betrachtet gleichzeitig das TZ immer noch mit Zurückhaltung angesichts der sich in Grenzen haltenden Zahl neugeschaffener Arbeitsplätze (Nüse 1991). Hier sind die alten Reserviertheiten noch virulenter als beim örtlichen DGB. Gemäß dem zitierten Positionspapier der IGM ist die Ursache der geringen Präsenz der IGM im TZ

> »sicher nicht nur die allgemeine organisationspolitische Schwäche der IGM in den Bereichen Forschung und Entwicklung«, sondern auch deren Potenzierung »durch die spezifische Struktur und die besonderen Arbeitsbedingungen im TZ«,

die gekennzeichnet sind durch ein besonderes Sozialgefüge, hohe Qualifikationen der Beschäftigten, spezielle Arbeitsstrukturen, ein hohes Entgeltniveau und flexible Arbeitszeitregelungen. In diesem Bereich existieren zur Zeit noch keine umsetzungsfähigen gewerkschaftlichen Konzepte.

Die Tatsache des Mangels an gewerkschaftlicher Präsenz ist für die IGM um so problematischer, als die offiziellen Planungen für den Technologiepark tatsächlich den Schwerpunkt auf Betriebe legen, die Berührungspunkte zur Metall- und Stahlindustrie aufweisen, um als Instrument zur Beschleunigung des Strukturwandels und der Modernisierung der Region sinnvoll beizutragen.

Und eben hier sieht der Kreisvorsitzende den Ansatzpunkt für die Gewerkschaften in der Region, sich organisationspolitisch weiterzuentwickeln, Kontakte zwischen Hochschulen und ArbeitnehmerInnen auszubauen. Ihm schwebt eine Arbeitsgemeinschaft vor, die sich aus ehren- und hauptamtlichen GewerkschafterInnen aus den im Technologiezentrum und -park vertretenen Gewerkschaften zusammensetzt,

> »um zunächst einmal eine Branchenanalyse vorzunehmen, was an Betrieben dort vertreten ist. Eine Analyse vorzunehmen, welche – na ja – Qualifikationen sind dort oben vertreten, um sich dann anschließend Gedanken zu machen, wie kommen wir als Gewerkschaften mit diesem Personenkreis in Kontakt.«

Im Zentrum der gewerkschaftlichen Überlegungen stehe nicht, »mit dem Mitgliedsbuch zu winken«, sondern Bedürfnisse und Interessen der Beschäftigten im TZ kennenzulernen, sich ihnen zu öffnen und daran mit gewerkschaftlichem Handeln anzusetzen. Dies sind jedoch eher langfristige Vorstellungen, denn man ist sich bewußt, entsprechende Schritte nur über den gezielten Einsatz personeller Ressourcen erfolgversprechend einleiten zu können.

5.2 »Regionalisierung der Regionalpolitik« als Herausforderung lokaler gewerkschaftlicher Arbeitspolitik

Angesichts der drängenden strukturellen Probleme setzte die Landesregierung NRW 1987 die Zukunftsinitiative Montanregionen (ZIM) in Gang, die

> »bewußt und gezielt auf die Eigenverantwortung, das Engagement und die Kraft zur Selbstorganisation in den Regionen gesetzt hat« (Min. f. Wirtschaft, Mittelstand und Technologie des Landes NRW 1989, 1 ff.).

Die Landesregierung regte die Zusammenarbeit aller regional verantwortlichen Kräfte in Wirtschaft, Wissenschaft, Gewerkschaften, Kammern und Politik an,

> »um die Situation in den Regionen gemeinsam zu analysieren und zu beraten und miteinander gemeinschaftliches Handeln zu verabreden. Dieses bereits im Ausland praktizierte Prinzip des ›public-private-partnership‹ hat sich seitdem nicht zuletzt wegen des Engagements der Gewerkschaften auf Landesebene und vor Ort bewährt, so daß die Landesregierung die regional begrenzte ZIM-Förderphilosophie auf alle Regionen Nordrhein-Westfalens ausdehnte.« (Schäffer 1990, 464)

Wesentliche Punkte der seit 1989 als ›Zukunftsinitiative Nordrhein-Westfalen‹ (ZIN) bezeichneten Strategie sind folgende:

- regionale Entwicklungskonzepte
- regionaler Konsens vor Ort
- Konzentration auf Aktionsfelder
- Koordination auf Landesebene
- Strukturwirksamkeit als zentrales Beurteilungskriterium
- Integration auf der Programmebene

Nach inzwischen mehrjähriger Laufdauer der ZIN wird von seiten des DGB-Landesbezirks massive Kritik laut. In seiner Kritik an Umsetzungsdefiziten des Landesprogramms ZIM/ZIN der Landesregierung NRW vermißt der DGB-Landesbezirk nach den ersten gelungenen Impulsen konkrete weitere Schritte sowie eine »landespolitische Führung« (WAZ/WR

18. 3. 92), spricht anläßlich einer Pressekonferenz am 18. 3. 92 gar von einer »strukturpolitischen Attrappe«. Die Politik der Landesregierung wird deutlich kritisiert hinsichtlich ihrer »harten« sektoralen Wirtschaftsförderung mit Unterstützung von West-LB, GfW u.a., »ohne daß dies in den regionalen Prozessen und Strukturen von ZIN eine maßgebliche Rolle spielen würde.« (ebd.) Diese Institutionen müßten demgegenüber konstruktiv in die regionalen ZIN-Prozesse eingebunden werden, so der DGB-Landesvorsitzende. Ein EfaS[27]-Gutachten weist in eine ähnliche Richtung und zeigt deutliche Differenzen auf zwischen regionaler Wirtschaftsförderung und sektoraler Strukturpolitik (EfaS 1992).

Im Zuge der ZIM/ZIN-Runden wurden innerhalb des Regierungsbezirks Arnsberg fünf Modellregionen gebildet, vorwiegend institutionellen Gesichtspunkten, nämlich dem Zuschnitt der IHK-Bezirke folgend. Der DGB hat schon frühzeitig eine zu große Diskrepanz zwischen Anspruch und Realität des Konzepts moniert (TBS Oberhausen 1990) und gefordert, kooperative Schmelzpunkte für Maßnahmen und Instrumente der strukturpolitischen Programme zu entwickeln. Regionale Entwicklungsagenturen sollten eine Verknüpfung von betrieblicher und außerbetrieblicher gewerkschaftlicher Interessenvertretung koordinieren.

Der DGB-Kreisvorsitzende in Dortmund bezieht sich in seinem Handeln zwar auch auf den Kurs der Landesregierung, indem er der Einschätzung des DGB-Landesbezirks folgt und feststellt, daß

> »die regionalen Akteure aufgefordert (sind), sogenannte ›Leitbilder‹ gemeinsam zu entwickeln, aus denen sich dann sogenannte ›Leitprojekte‹ ableiten lassen, die zur Verbesserung der Infrastruktur, zur Verbesserung der Qualifikation der Arbeitnehmer usw. beitragen sollen. Hier sehen wir als Gewerkschaften eine Reihe von Möglichkeiten, strukturrelevante Projekte mitzudefinieren. Ansonsten haben wir keine andere Möglichkeit, in einem institutionalisierten Rahmen unsere Konzepte miteinfließen zu lassen.«

---

27 Ziel der Entwicklungsagentur für arbeitsorientierte Strukturpolitik in NRW ist die Unterstützung von Gewerkschaften und Betriebsräten, die Kontaktvermittlung zwischen lokalen und regionalen Verbänden und Verwaltungen etc. sowie der Einbezug von ArbeitnehmerInnen in den regionalen Wandel. Sie agiert vorrangig in ausgewählten ZIN-Modellregionen.

Gleichzeitig jedoch betrachtet er mit Sorge die Politik der Landesregierung, die zunehmend eine »Philosophie der Regionalisierung der Strukturpolitik« erprobe, indem eine Kompetenzverlagerung von der Ebene der Landesregierung in die Regionen stattfinden soll, dieses Vorhaben jedoch ohne neue Förderungsmöglichkeiten und ein größeres Finanzvolumen nicht zu verwirklichen sei.

Kritik an Strukturfördermaßnahmen des Landes üben auch die kommunalen Spitzenverbände. Deren Kritikpunkt ist allerdings die zunehmende Verlagerung strukturpolitischer Entscheidungen weg von der kommunalen Ebene: »Örtliche Aufgaben sollten bei den Kommunen bleiben« (Landtag intern 3. 12. 91). Diese Forderung läuft jedoch Gefahr, einer notwendigen Vernetzung von Maßnahmen entgegenzuwirken und kommunalen Egoismen Vorschub zu leisten. Der Dortmunder DGB-Kreisvorsitzende weiß aus Erfahrung:

> »Es fällt der Politik schwer, mit anderen Gebietskörperschaften zusammenzuarbeiten. Zweitens ist für sie – nicht verbal, aber in den Hinterköpfen – die Beteiligungsphilosophie ein wesentliches Problem. Obwohl die Kooperation mit der IHK z.B. immer gegeben war, ist die Beteiligung anderer am Wirtschaftsleben so selbstverständlich nicht.«

Auch die Gefahr eines »sogenannten Oberbürgermeisterwettbewerbs« um Betriebsansiedlungen ist seiner Ansicht nach nicht geringzuschätzen:

> »Das Konkurrenzverhalten zwischen Dortmund, Unna und Hamm ist außerordentlich hoch. Hier muß von der Politik über den lokalen Tellerrand hinausgeschaut werden, sonst werden die Strukturprobleme nicht behoben, nicht einmal ansatzweise.«

In diese Richtung weisen auch Vorstellungen des DGB-Landesbezirks, der anläßlich einer Anhörung des Wirtschaftsausschusses die Beteiligung aller gesellschaftlich und regional relevanten Kräfte sowie der Kommunalpolitik an den Regionalkonferenzen forderte (Landtag intern, 3. 11. 91). Die IHK will den Strukturwandel hingegen eher »den Kräften des Marktes überlassen und nicht behindern« (ebd.), demgemäß ist eine Beteiligung der Gewerkschaften nur bedingt erforderlich.

In der Tat ist es schwierig, die Regionalkonferenzen in ihrer jetzigen Beschaffenheit zum Instrument zu machen, das alle beteiligten Akteure gleichberechtigt einbeziehen und zum Konsens führen kann, stimmen doch Schwerpunkte und Interessen der Beteiligten oftmals nicht überein. Die möglichen Erfolge einer innovations- und qualifikationsorientierten Politik aber hängen von der Quantität und Qualität regionaler und lokaler Implementationsstrukturen ab (Voelzkow 1990, 238) und sind angewiesen auf die unbedingte Kooperationsbereitschaft aller Beteiligten. Im Mittelpunkt einer innovationsorientierten Regionalpolitik stehen das regionale Potential der ansässigen Klein- und Mittelbetriebe sowie (potentielle) technologieorientierte Unternehmensgründer. Es sollen all jene Faktoren gefördert werden, die für den Erfolg unternehmerischer Anpassung an die Technikentwicklung von Bedeutung sind (Dichte entsprechender Unternehmen, Qualität des regionalen Arbeitskräftepotentials etc.) (Mengelkamp 1989).

Eine regionalisierte Strukturpolitik beinhaltet aus einer Perspektive, die Qualifikationen, Bedürfnisse und Interessen der Menschen einbeziehen will, die Verknüpfung des Wirtschaftsstrukturwandels mit der Entwicklung des regionalen Arbeits- und Lebensraums und bedarf einer Arbeits- und Sozialorientierung. Deren Zielrichtung müßte insbesondere beinhalten (so z.B. EfaS 1992)

– zukunftssichere und qualifizierte Beschäftigungsperspektiven,
– eine umfassende Gleichstellung von Frauen und Männern sowie
– eine umweltgerechte Entwicklung des sozialen Lebensraums.

Als Vorschlag zur Effektivierung kommunaler Zusammenarbeit von seiten der EfaS ist deshalb an die Einrichtung kommunaler Arbeitsgemeinschaften gedacht, die neben Gebietskörperschaften, Gewerkschaften und Kammern beispielsweise auch Umweltgruppen Frauenorganisationen, Wohlfahrtsverbände u.a.m. einbeziehen sollten. Gedacht wird dabei auch an beteiligungsorientierte Formen des Einbezugs von Gewerkschaftsmitgliedschaft und interessierter Öffentlichkeit (Müller 1991):

»Die *Politik* in *Städten, Kreisen* und *Gemeinden* müßte über die Ausschöpfung ihrer eigenen Ressourcen hinaus breite Bevölkerungskreise zur Mitarbeit an qualitativen Entwicklungsstrategien motivieren. Dazu wäre erforderlich, daß die bundesdeutsche Kommunalpolitik ihre Erstarrungen überwindet, die ›Kernbereiche‹ lokaler Ressourcensteuerung einer breiteren Debatte zugänglich macht und gerade hier dezentrale Umsteuerungen initiiert. Sie dürfte außerparlamentarische, gewerkschaftliche und selbstorganisierte Initiativen nicht lediglich ›*auf Antrag hin*‹ bescheiden, sondern hätte, im Gegenteil, bewußt Raum für deren Aktivitäten zu schaffen und sie *offensiv* in ein Gesamtkonzept lokaler Umbaupolitik einzubeziehen. Eine Übersetzung des britischen ›Popular-planning‹-Ansatzes auf die gegenwärtigen Bedingungen in der Bundesrepublik würde bedeuten, sowohl die Hauptbetroffenen der Krise *wie auch* gesicherte soziale Gruppen in ihren Eigenschaften als *Produzenten, Wohnbürger* und *Konsumenten* für gemeinsame Entwicklungsziele zu mobilisieren.« (Bullmann 1991, 290; Hervorh. d. V.)

Dieser auf Beteiligung ausgerichtete Vorschlag findet im bisherigen Vorgehen der Gewerkschaften des DGB-Kreises Dortmund jedoch keine Berücksichtigung. Allerdings kommt es inzwischen zu durchaus beispielhaften Kooperationsschritten zwischen Gewerkschaften und Betriebsräten, die für beide Seiten neue Erfahrungen mit sich bringen. Ein Mitarbeiter der EfaS berichtet, daß

»aus einer betrieblichen Beratung heraus, aus dem Arbeitskreis der Verwaltungsstelle der IGM, mit den Betriebsräten aus den Unternehmen der Bergbauzulieferindustrie dann so ein Innovationsvorschlag entwickelt worden ist, der jetzt ja auch sehr gute Aussichten hat, vom Land finanziert zu werden und dann auch praktische Auswirkungen hat«.

Diese Auswirkungen seien sinnvoller als beispielsweise Maßnahmen andernorts, wo diese Bezüge zu den Betriebsräten nicht existierten:

»Die Stärke der Gewerkschaften und der Gewerkschafter als regionale Akteure also speist sich geradezu aus ihrer Verknüpfung mit den Betriebsräten.«

Dabei müsse allerdings berücksichtigt werden, daß die regionale Strukturpolitik keine unmittelbar sichtbaren Erfolge für die Betriebe produziere, sondern sehr stark infrastrukturell ausgerichtet sei und entsprechende Anforderungen an die Kommunalpolitik stelle, so der EfaS-Mitarbeiter. Für ihn stellen die Gewerkschaften inzwischen – dank des Instrumentariums Regionalkonferenz und Beratung von Gewerkschaften durch die von ihm repräsentierte Einrichtung – die »dritte Kraft nach den Kommunen und nach den Kammern« dar. Für den DGB-Kreisvorsitzenden in Dortmund ergibt sich aus der Notwendigkeit einer Verknüpfung betrieblichen und außerbetrieblichen gewerkschaftlichen Handelns die Frage,

> »wie kriegen wir es hin, daß die DGB-Position, die Gewerkschaftsposition und auch die Position der Betriebs- und Personalräte mit in diese Regionalisierung einfließen?«

Hier müsse ein geeigneter Weg der Vermittlung und Verbindung gefunden werden – eine Aufgabe, die in seiner jetzigen Form vom DGB nicht leistbar sei. Hier bedürfe es einer unmittelbaren Rückkopplung zu den Gewerkschaften. Der Kreisvorsitzende:

> »Wir werden so organisieren, oder wir sind dabei, das zu organisieren, daß es einen Arbeitskreis gibt, der hat sich auch schon zweimal getroffen, wo wir uns über die weiteren Verfahrensschritte verständigen werden. Dieser Arbeitskreis besteht aus den beiden Kreisvorsitzenden der genannten Bereiche und aus Gewerkschaftssekretären ebenfalls.«

Die IGM-Bezirksleitung nutzt die Idee der betrieblichen Beratung bereits. Sie arbeitet mit der IKS[28] seit längerem und mit guten Erfahrungen zusammen, so ein Mitarbeiter des Bezirks.

Für den Vertreter von EfaS sind aus naheliegenden Gründen die Gewerkschaften IGM und ÖTV für ihre Arbeit im Ruhrgebiet maßgeblich – letztere vor allem deshalb, weil sie

> »eben einen wichtigen Bereich auch der Wirtschaft und auch in Verbindungslinien von privater Wirtschaft und Verwaltung, Stadtwerke oder Fernwärme oder so was (besetzen, d. V.) – sind natür-

---

28 Die IKS (Innovations- und Koordinierungsstelle für die Metallindustrie an der Ruhr) ist ein Projekt der GEWOS GmbH Bochum (Institut für Stadt-, Regional- und Wohnforschung) und der HBS Düsseldorf (Hans-Böckler-Stiftung). Sie betreibt Forschungs- und Beratungstätigkeiten bzgl. Produktinnovation und betrieblicher Umstrukturierungsmaßnahmen, unterstützt strukturpolitische gewerkschaftliche Arbeitskreise und Tagungen und fördert die Kommunikation zwischen Betrieben, Betriebsräten und der Wissenschaft. Dabei soll sie »insbesondere dazu beitragen, betriebliche Initiativen und kommunale bzw. regionale Wirtschaftsförderung miteinander zu verknüpfen« (IKS-Faltblatt), und sie wendet sich an Betriebsräte und Unternehmen der Metallindustrie in den Arbeitsmarkt-Regionen Duisburg/Oberhausen, Bochum/Hattingen/Witten und Dortmund/Unna.

lich bestimmte Dinge, für unsre Projekte ganz, ganz wichtig, die Träger dafür am Tisch zu haben«.

Daß strukturpolitische Maßnahmen eine Gewerkschaft durchaus in Handlungsnöte bringen können, macht der EfaS-Mitarbeiter deutlich am Beispiel der IGBE: So wäre es im Sinne einer »vorausschauenden Strukturpolitik« sinnvoll gewesen, für einen von Arbeitslosigkeit besonders bedrohten Kreis strukturpolitische Alternativen zu entwickeln. Die IGBE habe dies

> »nicht für richtig gehalten, weil das die Botschaft hätte rüberbringen können, daß auch aus Sicht der IGBE oder der Gewerkschaften die Zeche gefährdet wäre!«

Die IGBE habe befürchtet, sich dem mutmaßlichen Unmut der Mitglieder auszuliefern. Inzwischen sei auf seiten der IGBE jedoch auch eine

> »gewisse Offenheit (vorhanden), sich mit solchen Geschichten auseinanderzusetzen. Man muß von daher wieder sehen, daß weder die Sekretäre noch die Ehrenamtlichen in der IGBE auf diesem Feld irgendwelche Erfahrungen gesammelt hätten in den vergangenen Jahren. Also, da muß dann auch eine Kompetenz ganz neu aufgebaut werden.« Denn immerhin arbeiteten »ca. 90% der Gewerkschafter... nur nach dem Betriebsverfassungsgesetz, machen nur das, was im Rahmen des Betriebsverfassungsgesetzes ausgenutzt werden kann.«

Die sogenannten »weichen Faktoren« blieben im Rahmen dieser herkömmlichen gewerkschaftlichen »Sozialplan-Strategien« außen vor. Hier sei die IGM bereits weiter als die IGBE,

> »also auch praktisch erprobt. Es ist viel weniger Know-how da, als es in Teilen der IGM der Fall ist.«

Für den EfaS-Mitarbeiter ist klar, daß eine umfassende regionale Strukturpolitik nicht alleinige Aufgabe der jeweiligen DGB-*Kreise* sein kann, denn

> »das Problem (ist) ja sozusagen auf der kommunalen Seite, daß da die Kompetenzen fehlen. Die IHK könnten es teilweise. Die Gewerkschaften müssen sich dafür die Kompetenz und die Organisationsstrukturen erst aneignen, die so etwas ermöglichen. Also, so wie die gewerkschaftlichen Strukturen heute sind, können auch die Gewerkschaften eine so ausgerichtete Strukturpolitik nicht betreiben. Und das verlangt genau die Verknüpfung des DGB mit Einzelgewerkschaften und mit Betrieben – und zwar diese *nicht* von der Kreisebene aus.«

Hier sei dagegen vorrangig Koordination auf Landesebene angezeigt, wo sich in der jüngeren Vergangenheit bereits erhebliche Neuerungen vollzogen hätten. So sei zu begrüßen,

»daß es ja auch vom Landesbezirk jemanden gibt, der dafür zuständig ist... Wenn man jetzt die formalen Strukturen der Gewerkschaften in NRW nimmt, daß auch der Landesbezirk natürlich da schon einen großen Schwerpunkt auf diese ganze Geschichte hat, und auch die Kreisvorsitzenden haben sich das als neues Feld erschlossen. Und dann war es sicherlich ein Glücksfall, daß es ihnen gelungen ist, sich Beratungsdienstleistungen zu erschließen, um das vielleicht ein bißchen zu beschleunigen.«

Dieser Apparat mit Dienstleistungscharakter stehe den Gewerkschaftsfunktionären zur Verfügung. Er sei für die Erfüllung der anstehenden Aufgaben prädestiniert, da die FunktionärInnen mit der Aufgabenfülle schlichtweg überfordert seien. Diese zunehmende Nutzung von Serviceleistungen sei notwendig, wolle sich die Gewerkschaft nicht durch unprofessionelle Arbeitsweisen selbst behindern.

»Wenn der Oberbürgermeister oder der Stadtdirektor oder so was in so eine Konferenz geht, das ist lange und durch verschiedene Stellen vorbereitet. Das ist bei der IHK genauso, und es gibt dafür natürlich im Hauptamtlichenbereich der Kreise niemanden, also nicht mal einen, der sich allein um so eine Geschichte kümmern kann«, klagt der DGB-Kreisvorsitzende.

Für ihn ist die hiermit verbundene Lösung drängender organisationspolitischer Probleme von äußerster Dringlichkeit, nämlich

»in den Gewerkschaften, und zwar auch von betrieblicher Ebene bis hin zum DGB... anders denken (zu) lernen, müssen wir die Prioritäten neu setzen, neu bewerten – von unserer Arbeit: Was ist leistbar, was ist wichtig, was ist weniger wichtig. Und wir müssen auch die informellen und die offiziellen Organisationsstrukturen auf diese neuen Anforderungen ausrichten. Und da hapert es bei uns. Ich mach' das ganz deutlich: Also, unsere Satzung z.B. als DGB ist ausgerichtet auf Anforderungen vom Ende der vierziger, Anfang der fünfziger Jahre, einschließlich der Personengruppenarbeit, und entspricht nicht mehr den Anforderungen, die sich heute stellen – organisationspolitisch wie auch regionalpolitisch. Und da laufen wir der Zeit hinterher. Und ich habe die Befürchtung, daß zumindest in Teilen der Gewerkschaften die Aufgabenstellung und die Funktion des DGB weiter demontiert wird. Ich halte das für einen gravierenden Strukturfehler, aber ich befürchte, daß diese

Diskussion in diese Richtung gehen wird, vor dem Hintergrund auch der Finanzkrise.«

In diesbezüglichen Gesprächen findet er in den Mitgliedsgewerkschaften durchaus Verständnis:

»Wenn ich mit Vorstandsmitgliedern von Mitgliedsgewerkschaften beispielsweise diskutiere, dann stimmen die mir in der Analyse zu. Nur sobald die Diskussion auf die Handlungsebene übertragen wird, werden dieselben Personen sehr reserviert!«

Praktiker, die diese »neuen« gewerkschaftlichen Inhalte mittragen wollen, ließen sich weit eher auf betrieblicher Ebene rekrutieren:

»Ich habe den Eindruck, daß unsere Kolleginnen und Kollegen sehr viel weiter denken und dieses Thema eine höhere Wertigkeit besitzt, als wir das hier in unseren Amtsstuben im Gewerkschaftshaus bisher verstanden haben... Ob wir immer die richtige Methode haben und das richtige Vokabular und den richtigen Ansatz haben, dieses zum Mittelpunkt oder verstärkt zum gewerkschaftlichen Thema zu machen, das ist eine andere Sache. Aber ich habe schon den Eindruck, daß das Fragen sind, die von Interesse sind.«

Um diese Interessen mit vorhandenen strukturpolitischen Vorstellungen des DGB zu verknüpfen, bedürfe es einer systematischen Bearbeitung des Komplexes:

»Und diese Systematik fehlt derzeit noch. Und das kann man nicht anordnen oder das kann man nicht administrieren, so wie das früher mal gewesen ist, sondern das muß in einem vielleicht offenen Diskussionprozeß erarbeitet werden.«

Hierzu erscheint es ihm notwendig, das Gespräch mit den Mitgliedern zu suchen und auch kontroverse Diskussionsprozesse zu fördern, nicht zuletzt, um die herrschende Vorstellung vom DGB zu modifizieren:

»Es gibt welche, die den DGB für relativ überflüssig halten, auch von den Kollegen am Orte, weil sie mit dem DGB – außer mit dem DGB-Rechtsschutz beispielsweise – unmittelbar kaum in Berührung kommen. Höchstens durch Aussagen, die sie in der Presse nachlesen können. Aber womit haben die sonst mit dem DGB Berührungspunkte? Wenig. Die Kollegen... haben Berührungspunkte in aller Regel im Betrieb mit ihren Betriebsräten, mit ihren Vertrauensleuten, mit der IG Metall, mit dem einen oder anderen Sekretär... Aber ansonsten haben die mit dem DGB als solches unmittelbar keine Arbeitszusammenhänge.«

Zahlreich sind die Ansätze, mit denen der Dortmunder DGB versucht, eine breite Basis für seine Arbeit entstehen zu lassen. Dies war nicht immer so: Ein früherer Kreisvorsitzender weiß heute noch zu berichten, daß der DGB sich in den 70er Jahren nicht an den Aktionen »Roter Punkt« (Bereich ÖPNV) beteiligte, weil

> »auch am ›Roten Punkt‹ eine ganze Reihe von Organisationen beteiligt waren, die dem DGB nicht genehm sind, politisch«.

Auch bei den ›Grünen‹ wird der alte Groll gegen den DGB noch gepflegt: Bei einer Veranstaltung zum Thema »Können Yuppies solidarisch sein?« (am 14. 11. 90) mit dem DGB-Kreisvorsitzenden am Podium äußert dieser, daß eine Gewerkschaft in der Lage sein müsse, unterschiedliche Ansichten und Einstellungen aushalten zu können, woraufhin ein von Skepsis geprägter Einwurf aus dem Publikum von »enorme(n) Schwierigkeiten innerhalb der Gewerkschaften« berichtet: »Ich bin Kreisvorsitzende der ›Grünen‹ und habe andere Erfahrungen.« (eigene Mitschrift)

Insgesamt jedoch spricht die Vielfalt der beteiligten Gruppen und Verbände bei der Vorbereitung des 1. Mai für eine wachsende Aufgeschlossenheit der Gewerkschaft: Hier ist neben zahlreichen kirchlichen und sozialen Gruppen auch die »Grüne Jugend« beteiligt.

Der heutige DGB-Kreisvorsitzende fordert angesichts der strukturellen Probleme der Stadt eine »breit angelegte öffentliche Zukunftsdiskussion über die Perspektiven der heimischen Region« (Zit. n. WAZ 2. 10. 91), denn trotz beachtlicher Erfolge könne von einer Bewältigung »noch lange nicht gesprochen werden«.

Das Verhältnis zwischen dem DGB und der Wirtschaftsförderung stellt sich für den Kreisvorsitzenden folgendermaßen dar:

> »Wir unterstützen eine innovative und technologiebezogene Wirtschaftsförderung, die auch kapitalorientiert ist; aber das setzt voraus, daß sich die Wirtschaftsförderungsseite ebenso kreativ und phantasievoll mit den Problemen des Arbeitsmarkts und hier insbesondere mit den Problemen der Langzeitarbeitslosigkeit auseinandersetzt.«

Dies ist es, was der DGB unter dem ›Dortmunder Konsens‹ versteht, und der wehrt sich demzufolge gegen eine Aufgabenzuteilung zwischen Gewerkschaft und Wirtschaft, in der dem DGB die sogenannte »weiche Wirtschaftsförderung« mit der Beschäftigungspolitik zugeschlagen wird, währenddessen sich die andere Seite um die für Gestaltungsprozesse grundlegenden Bereiche kommunaler Wirtschaftsförderung kümmert. Der Kreisvorsitzende des DGB befürchtet gar,

> »auch breite Politikteile, auch der Mehrheitsfraktion (SPD; d. V.), würden uns gerne ausschließlich auf den beschäftigungspolitischen Bereich reduzieren wollen«.

Ein gewerkschaftlicher Anspruch auf eine arbeitspolitische Erweiterung des Selbstverständnisses und der Funktionen eines Interessenverbandes ist also offenbar nicht nur nach innen klärungsbedürftig, sondern zugleich auch nach außen gegenüber der kommunalen Politik – auch dort, wo nahestehende Parteien das Bild prägen, erst einmal durchzusetzen. Darüber hinaus bestehen vielleicht dort auch Befürchtungen einer Kompetenzbeschneidung bzw. -überschneidung zwischen SPD und Gewerkschaften.

Der Wirtschaftsförderungs-Dezernent der Stadt betrachtet als regionale Schwerpunkte kommunaler Wirtschaftspolitik

- mehr Diversifizierung,
- Modernisierung der Wirtschaft,
- Förderung des Arbeitsmarktes und
- Steigerung der Wettbewerbsfähigkeit.

Hierbei begrüßt er nachdrücklich die Zusammenarbeit mit den Gewerkschaften, die im sogenannten ›Dortmunder Konsens‹ »ihren festen und starken Platz« hätten, den allerdings der Kreisvorsitzende zunehmend auch kritisch bewertet: Er warnt, der ›Dortmunder Konsens‹ werde auseinanderbrechen im Falle, daß sich die Beteiligten nicht auf eine angemessene Beschäftigungsförderung einlassen könnten, wie sie etwa Mengelkamp (1990b, 83) vorschlägt:

> »Auf der letzten Dortmund-Konferenz wurde über die Lage der Langzeitarbeitslosen diskutiert und nach Lösungsmöglichkeiten für dieses drängende Problem gesucht. Auf dieser Konferenz, aber auch auf den nachfolgenden Arbeitskreissitzungen wurde von verschiedenen Seiten der Wille zum Ausdruck gebracht, daß nach einer Lösung gesucht werden soll, an der sich alle oder zumindest möglichst viele gesellschaftliche Gruppen beteiligen sollten. Es

sollte also nicht nach einer städtischen, sondern nach einer ›Dortmunder Lösung‹ gesucht werden.«

Die Dortmund-Konferenz ist ein vom DGB initiierter und unter Schirmherrschaft des Oberbürgermeisters stehender Zusammenschluß kommunaler Akteure – wie z.B. dem Arbeitsamt, dem Arbeitslosenzentrum, der Wirtschaftsförderung, den Kammern, Unternehmerverbänden, dem DGB und verschiedenen Mitgliedsgewerkschaften sowie Wohlfahrtsverbänden, Kirchen, Parteien und Fachhochschule, die sich inhaltlich und auch praktisch dem Problem der Langzeitarbeitslosigkeit widmen wollen. Zur Umsetzung ihrer Ideen wurde ein Arbeitskreis eingerichtet, der vorrangig mit folgenden Themen befaßt sein sollte:

- »Entschuldungsprogramm für Langzeitarbeitslose; Einsatz von Schuldenberatern
- Schaffung neuer Beschäftigungsmöglichkeiten in den Bereichen soziale Hilfestellung, Altlastenbeseitigung, Umweltschutz
- vermehrte Vergabe von ABM an Betriebe
- Einbindung von Arbeitslosen bei Hoch- und Tiefbaumaßnahmen durch verstärkte Auftragsvergabe der Stadt Dortmund
- Spitzenfinanzierung der Stadt bei ABM
- Patenschaften im Betrieb
- Aufstockung des Unterhaltsgeldes bei Fortbildungs- und Umschulungsmaßnahmen
- Vermittlung von offenen Stellen für Langzeitarbeitslose durch den Bund Junger Unternehmer.« (Hermsen/Kalle 1990, 2182)

Bei der zweiten (und bisher letzten) Dortmund-Konferenz 1990 stellte der DGB fest, daß entgegen aller Zusagen kaum nennenswerte Maßnahmen zur Beseitigung des Problems der Langzeit-Arbeitslosigkeit getroffen wurden – vielleicht mit Ausnahme bestimmter Schritte seitens der Stadt Dortmund.

In seinem Gutachten für die Stadt Dortmund präsentiert Mengelkamp (1990) seine Vorschläge für eine »Arbeits- und Berufsförderungseinrichtung für Dortmund«. Daran beteiligen sollen sich alle örtlichen Akteure: Stadt, Kammern, Verbände, Unternehmen, Gewerkschaften, Kirchen, freie Träger der Wohlfahrtspflege sowie Träger von Beschäftigungs- und Qualifizierungsmaßnahmen. Aufgabe dieser Beschäftigungsgesellschaft soll u.a. sein, in Fragen der Arbeits- und Berufsförderung als Impulsgeber und Koordinierungsinstanz zu fungieren, in Kooperation mit Unternehmen, Betrieben und

Maßnahmeträgern Beschäftigungs- und Qualifizierungsmaßnahmen durchzuführen.

Besonders große Hoffnungen machen sich jedoch die Beteiligten – allen voran der Leiter der Wirtschaftsförderung – von solch einer Einrichtung nicht:

> »Jeder sich mit Beschäftigungsprojekten befassende Mensch weiß doch, daß eine solche Einrichtung installiert wird, weil die dort erzielbare Produktivität dem normalen Wettbewerb eben nicht standhält und deswegen auf Dauer subventioniert werden muß.«

So kommt ein Engagement der Beteiligten eher einem sozialen Auftrag nach, als daß es ökonomische Effizienz zeitigen würde.

Die Initiative zur Gründung einer GABS (Dortmunder Gesell. f. Arbeit, Beruf u. Stadtentwicklung) sei denn auch von Arbeitnehmerseite gekommen, betont der Geschäftsführer des EWZ in Dortmund:

> »Da bewußt alle Konsenskräfte in diesen Verein mit einbezogen wurden, da nur mit ihnen allen eine funktionierende Beschäftigungsgesellschaft betrieben werden kann, haben die Arbeitgeber es bisher benutzt, um es zu verhindern.«

Von dem Vorhaben zur Einrichtung einer Beschäftigungsgesellschaft rückt inzwischen auch der DGB ab: Nicht mehr von der GABS ist nun die Rede, sondern von einer komplexeren »regionalen Agentur zur Verbesserung der Qualifikation der am Wirtschaftsleben Beteiligten« (so der DGB-Vorsitzende in einem Referat vor der SPD-Fraktion 1992) – ein Vorschlag, den im übrigen auch die EfaS (1992) in ihrem Abschlußbericht präsentiert. Die »Liquidierung« der GABS ging von der Öffentlichkeit relativ unbemerkt vonstatten und hat nach Aussage des DGB-Kreisvorsitzenden nur »Zeitverzögerung« eingebracht: »Sehr kritisch gesagt ist es bisher nicht gelungen, die IHK und die Handwerkskammer auf diese Zielsetzung verbindlich zu verpflichten.« Maßgeblich dafür sind aus seiner Sicht auf seiten der IHK ordnungspolitische Gründe, seitens der Handwerkskammer der gegenwärtige Boom im Handwerk, der eine ABM-Vergabe überflüssig mache.

Auf Initiative des EWZ hin wurde schließlich eine Interessengemeinschaft Dortmunder Beschäftigungsinitiativen gegründet, die auch Mitglied der Dortmund-Konferenz ist.

»Aber die Bereitschaft der offiziellen Institutionen, den zweiten Arbeitsmarkt als eine Aufgabe zu akzeptieren und dann auch noch etwas dafür zu tun, ist äußerst gering«,

so der Geschäftsführer des EWZ. Das Problem der Gewerkschaften, die hier als einzige drängten, sei ihr Mangel an finanziellen Ressourcen. So würden sie lediglich auf die Funktion des »einsamen Rufers in der Wüste« zurückgeworfen.

Die nunmehr nach den Vorstellungen verschiedener Akteure zu entwickelnde Agentur soll im Gegensatz zur örtlich konzipierten GABS auf regionaler Ebene wirken, um den Gedanken der »Regionalisierung der Regionalpolitik« auf breiterer Ebene fortzuschreiben. Von der Idee regionaler Entwicklungsagenturen überzeugen ließ sich bereits der Wirtschaftsförderungsdezernent der Stadt Dortmund:

»Dieses ist zunächst ein Gedanke, den Minister Matthiessen in der Kohlerunde in Bergkamen in die Diskussion gebracht hat. Verbunden ist damit eine Anschubfinanzierung des Landes von zehn Millionen Mark für die ersten zehn Jahre.

Das Ziel einer solchen Entwicklungsagentur wird sein müssen: Reaktivierungsgebiete aufzuarbeiten, vor allem alte Zechenstandorte, die Altlasten zu beseitigen und das Bergrecht aufzuheben, diese Flächen zu erschließen, Kanäle und Straßen zu bauen, die Erstbegrünung vorzunehmen und insbesondere dann diese Flächen auch zu vermarkten. Nach unseren eigenen Erfahrungen mit solchen Vorhaben und insbesondere den erforderlichen langen Zeitvorläufen macht eine solche Agentur einen Sinn...

Nimmt man das Angebot der Landesregierung zur Mithilfe bei der Reaktivierung der Montanflächen im östlichen Ruhrgebiet – gerade auch vor dem Hintergrund der rückläufigen Kohleförderung auch außerhalb Dortmunds – ernst, dann benötigt man eine schlagkräftige Organisation; das kann solch eine Entwicklungsagentur leisten.«

Die Stadt Dortmund hat mit zahlreichen Problemen zu kämpfen, die aufgrund strukturellen Wandels entstanden sind: Der Rückgang der Großindustrie läßt zwar seinen Wirtschaftsförderungs-Dezernenten optimistisch auf die mittelständische Wirtschaft als zukünftigen Hauptakteur im Bereich kommunaler Wirtschaftspolitik blicken (vgl. WAZ 22. 11. 91), erfordert jedoch neue Konzepte von allen Beteiligten und strahlt auf viele Bereiche aus: So ist Dortmund in der Statistik der Langzeit-Arbeitslosigkeit führend, und ehrgeizige Prestigeobjekte, sosehr sie auf relative Erfolge verweisen können[29], zeigen (noch) nicht die erforderliche Breitenwirkung. In seiner Rede vor der IGM-Funktionärsversammlung im Mai 1992 in Dortmund sieht der Wirtschaftsförderungs-Dezernent und Stadtrat B. Ursachen für die seiner Ansicht nach »kritische Betrachtung des Industriestandortes Dortmund« (eigene Mitschrift) durch Unternehmen in der Bundespolitik und in der zu geringen Rücksicht auf Befindlichkeiten der Industrie. Dies macht er vorrangig an langwierigen bürokratischen Antragsformalitäten und überdenkenswerten »Sonderbelastungen« (Umweltschutzauflagen wie z.B. die CO_2- und Abfallabgaben) fest, aber auch daran, daß auf seiten der Industrie »der Eindruck wächst, nicht mehr gewünscht zu sein«. (ebd.) Hier müsse auch die psychologische Ebene berücksichtigt werden.

Es geht hier also um eine klassische Wirtschaftsförderungspolitik von seiten der Kommune – vorrangig orientiert an der Schaffung günstiger Bedingungen für Industrieansiedlungen. Schwerpunkt der Wirtschaftsförderung ist in diesem Sinne die Interessenwahrung der Industrie. In der Rede wirkt der Hinweis auf Aktivitäten der Stadt im Bereich Arbeitsmarkt und Qualifizierung nachgeschoben und fast legitimatorisch. Nicht umsonst bezeichnet ein IGM-Funktionär aus dem Publikum die Wirtschaftsförderung als »Reparaturbetrieb des Kapitalismus« (ebd.)[30].

Die Zukunft des Dortmunder Konsenses wird abhängen von einer gleichwertigen und stabilen Kooperation aller Beteiligten sowie von der Entwicklung eines Konzeptes zur qualitativen Beschäftigungssicherung, die eben nicht vorrangig und mit der Folge sozialer Ausgrenzung auf Modernisierungsförderung setzt. Dabei hatte alles so vielversprechend begonnen: das war nämlich

---

29 »Ein Technologiepark ist noch keine Umstrukturierung«, so der Wirtschaftsförderungs-Dezernent in der Lokalpresse (WR 6. 11. 91).
30 Während ein anderer IGM-Funktionär als Mitglied des Wirtschaftsförderungsausschusses der Stadt das Plädoyer des Wirtschaftsdezernenten für eine Ausweitung des örtlichen Flughafens, den Ausbau von Umgehungsstraßen durch Wohngebiete bis hin zur schnellstmöglichen Entscheidung über das Problem der Müll-Entsorgung (Verbrennung) (WAZ 26. 5. 92) mit dem kritisch distanzierten Hinweis auf »sogenannte Bürgerinitiativen«, die dagegen Protest anmelden, unterstützt.

»der Augenblick, in dem ein Ruck durch die Stadt ging. Statt weiterhin Weinerlich- und Wehleidigkeit zu pflegen, besann man sich auf die eigenen Kräfte. Parteien, Wirtschaft, Gewerkschaften und alle anderen Kräfte setzten sich an einen Tisch« (WAZ-Sonderbeilage 18. 10. 91) – der ›Dortmunder Konsens‹ war geboren... »Seine Auswirkungen blieben nicht aus, wurden im ganzen Land als vorbildlich gerühmt.« (ebd.)

... und wenn er denn nicht sterben soll, so werden sich die Verantwortlichen etwas einfallen lassen müssen, denn in der Realität sind nach Ansicht des DGB-Kreisvorsitzenden noch nicht alle Beteiligten – speziell Wirtschaftsförderung und SPD-Ratsfraktion – von dieser Art Demokratisierung des Wirtschaftsprozesses überzeugt:

»Die Beteiligungsphilosophie (ist für sie) ein wesentliches Problem. Obwohl die Kooperation mit der IHK z.B. immer gegeben war, ist die Beteiligung anderer am Wirtschaftsleben so selbstverständlich nicht. Im bescheidenen Umfang wird Strukturpolitik ein wenig ›demokratisiert‹. Wir sehen in dieser Vorgehensweise eine Chance, wenn das zukünftige Gesicht dieser Region auch von gesellschaftlich relevanten Gruppen mitdiskutiert und -entwickelt werden soll.«

Als Vertreter des DGB sitzt der Kreisvorsitzende im Wirtschaftsförderungs-Ausschuß der Stadt,

»zwar nicht stimmberechtigt, aber als – ich sag' jetzt mal – assoziiertes Mitglied. Und es hat sich hier in Dortmund so eingespielt vor dem Hintergrund auch meiner parteipolitischen Präferenz oder Mitgliedschaft, daß ich in der SPD-Fraktion der Wirtschaftsförderung mitsitze. Wenn die eine Fraktionssitzung haben, der SPD-Wirtschaftsförderung, des Wirtschaftsförderungs-Ausschusses, und die sich also absprechen und so weiter, sitz' ich da mit am Tisch – gleichberechtigt, kann man sagen. Und von daher bin ich informiert über diese Dinge und habe auch im Vorfeld versucht, Einfluß zu nehmen natürlich, das liegt in der Natur der Sache.«

Einfluß zu nehmen versuchen selbstredend sämtliche beteiligten Akteure und bringen die Ratsmitglieder damit in einige Bedrängnis, so daß diese sich genötigt sehen, den Primat der Politik zunehmend in den Mittelpunkt zu stellen:

»Die Räte haben Angst, daß – bezogen auf das ZIN-Verfahren, bezogen auch auf die Erkenntnisse und Verfahrensmängel der ersten ZIN-Runde – sie durch die am Wirtschaftsleben Beteiligten in den Hintergrund gedrückt werden«, vermutet der DGB-Kreisvorsitzende.

Die IHK spielt in diesem Rahmen eine wesentliche Rolle: Sie versucht nach Einschätzung des DGB in Dortmund ihren Einfluß zu erweitern, indem sie die ArbeitnehmerInnen-Seite bei den Regionalkonferenzen zurückzudrängen versucht. Da kann die proportionale Zusammensetzung der Regionalkonferenz sozusagen zur Machtfrage geraten, wenn der Hauptgeschäftsführer der IHK in Absprache mit dem Wirtschaftsministerium einen zweiten Redner aus seinen Reihen auf die Liste setzen läßt, während vom DGB hingegen weiterhin lediglich nur einer vorgesehen ist. Der DGB-Kreisvorsitzende empfindet ein derartiges Vorgehen nicht nur als Brüskierung seiner Organisation,

> »sondern wenn sich hier die örtlichen, die lokalen, auch die regionalen Akteure auf eine bestimmte Verfahrensweise einigen, wie es auch abgesprochen wird mit dem Regierungspräsidenten, und der Hauptgeschäftsführer in seiner Größe und Selbstherrlichkeit mit dem Ministerium dann eine andere Regelung trifft, ist das auch gleichzeitig eine Brüskierung derjenigen, die die Konferenz hier am Ort oder in der Region vorbereiten! Und das ist auch so verstanden worden.«

Diese Einflußnahme der IHK wird als Versuch gewertet, eigene Handlungsbereiche zu erweitern und zu verfestigen, jene des DGB hingegen zu beschneiden, möglicherweise sogar ein Signal für Kammern weiterer Regionen zu setzen, in letzter Konsequenz sogar als Versuch, eine auf Kooperation ausgerichtete Einrichtung ad absurdum zu führen.

Inwieweit die Gewerkschaften hierbei den herrschenden Trend in Richtung moderner Technologieförderung mit ihren mehr sozialen und beschäftigungskonzentrierten Schwerpunkten aufbrechen können, bleibt abzuwarten. In erster Linie wird es davon abhängen, ob es ihnen gelingt, lokale Arbeitspolitik als genuine Aufgabe vor Ort in einem reformierten Leitbild gewerkschaftlichen Wirkens stabil zu verankern und organisatorische Grundlagen für kontinuierliches und kompetentes, also die Kompetenz sachkundiger ehrenamtlicher Funktionäre und Mitglieder ausschöpfendes Handeln zu schaffen.

IV. Das traditionsgebundene lokale Organisationsprinzip der IG Bergbau und Energie

1. Einleitung

»Wenn man sich als Sozialwissenschaftler mit dem Steinkohlenbergbau beschäftigt, hat man es zunächst einmal mit massiven Vorurteilsstrukturen zu tun. Nicht nur im Bergbau gegenüber Soziologen (›die meinen, weil sie schwarze Fingernägel haben, sie wüßten etwas über Bergleute‹), sondern auch außerhalb des Bergbaus über dessen Verhältnisse, Institutionen und Verbände (›bei denen liegt doch inzwischen unter jedem Stempel ein Tausendmarkschein‹).« Mit diesen Worten leiteten G. Peter und W. Thon 1985 einen Aufsatz über Arbeitsplatzverhältnisse, technische Entwicklung und Krisenbewältigung im Steinkohlenbergbau ein, und uns scheint, daß dieses Urteil im Kern nach wie vor zutreffend ist. Das gilt für gewerkschaftliche Kommunikationszusammenhänge und -strukturen, auf die wir im Laufe unseres Projekts gestoßen sind, sei es bei der Teilnahme an gewerkschaftlichen Diskussionen, sei es durch Interviews, und das gilt noch mehr für sozialwissenschaftliche Diskussionszusammenhänge.

War schon die Mitbestimmungsforschung der 50er Jahre im wesentlichen »Stahl-Forschung« (Martens 1989), so hat auch die schon in den späten 50er Jahren einsetzende Bergbaukrise, in deren Verlauf die zentrale Stellung der Kohle auf dem Energiemarkt abgelöst wurde von Öl, Gas oder Kernkraft, kaum intensivere sozialwissenschaftliche Forschung in bezug auf die bemerkenswert erfolgreiche Branchenordnungspolitik der IGBE nach sich gezogen. Daß nach vorübergehenden Einbrüchen Mitte der 60er Jahre (Lauschke 1984) das traditionell hohe Maß an sozialer Sicherheit der Bergleute wiederhergestellt und auch unter dem Druck der jüngsten politischen Entwicklungen und Einschnitte ins soziale Netz verteidigt werden konnte, hat bislang kaum größere sozialwissenschaftliche Aufmerksamkeit auf sich gezogen. Der Hinweis auf die im Bergbau aber erst spät erforschte (Ranft 1988) Strukturen der Montanbestimmung bzw. einer entsprechenden Mitbestimmungskultur schien vielen zu genügen und verknüpfte sich gerade für manche der sich kritisch verstehenden Gewerkschaftsforscher mit Interpretationsmustern, »die nicht weniger voruteilsgeprägt sind als die hinter den o.a. Sprüchen sich verbergenden ›Alltagstheorien‹«, wie Peter und Thon (1985, 260) zu Recht hervorheben:

> »Danach gilt der Kohlebergbau als konservativ, als prototypische Branche mit neo-korporatistischen Strukturen zwischen Staat, Unternehmern und Gewerkschaft. Entsprechend gilt die IG Bergbau und Energie als zentralistisch geführte konservative Gewerkschaft, dem sozialpartnerschaftlich-kooperativen Block innerhalb des DGB zuzurechnen, im Gegensatz zu angeblich mehr konfliktorisch orientierten Gewerkschaften.«

Mögen auch diese Typisierungen der industriesoziologischen Diskussion der 70er und frühen 80er Jahre inzwischen etwas aus der Mode gekommen sein, die dahinterstehenden Vorurteile sind vermutlich immer noch virulent. Sich kritisch verstehende Gewerkschaftsforscher neigen noch immer dazu, Fragen zukünftiger Entwicklungsmöglichkeiten und -perspektiven der Gewerkschaften in der Bundesrepublik vorrangig, wenn nicht ausschließlich am Beispiel der IG Metall zu diskutieren, und es ist eher ungewöhnlich, wenn im Rahmen eines Forschungsprojekts versucht wird, arbeitspolitische Modelle aus dem Organisationsbereich einer so traditionsgebundenen Gewerkschaft wie der IGBE in die gewerkschaftliche Zukunftsdiskussion miteinzubeziehen, obwohl man hier Modelle finden kann, die gegenüber politischen »Visionen« den Vorzug langjähriger praktischer Erprobung aufweisen.

Dies heißt nicht, daß unsere Untersuchung des Ortsgruppenprinzips der IGBE im Hinblick auf die uns allgemein interessierenden Probleme einer lokalen gewerkschaftlichen Arbeitspolitik auf der Annahme beruht, hier fertige und übertragbare Modelle finden zu können. Aber indem wir dieses lokale Organisationsprinzip gerade auch dort näher in Augenschein nehmen, wo es in seinen traditionsgebundenen Formen noch immer am stärksten ausgeprägt vorzufinden ist, gehen wir schon von einigen Ausgangsüberlegungen aus, die – nicht zuletzt aufgrund der in einigen neueren Projekten an der Sozialforschungsstelle Dortmund gewonnenen Einsichten in arbeitspolitische Strukturen des Bergbaus (Peter/Thon/Vollmer 1986; Peter/Thon 1985; Strauß/Oertelt-Müller/Michel 1991) – sich von den erwähnten Vorurteilsstrukturen deutlich unterscheiden. Neben den bereits angemerkten Vorbehalten gegen die verschiedenen Neo-Korporatismus-Theorien scheinen uns insbesondere mehr oder weniger fragwürdig:

- die Ausblendung der IGBE als vermeintlich veralteter, wenn nicht absterbender Gewerkschaft einer schrumpfenden, chronisch krisenbetroffenen Branche aus der Diskussion über gewerkschaftliche Modernisierungsprozesse;
- das Verständnis der IGBE als einer – wie man spätestens seit den Septemberstreiks, die diese Gewerkschaft ja sehr schnell »im Griff« hatte, zu wissen meinte – besonders zentralistisch geprägten Organisation, was scheinbar entsprechende organisationssoziologische Untersuchungen (Bayer 1979) bestätigten[1];
- oder auch die Annahme, daß die IGBE nicht nur als Männer-, sondern auch als ausgesprochene Arbeitergewerkschaft im Hinblick auf die Modernisierung einer gewerkschaftlichen Angestelltenarbeit ebenfalls eher vernachlässigt werden könnte.

Der Rahmen unserer Untersuchung von Bedeutung und Funktion des lokalen Organisationsprinzips bei der IGBE stellt also ein deutlich vom mainstream der industriesoziologischen Diskussion abweichendes »Vorurteil« in bezug auf diese Gewerkschaft dar.

2. Das Büro Dortmund im Bezirk Ruhr-Ost der IGBE

Der Bezirk Ruhr-Ost der IGBE wurde im Juli 1990 durch Zusammenlegung der zuvor getrennten Bezirke Dortmund und Hamm neu gebildet. Mit ca. 67000 Mitgliedern ist der neugebildete Bezirk der mitgliederstärkste unter den 9 Bezirken der

---

[1] Wobei diese Untersuchungen nur den Mangel hatten, bei ihrer Konzentration auf administrative Rationalisierungsprozesse im »Apparat« die Spezifik des Ortsgruppenprinzips bei der IGBE völlig außer Betracht zu lassen.

IGBE (in den alten Bundesländern)[2]. Der Bezirk gliedert sich seinem Anschriftsverzeichnis zufolge in insgesamt 109 Arbeiterortsgruppen und 19 Angestellten-Betriebsortsgruppen, also insgesamt 128 Ortsgruppen, die ihrerseits in sechs Bildungsarbeits-Distrikte zusammengefaßt sind. Nach einem mündlichen Bericht des Bezirksleiters auf einer von uns beobachteten Mitgliederversammlung einer Ortsgruppe gibt es Ende 1991 insgesamt 148 Ortsgruppen[3].

Vergleicht man die Zahl der Ortsgruppen, die auf den ehemaligen Bezirk Dortmund entfallen (über 80), mit der im Bezirk Hamm (ca. 40), dann wird schon an diesen Zahlen ein Aspekt der Auswirkungen des Strukturwandels sichtbar. Im Zuge der Nordwanderung des Bergbaus sind im Bereich des heutigen Büros Dortmund der IGBE schon früh viele Ortsgruppen zu »Stillstandsbereichen« geworden, also zu Ortsgruppen, in deren Einzugsbereich keine Zechen mehr betrieben werden, die aber als Ortsgruppen erhalten blieben. Nach Auskunft von Experten scheint es gerade in diesen sog. Stillstandsbereichen schwierig gewesen zu sein, Ortsgruppen zu fusionieren, um zu großflächigeren Grundeinheiten zu gelangen. Möglicherweise hat hier aber auch eine früher unterschiedliche, bezirkliche Umsetzung allgemeiner organisationspolitischer Beschlüsse eine Rolle gespielt.

Bereits an diesem Punkt der sehr unterschiedlichen Binnenstruktur zweier vormals ungefähr an Mitgliederzahl gleich starker Bezirke wird deutlich, daß hinsichtlich solcher organisationspolitischer Maßnahmen ein hohes Maß dezentraler gewerkschaftlicher Strukturen für die IGBE kennzeichnend ist. In den Worten eines Bezirksleiters:

> »Wir sind eigentlich in den Bezirken so frei, daß wir manche Dinge auch so entscheiden können, wie wir das für den Bezirk richtig halten, daß wir sagen, so machen wir das. Da wird uns niemand

---

[2] In den 7 Bezirken in den neuen Bundesländern sind die Mitgliederzahlen dagegen höher. Zum Zeitpunkt ihres Vereinigungskongresses im Mai 1991 rechnet die IGBE mit einer Zahl von ca. 600000 Mitgliedern (einschließlich Rentnern) bis zur Jahresmitte, darunter zum Zeitpunkt des Kongresses bereits über 250000 in den neuen Bundesländern. Der Organisationsgrad liegt bei 92,2 % in den alten Bezirken und 83,5 % in den neuen Bezirken (IGBE 1991, 80).

[3] In der Bundesrepublik (alt) gab es nach den innerorganisatorischen Wahlen der IGBE im Frühjahr 1990 insgesamt 1160 Ortsgruppen mit 14859 Ortsgruppenfunktionärinnen und -funktionären. Von ihnen waren mit 2565 knapp 20 % erstmals in entsprechende Funktionen gewählt worden (IGBE 1991, 79).

Vorschriften machen... Und wir werden nun fragen, wie ist das am optimalsten. Natürlich kann ich nicht sagen, wir machen das so oder so – was anhand der Hierarchie einfach wäre, aber so kann man nicht arbeiten, so kann man auch nicht für Mitglieder arbeiten. Was können wir daraus machen, das Beste für uns, daß wir effektiv arbeiten können und daß wir das auch den Mitgliedern draußen anbieten können?«

Klingt in dieser Aussage über die Betonung der relativen Selbständigkeit der Bezirke hinaus bereits an, daß die hauptamtlichen Funktionäre zwischen Effizienzgesichtspunkten aus dem Blickwinkel »des Apparats« und legitimen Ansprüchen der Mitglieder in ihren Ortsgruppen sorgsam differenzieren, so wird in der folgenden Aussage (aus dem gleichen Interview) deutlich, wie sehr unter den Bedingungen eines jahrzehntelangen krisenhaften Anpassungsprozesses zum einen Organisationsentwicklung zur Daueraufgabe geworden ist und zum anderen dabei das Eigengewicht der einzelnen Ortsgruppen eine erhebliche Rolle spielt:

»Hier im ehemaligen Bereich Ruhr-Nordost haben wir in den letzten 20 Jahren viele Ortsgruppen zusammengelegt. Z.B. hat es in B. zunächst sieben Ortsgruppen gegeben, und das haben wir dann über fünf auf drei und schließlich zwei verringert, und irgendwann wird das dann mal eine Ortsgruppe sein. Heute ist im Bezirk die kleinste Ortsgruppe eine mit acht Mitgliedern, und die größte zählt über 2000 Mitglieder... Also, wir müssen im alten Bezirk Dortmund zu mehr Zusammenlegungen kommen... Und wir werden nun immer mehr Stillegungen haben, also auch immer mehr Auflösungen von Ortsgruppen, das heißt, Auflösungen ist gut. Erst mal müssen wir das in den Ortsgruppen durchzusetzen versuchen.«

Ehe wir allerdings auf dieses Problem eines kontinuierlichen Organisationswandels näher eingehen, der geradezu eine alltäglich zu bewältigende Aufgabe darstellt und deshalb in vielen der von uns beobachteten Mitgliederversammlungen von Ortsgruppen auch ein Thema war[4], wollen wir das Ortsgruppenprinzip der IGBE zunächst hinsichtlich seiner satzungsmäßigen Verankerung und dann seiner realtypisch unterschiedlichen Ausprägungen etwas näher beschreiben.

---

4 – In Gestalt von zwei sich gewissermaßen überlappenden Organisationsveränderungen in kurzer Zeit, nämlich der Bewältigung des neuen bezirklichen Zuschnitts und gleichzeitig des Abzugs personeller (haupt- wie eh-

Die Ortsgruppen (im Bereich des heutigen Büros Dortmund 78 mit ca. 28000 Mitgliedern) sind gemäß § 25 der Satzung organisatorische Grundeinheit der Gewerkschaft (und neben deren betrieblicher Verankerung über Schachtgewerkschaftsausschuß und Betriebsräte deren dritte wichtige Organisationssäule, hier im außerbetrieblichen Bereich). Die IGBE ist damit, abgesehen von der Gewerkschaft Bau-Steine-Erden, die aber auf ihrem letzten Gewerkschaftstag ihr lokales Organisationsprinzip als durchgängige Basisgliederung aufgegeben und auch betriebliche Basisstrukturen vorgesehen hat, die einzige Gewerkschaft im DGB, die flächendeckend und satzungsmäßig verankert über lokale Organisationsgliederungen als Basisstrukturen verfügt. Im Bereich der IG Metall gibt es örtliche Organisationsstrukturen nur in ganz wenigen Verwaltungsstellen, unter denen Dortmund herausragt.

Die Ortsgruppen haben nach der Satzung einen einheitlichen Aufbau mit i.d.R. neunköpfigem Vorstand (erstem Vorsitzenden, zweitem Vorsitzenden, Kassierer, Bildungsobmann, Schriftführer, Jugendleiter und mindestens drei Beisitzern) und festgelegten Aufgaben im Bereich der Werbung und Betreuung der Mitglieder. Hierzu werden in der Satzung aufgelistet:

1. die Mitglieder über die Beschlüsse der Organe und den Inhalt der Gewerkschaftspolitik zu unterrichten;
2. Mitgliederversammlungen durchzuführen;
3. Mitglieder zu werben;
4. Beiträge bei den Mitgliedern einzuziehen;
5. jährlich in den Mitgliederversammlungen einen Tätigkeits- und Kassenbericht vorzulegen;
6. die Zeitung zuzustellen und weiteres Informationsmaterial zu verteilen.

In einer Borschüre der IGBE über die »Gewerkschaftsarbeit in den Betrieben und Ortsgruppen« (IGBE o.J., 24) werden dar-

---

renamtlicher) Ressourcen für den Organisationsaufbau in den neuen Bundesländern,
- in Gestalt der Diskussion über neuerlich anstehende Zechenstillegungen im Ergebnis der Kohlerunde 1991,
- und schließlich auch noch verknüpft mit den heftigen, wenn auch kurzen Auseinandersetzungen um die Aufrechterhaltung der Knappschaft (deren Sprengel-Struktur und mitgliedernahes Betreuungssystem ja aufs engste mit der Ortsgruppenstruktur der IGBE verschränkt ist).

über hinaus als nicht festgeschriebene, »jedoch selbstverständliche« Aufgabenstellungen genannt:

7. Mitarbeiter für die Gewerkschaftsarbeit in den Ortsgruppen zu gewinnen;
8. Mitarbeiter für die zu übernehmenden Aufgaben vorzubereiten;
9. Bildungsprogramme zu erarbeiten und den Mitgliedern und den Funktionären anzubieten;
10. ratsuchenden Mitgliedern zu helfen;
11. Kontaktpflege zu betreiben, die das Zusammengehörigkeitsgefühl fördert;
12. sinnvolle Freizeitveranstaltungen für die Mitglieder und deren Angehörige zu organisieren.

Die Ortsgruppen verfügen, wie unsere teilnehmenden Beobachtungen und Interviews gezeigt haben, über einen gesicherten autonomen Handlungsspielraum für ihre Arbeit im Wohnbereich, dessen materielle Grundlage nicht zuletzt 12% bzw. (bei Rentnern) 15% der Beiträge sind[5]. Inhaltliche Schwerpunkte und organisatorische Formen, z.B. die Häufigkeit von Mitgliederversammlungen, werden vom Ortsgruppenvorstand festgelegt; der Ortsgruppenvorsitzende schreibt die Einladungen, gibt aus Anlaß von Mitgliederversammlungen gegebenenfalls Mitteilungen an die Presse heraus, und die Ortsgruppe kann in unterschiedlichen Formen Einfluß auf das öffentliche Leben im lokalen Bereich zu nehmen versuchen: sei es über das Auftreten in Bürgerversammlungen oder auf Mieterbeiräten, sei es bei der Durchführung von Festen oder geselligen Veranstaltungen.

Diese Formalbeschreibung ist allerdings noch unvollständig, solange die herausgehobene Stellung der Ortsgruppe in den innergewerkschaftlichen Willensbildungsprozessen und bei Wahlentscheidungen nicht beachtet ist. Als Satzungsorgan sind die Ortsgruppen-Mitgliederversammlungen neben den Geschäftsstellen-, Bezirks- und Personengruppenkonferenzen

---

5 Dies ist ein beachtlicher Anteil des gesamten Beitragsaufkommens, den die IGBE im Zuge der Organisationsentwicklung, die seit der Bergbaukrise der 60er Jahre ja doch auch immer durch einen erheblichen Zwang zu Kosteneinsparungen mitgeprägt war, auf der dezentralen Ebene belassen hat. Im Blick auf die eher umgekehrte Richtung der Sparmaßnahmen des DGB in den 80er Jahren erscheint uns dies jedenfalls bemerkenswert.

sowie dem Hauptvorstand antragsberechtigt zum Gewerkschaftskongreß. Ferner erfolgt die Nominierung und Wahl der Vertreter und Delegierten in den gewerkschaftlichen Gremien bis hin zum Gewerkschaftskongreß ausgehend von den Mitgliederversammlungen der Ortsgruppen. Und schließlich haben sie auch maßgeblichen Einfluß auf die betrieblichen Vertretungsstrukturen. Alle in den Ortsgruppen gewählten Funktionäre, die berufstätig sind, sind auch gewerkschaftliche Vertrauensleute in den Betrieben und als solche neben den Betriebsräten und ggf. weiteren Vertrauensleuten wahlberechtigt für den Gewerkschaftsausschuß im Betrieb. Darüber hinaus haben die Ortsgruppen ein Vorschlagsrecht bei der Nominierung von Kandidaten für die Betriebsratswahlen[6].

So weit die Charakterisierung des Ortsgruppenprinzips der IGBE entsprechend der formalen Aufgabenbeschreibungen in Satzung und Schulungsmaterialien. Real ergibt sich vor dem Hintergrund der Branchenentwicklung im Bergbau (Zechenstillegungen und Nordwanderung) sowie angesichts einer auch im Ortsgruppenprinzip festgehaltenen Trennung zwischen Arbeitern und Angestellten eine Unterscheidung in drei Teilbereiche:

– So gibt es zum einen die *aktiven Bereiche*. Hierunter werden solche Arbeiter-Ortsgruppen gefaßt, die noch im unmittelbaren Einzugsbereich einer Zeche liegen. In der Regel ist hier die Verschränkung zwischen ehrenamtlichen Funktionen im Ortsgruppenvorstand und solchen in der Schachtgewerkschaft noch relativ ausgeprägt. Zwar gilt auch hier (übereinstimmend mit unserer Beobachtungen wie mit Interviewaussagen), daß der Anteil von Rentnern und Anpassungsgeldempfängern unter den Besuchern der Mitgliederversammlungen überwiegt, aber es gibt doch auch einen nicht unbeachtlichen Anteil noch berufstätiger Beschäftigter, die auch zu den Ortsgruppenversammlungen

---

6 »Der Betriebsratsvorsitzende auf X (einer großen Schachtanlage) hier, der hat zur letzten Betriebsratswahl 70 bis 80 Ortsgruppen anschreiben müssen mit der Aufforderung, Kandidaten zu benennen«, berichtet z.B. der Organisationssekretär des Bezirks.

kommen. Schwer einzubeziehen sind allerdings auf dieser Ebene – im Unterschied zum Betrieb – die ausländischen Beschäftigten und auch die Jugendlichen. Übereinstimmend wird allerdings in verschiedenen Interviews berichtet, daß dort, wo noch Zechen betrieben werden, auch eine aktive Jugendarbeit zu verzeichnen ist.

- Auf der anderen Seite gibt es die sog. *»Bergbaustillstandsbereiche«*, also Ortsgruppen, die nicht mehr in unmittelbarer Nähe einer noch betriebenen Zeche liegen. Hier ist der Anteil der Rentner oder Vorruhestandsgeldempfänger unter den Ortsgruppenmitgliedern z. T. sehr hoch. Die enge personelle Verschränkung zwischen Ortsgruppenvorstand und betrieblichen Interessenvertretungsstrukturen ist in aller Regel nicht mehr gegeben, und die aktiven Bergleute, die im Einzugsbereich dieser in diesen Ortsgruppen wohnen, nehmen in aller Regel aufgrund sehr weiter Anfahrtszeiten (Arbeitszeiten einschließlich Wegezeit von bis zu 12 Stunden) kaum mehr am Leben der Ortsgruppe teil.

- Als drittes schließlich sind die *»Betriebs-Ortsgruppen«* der *Angestellten* gesondert hervorzuheben. Dem Grunde nach handelt es sich hier um kein reines Ortsgruppenprinzip. So führen die Betriebs-Ortsgruppen der Bezirksverwaltungen der Ruhrkohle AG ihre Mitgliederversammlungen i. d. R. nach der Arbeitszeit durch, sind also eigentlich Betriebsgruppen der hier berufstätigen Angestellten. Anders ist dies auf den Schachtanlagen, wo Mitgliederversammlungen i. d. R. sonntags stattfinden und dann auch unter reger Beteiligung bereits pensionierter Angestellter. Für die Organisationsentwicklung der IGBE besonders bedeutsam ist allerdings, daß auch auf den Schachtanlagen alle Angestellten eines Betriebes in einer Betriebs-Ortsgruppe zusammengefaßt sind. Das Wohnbereichsprinzip ist also insofern durchbrochen, und es treten insbesondere dann Probleme auf, wenn eine Schachtanlage stillgelegt wird. Alle weiter berufstätigen Angestellten, die dann auf andere Schachtanlagen versetzt werden, werden also Mitglied neuer Betriebs-Ortsgruppen, und in der alten Betriebs-Ortsgruppe verbleiben ausschließlich diejenigen Beschäftigten, die schon im Ruhestand sind. Da Rentner lt. Satzung der IGBE nur einen Beitrag von DM 5,– zahlen, ergibt sich mithin ein dramatischer Einbruch bei den Finanzen einer solchen Angestellten-Ortsgruppe[7].

Diese Unterteilung ist natürlich noch sehr grob. Wenn eingangs erwähnt wurde, daß im Bezirk Ruhr-Ost die kleinste Ortsgruppe achtzehn und die größte über 2000 Mitglieder zählt, so wird daran deutlich, daß wir zumindest innerhalb der Gruppe der »Bergbau-Stillstandsbereiche« noch weiter differenzieren können: Hier gibt es zum einen, i.d.R. kleinere, im Dortmunder Süden gelegene Ortsgruppen, in denen der Anteil noch aktiver Bergleute weit unter 50 % liegt und in denen es vielfach kaum mehr möglich ist, alle satzungsgemäß vorgesehenen Funktionen zu besetzen[8]. Auch das Spektrum der Aktivitäten solcher Ortsgruppen ist natürlich relativ gering und beschränkt sich u.U. auf das Verteilen der Mitgliederzeitung. Auf der anderen Seite sind dann aber auch Stillstandsbereiche zu verzeichnen, in denen noch gut die Hälfte aller Mitglieder berufstätig sind, die über entsprechend größere finanzielle Möglichkeiten verfügen und auch ein beachtliches Maß an Aktivitäten aufweisen können, dabei allerdings stark auf die Bedürfnisse und Interessen der Rentner orientiert sind, die das Leben der Ortsgruppe ganz überwiegend prägen.

Geht man von dieser weiteren Differenzierung aus, so waren von den vier Ortsgruppen, deren Mitgliederversammlungen und in einem Fall Vorstandssitzung wir teilnehmend beobachten konnten,

– eine Angestellten-Ortsgruppe im Einzugsbereich einer noch betriebenen Zeche,
– zwei Arbeiter-Ortsgruppen aus dem aktiven Bereich und
– eine Arbeiter-Ortsgruppe aus einem Bergbau-Stillstands-

---

[7] Zwar gibt in den Bezirken der IGBE den sog. »Einprozenttopf«, in dem 1 % des gesamten Beitragsaufkommens für die fallweise Unterstützung finanzschwacher Ortsgruppen zur Verfügung steht; da diese Mittel aber im Grundsatz für potentiell alle Ortsgruppen eines Bezirks zur Verfügung stehen sollen, können darüber massive Struktureinbrüche schwerlich aufgefangen werden.
[8] Nach einer Übersicht des Bezirks Ruhr-Ost gilt dies für mindestens 19 Ortsgruppen, nach mündlichen Auskünften des Organisationssekretärs für ca. 30 Ortsgruppen. Einem mündlichen Bericht des Bezirksleiters, gegeben auf der Mitgliederversammlung einer Ortsgruppe, zufolge gibt es Ende 1991 32 Ortsgruppen mit weniger als 100 Mitgliedern. Für die kleinste Ortsgruppe werden dabei 18 Mitglieder genannt. Sie müsse weitergeführt werden, weil sie beim besten Willen nicht zu fusionieren sei. Die Kollegen dort hätten aber noch einen Kassenbestand von 300 DM, und der 76jährige Ortsgruppenvorsitzende verteile die Zeitung noch immer per Fahrrad.

bereich, in der aber noch etwas über 50% der Mitglieder berufstätig waren.

Hinsichtlich der Mitgliederstärke bewegten sich alle Ortsgruppen in einer Größenordnung von 600 bis 800 Mitgliedern. In allen von uns beobachteten Ortsgruppen fanden i.d.R. monatliche Vorstandssitzungen und etwa vierteljährliche Mitgliederversammlungen statt. Die Teilnehmerzahlen an den Mitgliederversammlungen umfassen in den von uns beobachteten Bereichen zwischen 5% und (im Einzelfall) 10% der Mitgliedschaft. Bei besonderen Anlässen sind aber auch außerordentliche Versammlungen möglich, die dann, wie in einem von uns im Bergbau-Stillstandsbereich beobachteten Fall, u.U. von 150 bis 200 Teilnehmern besucht werden, was im gegebenen Fall gut einem Viertel der Mitgliedschaft entsprach.

3. Funktion und Bedeutung der Ortsgruppenarbeit für die IGBE

Wie aus der bisherigen Skizze bereits erkennbar wird, kann man in bezug auf den Organisationsaufbau der IGBE und die damit aufs engste verknüpften gewerkschaftlichen und betriebsverfassungsrechtlichen Vertretungsstrukturen nicht nur davon sprechen, daß die gewerkschaftliche Arbeit auf drei Säulen ruht, nämlich den Ortsgruppen, den Schachtgewerkschaftsausschüssen und den Betriebsräten, sondern auch, daß innerhalb dieser horizontal und vertikal vielfach gegliederten und vernetzten Struktur die Ortsgruppen in bezug auf Willensbildungsprozesse und Wahlentscheidungen (und jedenfalls bei letzteren in bezug auf alle drei Säulen) ein besonderes Gewicht haben. Insofern sprechen Peter und Thon (1985, 271) wohl zu Recht davon, daß man bei der IGBE nicht einfach von einer »Betriebsrätegewerkschaft« sprechen könne. Und ebenso gibt schon die bisherige knappe Skizze viele Anhaltspunkte, die dagegen sprechen, daß die IGBE durch ein »organisatorisches Dauerdilemma« von einerseits hohen Zentralisierungs- und Verselbständigungstendenzen des Funktionärskörpers und andererseits basisdemokratischen Elementen mit starker motivationaler Bindung zur Mitgliedschaft gekennzeichnet ist (Treu 1977, 176). Diese Einschätzung beschreibt nicht zureichend das austarierte System von Machtverteilung und Entscheidungskompetenzen, das horizontal und vertikal vielfach gegliedert ist und durch eine für heutige Verhältnisse hohe kulturelle Identität und emotionale Bindung der Mitgliedschaft gekennzeichnet ist. Vielmehr ist zu vermuten und durch die folgende differenzierte Analyse zu belegen, daß sich Legitimation und Konsens gegenüber der IGBE-Führung, die sich in dem erwähnten hohen Organisationsgrad niederschlagen, keineswegs hauptsächlich aufgrund institutionellen Drucks, sozialpolitischer Abfederungen sowie der Sicherung der Kohleförderung über politische Einflußnahmen begründen lassen, wie dies bei Treu (1977) anklingt.

Neure sozialhistorische Untersuchungen (z.B. Faulenbach 1987 u. 1989) ermöglichen hier bereits tiefergehende Einsichten. Dabei rückt insbesondere die Montanmitbestimmung als weitere institutionelle Struktur in den Blick, die die bisher beschriebenen gewerkschaftlichen Strukturen zusätzlich gestärkt und in spezifischer Weise mitgeprägt hat. Dies gilt zum einen für die Verschränkung von betrieblichen und örtlich gerichteten gewerkschaftlichen Strukturen, da »die Arbeit im Betriebsrat und in den anderen Mitbestimmungsorganen ... – auf dem Hintergrund der Revierstrukturen mit Werkswohnungen, Kolonien usw. – geradezu eine Verzahnung von betrieblicher Interessenpolitik und Kommunalpolitik verlangt« (Faulenbach 1989, 221)[9]. Zum anderen gilt dies in bezug auf das vergleichsweise hohe Maß, in dem die Praxis der Montanmitbestimmung, die von der IGBE in den 50er Jahren zunächst durchaus nicht als zentrale Ebene gewerkschaftlicher Politik begriffen wurde[10], auch das gewerkschaftliche Selbstverständ-

---

9 Faulenbach, der in diesem Zusammenhang von »Mitbestimmung als institutioneller Bedingung politischer Kultur im Ruhrgebiet« spricht (1989, 216), konstatiert z.B. »Die Arbeit in Mitbestimmungsorganen hat die politische Sozialisation eines Teils der politischen Führungsgruppen in den Kommunen (mit stark montanindustriellem Anteil) vermutlich entscheidend bestimmt«, wobei der Zenit entsprechenden kommunalpolitischen Einflusses angesichts sinkender Bedeutung der Montanindustrie vermutlich überschritten sei. Die Prägung durch die Montanmitbestimmung bildet zugleich die »subjektive Voraussetzung für das Handeln von Arbeitnehmern im politischen Raum«, das er als »Vertretung konkreter sozialer Interessen durch basisnahe und betriebsnahe Eliten« im Rahmen eines korporatistischen Politikverständnisses charakterisiert (ebd. 221f.).
10 Vgl. die informative Skizze bei Peter und Thon (1985, 268ff.).

nis der IGBE im Sinne eines institutionellen Leitbildes mitgeprägt hat. In diesem Leitbild verbinden sich:

- eine hohe Gewichtung sozialer Absicherung des einzelnen Arbeitnehmers (niemand darf »ins Bergfreie« fallen) und sozialpolitischer Aspekte gewerkschaftlichen Handelns im betrieblichen wie außerbetrieblichen Lebenszusammenhang der Mitglieder[11];
- der Anspruch auf eine zentrale Rolle (im Verhältnis zum Management der Ruhrkohle AG) bei der Formulierung und politischen Absicherung einer Branchenordnungspolitik für die Kohlewirtschaft[12];
- die Betonung einer gestaltungsorientierten, durch eigene Machtpositionen abgestützten, partnerschaftlichen Interessenvertretung und Mitbestimmung in den Unternehmen[13].

Es ist von daher sicherlich nicht falsch, wenn die IGBE bei politischen Einordnungen mit dem Etikett »sozialpartnerschaftlich« versehen wird. Anders als im vorherrschenden Selbstverständnis der IG Metall prägen nicht Vorstellungen eines grundlegenden Interessengegensatzes von Arbeit und Kapital (Kapital/Arbeit-Paradigma) das Denken und Handeln der Funktionäre, sondern eher solche, nach denen über Gewerkschaften und Mitbestimmung arbeitsbezogene Interessen in bezug auf das wirtschaftliche Funktionssystem in dieser Gesellschaft zur Geltung zu bringen sind[14]. Von dieser Leit-

---

11 Charakteristisch ist etwa die folgende Interviewaussage eines Bezirkssekretärs: »Der eigentliche Grundwert für sozialdemokratische Poltik ist Sozialpolitik..., und da liegen auch Aufgaben für Gewerkschaftsarbeit vor Ort. Aber daß man da entsprechend auch die Politik nicht nur zum Abholen fordert, sondern daß man die Politik wieder ranholt, da, wo eigentlich Politik entsteht, wo bestimmte Geschichten gedacht werden und umgesetzt werden müssen, das kann über Ortskartelle und IGBE-Ortsgruppenarbeit gehen.«

12 Ebenfalls aus einem Interview mit einem Bezirkssekretär: »Das darf man nicht den Kohlebaronen überlassen und den Bergwerksdirektoren, die sich im zweiten Satz über Kohlequalität und Fördermengen streiten. Sondern das müssen die Leute machen, die direkt mit Kohle zu tun haben, die direkt im Bergbau arbeiten und letztlich auch die Arbeit im Bergwerk damit verbinden, daß in diesem Bergbau umweltgerecht und -freundlich gearbeitet werden muß.«

13 Der Vorsitzende einer Ortsgruppe: »Daß man hier zu Partnern geworden ist, zu Sozialpartnern, was ja nicht heißt, daß es keine Gegensätze mehr gibt, aber man ist eben doch verpflichtet (!), ein gemeinsames Ziel zu verfolgen«.

14 Auf der Fachtagung »Gemeinsam für mehr Demokratie in den Unternehmen – historische Entwicklung und praktische Wirkungen der Montanmitbestimmung« im September 1986 diskutierten z.B. Betriebsräte aus Stahlunterneh-

orientierung eines zuallererst auf Interessenvertretung, sozialpolitische Absicherung und Gestaltung gerichteten Bezugs des eigenen Handelns auf die Wirtschaft erklärt sich dann aber auch eine – zusätzlich sozusagen spezifische, industriegewerkschaftlich festgeklopfte – Selbstbeschränkung gewerkschaftlichen Handelns. Das gilt jedenfalls gemessen an dem Konzept einer arbeitspolitischen Erweiterung von Interessenvertretung, und es gilt trotz der gerade auch im Organisationsbereich der IGBE stark entfalteten Bezüge in Richtung auf die Sphäre der Politik, etwa auf den Feldern der Energiepolitik oder auch bei sozialpolitischen Fragen (Knappschaft) oder auch in bezug auf das kulturelle System (sofern man Kultur in einem weiten Sinne und darunter auch die vielfältigen Rückbezüge der IGBE zum Leben ihrer Mitglieder in den Zechensiedlungen faßt).

Gleichwohl birgt diese Etikettierung, ebenso wie die Gegenüberstellung von kooperativ und konfliktorisch in der sozialwissenschaftlichen Diskussion, doch die Gefahr von Verkürzungen und Vereinfachungen, mit denen man dem oben skizzierten Leitbild dann in keiner Weise mehr gerecht wird. So ist dieses heute innerhalb der IGBE fest verankerte gewerkschaftliche Selbstverständnis zum einen Ausdruck einer mit guten Gründen als sehr erfolgreich begriffenen gewerkschaft-

---

men und Zechen der RAG in einer Arbeitsgruppe über ihre praktischen Erfahrungen und benötigten nahezu die gesamte zur Verfügung stehende Zeit, um zu bemerken, daß sich hinter ihren sehr unterschiedlichen Begrifflichkeiten – hier klassenkämpferisches Pathos – dort sozialpartnerschaftliche Orientierung – die gleiche pragmatische Mitbestimmungspraxis verbarg. Dies war etwas anders bei den hauptamtlichen Moderatoren – aus Zweigbüro (IGM) bzw. Wirtschaftsabteilung (IGBE-Bochum). Der Funktionär der IGBE faßte wie folgt zusammen:
»Wir sollten uns in dieser Diskussion nicht so sehr beschimpfen, wenn's auch noch in erträglichen Formen geblieben ist, sondern mehr versuchen, voneinander zu lernen. Ich habe hier nicht von irgendeiner Sozialpartnerschaft geredet, sondern von unserer Erfahrung berichtet, daß man am weitesten kommt, wenn man gemeinsam getragene Kompromisse anstrebt, aber auch das gelingt uns ja nicht immer. Und wenn es uns gelingt, dann doch nur, weil die Mitbestimmung uns stark genug macht, auch mal nein zu sagen. Im übrigen sind alle Mitbestimmungserfahrungen und -erfolge, die ich geschildert habe, solche, die wir in der Defensive gemacht und errungen haben. Und ich habe da keine Schwierigkeiten mit. In unserer hundertjährigen Geschichte waren wir als Gewerkschaft immer nur eine defensive Organisation, und wenn Mitbestimmung defensiv was leistet, dann ist das schon unendlich viel. In der Krise defensiv erfolgreich zu sein, ist ein Erfolg«. (eigene Mitschrift)

lichen Praxis, und zum anderen wird es vor dem Hintergrund einer durch starke politische Fraktionierungen geprägten Verbandsgeschichte[15] in besonderer Weise als Errungenschaft eines erfolgreichen Institutionalisierungsprozesses verstanden. Polare Typisierungen, die primär unter dem Gesichtspunkt einer ziemlich abstrakten Fassung des Spannungsverhältnisses von systemisch induzierten Anforderungen einerseits und Mitgliederinteressen andererseits ausgehen und darauf bezogen organisatorische Dilemmata postulieren, werden diesem komplexen Wirkungs- und Bedingungszusammenhang institutioneller Strukturen und der für sie wesentlich (mit)konstitutiven Leitideen nicht gerecht.

Dies wird noch eindrucksvoll belegt durch eine phänomenologisch geleitete Analyse des Alltagshandelns im Einzugsbereich einzelner Ortsgruppen der IGBE. Anhand des nachfolgenden Protokolls einer teilnehmenden Beobachtung der Sitzung eines Ortsgruppenvorstandes sollen zunächst Bedeutung und Funktionen des bis jetzt beschriebenen Institutionengefüges (Gewerkschaft/IGBE und Mitbestimmung im besonderen, Knappschaft, Ruhrkohle AG usw. kommen hinzu) im Alltag der Gewerkschaftsmitglieder sichtbar gemacht werden. Da auf der Sitzung das Arbeitsprogramm der Ortsgruppe für ein Jahr diskutiert und beschlossen wurde, läßt sich über dieses Protokoll zugleich durch die sichtbar werdende zeitliche Struktur erkennen, wie verdichtet oder gelockert die Bezüge der IGBE-Ortsgruppen zum Alltagsleben ihrer Mitglieder sind. Dies ist einer der Gründe für die Auswahl gerade dieses Textes.

Wesentliche Grundmuster, die im folgenden sichtbar werden, lassen sich auch in den anderen von uns beobachteten Ortsgruppen nachweisen. So finden wir überall nicht nur die herausgehobene Bedeutung der Jubilarfeier im Herbst eines Jahres, sondern auch die drei bis vier Mitgliederversammlungen im Jahr mit ähnlichen Themenschwerpunkten, Aktivitäten wie Skatturniere, Kaffeekränzchen für die Ehefrauen, den hohen Stellenwert sozialpolitischer sowie auf den konkreten außerbetrieblichen Lebenszusammenhang der Mitglieder bezogener Fragen usw. Ausgeprägter als in den anderen von uns beobachteten Fällen ist der hier noch relativ starke Bezug der

---

15 Vgl. dazu auch den Abriß bei Peter/Thon (1985) sowie Brigl-Matthiaß (1926).

Ortsgruppe zur örtlichen Politikebene, und eine Besonderheit ist wohl auch darin zu sehen, daß in dieser Ortsgruppe eines aktiven Bereichs der Anteil jüngerer hauptamtlicher Funktionäre im Ortsgruppenvorstand vergleichsweise hoch und die Verschränkung von betrieblichen und außerbetrieblichen Handlungsbezügen dadurch besonders gut gewährleistet ist.

Teilnehmende Beobachtung der Vorstandssitzung einer Ortsgruppe der IGBE

Vorbemerkung:

Ich bin zu der Sitzung telefonisch vom Ortsgruppenvorsitzenden A. eingeladen worden und wurde dann drei Tage vor der Sitzung darauf hingewiesen, daß sie statt um 18 Uhr erst um 19.30 Uhr beginne, weil man an einem Schweigemarsch und einer Mahnwache aus Anlaß des Golfkieges teilnehmen wolle. Die Sitzung findet im »IGBE-Haus« statt. Es ist ein Pavillon einer früheren Grundschule, den die IGBE-Ortsgruppe – vermittelt über Bezüge des Ortsgruppenvorsitzenden (A.) zur Kommunalpolitik (A. ist Mitglied des Kreistages) – von der Stadt gemietet hat. Die Kollegen haben das Gebäude in Eigenarbeit innen neu renoviert und im letzten Jahr auch noch selbst einen Anbau (Toiletten) erstellt.

Der Raum ist von der Atmosphäre her der angenehmste Sitzungsraum einer Ortsgruppe, den ich bisher kennengelernt habe. Neben dem Eingang am hinteren Ende des langgezogenen Raumes findet sich eine Biertheke; im Raum selbst – mit relativ dezenter Stofftapete versehen – finden sich drei Tischreihen mit zweimal zwölf und einmal zwanzig Stühlen, die alle offenbar neueren Datums sind (Holzstühle mit Stoffsitzen). Am Kopfende, also im Rücken des Vorstandstisches, ist eine IGBE-Fahne an der Wand befestigt. Darunter befindet sich auf einem Sims in der Mitte eine kleine Statue der heiligen Barbara und rechts und links davon etwas kleiner zwei Grubenleuchten. Außerdem sind noch zwei kleine Bronzereliefs angebracht, die Bergleute bei schwerer körperlicher Arbeit unter Tage darstellen. Auf der einen Seite dieses Wandschmucks ist ein großes Foto des Gebäudes aufgehängt. An den anderen Wänden finden sich vereinzelt, aber sehr sparsam weitere kleine Bilder. Ein neues Gruppenfoto des Ortsgruppenvorstandes vor einem Seilrad, das als Denkmal für den Bergbau in der

Preußenstraße neben der Zechensiedlung vor einem ehemaligen Verwaltungsgebäude einer Zeche aufgestellt worden ist, soll demnächst an einer anderen Wand des Gebäudes aufgehängt werden. (Dies erfahre ich später im Laufe der Vorstandssitzung.)

Als ich eintreffe, ist erst ein Kollege anwesend, wie sich später herausstellt der erste Kassierer (B.). Nachdem ich mich kurz vorgestellt habe, erzählt er mir zuerst, daß sie dieses IGBE-Haus in Eigenarbeit aufgebaut haben, und verweist auf die im letzten Jahr neu entstandene Toilette. Die Renovierung und den Anbau hätten sie aus der Rückvergütung (Anteil der Ortsgruppe an den Mitgliedsbeiträgen) bezahlt. Da sei wohl einiges Geld gespart gewesen, aber jetzt hätten sie immer eine »leere Kasse«. Von dem Kollegen erfahre ich außerdem noch, daß die Ortsgruppe etwas über 700 Mitglieder habe, davon ca. 190 Rentner und Kollegen in Anpassung, insgesamt also ziemlich viele Aktive.

Zur Einrichtung des Raumes ist noch nachzutragen, daß an einer Seitenwand, neben der Tür zu den Toiletten, ein kleines Kopiergerät aufgestellt ist, das an diesem Abend noch vor Beginn der Sitzung kurz genutzt wird.

Als ca. um 19.20 Uhr die ersten Kollegen eintreffen, darunter einige, die an dem Schweigemarsch und der Mahnwache teilgenommen haben, entwickelt sich eine erste lockere *Diskussion zum Thema Golfkrieg*.

Das für Jugendarbeit zuständige Vorstandsmitglied (C.) macht den Ortsgruppenvorsitzenden A. ein bißchen an wegen seiner Teilnahme an der Mahnwache. So einfach lägen die Dinge doch nicht. Die Tochter seines Nachbarn sei nach einer Demo von der Schule aus mit dem Transparent zurückgekommen: »Amis, weg vom Golf«, und da habe ihr Vater erst mal mit ihr diskutieren müssen. Hussein habe diesen Krieg doch angefangen, und das sei so wie bei Hitlers Überfall auf Polen. Den muß man jetzt gleich bremsen. In der Diskussion, an der sich einige weitere Kollegen nur mit knappen Zwischenbemerkungen beteiligen, bezieht A. demgegenüber die Position aus den DGB-Aufrufen der beiden letzten Tage und verweist außerdem auf eine Stellungnahme von Jochen Vogel am Tag des Ausbruchs des Krieges. Kernpunkt: Man hätte das Embargo ernsthafter betreiben müssen, hier hat die Politik versagt. Ferner: Nach 1945 wollten wir erst überhaupt keine Bundeswehr, dann haben wir gesagt, sie ist nur für den Verteidigungsfall da, jetzt werden wir u.U. über die Nato-Mitgliedschaft in den Golfkrieg hineingezogen.

Darüber, daß die Politik versagt habe, wird schnell zwischen allen Anwesenden Einigkeit erzielt, pauschaler Antiamerikanismus (das Beispiel der Schülerdemo) stößt aber auf einige Kritik.

Um 19.40 Uhr sind zwölf Mitglieder des zwanzigköpfigen Vorstands anwesend. Drei oder vier Kollegen werden von A. entschuldigt, ein weiterer liegt z. Zt. im Krankenhaus. Von einer oder vielleicht zwei Ausnahmen abgesehen (man verschätzt sich doch leicht beim Alter), sind alle Anwesenden um die Mitte Vierzig oder auch etwas jünger, C. als der deutlich jüngste dürfte noch unter 30 Jahre alt sein. (Während man auf einer Ortsgruppensitzung in einem »Stillstandsbereich« sehr schnell das Gefühl hat, unter Angehörigen des traditionellen Arbeitermilieus zu sitzen, so wie es sich in den 60er Jahren dargestellt haben mag, merkt man hier schon, daß die Teilnehmer aus den 80er Jahren kommen und z. T. eher dem Typus »moderne Arbeitnehmer« entsprechen.)

Nachdem ich zu Beginn mich und unser Projekt kurz vorgestellt habe, einigt man sich über die Tagesordnung:

1. Arbeitsprogramm und Termine 1991
2. Jahreshauptversammlung
3. Verschiedenes

Die Behandlung des Protokolls der letzten Sitzung wird auf die nächste Vorstandssitzung verschoben.

1. Arbeitsplanungen und Termine 1991:

A. leitet die Diskussion mit offensichtlich viel Routine, aber auch mit lockerer Hand. In diesem Gremium, in dem sich offensichtlich alle sehr gut kennen und dem die meisten Anwesenden vermutlich schon viele Jahre angehören (C. weist bei der Diskussion über die nächste Jubilarfeier darauf hin, daß er ja erst seit drei Jahren dabei sei und über weniger Erfahrung verfüge), kommt jeder zu Wort, der sich meldet.

A. schlägt zunächst vor, Vorstandssitzungen wie bisher jeweils am dritten Freitag im Monat durchzuführen. Es findet allgemeine Zustimmung, daß man mit den Sitzungen um 18 Uhr beginnen solle (und nicht wie früher einmal um 19 Uhr), denn

auch so sei es ja manchmal vorgekommen, daß man bis
0.30 Uhr zusammengesessen habe.

Die Diskussion zum *Arbeitsprogramm* erstreckt sich dann zunächst auf die Frage, wann und mit welchen Themen die Mitgliederversammlungen der Ortsgruppe durchgeführt werden sollten. Auch hier gibt es Zustimmung, daß – wie in der Vergangenheit – quartalsmäßig Mitgliederversammlungen durchgeführt werden sollen, und zwar Sonntag morgens um 10 Uhr im IGBE-Haus. In der jeweils vorbereitenden Vorstandssitzung soll, wohl ebenfalls alter Übung entsprechend, über das genaue Thema und die Auswahl des Referenten beschlossen werden. (Für mich deutet dies darauf hin, zumal im folgenden ja die möglichen Themen schon diskutiert werden, daß der Ortsgruppenvorsitzende dann zur Vorbereitung der einzelnen Mitgliederversammlungen, einschließlich der frühzeitigen Kontaktaufnahme zum möglichen Referenten, relativ freie Hand für weitgehende Vorstrukturierungen hat.) Die Diskussion über Themenvorschläge macht im übrigen nicht den Eindruck, als ob sie irgendwo im kleinen Kreis schon vordiskutiert worden sei, und es ist auch nicht so, daß A. hier von sich aus sehr stark strukturiert. Ein bißchen hab' ich allerdings den Eindruck, daß er (möglicherweise vor dem Hintergrund meiner Projektvorstellung) etwas ausdrücklicher, als er es sonst getan hätte, auf »parteipolitische Themen oder Themen, die das Wohnumfeld betreffen«, zu sprechen kommt. Zunächst einmal läuft die Diskussion aber unter den übrigen Vorstandsmitgliedern. Themenvorschläge:

– *Bericht über den IGBE-Kongreß*: erste Frage: »Wann ist eigentlich der Kongreß?«, Zwischenruf: »am 7. Mai«, stellvertretender Ortsgruppenvorsitzender: »Also auf der zweiten Sitzung.«
– *Rentenreform 1992*: wird von einem anderen Kollegen vorgeschlagen, »weil es dazu schon wieder genug Interesse geben dürfte«.
– *Unsere Bundesknappschaft*: allgemeine Zustimmung, daß man darüber auch aus Anlaß der aktuellen Auseinandersetzung mal sprechen sollte.
– *Energiepolitik*: dieses Thema wird von A. vorgeschlagen mit dem Hinweis auf das Auslaufen des Jahrhundertvertrags 1995, die Tendenz zu weiteren Zechenschließungen und die

Gefahr, daß man irgendwann doch an den Punkt komme, daß es die ersten Arbeitslosen im Bergbau gebe, wenn es nicht gelinge, eine hinreichend hohe Abnahme von Kohle sicherzustellen. Ein anderer Kollege verweist auf die Entwicklung auf einer benachbarten Zeche, die bald stillgelegt wird, und A. spricht kurz das Mikat-Gutachten an.
– *Parteipolitisches Thema oder Wohnumfeld*: A. spricht dieses Thema an: »Was ist denn mit einem parteipolitischen Thema?« Zwischenruf: »Hast Du doch immer unter Verschiedenes.« Es werden dann einige Themen genannt, die man vielleicht vertiefen könnte: Ein Kollege meint, daß man mal über Bergschäden sprechen könnte und darüber, daß die Zeche dafür geradestehen müsse. Es entspannt sich eine kurze Diskussion, ob bei Umbauten (v.a. wohl von Stallungen in Badezimmer) die Zeche für Schäden zahlen müsse oder nicht, wenn der Umbau nicht offiziell genehmigt worden sei. Hierzu wird die Information gegeben, daß im Zusammenhang mit den sog. begleitenden Maßnahmen für den Abbau 1990 geregelt sei, daß die Zeche in jedem Falle für Schäden aufkommen müsse; denn wer habe sich schon eine Genehmigung für seinen Umbau besorgt...

A. nennt dann als weitere mögliche Themen: *Verkehrsberuhigung, kommunalpolitische Probleme* oder auch die *Landesgartenschau* in Verbindung mit der Bundesgartenschau. Der Bildungsobmann der Ortsgruppe wendet daraufhin ein, daß er mit den kommunalpolitischen Themen der Ortsgruppe doch etwas Bauchschmerzen habe: »Was Parteipolitik ist, soll da bleiben, und Du weißt, manches in der Partei ist nicht so gelaufen, wie wir als IGBE das sehen.« Daraufhin erwidert A., gerade deshalb sei es doch wichtig, sich damit öffentlich auseinanderzusetzen. Früher seien solche Fragen doch immer Thema der Mitgliederversammlungen gewesen. Das könne man in den Protokollen noch nachschlagen. Zum Beispiel habe sich die Ortsgruppe vor zehn Jahren dafür stark gemacht, den Spielplatz nicht zu verlegen, weil die Kommunalpolitik da nicht drangegangen sei, als er für den weißen Sport (damals hier noch kein Massensport) weichen mußte. Ein anderer Kollege meint: »Dabei haben wir manchmal mehr geleistet als die Partei.« Wieder ein anderer: Die Verkehrssituation an der Y-Straße sei doch auch mal Thema auf einer Ortsgruppensitzung gewesen.

A. geht dann kurz auf die Landesgartenschau ein, die sicherlich eine Aufwertung des Ortsteils zur Folge haben werde. Er nennt eine Summe von 17 Millionen DM, die in der Stadt ausgegeben werden soll, verweist dann aber auf den Pferdefuß, nämlich den erheblich erhöhten Verkehrsfluß von vielleicht zehntausend PKWs täglich (?), wo doch die Y-Straße schon jetzt überlastet sei. Und wenn die Landesgartenschau dann zu Ende sei, dann habe man hier eine neue Zubringerstraße und entsprechenden LKW-Verkehr.

Der Kollege, der die Themen vorher in den Ortsverein packen wollte, erläutert seine Position: »Wir sollen uns da als IGBE nicht raushalten, aber wir haben nur vier Sitzungen im Jahr, und die Partei ist ja auch nicht träge. Wir können doch nicht zwei Wochen später eine Mitgliederversammlung zum gleichen Thema machen, zu dem der Ortsverein diskutiert hat.«

A. weist darauf hin, daß das Thema der Landesgartenschau auch nicht in eine Mitgliederversammlung der Partei gehöre, sondern daß sie von der Partei aus eine Bürgerversammlung dazu machen wollten.

A. beschließt die Diskussion zu diesem Themenkomplex mit der nochmaligen Frage nach möglichen weiteren Themen, und ein Kollege fragt daraufhin nach, ob nicht die *Erhöhung der Beiträge für Rentner*, die in mehreren Anträgen zum Kongreß eine Rolle spiele (das wurde schon beim ersten Themenvorschlag kurz angesprochen), einmal behandelt werden müßte. Vom Vorstandstisch aus wird erwidert, daß das natürlich nach dem Kongreß behandelt werde. A. macht deutlich, daß dies eine durchaus schwierige Frage sei. Sie wüßten ja aus eigener Erfahrung, wie schwer es sei, wenn einer zur Knappschaft komme, dem zu sagen: »Hier, mach mal zehn Mark drauf.« Die Antwort laute dann: »Was, ich höre auf, fünf Mark zahl' ich noch.«

Die Diskussion wendet sich dann der Frage der *Jubilarehrungen* zu. Durchschnittlich habe man, so A., 18 bis 20 Jubilare im Jahr, und die Frage sei, ob man die Jubilarfeier in diesem Jahr anders durchführen solle als bisher, man habe zuletzt ja immer Probleme behabt, die Karten loszuwerden.

C. wendet dagegen ein, daß sie bisher doch nur im letzten Jahr, 1990, solche Probleme gehabt hätten. Ein anderer Kollege (D.) erwidert, daß es doch auch darauf ankomme, mal frischen Wind in die Jubilarfeiern reinzubringen. Ein dritter betont, daß es immer gut gelaufen sei, seit er dabei war. D. erwidert daraufhin, daß er auch von guten Erfahrungen mit den früher durchgeführten Ausflügen mit Bussen berichten könne. Sein Vorredner widerspricht: Es sei so ein Problem. Man fahre los, und nach dem Mittagessen gingen die Jubilare mit ihren Ehefrauen dann erst mal eine Runde spazieren, so zwei Stunden. Und dabei hätten sie ja auch schon einmal »wen verloren«.

C. plädiert im Anschluß daran noch einmal dafür, die Jubilarfeiern so weiterzumachen wie bisher, »wie er es kennt«.

Ein weiterer Kollege meldet sich zu Wort und betont, daß sie mit beiden Formen (Ausflug oder abendliche Jubilarfeier mit Essen und Tanzen in einer gemieteten, angemessenen Gaststätte) gute Erfahrungen gemacht hätten. Aber bei einem Ausflug, verbunden mit einem Mittagessen, »da kenne ich was von.« Zum einen komme es zu teuer, wenn man den Jubilaren neben Mittagessen und Kaffeetrinken dann auch noch das Abendessen bezahlen wolle, schließlich komme die Busfahrt ja auch noch hinzu, zum anderen ziehe sich das auch zu lange hin. Schon nach dem Kaffeetrinken gebe es immer wieder die ersten, die eigentlich nicht mehr so die rechte Lust hätten. Wenn man also einen Ausflug mache, dann solle man mit dem Kaffeetrinken am Nachmittag anfangen und dann ein gemeinsames Abendessen mit Musik und vielleicht Tanz anschließen. Ein anderer Kollege stimmt dem deutlich zu.

Ein Dritter bringt die Anregung in die Diskussion, daß man nach dem Essen mit den Jubilaren doch eine Fahrt auf der St. Monika, einem Ausflugsschiff, machen könne. Mit vierzig Leuten könne man das doch sicherlich aus der Kasse der Ortsgruppe bezahlen.

Erst an dieser Stelle schaltet sich A. mit einem längeren Diskussionsbeitrag ein: Es stimme, daß sie in den letzten drei Jahren im Vorfeld der Jubilarfeiern Probleme damit gehabt hätten, auf zweihundert Teilnehmer zu kommen, also entsprechend viele Karten an andere Mitglieder zu verkaufen. Andererseits sei der Saal hinterher immer voll gewesen. Weshalb vorher die Karten nicht loszuschlagen gewesen seien, sei ungeklärt. Er kommt dann darauf zu sprechen, daß sie früher die Jubilarehrungen ja auch mit einem Ausflug verbunden hätten. In dem Zusammenhang erinnert er an den Beschluß, das Geld, das sie für die Jubilarehrung bekämen (offenbar gibt es für

Jubilargeschenke zusätzliches Geld zur Rückvergütung), Jubilaren auch zur Verfügung zu stellen. Eintritt für die Jubilarfeier müßten sie ja ohnehin nicht zahlen im Unterschied zu den anderen. Wenn sie eine weitere Fahrt unternähmen, dann könnten sie nach seiner Meinung die Busfahrt und das Kaffeetrinken für die Jubilare finanzieren, nicht aber das Abendbrot.

Es meldet sich nun ein Kollege mit dem Vorschlag zu Wort, die Jubilarfeier doch mit anderen Vereinen am Ort gemeinsam zu veranstalten (Kegelverein, Kaninchenzüchterverein – dessen Vorsitzender er ist –). Ein weiterer Anwesender wendet ein, daß das dann ja schon ein richtiggehendes Bürgerfest sei. D. (vom Vorstandstisch) unterstützt diese Auffassung. Es meldet sich erneut C. zu Wort, der nun zustimmt, diesmal doch einen Ausflug in Verbindung mit einem Mitgliederausflug zu machen. Ein anderer Kollege merkt dann unvermittelt an dieser Stelle an, daß man beim letzten Mal doch die Kollegen von der Partei sehr vermißt habe. A. wirft daraufhin ein, daß dies ein »sensibler Bereich« sei (ich verstehe das so, daß einige Mitglieder auch Kritik daran geäußert haben, daß bei ihren Jubilarehrungen die Partei zu stark mit in Erscheinung trete). C. möchte dann zu den näheren Modalitäten geklärt haben, daß die Ortsgruppe den Bus, die Kapelle und das Essen für die Jubilare bezahle.

Daraufhin meldet sich A. noch einmal zu Wort und betont, daß die Ortsgruppe schon mit ihrem Geld klarkommen müsse. Man habe daneben ja noch weitere Verpflichtungen im Zusammenhang mit Beerdigungen, Hochzeiten usw. Ferner merkt er zum Vorschlag einer Fahrt auf dem Ausflugsschiff an, daß man hier auf den Kanälen immer nur auf Spundbohlen gucken könne. Die erste Stunde sei das ja noch ganz schön und gut, dann aber gehe es erfahrungsgemäß einigen auf die Nerven. Für einen Seminarausflug sei das vielleicht nicht so schlecht, aber er warne davor, das bei einem Mitgliederausflug zu machen.

Die Diskussion wird dann nach fast 45 Minuten damit beendet, daß allgemein eine Kopplung der Jubilarfeier mit einem Mitgliederausflug befürwortet wird. Man kommt überein, auf der nächsten Vorstandssitzung alle weiteren Dinge zu konkretisieren. Jeder solle sich Vorschläge überlegen, wohin man einen Ausflug machen könnte, z.B. aufgrund der Erfahrungen in Vereinen usw.

A. fragt dann, ob außerdem noch ein *Seniorenausflug* geplant werden solle. Es besteht Übereinstimmung, einen solchen Ausflug nicht auch noch zu veranstalten.

Als nächstes wird von ihm die Frage einer *Nikolausfeier* angesprochen, wie sie auch im letzten Jahr und vermutlich traditionellerweise stattgefunden hat. Ein anderer Kollege erklärt, daß man die Nikolausfeier selbstverständlich wieder durchführe, alle anderen nicken, und man legt sofort den Termin auf den 7. 12. fest. Die Feier soll im Bürgerhaus stattfinden.

Als nächstes fragt der Bildungsobmann, ob man auch wieder ein *Osterpreis-Skatturnier* durchführen solle. Erwiderung: »Selbstverständlich, bei der Resonanz.« Das Turnier soll am 23. 3. im IGBE-Haus nach den üblichen Regularien stattfinden. A. wirft ein, daß man dazu auch F.B. (VHS) einladen solle (offenbar auch ein geübtes Verfahren).

Als nächstes wird die Frage nach der Abhaltung eines *Sommerfestes* gestellt. A. rät ab, weil in diesem Jahr infolge der 650-Jahr-Feier in der Stadt andauernd was passiere.

Angesprochen werden dann noch *Bildungsveranstaltungen auf Distriktebene*, an denen sich die Ortsgruppe beteiligen wolle. Bildungsveranstaltungen auf der Ebene der Ortsgruppe allein voll zu besetzen, sei sehr schwierig, so daß es sich empfehle, dies mit drei anderen Ortsgruppen zusammen zu tun.

Beschlossen wird schließlich noch, an einem Tag ein *»Haus der Offenen Tür«*, »aber ohne großen Aaufwand« in bezug auf das IGBE-Haus durchzuführen. C. erinnert daran, daß dazu das Zelt mal wieder instandgesetzt werden müsse.

Kurz wird auch noch darüber gesprochen, daß auch in diesem Jahr ein *»Seminar für uns« (also für den Vorstand der Ortsgruppe)* durchgeführt werden solle. Voraussichtlich wird dies im September geschehen. Es wird vereinbart, daß das entsprechende Thema vom Bildungsobmann mit dem zuständigen Sekretär im Bezirk geklärt wird.

Schließlich meldet sich noch ein Kollege zu Wort und erklärt, daß man doch eigentlich ein Foto des Vorstandes vor dem Denkmal (Seilscheibe vor dem alten Verwaltungsgebäude) machen müsse. Dieser Vorschlag findet allgemeine Zustimmung, man solle bis zum Frühjahr warten, wenn Bäume und

Büsche wieder begrünt seien. A. macht in diesem Zusammenhang noch die Bemerkung, es sei ja traurig genug, »daß wir die Seilscheibe aufstellen mußten als Relikt für den Bergbau.«

2. Jahreshauptversammlung:

Während der erste Tagungsordnungspunkt fast eindreiviertel Stunden in Anspruch genommen hat, wird dieser Punkt in knapp fünf Minuten abgehandelt. Einerseits mit dem Argument »wir sind in Zeitnot«, andererseits und vor allem aber auch deshalb, weil es hier nicht viel zu diskutieren gibt. Als Termin wird Sonntag, der 17. Februar, um 10 Uhr im IGBE-Haus vereinbart, als Thema (»keine Frage«): Berichte der Vorstandsmitglieder (Vorsitzender, Hauptkassierer, Bildungsobmann, Jugendleiter).

3. Verschiedenes:

E.B. bittet zunächst (mit sehr bestimmtem Ton und nachdrücklich) darum, bis zur ersten Märzwoche alle Jubilarbücher der Inaktiven auf den Tisch zu bekommen. (Noch aktive Jubilare werden von der Zeche aus erfaßt.) Er müsse die entsprechenden Namen spätestens dann zum Bezirk geben, damit das dort weiter bearbeitet werden könne.

Als nächstes wird aus dem *Wohnungsausschuß* (des Betriebsrats?) berichtet. Es geht um die Errichtung eines Neubaus in hufeisenförmiger Form, in dem Wohnungen für Pensionäre ($2\frac{1}{2}$- und $3\frac{1}{2}$-Zimmer-Wohnungen) entsprechend dem üblichen Mietspiegel (das wird nachgefragt) errichtet werden sollen. Auf diese Weise sollen größere Wohnungen für neue Aktive frei werden. Das Gelände, auf dem der Neubau entsteht, ist bisher durch zwei alte Baracken bebaut, die dort seit dem Krieg stehen (nach Erläuterungen eines anderen Anwesenden sogar noch länger). In diesen Baracken, die z.B. nicht unterkellert seien, könne man nicht mehr menschenwürdig leben, und der Wohnungsausschuß habe deshalb auf Abriß gedrängt (dies erläutert A. ausdrücklich in meine Richtung). In der Vergangenheit sei dies auch Thema auf Sitzungen des Vorstandes der Ortsgruppe gewesen. Eine Voraussetzung für die Maßnahme sei natürlich gewesen, daß Ersatzwohnungen für die Leute beschafft werden konnten, die da bisher gewohnt hätten.

Als nächstes Thema wird die Frage der *Verkehrsberuhigung* angesprochen, und war von C. Er bemängelt, daß die Körbe an der Kreuzung X- und Y-Straße völlig unangemessen aufgestellt worden seien. Im übrigen habe er generell bei aller Sympathie für Verkehrsberuhigungsmaßnahmen doch auch die Auffassung, daß man die Straße nicht zu eng machen dürfe. Die Autofahrer hätten schließlich auch noch das Recht, fahren zu können. Insbesondere in bezug auf die Maßnahmen an der erwähnten Kreuzung entwickelt sich eine sehr lebhafte, fast heftige Diskussion, in der mit Bierdeckeln und Feuerzeugen die Verhältnisse an der Kreuzung illustriert werden. Man kommt überein, daß man hier wohl einmal eine Ortsbegehung machen müsse, diskutiert dann aber trotzdem noch etwas weiter.

A. fordert dann dazu auf, die *Meldungen über goldene Hochzeiten und Ehejubiläen* rechtzeitig an den Ortsgruppenvorstand zu geben, damit die Ortsgruppe da auch präsent sei. Auf den Zwischenruf eines Kollegen, daß es da doch auch hundert Mark gebe, folgt die erläuternde Feststellung, dieses Geld komme aber von der Ruhrkohle AG. Ferner erbittet A. *Meldungen ab dem 75. Geburtstag*. Hier gebe es das übliche Präsent (Flasche Wein, Blumenstrauß). Im Zusammenhang mit der Diskussion um die einhundert DM aus Anlaß von Ehejubiläen weist D. darauf hin, daß die in Zukunft möglicherweise auch in Frage gestellt seien, weil sie als »geldwerter Vorteil« zukünftig vielleicht versteuert werden müßten. Er wertet dies als ein weiteres Indiz dafür, daß man versucht, »die sozialen Leistungen peu à peu wegzukriegen.« Mein Nebenmann schimpft bei der Gelegenheit über den Lothar Späth: Der dürfe kassieren, und bei den kleinen Leuten fange man an zu sparen.

A. kommt dann auf das *Bergbau-Museum in der Stadt* zu sprechen. Das Museum sei ja nicht zuletzt auf Initiative der IGBE zustande gekommen, die dafür einen Förderverein ins Leben gerufen habe. Wie bekannt, sei es ja nun trotz gewerkschaftlicher Kritik dazu gekommen, daß die Beheizung dort mit Gas erfolge. Das Ganze werde jetzt auch mehr eine Begegnungsstätte als ein Museum. Ergebnis der ganzen Entwicklung sei unter anderem, daß sich der Förderverein da zurückziehe.

A. berichtet anschließend über den nach seiner Kur wieder ins Krankenhaus eingelieferten Kollegen E. Der sei ein derart pflichtbewußter Funktionär, daß er selbst noch im Krankenbett seine Aufgaben wahrnehme. (Ihm ist offenbar zum zweiten Mal ein künstliches Hüftgelenk eingesetzt worden; und wie ich von meinem Nebenmann erfahre, hat er sich sein – vorher schon kaputtes – Hüftgelenk bei den Arbeiten für die Toiletten des IGBE-Hauses endgültig ruiniert.) A. ist auf den Kollegen E. zum einen zu sprechen gekommen, weil er an dessen Person die Bedeutung kameradschaftlicher Arbeit, »ohne die wir hier sonst nicht so erfolgreich wären«, hervorheben will und zum anderen mitteilen möchte, daß er zusammen mit einem anderen Kollegen einen *Krankenhausbesuch* bei ihm abstatten möchte. (Es stellt sich heraus, daß ein anderes Vorstandsmitglied den Kollegen E. ebenfalls am Vortage besucht hat.)

Als letztes kommt A. dann auf den *Konflikt mit der ZWAR-Gruppe* zu sprechen (»Zwischen Alter und Ruhestand« ist eine im Dortmunder Raum ins Leben gerufene Initiative für Rentner und Vorruhestandsgeldempfänger), der uns schon im Rahmen eines Interviews zu Ohren gekommen ist. Er berichtet auf Nachfrage zunächst, daß die IGBE das Haus nun wieder für sich habe. Sodann stellt er dar, daß der Konflikt dadurch entstanden sei, daß die ZWAR-Gruppe im Hause Termine abgehalten habe, ohne den Vorstand der Ortsgruppe zu informieren. Solche Information sei nur in drei Fällen erfolgt, alle anderen Termine habe man aus der Presse erfahren. Und dann sei das alles noch so gelaufen, obwohl der ZWAR-Gruppe keinerlei Kosten entstanden wären. Darüber hinaus hätten deren Mitglieder Getränke nicht korrekt abgerechnet. A. habe wiederholt darauf gedrängt, zumindest die Termine mit ihm abzustimmen, und als das nicht passiert sei, den Konflikt gezielt zugespitzt. Er habe an einem Tag, von dem er wußte, daß die ZWAR-Gruppe unangemeldet wieder tagen wollte, veranlaßt, daß ab 14 Uhr im Raum geputzt werde. Dann sei er selbst um 17 Uhr zugegen gewesen und habe den ersten Mitgliedern der ZWAR-Gruppe, die dann eintrafen und ganz überrascht waren, ihn dort zu sehen und fragten, wer er sei, erklärt, daß er zufälligerweise der Hausherr sei und daß an diesem Abend eine Sitzung des Vorstands der IGBE vorgesehen sei. Es habe dann ein heftiges, klärendes Gespräch gegeben, und er habe die ZWAR-Gruppe nun gebeten, als Ersatz für das IGBE-Haus zukünftig ins Bürgerhaus zu gehen. So werde nun auch in Zukunft verfahren, so daß das IGBE-Haus wieder ausschließlich von der Ortsgruppe genutzt werde.

Eine Ausnahme sei in diesem Jahr die Durchführung der Jahreshauptversammlung des SPD-Ortsvereins am 1. Februar. Sie werde deshalb im IGBE-Haus durchgeführt, weil das übliche Versammlungslokal des Ortsvereins gerade renoviert werde.

4. Ausgewählte systematische Aspekte der Ortsgruppenarbeit

4.1 Die Ortsgruppenarbeit im Kontext gemeinschaftlicher Strukturen

In den von uns beobachteten Ortsgruppen der IGBE finden über das Jahr etwa monatlich Vorstandssitzungen statt, die, wie auch aus dem voranstehenden Beobachtungsprotokoll ersichtlich, i.d.R. zwischen zwei und vier Stunden dauern. Ferner gilt für alle von uns beobachteten Fälle, daß pro Jahr drei bis vier Mitgliederversammlungen durchgeführt werden[16]. Der Rückbezug der Ortsgruppenarbeit auf die gemeinschaftlichen Strukturen der jeweiligen Zechensiedlung wird dem Beobachter dabei besonders deutlich auf den Jahresmitgliederversammlungen am Beginn eines Jahres, wenn die Versammelten sich in einer durchaus symbolisch aufgeladenen Handlung im Gedenken an die im vorausgegangenen Jahr verstorbenen Mitglieder, deren Namen einzeln verlesen werden, erheben. Auf der anderen Seite fällt dem Beobachter auf, daß die Mitgliederversammlungen ganz überwiegend von Ruheständlern oder Anpassungsgeldbeziehern besucht werden; aktiv im Erwerbsleben stehende Beschäftigte sind deutlich in der Minderheit, Jugendliche nur ganz ausnahmsweise anzutreffen. Laut Interviewaussagen von Ehrenamtlichen sind für die jüngeren aktiv Beschäftigten (der Altersdurchschnitt im Bergbau liegt unter 33 Jahren!) eher Betriebsrat, Jugendvertretung und Schachtgewerkschaftsausschuß die Anlaufstationen. Bestimmte Mobilisierungsmaßnahmen (wie im Untersuchungs-

---

16 Das Themenspektrum, auch in der Angestellten-Ortsgruppe, entspricht weitgehend dem, das im voranstehend protokollierten Fall für 1991 ins Auge gefaßt wurde. Hinzu kommen am Beginn unseres Beobachtungszeitraums (Herbst 1990) mehrfach Berichte über den Organisationsaufbau in Ostdeutschland und die Umstrukturierung der Bezirke in der Bundesrepublik (alt).

zeitraum etwa im Zusammenhang mit der Kohlerunde 1991) werden insbesondere über diese betrieblichen Strukturen in Gang gesetzt. Das ist aber nicht durchgängig so, denn die massive und sehr rasche Mobilisierung erheblicher Teile der Mitgliedschaft für die Sicherung der Knappschaft im Frühjahr 1991 wurde auch ganz wesentlich und eigeninitiativ von den Ortsgruppen getragen, ging es doch in besonderer Weise um die aktuellen Interessen der Vorruhestandsgeldempfänger und Rentner:

> »Das haben wir gesehen an der Knappschaftsdiskussion Anfang des Jahres, als man versucht hat, die Knappschaft zu demontieren seitens der Bonner Koalition. Und ich denke, da ist deutlich geworden, welche Stärke IGBE-Ortsgruppen in der Frage, welches Gespür die haben. Für jede andere Geschichte, die gewerkschaftspolitisch hochbrisant ist und wo dringend Präsenz auf der Straße erforderlich wäre, müssen wir tagelang, wochenlang vorher trommeln; und wo es hier um die Knappschaft ging, hatten wir in H. in drei Tagen eine Demonstration mit 15000 Leuten beisammen (Zwischenruf des 2. Interviewten: »In anderthalb Tagen, da war noch das Wochenende zwischen.«). Wenn es um die Frage der Knappschaft geht, da fühlt sich auch die Ortsgruppe, die sagt, mit Energiepolitik, Kohle haben wir nichts mehr zu tun, aber wenn es an die Knappschaft geht, dann fühlen sich alle betroffen.«

Aber solche Mobilisierungsfähigkeit in herausgehobenen Konfliktsituationen sind letztlich nur möglich, weil die Arbeit der Ortsgruppen der IGBE auch heute noch durch eine bemerkenswert dichte Rückkopplung in durchstrukturierten gemeinschaftlichen Bezügen gestützt ist. In sie ist nach Interviewaussagen bei Jubilarehrungen, Ausflügen, Skatturnieren, Bürgerfesten, Veranstaltungen zum 1. Mai usw. auch ein größerer Teil der jüngeren erwerbstätigen Beschäftigten intensiver einbezogen[17], und sie umfaßt auch die Präsenz bei herausgehobenen Geburtstagen, Hochzeiten usw.; sie reicht schließ-

---

17 Wir haben die Jugendarbeit der IGBE nicht gezielter untersuchen können. Immerhin ist aber bemerkenswert – und dies unterscheidet die IGBE von der IGM –, daß innerhalb dieser Strukturen im traditionellen Arbeitermilieu eine z. T. noch recht lebendige Jugendarbeit möglich ist, sei es in offenen Jugendzentren, sei es über IGBE-Jugendgruppen oder über gezielte Angebote wie Zeltlager. »Wo es noch Zechen gibt, da gibt es auch eine aktive Jugendarbeit«, berichtet ein DGB-Funktionär. Andererseits ist schwer zu erkennen, daß in den aktiven Ortsgruppen, also im Rahmen ihrer Mitgliederversammlungen, der Dialog zwischen den Generationen noch wirklich geführt werden kann (Wichert 1989).

lich bis in tägliche Lebenszusammenhänge hinein: sei es, daß es um Aktivitäten für eine Wohnumfeldverbesserung geht, um die Organisation von Eigenarbeit in diesem Bereich, um Aktivitäten mit kommunalpolitischem Bezug, z.B. im Zusammenhang mit einer Verkehrsberuhigung, Wohnungsbau und -Verwaltung (mit engem Bezug zu entsprechenden Betriebsratsausschüssen oder örtlichen Mieterbeiräten), oder um Bildungsveranstaltungen der Ortsgruppen, die neben Seminaren auch Ausflüge und Besichtigungen (auch unter Einbeziehung von Ehefrauen) beinhalten können[18]. Ein hauptamtlicher Funktionär berichtet etwa:

> »Ich bin so im gewerkschaftlichen Leben erzogen worden, daß die Ortsgruppen immer noch unsere Seelen sind. Und das wird sich von meinetwegen auch nicht ändern. Nicht, daß ich zu alt dazu wäre, mich noch einmal umzustellen. Aber wenn wir auch diese kleinen Ortsgruppen in der Vergangenheit nicht bei uns gehabt hätten, dann wäre viel, was Mitgliederbetreuung betrifft, den Bach runtergegangen. Ich sage mal, Mitgliederbetreuung braucht auch mal für einen Bereich nur darin bestehen, daß sie sich alle miteinander kennen, sich mal auf'm Fußballplatz treffen, auf'm Friedhof oder auch in der Kneipe oder morgens beim Gang zum Markt.«

Und ein Betriebsratsmitglied antwortet auf die Frage, ob die Ortsgruppe stark in das alltägliche Leben der Siedlung integriert sei:

> »Kannst du sagen. Und das hängt, das hängt ganz stark vom Vorsitzenden ab, was das für eine Persönlichkeit ist. Das war also bis vor zwei Jahren, da war der H.W., der ist hier groß geworden, war lange Jahre Betriebsratsvorsitzender auf der Zeche. Zwanzig Jahre Ortsgruppenvorsitzender. Das war wie ein Bürgermeister, woll. Das, dem werden, dem werden alle Sachen rangetragen. Auch jetzt, wo er zwei Jahre schon aus dem Amt ist, kriegt er noch so eine ganze Menge, die er uns dann weitergibt. Ob das Wohnungsfragen sind oder was weiß ich. Also das, das war für mich auch eine neue Erfahrung, also ist was Positives, also daß so eine Anlaufstelle da ist, wo eine ganze Menge Bürgerprobleme, die ja anliegen, wo die verhandelt werden können.«

Natürlich wird an solchen Aussagen deutlich, daß ein derart dichter Rückbezug der Ortsgruppenarbeit zu den Strukturen

---

18 Das Bildungsprogramm in dem von uns beobachteten Stillstandsbereich umfaßte z.B. im Jahre 1990 zehn Veranstaltungen, darunter zwei Wochenendseminare zu neuen Technologien, eine Besichtigung des Kaltwalzwerkes der Westfalenhütte, zwei Veranstaltungen (im Umweltschutzamt der Stadt und auf

des Alltagshandelns im Wohnbereich viel damit zu tun hat, daß hier im Wohnbereich noch ein weitgehend stabiles traditionsreiches Arbeitermilieu vorhanden ist. Aus Ortsgruppen, die eher schon den Charakter von Stillstandsbereichen haben und in deren Siedlung in den vergangenen Jahrzehnten zunehmend Nicht-Bergleute eingezogen sind, wird z.B. in Interviews berichtet, daß darüber auch die Strukturen einer vorher wirksamen Alltagssolidarität abzubröckeln beginnen:

> »Das liegt daran, daß da die ersten Stillegungen waren und das verschwand. Und ein Teil hatte die Chance genutzt, Häuser auch hier schon zu verkaufen. Die haben abgelöst ihre Summen, und dann, der Generationswechsel hat jetzt erst richtig angesetzt. Aber da (ab Mitte der 70er Jahre, d.V.) begann das so ganz sachte dann abzubröckeln. Andere kamen hier rein. Ein Teil ist weggezogen, auch der guten Kollegen. Und die alten Strategen sind im Grunde genommen ausgestorben, die hier drin waren, z.B. die damals hier das mit aufgebaut haben.«

Gleichwohl, für die von uns beobachteten aktiven Bereiche, aber auch für den Stillstandsbereich mit noch relativ hohem Anteil erwerbstätiger Bergleute, die weite Anfahrwege zu anderen Zechen haben und auch aus diesem Grunde kaum aktiv an der Ortsgruppenarbeit teilnehmen, muß man von durchaus lebendigen gemeinschaftlichen Strukturen sprechen. Deren Durchorganisation war einmal – historisch betrachtet – ein wesentliches Fundament für die Stärke der alten Arbeiterbewegung. Die Stabilität und die immer noch erhebliche Bindungs- und Leistungsfähigkeit dieser Strukturen hat eine überhaupt nicht zu unterschätzende Bedeutung dafür, daß die IGBE den dramatischen Wandel, der sich in den vergangenen Jahrzehnten im Bergbau vollzogen hat, als Organisation und Institution durchgestanden hat und zugleich aktiv gestalten konnte. In den Worten eines von uns interviewten hauptamtlichen Funktionärs:

> »Wichtig ist nicht so sehr jetzt dieser, ich sag mal, rationale Gedanke, Gewerkschaften sind kollektives Interessenorgan, und des-

---

einer Mülldeponie) zum Thema Entsorgung und Recycling und eine Veranstaltung zum Thema »Umweltschutz zu Hause« sowie den Besuch der China-Ausstellung in Dortmund. Probleme in der Abwicklung dieses beachtlichen Programmes liegen in der kritischen Sicht eines Teilnehmers im immer gleichen Teilnehmerkreis und mangelnder Vor- und Nachbereitung der Veranstaltungen.

halb beteilige ich mich an der IGBE, sondern oftmals diese eher rote Ebene der Gefühle und Emotionen: Ich gehe dahin, weil, da treff' ich meine Freunde. Da sind die Bekannten, und da kann ich auch mal über meine familiären Probleme reden. Warum das mit meiner Tochter oder meinem Sohn in der Schule nicht richtig klappt. Da krieg' ich Zuwendung, und die kümmern sich um mich. Und wenn ich krank bin, dann kommt einer von der Ortsgruppe. Und wenn ich ganz schwer krank bin oder sogar wenn ich mal sterben werde, kommt einer. Und wenigstens geht einer hinter meinem Sarg her und bringt einen Kranz. Also, so etwa würde ich sagen, dieses soziale Geflecht, diese Bindung ist das eher Positive. Daß das auch negative Auswüchse hat, wo gibt es das nicht... und das kann auch nicht nur Ruhrgebietsmentalität sein, denn das haben wir auch in allen anderen Bereichen. Das muß etwas Typisches sein, was mit Bergleuten und bergmännischem Leben zu tun hat... Aber da, wo das auseinanderfällt, da macht es doch zunehmend mehr Schwierigkeiten, eine solche Struktur weiter zu halten, am Leben zu erhalten.«

4.2 Zur Bedeutung der Knappschaft und des Knappschaftsältesten im Rahmen des Ortsgruppenprinzips

Die Knappschaft wurde weiter oben im Zusammenhang mit den raschen und massiven Mobilisierungsaktionen gegen ihre Zerschlagung im Zuge der Bonner Sparpläne bereits erwähnt. Natürlich liegen Motive für die entschlossene Verteidigung dieser bergbauspezifischen Form der Sozial- und Krankenversicherung auch in Besonderheiten ihrer Versicherungsleistung:

»Und die Zweidrittelmehrheit der Arbeitnehmervertreter macht sich natürlich auch bemerkbar in allen Bereichen, wenn es um Fragen der Renten geht, wenn es um Fragen der Beratung geht, wenn es um Fragen der eigenen Krankenhäuser geht usw. usf.«

stellt z.B. ein hauptamtlicher Funktionär fest und erklärt zu den erwähnten Demonstrationen:

»Also, das Losungswort gilt noch: Also, du kannst denen alles wegnehmen, vielleicht sogar die Frau, aber nicht die Knappschaft! (lacht)«

Will man die hinter dieser Formulierung und der von uns beobachteten hohen Handlungsrelevanz des Themenkomplexes Knappschaft den Gründen für die Bedeutung dieser Struktur, die formell ja in keiner Weise mit der Ortsgruppenstruktur der IGBE verknüpft ist, nachspüren, so muß man den Blick vor allem auf die Bedeutung des Knappschaftsältesten richten. Man sollte aber auch nicht übersehen, daß in historischer Perspektive die »knappschaftliche Gemeinschaft« als wichtigste Struktur im bergmännischen Leben bezeichnet wird. Tenfelde stellt z.B. fest:

> »Mit der knappschaftlichen Gemeinschaft als bergmännischer Gesellungsform ist die für die Erhaltung kultureller Eigenschöpfungen wichtigste Gruppeneinheit bezeichnet. Der Geist von Obrigkeit und Disziplin, von ständischer Abstufung und Abgeschlossenheit, von Ehre und Standespflege hat hier seinen aktuellen und konkreten Bezugspunkt und verband sich mit der Vorsorgefunktion der Knappschaft in Fällen unverschuldeter Not sinnfällig zu einer Existenz- und Wertegemeinschaft.«[19] (Tenfelde 1979, 13f.)

Aber was sichert auf der Ebene alltäglichen Handelns auch heute diese hohe Bedeutung? In allen Interviews, in denen wir haupt- oder ehrenamtlichen Funktionären gegenüber nach der Bedeutung des Knappschaftsältesten gefragt haben, erhielten wir Antworten, denen zufolge er die erste und wichtigste Anlaufstation für die Mitglieder ist, alles in seinem Sprengel weiß, gleichsam so etwas wie ein zweiter Bürgermeister ist, eine zentrale Figur in der Ortsgruppe der IGBE, über die mehr als über andere die wohnortsnahe Betreuung gesichert wird. Einige der aussagekräftigsten Zitate:

> »Denn der ist einer der wichtigsten Leute. Und ich würde sagen, der wichtigste, noch wichtiger als der Vorsitzende der Ortsgruppe. Der Mann mit seinem Fachwissen und mit seinen Verbindungen, die er dann natürlich hat, wenn er die dementsprechend richtig einsetzt.«

---

[19] Die bis auf den heutigen Tag herausragende Bedeutung der Knappschaft ist auch innergewerkschaftlich präsent. Die kritische Bemerkung eines hauptamtlichen IG Metall-Funktionärs zu unserem Vorhaben eines Vergleichs der örtlichen Strukturen beider Gewerkschaften (»Da vergleicht ihr doch Äpfel mit Birnen, die treten doch eher aus dem DGB aus als aus der Knappschaft«) bezieht sich auf einen konkreten Vorgang, wie ein IGBE-Funktionär in einem anderen Interview bestätigt: »Das ist zitierfähig, dieser Satz, eher treten wir aus dem DGB aus als aus der Knappschaft. Das hat der Adolf Schmidt mal auf einer Sitzung des DGB-Bundesausschusses gesagt, als die DGB-Gewerkschaften der Auffassung waren, mit der ÖTV an der Spitze, jetzt eine einheitliche Sozialversicherung einführen zu sollen für alle Bereiche: ›Damit das hier im Bundesausschuß klar ist, bevor wir so einer einheitlichen Sozialversicherung zustimmen, werden wir eher den DGB verlassen, als unsere Knappschaft aufzugeben.‹«

»Der weiß alles. Der ist Bestandteil der Ortsgruppe. Die Sprengel-Mitglieder der Ortsgruppen haben ihn gewählt, und er hat verdammt noch mal, in der Ortsgruppe hat er zu arbeiten. Das heißt, daß die Ortsgruppe seine Arbeit braucht. Das ist hirnrissig, das auseinanderzuziehen. Wenn der Sekretär Sonntag morgens zur Mitgliederversammlung kommt, da gibt es einen Knappschaftsältesten oder sogar mehrere[20], die genauso gut über die Rentenreform '92 reden können wie der – oder sogar besser.«

»Das ist, in der IGBE, der zweite Identifikationspunkt unserer Mitglieder, und daß dadurch natürlich gesehen wird, wenn die Knappschaft kaputt geht, werden die den Ortsgruppen vor Ort fehlen. Das heißt ja, daß in anderen Bereichen der Versicherungsvertreter eine anonyme Person ist, während der Knappschaftsälteste eine zentrale Figur in der Ortsgruppe der IGBE ist, daß also die wohnortsnahe Betreuung dann wegfällt.«

In den folgenden Ausführungen eines Betriebsratsmitglieds wird dieser Stellenwert des Knappschaftsältesten für die wohnortsnahe Betreuung der Mitglieder ganz besonders plastisch. Mehr als alle anderen hat er ganz offensichtlich auch tragende Funktionen für eine gewisse Integration der Ausländer im Wohnbereich, ein insgesamt schwierig zu bewältigendes Problem, wie weiter unten noch zu zeigen ist:

»Da ist ganz wichtig der Knappschaftsälteste. Und das ist z.B. voll bewußt in unserem Ortsgruppenvorstand, wenn man nix auf die Beine bringen will, muß man aber dafür sorgen, daß immer ordentliche Knappschaftsälteste da sind. Das also, das bewegt jeden, der Ortsgruppenvorstand ist. Und das, bis jetzt hat das auch hier geklappt jedenfalls ... Ich habe das – ich war acht Jahre Stellvertreter bei dem Knappschaftsältesten Jupp, Tauben-Jupp ... und der hat dann in M. seine Knappschaftsbude und dann einen Taubenschlag, der hat also so mitten in seinem Garten so'n großen Taubenschlag gebaut, zweistöckig, in der Mitte ein Durchgang zu dem Restgarten, und dann hat er eine Hälfte, war die Knappschaftsbude, wo die dann – zweimal in der Woche war Sprechstunde, und dann kamen die Kollegen aus dem Sprengel, also die, der Umriß von der Knappschaft heißt ja Sprengel, mit allen Dingen, vor allen Dingen die Ausländer. Also, die kamen mit Strafbefehlen, die kamen mit ... Schulschreiben oder was sie von der Stadt kriegten. Und wir haben, so gut wir das konnten, das prima beantwortet,

---

20 Die Sprengel mit im Durchschnitt ca. 600 Mitgliedern decken sich keineswegs immer mit dem Zuschnitt der Ortsgruppen. Bei der Zusammenlegung von Ortsgruppen ist deshalb aus Sicht der Bezirksleitung immer auch zugleich die Gliederung und gegebenenfalls Neugliederung der Sprengel zu berücksichtigen.

darum waren wir immer zu zweit. Nicht nur Renten- und Krankenversicherungsangelegenheiten, die eilten nicht, wo die Knappschaft angehen, sondern alle schriftlichen Angelegenheiten haben wir für die gemacht. Soweit wir das konnten... Der galt als der Bürgermeister der Türken, und der wurde auch in die Wohnung gelassen, auch wenn bei denen der Mann mal nicht zu Hause war. Aber jedes Schriftstück geht eben zum Knappschaftsältesten, und der bringt es rum, entweder wirft's in den Briefkasten, und wenn er gegen Unterschrift, daß er also was abgegeben hat, mußt du also bescheinigen, Rentenbescheid mußt du immer bescheinigen, daß du ihn gekriegt hast, dann muß er auch in die Wohnung, muß er. Und der geht, fährt also durch die Gegend, und die Leute kommen auch dahin.«

Der unmittelbare Kontakt im Wohnbereich, der den Knappschaftsältesten zu einer so zentralen und in allen Interviews positiv gewürdigten Figur im institutionellen Gefüge von IGBE(-Ortsgruppe), Mitbestimmung und Ruhrkohle AG macht, hat allerdings zu Zeiten, zu denen die Mitbestimmung ihre Wirkungen noch nicht entfalten konnte, offenbar auch deutlich ambivalente Wirkungen gezeigt. Ein Knappschaftsältester berichtet z.B. noch über die späten 50er Jahre Beispiele äußerst massiver Kontrollfunktionen bis hin zu Funktionalisierungen durch das Unternehmen:

Besuche nicht nur von »Kontrolleuren direkt bei der Knappschaft«, sondern auch seitens der Knappschaftsältesten seien im Falle von Krankschreibungen üblich gewesen. »Ich weiß nicht, ob die sich da bei anderen informiert haben, die waren doch sogar in der Kneipe, selbst wenn einer Fußball gespielt hat, die haben den dann gemeldet, das war aber auch grausam... und wenn er nur Kohl eingekauft hat, dann wurde er früher gemeldet, und dann wurde ihm das Krankengeld abgenommen... Es waren auch immer Schweinehunde dabei, die haben ihre Kumpel angeschwärzt... na, ich habe mich angelegt auch mit den Leuten, die bei der Knappschaft beschäftigt waren, und hinterher hat sich alles so gewandelt, und da waren wir uns gar nicht so böse mit denen; und dann erzählte der uns auch, wie die Direktoren und Bezirksinspektoren von den Zechen das damals gehandhabt haben; und die haben die Geschäftsstelle angerufen und haben dann gefragt, wieso hast du denn einen so großen Krankenstand, wir haben keine Leute. Dem Geschäftsstellenleiter blieb gar nichts anderes übrig, als ihn anzurufen, um zu sagen, höre mal, von B., die haben so viele Kranke, die brauchen für morgen 50 Leute, morgen, und die müssen dann wieder anfangen, und dann kamen die: arbeitsfähig, arbeitsfähig, arbeitsfähig, ohne eine Untersuchung, und dann mußte man auch als Arbeiter raus, auch wenn man sich nicht danach fühlte, und dann waren auf einmal viele wieder gesund, und das mußte man sich alles gefallen lassen.... Und so waren auch die Ärzte damals, die waren ganz gewissenlos. Die mußten ihr Kontingent arbeitsfähig schreiben, fertig.«

Wird demgegenüber die heutige Situation deutlich positiv abgesetzt, so ist auf der anderen Seite die Sorge über die zukünftige Entwicklung unüberhörbar – und zwar nicht etwa, weil die Knappschaft aufgrund politischer Entscheidungen gefährdet sein könnte, sondern weil es immer schwieriger wird, Nachfolger für die Aufgabe des Knappschaftsältesten zu finden:

»Die haben alle keine Nachkommen. So eine kleine Entschädigung, die man dafür bekommt, da kann man gar nicht drüber reden. Dafür machen die sich doch nicht krumm. Und dann sollen wir die auch noch in die Wohnung lassen... Also, wie gesagt, die Ältesten werden nach und nach mit Sicherheit aufhören, weil keiner mehr bereit ist oder wenige nur noch bereit sind, dies zu tun«,

heißt es im gleichen Interview, und auch von hauptamtlichen Gewerkschaftsfunktionären wird bestätigt, daß sich hier Schwierigkeiten auftun und schon heute von einer deutlichen Überalterung auszugehen ist.

4.3 Zur Integration der Ausländer in die Ortsgruppenarbeit der IGBE

Es ist ein durchgängiges und auffallendes Ergebnis unserer teilnehmenden Beobachtungen von Mitgliederversammlungen der IGBE-Ortsgruppen, daß Ausländer an diesen Versammlungen kaum teilnehmen. Praktisch alle Ortsgruppen haben zwar ihren »Vorzeige-Türken«, wie das Vorstandsmitglied einer Ortsgruppe formuliert, aber die Integration im Wohnbereich ist doch um einiges schwieriger als im Betrieb, wo nach unserem Überblick die ausländischen Beschäftigten in hohem Maße in die betrieblichen Interessenvertretungsstrukturen integriert sind[21]. Der Teilnahme an den Ortsgruppenversammlungen, z.B. in einer deutschen Gaststätte, wo in

---

21 In den Vertrauenskörpern allerdings weniger als in den Betriebsratsgremien, da die Vertrauenskörper wie oben erwähnt ja zunächst einmal von der Ortsgruppe her gebildet werden. »Die Vertrauensleute sind praktisch Delegierte der Ortsgruppen, praktisch. Und da die ja gar nicht dort sind, sind sie also auch nicht im Vertrauenskörper«, heißt z.B. in einem Interview mit einem Ehrenamtlichen.

der Regel schon morgens Bier getrunken wird, stehen für
einen Muslimen ja schon diese Umgebung und der fast ritualisierte Alkoholkonsum entgegen. Ein Betriebsratsmitglied berichtet z.B.:

> »Ja, sind sie. Viel integrierter. Das kannst du auch noch mal feststel-
> len. Also das, äh, Wohnviertel ist viel schwieriger – die Problema-
> tik Ausländer/Deutsche als im Betrieb, viel schwieriger. Und im
> Betrieb, da haben sie sich auch inzwischen so emanzipiert. Wir
> haben z.b. bei uns jetzt, bei der letzten Betriebsratswahl vor einem
> Jahr: 4. war ein Grieche, 5. war ein Türke. Von 15. Das ist schon eine
> gute Sache. Also, die fühlen sich schon vertreten da. Aber im...
> daß also, äh, auf der Ortsebene, Ortsgruppe ist das also anders,
> und auch das Wohnen miteinander ist viel schwieriger als das
> Arbeiten miteinander. Gibt es viel mehr Probleme. Da fällt die
> Fremdheit mehr auf. Da (in der Arbeit, d.V.) sind sie also gleich,
> die haben ja den gleichen Anzug an, den gleichen Helm auf, die
> sind genau egal, schwarz, haben dieselbe Schüppe, woll, selben
> Hammer, alles gleich, woll. Und hier ist es doch, da treten dann die
> kulturellen Unterschiede viel stärker hervor, im Wohnviertel.«

Die schwierigen Integrationsprozesse im Wohnbereich wurden auch bei unseren teilnehmenden Beobachtungen sichtbar.
Auf der Mitgliederversammlung im Anschluß an die weiter
oben vollständig im Protokoll wiedergegebene Ortsgruppen-
vorstandssitzung wurde z.B. die Frage des Abrisses der
Wohnbaracken, die bis dahin nur von türkischen Familien be-
wohnt wurden, weiter diskutiert. Der stellvertretende Ortsgruppenvorsitzende berichtet dort im Zusammenhang mit den
geplanten Neubauten:

> Zur Zeit wohnten in diesen Baracken nur türkische Familien. Ein
> lediger deutscher Kollege habe noch bis vor kurzem dort gewohnt,
> sei aber schon ausgezogen. Es würden jetzt Gespräche geführt
> werden, und es müßten dann an diese türkische Familien auch
> Wohnungen im Bereich der Siedlung hier vergeben werden, »das
> sag' ich mal ganz ausdrücklich.« Die Forderung, mehr 2½-Zim-
> mer-Wohnungen für alleinstehende inaktive Kollegen oder jeden-
> falls Inaktive, bei denen keine Kinder mehr wohnten, für die neu zu
> errichtenden Häuser stehe noch.

Sehr deutlich wird in dieser heraushebenden Unterstrei-
chung, daß es hier um einen problembehafteten Punkt geht. In
einer anderen Ortsgruppe gibt die teilnehmende Beobachtung einer Informationsveranstaltung für türkische Mitbürger
über Wohnprobleme, durchgeführt in einer türkischen Kaffee-
Stube (!), einige Hinweise auf entsprechende Probleme, die

hier in Mietwohnungen auftreten. Thematisiert werden die unterschiedliche Pflege der Vorgärten, das Waschen und Reparieren von PKWs auf den Grundstücken der Wohnungsbaugesellschaft, aber auch Fragen des Zusammenlebens in den Wohnungen, die letztlich finanzielle Konsequenzen haben. So spricht z.B. eine Vertreterin der Wohnungsgesellschaft den sich immer weiter erhöhenden Wasserverbrauch in den Wohnungen an:

> In vielen Familien werde Schafswolle gewaschen, und in vielen Waschküchen laufe deshalb Tag und Nacht das Wasser. Dies könne nicht hingenommen werden, da in den Häusern auch Familien wohnten, bei denen das nicht üblich sei, und dann gebe es wegen des ungleichen Wasserverbrauchs Ärger. Die betreffenden Mieter würden angeschrieben, und wenn das Waschen dieser Schafswolle nicht unterlassen werde, erfolge die Kündigung. Die anwesenden Kollegen nehmen diese Äußerung ohne sichtbare Erregung hin. Der Vorsitzende übersetzt jeden Satz der Vertreterin der Wohnungsgesellschaft.

Die beiden nachfolgenden Interviewpassagen mit einem Betriebsratsmitglied aus einer wiederum anderen Ortsgruppe machen schließlich deutlich, daß diese langwierigen Integrationsprozesse sich vor allem in den Wohnvierteln schwierig gestalten, in denen ältere deutsche Arbeitnehmer wohnen.

> »Ich merke das, also, ich hab' da jetzt grade im letzten Jahr so ziemlich Einblick gekriegt, weil ich hier bei uns für das Wohnungswesen zuständig bin, wo wir noch 5000 Wohnungen insgesamt vergeben. Also, die sind im Bergbau, bergbaugeförderte Wohnungen, und werden auch vom Bergbau vergeben... also durch Mitbestimmung. Und, äh, da hab' ich also schon ganz viel Querelen gehabt... Es gibt hier ein paar Straßen, da kriegst du also keinen Ausländer rein, woll. Aber das, und da muß man sagen, das ist auch ein überaltertes Viertel... Und da kriegst du also – jetzt sind die alle alt da, die sind da mal als erste eingezogen, und alten Menschen fällt es viel schwerer, mit diesen kulturellen Unterschieden umzugehen, als uns und mir. Also, bei mir ist es so, da hab' ich mich letztens schon bei ertappt, was mir immer hier der, der alte A., der schon gestorben ist, der schimpfte über die Kinder, die türkischen Kinder, ›die gehen in die Bäume und lassen überall Papier liegen.‹ Ich sag': ›A., und deine Blagen, was haben die gemacht?‹ Da sagt er: ›Aber die haben hier ja nichts zu suchen‹. Dann kommt also was ganz Emotionales raus. Der war gestandener Gewerkschaftler, kämpferischer Gewerkschaftler also, der bestimmt keine Ausländerfeindlichkeit politisch vertreten hätte, niemals! Aber emotional hat er die vertreten! Und da hab' ich mich auch schon bei ertappt,

mit dieses Völkchen hier. Also, ich mein', ich laß das nicht raus, woll, aber daß da so was hochkommt: ›Aber die haben hier ja nichts zu suchen‹. Also, bei alten Leuten hab' ich Verständnis für inzwischen, daß das also für die sehr schwer ist. Darum nehm' ich auch ein Stück Rücksicht... Und dann in einem anderen Fall, da haben wir das durchgesetzt, daß da ein Türke rein kann. Da mußt du dir aber erst mal Rückendeckung im Wohnungsausschuß verschaffen, beim Betriebsrat mußt du dir Rückendeckung verschaffen, die Wohnungsverwaltung muß mitspielen, sonst kannst du so was nicht riskieren. Wenn du die alle bündeln kannst, dann kannst du so was riskieren. Und das hab' ich einmal durchgesetzt, in N., da war also die Hölle los, die ganze Bande hat da geschrien... Ja, das sind die ganz praktischen Dinge.«

Die Zitate sprechen in hohem Maße für sich und fügen sich weitgehend in die bisherige Interpretation ein. Ein Aspekt allerdings sollte noch nachdrücklich hervorgehoben werden: Daß die Integration von Ausländern im Wohnbereich und in die Ortsgruppen so als Problem sichtbar wird und zu den »ganz praktischen Dingen« gehört, mit denen sich die ehrenamtlichen Funktionäre der IGBE befassen, verweist auf etwas, was im Organisationsbereich anderer Gewerkschaften, auch dort, wo sie noch örtlich gerichtete Strukturen haben, eben nicht mehr festzustellen ist: Integrationsprobleme werden nicht nur im betrieblichen, sondern auch im außerbetrieblichen Lebenszusammenhang gewerkschaftlich bearbeitet. Fortschritte mögen schwierig und nur in kleinen Schritten zu erreichen sein, aber es gibt Strukturen, über die sie überhaupt gezielt und in tagtäglicher Arbeit angegangen werden können.

4.4 Die Ortsgruppe als Bezugspunkt des Handelns der haupt- und ehrenamtlichen Funktionäre

»Der typische IGBE-Funktionär ist 50 Jahre aufwärts«, so charakterisiert ein DGB-Sekretär der örtlichen Ebene (außerhalb Dortmunds) die ehrenamtlichen IGBE-Funktionäre auf der Ortsgruppen- oder DGB-Ortskartellebene. In der Tat gilt für die von uns beobachteten IGBE-Ortsgruppen mit einer Ausnahme, daß deren Vorsitzende Mitte bis Ende 50 sind. Sie gehören also zu jener Generation von Funktionären, die Anfang bis Mitte der 50er Jahre im Bergbau eine Ausbildung aufnahmen und zu arbeiten begannen, noch durch die Gewerkschafter der ersten Nachkriegsgeneration gewerkschaftlich sozialisiert wurden und in den 50er und 60er Jahren die »Kampfzeiten«, in denen es unter den Bedingungen von Montanmitbestimmung und Zechensterben um die Durchsetzung einer Branchenordnungspolitik und die Wahrung sozialer Besitzstände ging, aktiv erlebt und z.T. mitgestaltet haben. In diesem Sinne charakterisiert dann auch ein Ortsgruppenvorsitzender in einer Gruppendiskussion aller Ortsgruppenvorsitzenden der von uns ausgewählten fünf Ortsgruppen gemeinsame Erfahrungshintergründe:

> Anders als in den 50er und 60er Jahren seien die »Kampfthemen« nicht mehr gegeben. Was man sich damals habe erkämpfen müssen und wofür man die Kollegen habe mobilisieren können, das sei heute ja alles geregelt und selbstverständlich. Das heiße zwar nicht, daß die jüngeren Kollegen die Gewerkschaft nicht wichtig fänden, der Organisationsgrad sei ja auch noch in Ordnung, aber die Haltung sei eben: »Mach du das mal für uns, dafür zahlen wir ja unseren Beitrag.« (Lebhafte Zustimmung der anderen ehrenamtlichen Kollegen.)

Der Blick der Vorsitzenden ist stark geprägt durch diese Phase, in der die IGBE ihr heutiges politisches Profil entwickelt hat, die Mitbestimmung im Kampf um die soziale Absicherung der Bergarbeiter im Zuge des dramatischen Beschäftigtenabbaus der 60er Jahre zu ihrer vollen Entfaltung gebracht wurde und sich die Ortsgruppen der IGBE nach der beträchtlichen politischen Zersplitterung der Nachkriegszeit konsolidierten. Sie sind z.T. schon lange in der Funktion eines Ortsgruppenvorsitzenden, in die sie i.d.R. vom Beisitzer über ein Amt im engeren Vorstand allmählich aufrückten. Wenn der Vorsitzende der Angestellten-Ortsgruppe uns z.B. berichtet, daß er nach 30 Jahren Arbeit im Bergbau, wo er im gewerblichen Bereich begonnen hat, mit 46 Jahren »eigentlich ziemlich früh« Vorsitzender seiner Ortsgruppe wurde, hat er dabei den Vergleich zu anderen Ortsgruppen im Blick und bestätigt so die eben verallgemeinernd getroffenen Einschätzungen.

In der erwähnten Gruppendiskussion, aber auch am Beispiel mehrerer Geschäftsberichte von Ortsgruppenvorsitzenden auf den Jahreshauptversammlungen ihrer Ortsgruppen wird mehrfach deutlich, daß ausgehend von ihrem Bild der Entwicklung gewerkschaftlicher Arbeit in den 50er und 60er Jahren die Erfahrung des Bedeutungsverlusts des Bergbaus ihre aktuelle Problemsicht ebenfalls in erheblichem Maße prägt.

Angesichts des Schrumpfens der Branche und der gesunkenen Zahl der aktiven Mitglieder wird wiederholt betont, daß man als IGBE eben nicht mehr das politische Gewicht haben könne wie früher. Vom Organisationsaufbau in Ostdeutschland und den absehbaren Mitgliedergewinnen der dortigen Energie- und Wasserwirtschaft erhoffen sich die älteren Mitglieder in der Diskussion denn auch eine Stärkung.

Die Ortsgruppenvorsitzenden sprechen darüber hinaus – stärker in der Gruppendiskussion, nicht so sehr von sich aus in den Einzelinterviews – die Frage der Einbindung der Ortsgruppenarbeit in das »gesellschaftliche Leben« auch unter dem Stichpunkt der Erweiterung von Themen an. Einer der fünf an der Gruppendiskussion beteiligten Ortsgruppenvorsitzenden nennt Umweltschutz und Ökologie, ein anderer verweist auf gemeinsame Seminare mit der »Blech-Mafia«, also der örtlichen IG Metall, zum Thema neue Technologien. Von mehreren Diskussionsrednern, und später auch in einigen Interviews, wird aber zugleich bestätigt, daß »der Kreis der Interessierten eigentlich immer derselbe ist« und daß es insbesondere schwierig sei, zu bestimmten, für die IGBE zentralen Themen wie etwa der »Kohlevorsorgepolitik«, noch »jemanden auf die Beine zu bekommen«. Insofern deuten auch solche Diskussionen und Diskussionsverläufe eher darauf hin, daß aus der Perspektive der Ortsgruppenvorsitzenden das zentrale Problem das der Aufrechterhaltung eines einmal erreichten Niveaus der »Nähe zum gesellschaftlichen Leben« und der Beteiligung der Mitgliedschaft ist. Dabei tut man sich sicherlich aus mehreren Gründen schwer. Einer wird von hauptamtlichen Funktionären in den meisten Gesprächen benannt: Wo in Stillstandsbereichen und überalterten Ortsgruppen(vorständen) vornehmlich Rentner und Vorruheständler zu den Versammlungen kommen, da werden von diesem Teil der Mitgliedschaft natürlich auch die Themen der Versammlungen bestimmt, und die gehen eben an den Interessen der jüngeren vorbei, wenn zum wiederholten Mal die Rentenreform oder »unsere Knappschaft« Gegenstand eines Referats ist. Ein zweiter Punkt fällt auf, wenn man mehrere Mitgliederversammlungen besucht hat, die in ihrem Ablauf alle durch das gleichsam klassische Ablaufschema (1) Begrüßung durch den Versammlungsleiter, (2) ca. einstündiger Vortrag des Referenten, (3) vielleicht eine der zwei Diskussionsrunden mit bis zu zehn

Diskutanten, vor allem aus den Reihen »gestandener« älterer Funktionäre, und ein oder zwei Gelegenheiten zu Stellungnahmen des Referenten sowie (4) mehr oder weniger stark durch den Versammlungsleiter strukturiert die Behandlung des Tagesordnungspunktes Verschiedenes. Prägend ist also ein Muster, nach dem die Anwesenden sich weitgehend als Konsumenten in bezug auf das Thema der Veranstaltung verhalten, die im übrigen vom Vorstandstisch her abgehalten wird. Daneben mögen Geselligkeit und Austausch im informellen Rahmen, vor Beginn und nach Ende der Versammlung ähnliche, für manchen sogar größere Bedeutung haben, aber auch hier handelt es sich nur um die Kommunikationsstrukturen der Alten.

Zwar treffen die skizzierten Muster sicherlich die Erwartungen der älteren Mitglieder, die noch durch eine traditionelle gewerkschaftliche Sozialisation geprägt sind, sie dürften aber für Jugendliche und jüngere Bergleute, die dort, wo aktive Jugendarbeit der IGBE stattfindet, ja auch schon eher projektförmiges Arbeiten gewohnt sind, wenig attraktiv sein. Es ist von daher schon wert zu überlegen, dieses Muster, das ja auch ein Ausdruck einer sozusagen vereinsförmigen Arbeit (»wie im Kegelverein«) vieler Ortsgruppen ist, wenigstens punktuell durch beteiligungsorientierte Aktivitäten aufzulockern.

Die Grundsituation ist soweit gekennzeichnet durch Defensive angesichts eines fortschreitenden gesellschaftlichen Modernisierungsdrucks. Und das weithin ungelöste Problem besteht darin, in dieser Situation die jüngeren, aktiven betriebstätigen Mitglieder in die Ortsgruppenarbeit einzubeziehen; wobei aus dem Blickwinkel der Ortsgruppenvorsitzenden auch erfolgreiche Verjüngungen des Funktionärskörpers ihre Ambivalenz haben. »Ich habe einen ziemlich jungen Funktionärskörper«, berichtet einer, »aber belaste die mal.« Ob nun der Blick auf die früheren »Kampfzeiten«, von dem her auch ein solches Urteil zu verstehen ist, etwas verklärt ist, oder ob der Umstand, daß erfolgreiche Institutionalisierungsprozesse dazu geführt haben, daß vieles eben »geregelt ist«[22], den Aus-

---

22 Wobei dieser sicher positive Effekt von Institutionalisierung hier zunächst einmal als Mangel erscheint, nämlich als Verlust von früher selbstverständlichem Engagement und aktiver Beteiligung in gewerkschaftlicher Arbeit, wenn man so will, als Verlust des früher noch deutlicher spürbaren Bewegungscharakters von Gewerkschaften.

schlag gibt und hinsichtlich dieser (fast folgerichtigen) Konsequenz nicht akzeptiert wird: die vorherrschende Orientierung ist jedenfalls die des etwas wehmütigen Rückblicks auf vergangene Zeiten einer vormals starken und auch politisch einflußreichen Gewerkschaftsbewegung[23].

Wir haben einleitend hervorgehoben, daß der Zeitraum unserer Untersuchungen der teilnehmenden Beobachtung von Ortsgruppensitzungen zusammenfiel mit der gerade erfolgten Zusammenlegung zweier Bezirke. Einher ging damit – für beide Bezirke – ein Wechsel in der Besetzung des Bezirksleiters. Hieraus folgte, daß auf mehreren der von uns besuchten Versammlungen der neue Bezirksleiter als Referent zugegen war, sich als neuer Bezirksleiter vorstellte und in seinen Referaten u.a. Fragen der Organisationsentwicklung in der Folge des Zusammenschlusses der Bezirke thematisierte. In einem unserer Beobachtungsprotokolle Ende September 1990 ist z.B. festgehalten:

> G. stellt sich zunächst sehr ausführlich persönlich vor. Er ist ja erst seit Sommer dieses Jahres neuer Bezirksleiter und z.Z. offenbar dabei, so weit möglich im Rahmen von Mitgliederversammlungen, Jubilarehrungen (die im Herbst geballt auftreten) usw. verschiedene Ortsgruppen zu besuchen. Von den 134 Ortsgruppen des Bezirks[24] ist ihm das bisher in 17 Ortsgruppen gelungen. Die hohe und persönlich belastende Intensität der Betreuung dieser örtlichen Strukturen durch die hauptamtlichen Funktionäre wird später an einer Stelle seines Referats und in der Diskussion sehr deutlich und auch im Hinblick auf mögliche Innovationen diskutiert.

---

23 Es ist im übrigen bemerkenswert, wie in den Mitgliederversammlungen der IGBE die Verbandsgeschichte nach 1945 noch präsent gehalten wird und teilweise aktivierbar ist. Dies wurde etwa bei der teilnehmenden Beobachtung von Diskussionen aus Anlaß des »Vereinigungskongresses« sichtbar, als gleichsam spontan und mit sehr differenzierten und u.U. durchaus kontroversen Diskussionen markante Stationen der Verbandsgeschichte seit dem Neuaufbau nach 1945 diskutiert wurden (wie sind wir damals mit den Kommunisten umgegangen und haben sie integriert, ist es denn bei uns so ganz demokratisch nach dem Lehrbuch zugegangen oder auch mal nicht usw.). Man könnte von einer latenten Präsenz der Tradition im Gegenwärtigen sprechen, die trotz vergleichbar lebendiger Berichte aus früherer Gewerkschaftsarbeit in den Stadtteilgruppensitzungen der IG Metall dort so eben nicht festzustellen ist, weil der konkrete Bezug zum gegenwärtigen gesellschaftlichen Handeln, zum »Verband«, im Regelfall nicht hergestellt wird.

24 Die Zahlen aus Interviews, Dokumenten oder als solchen beobachteten und protokollierten Referaten weichen also jeweils etwas voneinander ab, die Unterschiede sind aber wohl zu vernachlässigen.

Dabei fällt auf, daß G. zwar gezielt, aber doch sehr vorsichtig an dieses Thema herangeht.

Aus dieser und weiteren Beobachtungen, bei denen v. a. das Problem diskutiert wurde, ob bei den Jubilarehrungen denn zwingend ein hauptamtlicher Funktionär immer zugegen sein müsse, aber auch die Frage anklang, ob denn in jedem Fall die Referenten zu den sonntäglich vormittags stattfindenden Mitgliederversammlungen hauptamtliche Funktionäre sein müßten[25], und in denen zum dritten natürlich die schwierige Frage der Fusionierung einzelner Ortsgruppen eine Rolle spielte, ergaben sich für uns eine Vielzahl von Hinweisen darauf, wie sorgsam und wie sehr als beständiges Problem alltäglichen Handelns Organisationsentwicklung von den hauptamtlichen Funktionären der IGBE behandelt werden muß.

Und in der Tat: Die hauptamtlichen Funktionäre wissen sehr genau, daß sie hier mit der »Seele der IGBE« umgehen, kennen die Ortsgruppen in der Regel ja auch aus der Innensicht, weil sie selber in ihrer ehrenamtlichen Laufbahn dort Funktionen hatten und auch als hauptamtliche Funktionäre noch einer Ortsgruppe angehören[26], und sie wissen deshalb aus ihrer eigenen Erfahrung sehr gut, daß bei der Zusammenlegung von Ortsgruppen zunächst einmal Funktionen eingespart werden, an denen bisherige Ortsgruppen-Vorstandsmitglieder gewissermaßen »mit Leib und Seele« hängen. Ein bereits pensionierter hauptamtlicher Funktionär, der also die weitere konkrete Bewältigung solcher Probleme nicht mehr im Blick haben muß, äußert sich in diesem Zusammenhang relativ kritisch und bringt dabei auch eine Kehrseite des Ortsgruppenprinzips zur Sprache:

---

25 Weil es hier auch passieren kann, so ein hauptamtlicher Funktionär im Interview, daß da vier Ortsgruppen am gleichen Tag zum gleichen Thema denselben Funktionär als Referenten haben möchten.

26 Dies war jedenfalls i.d.R. so bei den noch aktiven oder schon pensionierten hauptamtlichen Funktionären, denen gegenüber dieser Themenkomplex im Interview angesprochen wurde: »Aber das liegt daran, daß es keine eigene Ortsgruppe der IG Bergbau gibt, der Sekretäre oder was. Die gibt es nicht. Die hier mal Sekretäre waren, gehen dann in die jeweiligen Ortsgruppen rein, ob sie nun bei den Angestellten oder bei den Arbeitern sind, das ist völlig gleich.« – In welchem Umfang es im hauptamtlichen Funktionärskörper der IGBE Seiteneinsteiger, etwa Akademiker, gibt, und inwieweit hier Ähnliches in bezug auf die Wohnverhältnisse gilt, können wir nicht sagen. Insofern sind die Möglichkeiten auf Verallgemeinerung unserer Befunde eingeschränkt.

Die Fusionierung zweier Ortsgruppen sei »ein denkbar heikles Thema. Zwei Ortsgruppen sind zwei Vorstände, sind zwei... zwei Könige. So! Einer muß weg! Und somit der ganze Hofstaat. Unmöglich! Und vor allen Dingen das Geld, denn die haben ja gehortet. Immer im Hinterkopf, wenn keine Aktiven mehr da sind, müssen wir aber noch was haben. So, und das Geld würde ja dann zusammenfließen in eine Kasse. Und Vorstände, ach, wie bei einem Kegelverein, noch schlimmer. Da gibt es harte Auseinandersetzungen. Ortsgruppen zusammenzulegen, ist das Fürchterlichste, was es gibt... Also sie ihrer Eigenständigkeit, ich sage: Und wenn die nur fünf Mann haben und damit den Vorstand stellen, dann: ›Wir bleiben‹.«

Es verwundert von daher nicht, daß entsprechende Diskussionen über Ortsgruppenzusammenlegungen, die uns im Zuge unserer Beobachtungen bekannt wurden, in Gestalt wiederholter langer Gespräche zwischen hauptamtlichen Funktionären einer Bezirksleitung und Ortsgruppenvorständen vorbereitet werden müssen, Thema auf den Ortsgruppenversammlungen weiterer benachbarter Ortsgruppen sind[27]; es geht hier um Entscheidungen, die zwar formell hierarchisch getroffen werden könnten, in der Praxis aber nicht so getroffen werden dürfen. Zwei eher noch jüngere hauptamtliche Funktionäre im Bezirk bringen das in den folgenden Aussagen sehr deutlich zum Ausdruck:

»Da gibt es eng umgrenzte Bereiche, wie B.H., wo sich jeder auch mal über den Weg läuft. Natürlich könnte ich jetzt auch noch so einen H.er Bereich anführen, ein zweites Beispiel anführen, das ist die sog. Ortsgruppe U.O. Da gehören M., H., und wie die kleinen Nester da oben alle heißen, dazu. Das hat Nasenbluten gegeben, bis wir die alle zusammen hatten, mit starken Ortsgruppen und Persönlichkeiten. Letztendlich ist dabei rausgekommen, daß sie sich zusammengerauft haben, sich auf einen Vorstand geeinigt

---

27 So die im Beobachtungszeitraum zunächst geplante und dann doch nicht vorgenommene Zusammenlegung zweier Angestellten-Ortsgruppen, von denen eine vor kurzem zum Stillstandsbereich geworden war und der zweiten dieses Schicksal binnen kürzerer Frist vor Augen stand. Die Frage spielte nicht nur auf den Mitgliederversammlungen der aufnehmenden Angestellten-Ortsgruppe und natürlich in unseren Gesprächen mit dortigen ehrenamtlichen Funktionären und Hauptamtlichen im Bezirk eine Rolle, sondern auch auf Mitgliederversammlungen benachbarter Arbeiter-Ortsgruppen, die nicht mehr zum Einzugsbereich der gleichen Zeche gehörten.

haben. Die haben sich geeinigt, wann, wo, in welchem Bereich sie Ortsgruppenvorstandssitzungen und Mitgliederversammlungen machen, wechselnd. Also, ich merke, das läuft da immer noch, und ich merke, daß die Persönlichkeiten, die da früher waren und ihren Einfluß geltend machten, daß die immer noch da sind und daß auch junge Leute nachkommen. Also, es geht... Wenn ich sage: Und wir wollen aus fünf Ortsgruppen drei machen oder zwei, werde ich es ja nicht zulassen, daß der, der in der Verantwortung in der kleineren Ortsgruppe stand, sich jetzt aus dem Gewerkschaftsleben zurückzieht. Er hat in dieser neuen Ortsgruppe eine Funktion zu übernehmen, die sich vielleicht auch mit den Teilen deckt, die er vorher zu betreuen hatte. Bloß unter nun ganz anderen Qualifikationen. Nämlich daß mehr Gelder eingehen, daß durch mehr Geld auch mehr Aktivitäten entstehen.«

»Das sind inaktive Ortsgruppen, die nicht mehr gefordert worden sind; und dadurch, daß wir die jetzt zusammenlegen, will ich sie auch mehr fordern. Ich will sie auch nach vorne bringen wieder. Daß das Gleichgewicht wieder hergestellt wird, das ja einmal sein sollte. So nach dem Motto: Was wir in dem Wohnortsbereich nicht schaffen, können wir nicht, um es in die Betriebe reinzugeben. Das müßten unsere betrieblichen Gewerkschaftsstrukturen dann schaffen. Und das ist die Aufgabe im Bezirk, daß wir sagen: Wir müssen diese Strukturen wieder neu aufbauen und müssen sie wieder verbinden.«

Ein weiterer Punkt, an dem sich der sorgsame Umgang der hauptamtlichen Funktionäre mit den örtlichen Strukturen erkennen läßt, ist die Bildungsarbeit auf Distriktebene. Aus der Sicht der Bezirksleitung galt zum Zeitpunkt der Neubildung des Bezirks mindestens für einen Teil der Stillstandsbereiche, »beide Altbezirke hatten niederschmetternde Statistiken, bezogen auf das bezirkliche Bildungsangebot.« Also, hätten sie von Bezirksebene aus versucht, bestimmte Schwerpunktthemen auf Distriktebene anzubieten, »wo wir in Zukunft unseren Mann oder unsere Frau stehen müssen«, etwa in bezug auf Fragen der Energiepolitik, der Entsorgung, zur Betriebsratsarbeit usw. Sie hätten deshalb versucht, »das auf die Distriktebene zu stellen und in den Ortsgruppen umzusetzen, wobei die in den Ortsgruppen natürlich auch was anderes machen können.« Die Teilnehmer seien dann von den Ortsgruppen her benannt worden. Und hier heißt es dann weiter:

»Das geht auch nicht anders, da sind wir in einer sensiblen Ecke, denn dann sagen die Ortsgruppen, was, machen die das alleine?... Aber auch so ist es sogar in den Ortsgruppen, wo fast der überwiegende Teil aus Inaktiven besteht, so gelaufen, daß die einen benannt haben aus der Gruppe der jüngeren aktiven Kollegen. Und der soll kommen, und der kriegt da dann Antworten.«

So wird am Beispiel verschiedener Schritte der Organisationsentwicklung deutlich, daß dabei das gesamte komplizierte Geflecht institutioneller Strukturen gewerkschaftlicher, auch knappschaftlicher[28] und betrieblicher Vertretungsstrukturen zu berücksichtigen ist. Und zweifellos ist dies die primäre Seite der Angelegenheit. Zugleich werden durch die Fusionierung von Ortsgruppen, aber auch durch den Versuch, das ehrenamtliche Element zu stärken, Rationalisierungseffekte zur Entlastung der hauptamtlichen Funktionäre angestrebt. Dies wird am augenfälligsten am Beispiel der Jubilarehrungen, die gehäuft im Herbst eines jeden Jahres anfallen und bei denen es zur geübten Praxis gehört, daß jede Ortsgruppe ihre eigene Jubilarfeier durchführt, auf der dann ein hauptamtlicher Funktionär eine kurze Ansprache halten muß:

»Die Schwierigkeit liegt nämlich für die Organisation dahinter, daß dann jede Ortsgruppe, ich sage mal, ihre Jubilarehrung macht und nach Möglichkeit dann noch einen Gewerkschaftssekretär haben will. Und wenn man guckt, jeder Bezirk hat dann, ich sage das mal, so 70, 80 oder 130 Ortsgruppen. So. Und bei den 130, eine Jubilarehrung jagt die andere. Und gewöhnlich machen die die alle in den Herbstmonaten, so daß man an einem Tage sich dreimal umgezogen hat, wieder frische Klamotten und losgefahren. Nach dem Motto: ›Jeder Zirkus hat seinen Clown.‹ Habe ich so oft schon gesagt... Es muß ein Hauptamtlicher da sein, der, ich sage mal, für nicht länger als zehn Minuten da seine Sprüchlein runtersagt.«

Ein anderer hauptamtlicher Funktionär:

»Die meisten bleiben ja nicht am Ort, sondern fahren auch irgendwo hin. Da bin ich dann zu irgendeinem Bad da gefahren, hab' da im Kurhaus die Jubilarveranstaltung der Angestellten aus der Hauptverwaltung in D. gemacht; bin dann losgestürzt, weil ich um 15 Uhr schon kurz vor Venlo sein mußte, wo eine Ortsgruppe einen Ausflug gemacht hatte. Kam dahin, denke, laß das mal

---

28 Bei der Zusammenlegung von Ortsgruppen ist natürlich auch die neue Zuschneidung von Sprengeln gleich mitzubedenken, »für die dann die Ortsgruppenvorstände verantwortlich sind.«

schnell über die Bühne gehen, weil ich um 18 Uhr schon wieder kurz vor Borken bei der dritten Jubilarfeier sein mußte, wo auch wieder eine Ortsgruppe aus dem D.-Bereich ihre Jubilarfeier hatte, kam dahin, abgehetzt, ich sag' das mal, und da sind die nicht da, weil die sich zwischendurch haben einfallen lassen, so eine schöne Planwagenfahrt zu machen. Dann hab' ich da hinterher schnell meine Jubilaransprache runtergerasselt, da kann man von Qualität auch nicht mehr reden, hab' mich in die Karre gesetzt und war dann glücklicherweise, nachdem ich mich noch dreimal verfahren hatte, um Viertel nach sechs abends in Borken. Und die hatten den ganzen Tag schon hinter sich, viele alte Kollegen, die schon müde waren, zum Teil auch schon eine Menge gesoffen hatten, und ich hab' da dann die dritte Jubilarrede gehalten. Das heißt also, ich war an dem Sonntag von morgens 10 bis abends 22 Uhr unterwegs, habe drei Jubilarfeiern gemacht, habe dreimal eine Rede gehalten, die mußte ich sogar noch ein bißchen jeweils zuschneiden, weil, bei der einen Angestellten-Ortsgruppe hatten die auch noch Aktive dabei, und das andere waren nur Rentner; und dann kommst du abends nach Hause, hast ein paar 100 Kilometer in der Zwischenzeit auch noch verfahren, fällst müde hin, und dann will vielleicht auch noch dein Sohn was von dir wissen.«

Es ist klar, daß hier Rationalisierungsbedarf gesehen wird, z.B. darin, daß kleinere Ortsgruppen fusionieren, vor allem aber darin, daß auch mehrere nichtfusionierte Ortsgruppen ihre Jubilarehrungen gemeinsam durchführen oder auch einmal einen ehrenamtlichen Funktionär die Rede halten lassen. Auf der anderen Seite wird daran, daß es sich hier um ein Dauerproblem handelt, für das einfache Lösungen offenbar nicht zu finden sind, sichtbar, wie widerständig und stabil traditionsgebundene institutionelle Strukturen sind, denen das Ortsgruppenprinzip der IGBE auflagert.

4.5 Die Ortsgruppen an der Schnittstelle zum politischen Funktionssystem

Die Bedeutung der Ortsgruppenstruktur der IGBE im Hinblick auf deren Fähigkeit zur institutionellen Bindung ihrer Mitglieder aufgrund einer starken Präsenz auch in deren außerbetrieblichem Alltag auf der »roten Ebene der Gefühle« dürfte in den voranstehenden Abschnitten deutlich geworden und hinreichend belegt sein. Schon diese Dimension der Ortsgruppenarbeit als der »Seele der IGBE« gibt den hauptamtlichen Funktionären Grund genug, Organisationsentwicklung in diesem Bereich mit großer Sorgfalt und unter genauer Berücksichtigung der bisher angesprochenen Aspekte zu betreiben; und das Bild der IGBE als ausgesprochen zentralistischer Gewerkschaftsorganisation bedarf vor diesem Hintergrund doch deutlicher Korrekturen. Richtiger ist es wohl, von einer immer noch in hohem Maße integrationsfähigen Institution zu sprechen, die zugleich über erhebliche Handlungspotentiale auf zentraler wie auf dezentraler Ebene verfügt. Der Durchgriff von oben, um Probleme »in unserer gewohnten Art und Weise zentralistisch in den Griff (zu) kriegen« – so der Bezirksleiter etwas augenzwinkernd auf einer Mitgliederversammlung über das Handeln des Bochumer Vorstandes im Zuge des Organisationsaufbaus Ost –, verbindet sich auf dieser Grundlage mit einem beachtlichen Maß an Handlungsspielräumen auf der dezentralen Ebene, die nicht nur respektiert, sondern zugleich sorgsam gepflegt werden. Gesonderte Aufmerksamkeit verdienen aber noch die arbeitspolitischen Funktionen, die v.a. aus Sicht der hauptamtlichen Funktionäre mit dem Ortsgruppenprinzip der IGBE verbunden sind. Hier geht es also darum, wie schon zitiert, »daß man die Politik wieder ranholt, da, wo eigentlich Politik entsteht, wo bestimmte Geschichten gedacht werden und umgesetzt werden müssen«. Hier sind die Ortsgruppen erklärtermaßen in einer ganz zentralen Funktionsbestimmung nach außen angesprochen, und hier ist es angesichts der spezifischen Branchenbedingungen im Bergbau in ganz besonderer Weise die Energiepolitik, die von den Ortsgruppen her bereits auf örtlicher Ebene entsprechend umgesetzt werden soll. Leicht ironisch merkt z.B. einer der von uns befragten hauptamtlichen Funktionäre an, daß die Schwierigkeiten der IGBE auf diesem Feld natürlich auch etwas mit dem Verlust der Lobby zu tun hätten[29]:

> »Auf unsere Revierbürgermeister können wir ja stolz sein; aber dann hat der S. als Aufsichtsratsvorsitzender die Absicht, so ein Energieversorgungsunternehmen zu zerkloppen, und da ist natür-

---

[29] Das könne man daran festmachen, »daß es, glaube ich, Mitte der 50er Jahre mal über 50 MdB gab, die aus dem Bereich der IGBE kamen. Heute sind das noch sieben Hansels oder acht Hansels da«, stellt z.B. ein hauptamtlicher Funktionär fest.

lich ein Widerspruch, den wir bearbeiten müssen, dazu müssen wir unsere Ortsgruppen mobilisieren, um Politik machen zu können in die Parteien hinein.« Im Ergebnis der Kohlerunde seien ja 50 Mio. Tonnen Kohle für Stahl und Energie nun politisch durchgesetzt, aber die wichtigste Größe seien aus gewerkschaftlicher Sicht die 5 Mio. Tonnen, die im Wärmemarkt eingesetzt werden sollten: »Und das geht nicht ohne politische Unterstützung. Hier sind im Blick auf die Stadtwerke und die Energieversorgung die Bürgermeister und die Landräte gefordert, und hier brauchen wir unsere Ortsgruppen.«

Hier liege, so wird im gleichen Interview deutlich gemacht, auch ein zentrales Problem der IGBE, nämlich ihren jüngeren Kollegen deutlich zu machen, daß die Kohlerunde so nicht ausgegangen wäre, wenn die Organisation nicht starken Einfluß genommen hätte. Die Frage: »Kann ich zu dieser Organisation noch Vertrauen haben? Was setzen die um?«, die sei wichtig und die müsse in der Bildungsarbeit bearbeitet werden, um vermehrt auch jüngere Funktionäre (Betriebsräte) an die Ortsgruppen und an eigenes parteipolitisches Engagement heranzuführen.

Aus dieser Zielsetzung, der von unseren Gesprächspartnern strategische Bedeutung beigemessen wird, und ihrer Begründung wird zugleich ersichtlich, daß hier traditionelle Politikmuster, die gerade für die »Mitbestimmungskultur im Ruhrgebiet« (Faulenbach 1987 u. 1989) prägend waren, hier nicht mehr so ohne weiteres greifen.

In den von uns beobachteten Ortsgruppen funktionieren die personellen Verklammerungen zwischen gewerkschaftlicher Interessenvertretung und lokaler Politikebene zwar noch in aller Regel – zwei Ortsgruppenvorsitzende sind zugleich Vorstand der jeweiligen SPD-Ortsvereine, einer ist außerdem Mitglied des Kreistages, die anderen sind jedenfalls Parteimitglied, auch wenn sie auf herausgehobene Funktionen aufgrund großer zeitlicher Belastungen verzichten –, aber für die Generation der jüngeren, nachrückenden Betriebsratsfunktionäre gilt diese Verknüpfung von gewerkschaftlichem und parteipolitischem Engagement in keiner Weise mehr als selbstverständlich, wie uns in verschiedenen Interviews immer wieder berichtet wurde. Darüber hinaus tragen die überkommenen Politikmuster nicht mehr so wie in der Vergangenheit. Auch wird der Bedeutungsverlust des Bergbaus spürbar: Sei es, daß, wie gesehen, die Beheizung eines Bergbaumuseums mit Kohle in SPD-dominierten Stadtparlamenten nicht mehr durchgesetzt werden kann, sei es, daß – wie im oben zitierten Interview – Kritik an der Energiepolitik einer Kommune formuliert, aber weder im örtlichen DGB noch gegenüber der örtlichen Politik folgenreich zum Ausdruck gebracht werden kann, oder sei es, daß uns Beispiele dafür berichtet werden, daß Ortsgruppenvorsitzende der IGBE sich, spätestens zum Zeitpunkt des Ausscheidens aus dem aktiven Erwerbsleben, auch enttäuscht aus der »Parteiarbeit« zurückziehen. Das charakteristische Muster arbeitsteiliger Problembearbeitung zwischen Partei und Gewerkschaft bei gleichzeitig vielfältiger personeller Verklammerung von Funktionen in beiden Bereichen ist offenbar seit dem Anfang der 80er Jahre zumindest in einzelnen Stadtbezirken Dortmunds nicht mehr so konsistent – und dies dürfte auch über die Dortmunder Region hinaus Gültigkeit haben. Und vor diesem Hintergrund wird Organisationsentwicklung, und z.B. auch die bezirkliche Bildungsarbeit, als ein wesentliches Moment der Stärkung verbliebenen lokalpolitischen Einflusses angesehen. Von hier aus ergibt sich ein hohes – durch die vorhandenen örtlichen Organisationsstrukturen natürlich zusätzlich begünstigtes – Engagement der IGBE in der Ortskartellarbeit des DGB, wo es aus IGBE-Sicht zumindest gilt, dort, wo sie organisatorisch präsent ist, das Feld der Energiepolitik zu besetzen; und von daher ergibt sich auch eine ganz zentrale Begründung für den Versuch der Übertragung der Ortsgruppenstruktur auf die neuen Bundesländer. Dazu ein hauptamtlicher Funktionär im Interview:

»Wir werden also jetzt... versuchen, Ortsgruppenstrukturen aufzubauen, wollen auch grade da, was dringend notwendig ist, versuchen, im Bereich der Energie- und Wasserwirtschaft Fuß zu fassen und die Energiewirtschaft und Wasserwirtschaft als integrierten Bestandteil der IGBE zu betrachten. Das wird nicht allzu einfach werden, Energieleute und Wasserfrösche sind halt eine besondere Sorte Mäuse und haben historisch andere Erfahrungen gemacht, kommen aus einem anderen sozialen Background in aller Regel. Kennen das also nicht, daß sie zusammen in einer Siedlung gewohnt haben, gemeinsam zur Arbeit gegangen sind, sondern da ist das noch alles verteilt in den verschiedenen kommunalen Versorgungseinrichtungen, die es da gibt. Da kommt es also darauf an, deutlich zu machen, daß wir über die Ortsgruppen entsprechend auch diese Diskussion über Kommunalisierung der Energie- und

Wasserwirtschaft in den Griff kriegen können. Allein können wir es nicht, da sind wir zu schwach zu. Wir werden da also von unseren sozialdemokratischen Freunden und den christdemokratischen Gewerkschaftskollegen platt gemacht. Da brauchen wir also grade auch die Braunkohlemitgliedschaft und braunkohleveredelte Mitgliedschaft, um in den Ortsgruppen die Diskussion zu führen. Wobei klar ist, rein technisch bedeutet eine Kommunalisierung in Energie- und Wasserwirtschaft das Aus für beide Bereiche. Die Investitionen, die da notwendig sind, belaufen sich auf 200 Milliarden DM im Ganzen. Und das kann weder ein Stadtwerk aufbringen noch ein anderes starkes Verbundsystem. Das heißt nicht, daß ich jetzt der Regierung das Wort reden will, sondern man muß sich alle Möglichkeiten offenhalten, um die Bereiche zu erhalten. Und deswegen ist es organisationspolitisch ungeheuer wichtig, daß wir die Probleme in den Ortsgruppen versuchen aufzufangen, um da auch für die Leute den Blick über den Tellerrand zu schärfen, vor allem für die, die in der Braunkohle sind.«

Hier wird also deutlich, wie hoch die Bedeutung der Ortsgruppenstruktur für die Durchsetzung bestimmter energiepolitischer Zielsetzungen eingeschätzt wird. Man kann auf dem Feld der Energiepolitik gewiß unterschiedliche Positionen einnehmen, zumal dann, wenn man nicht in besonderer Weise die Sicherung möglichst vieler Arbeitsplätze im Braunkohlentagebau im Blick haben muß, die wohl in starkem Maße an bestimmte Fernwärmenetze gebunden ist. Aber um die Diskussion energiepolitischer Grundsatzpositionen geht es hier nicht. Vielmehr ist zweierlei hervorzugeben: zum einen die Bedeutung der Ortsgruppenarbeit für spezifische politische Funktionen und zum zweiten der Umstand, daß Zielsetzungen dabei aus der Handlungsperspektive einer Industriegewerkschaft wie der IGBE von spezifischen und notwendigerweise damit auch begrenzten Interessenpositionen her formuliert werden (müssen). Als den Interessen ihrer Mitglieder verpflichtete Mitgliedsgewerkschaft im DGB kann die IGBE gar nicht anders, als den Fragen der Beschäftigungssicherung und sozialpolitischen Absicherung von Arbeitnehmern im Bereich von Bergbau und Energiewirtschaft innerhalb ihrer industriepolitischen Konzepte einen besonderen Stellenwert einzuräumen; und sie ist in der Verfolgung ihrer organisationspolitischen Konzepte völlig zu Recht und offenbar – trotz der im Westen erkennbaren Erosionsprozesse und der im Osten unbestreitbaren Aufbauprobleme – mit einigem Erfolg darum bemüht, entsprechende Strukturen aufzubauen.

5. Traditionsgebunden und modernisierungsfähig – Stabiler institutioneller Wandel als dauerhafte Aufgabe

Aus dem Blickwinkel manches kritischen Gewerkschaftsforschers, der in diesem Zusammenhang noch gar nicht einmal eine kritische Auseinandersetzung mit der Energiepolitik der IGBE aus einer ökologischen Perspektive heraus versuchen müßte, könnte das Urteil in bezug auf unsere bisherige Analyse vielleicht immer noch von tiefer Skepsis geprägt sein: Sicherlich habe man hier ein eindrucksvolles Beispiel für eine doch beachtlich mitgliedernahe Organisationsstruktur und gewerkschaftliche Politik. Gleichwohl sei unübersehbar – und bis zum Beweis des Gegenteils, also der erfolgreichen Implementation entsprechender Strukturen in Ostdeutschland, auch nicht zu bestreiten –, daß diese Form eines örtlichen Organisationsprinzips an ganz spezifische Bedingungen gebunden sei. Es lagere nicht nur dem traditionellen Arbeitermilieu, also einem schrumpfenden sozialen Milieu auf, sondern auch noch einer ganz speziellen Variante davon. Rückschlüsse, gar Verallgemeinerungen über den Bereich des Bergbaus hinaus seien nicht möglich; es gehe um Besonderheiten einer schrumpfenden Branche und einer Gewerkschaft, die weiter an Bedeutung verliere; pointiert formuliert: Was hier im Blick auf modellhafte Aspekte analysiert werde, sei ein »Auslaufmodell«. Am Beispiel einer ausgeprägten Männerorganisation, die noch stark den Charakter einer Arbeitergewerkschaft trage, seien aktuelle Modernisierungsprobleme nicht hinreichend fundiert zu diskutieren.

Solche oder ähnliche Argumente wären ernst zu nehmen; aber wer sie weiter vertreten will, sollte zum einen seine theoretischen Vorverständnisse, gewissermaßen sein idealtypisches Bild von Gewerkschaften offenlegen und zum anderen bedenken, daß die hier vorliegende Analyse nur selektiv bestimmte, freilich höchst bedeutsame Aspekte der institutionellen Struktur der IG Bergbau und Energie behandeln kann. Und dieser selektive Zugriff mag zunächst einmal dazu führen, daß die traditionsgebundenen Strukturen dieser Gewerkschaft und die Anpassungszwänge, denen sie unterliegen, ins Zentrum der Aufmerksamkeit rücken, wohingegen erfolgreich bewältigte Modernisierungsschritte auf anderen Feldern stärker zurückgetreten sind. Einige Aspekte sollen zumindest kurz genannt werden:

Wie erwähnt, weist die dezentral organisierte Bildungsarbeit aus bezirklicher Sicht spezifische Schwächen auf – unbeschadet der Vorzüge, die sie mit sich bringt. Und hier wird als Zentralproblem formuliert, Bildungsarbeit »als Bestandteil politischer Öffentlichkeitsarbeit« vor allem zur Fundierung der energiepolitischen Positionen der IGBE zu nutzen, wozu auf Seminaren auf Bezirks- und Bundesebene gezielt die Auseinandersetzung mit profilierten Vertretern konkurrierender energiepolitischer Konzepte gesucht wird. Im gleichen Atemzug wird aber in bezug auf die Bildungsarbeit dann weiter ausgeführt:

> »Wir müssen auch Betriebsratsarbeit als Managementfunktion mit sozialem Background klar machen, also daß es darum geht, Managementfunktionen gerecht zu werden, Organisationsarbeit, Managementseminare für Betriebsräte, Zeitmanagement, Personalführung usw., das sind die Themen.«

Direkt im Anschluß heißt es dann, und das kann ein IGBE-Funktionär so nur vor dem Hintergrund seiner spezifischen institutionellen Fundierung gewerkschaftlicher Arbeit formulieren:

> »Es ist auch heute möglich, jemandem klar zu machen, daß Gewerkschaftsarbeit nicht nur aus Versicherungsfunktionen besteht, sondern daß man in der Lage ist, jedem begreiflich zu machen, daß er für andere da zu sein hat, weil es eine menschliche Funktion ist und dementsprechend wir als Organisation ihnen anbieten, sie auf diese Funktionen vorzubereiten. Ich sag' mal, vom Gl (Grundlehrgang, d. V.) an. Das ist kurz-, mittel-, langfristig gedacht, und da werden wir hinkommen.«

Als zweites sei der Komplex der Angestelltenarbeit angesprochen. Wesentliche Strukturen der Ortsgruppenarbeit lassen sich im Angestelltenbereich ebenso wie im Arbeiterbereich finden – unbeschadet des Umstands, daß wir es bei den Angestellten mit »Betriebs-Ortsgruppen« zu tun haben und die »sauberste Lösung« der Bewältigung anstehender Anpassungsprozesse eigentlich in der Zusammenlegung von Arbeiter- und Angestellten-Ortsgruppen läge, so ein hauptamtlicher Funktionär – und die Organisationsgrade im Angestelltenbereich sind hoch, bis in den AT-Bereich hinein, wo die IGBE nach Aussage eines Ehrenamtlichen einen Organisationsgrad von 67 % aufweist. Sicherlich findet die IGBE bei ihren Organisationsbemühungen im Bereich der verschiedenen

Gruppen von Angestellten (kaufmännisch, technisch, höherqualifiziert oder in leitender Funktion) günstigere Handlungsbedingungen vor als manche andere Mitgliedsgewerkschaft im DGB – nicht nur aufgrund der Montanmitbestimmung[30].

So hat die IGBE wohl nicht das Problem, in breiterem Umfang den Typus des dynamischen modernen Angestellten, den Yuppie, wie er in multinationalen Konzernen doch häufiger zu finden ist, gewerkschaftlich organisieren zu müssen. Wer über die bergbauspezifischen Weiterbildungsschritte (Bergschule) im Angestelltenbereich aufsteigt, ist von vornherein schon gewerkschaftlich sozialisiert. Wer über den Weg der wenigen einschlägigen Universitäten (Aachen, Clausthal-Zellerfeld, TU Berlin sowie nun auch noch eine Hochschule auf dem Gebiet der ehemaligen DDR) in den Bergbau kommt, ist auf die Branche relativ festgelegt, muß sich auf den durch Montanmitbestimmung zusätzlich erheblich gestützten Machtfaktor IGBE einstellen usw[31]. Aber viel früher als andere Mitgliedsgewerkschaften im DGB, die entsprechende Maßnahmen heute diskutieren und umzusetzen beginnen, hat die IGBE schon in ihrem organisatorischen Vorfeld, etwa in den Hochschulen, aber, wie aus einem unserer Interviews hervorgeht, unter Einsatz hauptamtlicher Ressourcen auch im Bereich der Berufsschulen, Gewerkschaftsarbeit systematisch betrieben. Zugleich ist sie pragmatisch und flexibel im Umgang mit berufsständischen

---

30 Die allerdings spielt eine erhebliche Rolle. In einem Interview wird uns z.B. das Beispiel eines Produktionsleiters genannt, der Mitglied des VdF (Verband der Führungskräfte in Bergbau, Mineralölindustrie und Kraftwirtschaft, Mitgliedsverband der ULA) ist und in dessen Wirkungsbereich die IGBE gemerkt habe, »wie uns dort dann die AT-Leute wegliefen.« Den hätten sie sich (Betriebsratsvorsitzender und Organisationssekretär des Bezirks) »geschnappt. Wenn er Ärger haben will mit dem Betriebsrat, dann soll er nur so weitermachen... Und dann ist uns grad auch noch der VdF-Sprecher über den Weg gelaufen, und dem haben wir das gleiche gesagt. Der ist vor Angst fast umgefallen. Also, wenn man die Leute erst mal erkannt hat und deutlich sagt, was man von ihnen verlangt, dann geht es ja.« – Schlagend deutlich wird in diesen wenigen Sätzen, daß mit der Montanmitbestimmung reale Machtpositionen verbunden sind, die die IGBE zu nutzen versteht. Dies allerdings ohne »Kampfansage« an den mit ihr konkurrierenden und im Bereich der Führungskräfte durchaus mitgliederstarken VdF. Die IGBE akzeptiert nämlich durchaus Doppelmitgliedschaften.
31 Auf der anderen Seite ist der Bergbau auch keine Insel innerhalb der modernen Gesellschaft. In unseren Interviews mit Angestelltenvertretern wird durchaus darauf hingewiesen, daß die jüngeren Kollegen karrierebewußter seien und von daher ein Problem für die Gewerkschaftsarbeit darstellten.

Konkurrenzorganisationen, hat aber zugleich in den 70er Jahren offenbar eine recht erfolgreiche Eingrenzung der Gruppe leitender Angestellter durchsetzen können (Martens 1989b)[32].

Zuletzt sei schließlich noch die IGBE als Männerorganisation angesprochen. Für die Bundesrepublik (alt) gilt diese Charakterisierung natürlich, auch wenn nach dem Vereinigungskongreß erstmals ein nennenswerter Anteil von Frauen zur Mitgliedschaft und erstmals auch eine Frau im geschäftsführenden Vorstand der IGBE vertreten ist. In den von uns beobachteten Ortsgruppen tauchten Frauen nahezu nicht auf, was nicht weiter verwundert, da unter den 60000 Mitgliedern im Bezirk nur ca. 1100 Frauen (bei einem Organisationsgrad von 95%!) zu finden sind, darunter »vielleicht noch 60 gewerblich Beschäftigte«, also vorrangig Beschäftigte aus der Bezirksverwaltung der Ruhrkohle AG, deutlich weniger schon aus den Verwaltungen der einzelnen Zechen. Wir haben der Frauenarbeit im Zuge unserer Untersuchung keine größere Aufmerksamkeit zugewandt, wollen aber angesichts des bemerkenswerten Organisationsgrades und der nach Interviewaussagen gemessen am Mitgliederanteil überproportionalen Repräsentanz von Frauen in Betriebsräten und anderen Gremien[33] die Interviewaussage eines Ehrenamtlichen wiedergeben:

---

32 Eine weitere Interviewaussage eines Ehrenamtlichen mag hier noch einmal die Bedeutung der Montanmitbestimmung belegen und zugleich verdeutlichen, daß mit dieser institutionellen Struktur eben nicht die Verschleierung von im Einzelfall durchaus harten Interessengegensätzen verbunden ist: »Auch wenn wir mit dem Werksleiter reden und auch wenn die Werksleiter mit uns reden müssen (!), so haben die doch immer noch was gegen die IGBE überhaupt. Selbst solche, die früher einmal Jugendvertreter waren, sich haben sogar mal zur Betriebsratswahl aufstellen lassen, und je höher sie gerückt, sich gegen die IGBE verschworen haben. Das hat alles was mit der Hierarchie hier im Bergbau zu tun. Diese alten Knallköppe, die da oben in der Spitze stehen, fühlen sich dem VdF verbunden, sagen, nur die können sie vertreten. Dabei wissen sie gar nicht, daß wir ihnen den Rücken frei halten im Betrieb.«

33 »Die Vertretung in vielen Gremien ist bei uns überproportional, denn erfahrungsgemäß gilt: Wenn eine Frau kandidiert, dann kann man sicher sein, daß sie auch gewählt wird«, so ein ehrenamtlicher Funktionär.

»In der Regel übernehmen wir die Kolleginnen, die aus der Ausbildung kommen und schon in der IGBE sind. Aber wenn ich mal höre aus dem süddeutschen Bereich, z.B. in der Braunkohle, wo ich auch schon mal das Argument höre, mein Mann ist schon in der Gewerkschaft, das haben wir hier eigentlich nicht, wenn die angesprochen werden, wenn sie nicht organisiert sind. Und sie kommen, wir haben da fast keine Schwierigkeiten. Wo wir Schwierigkeiten haben, das sind die ›Vorstandspussis‹, die beim Vorstand sitzen – mit Ausnahme natürlich von Personal- und Sozialdirektor.«

Auch diesen Zeilen läßt sich wieder recht deutlich entnehmen, daß die über die Montanmitbestimmung gefestigte organisationspolitische Macht der IGBE eine herausragende Rolle spielt für die erreichten Organisationsgrade. Ob und wie darüber hinaus spezifische Elemente der gewerkschaftlichen Interessenvertretungsarbeit in besonderer Weise geeignet sind, auch dieses innerhalb der Gesamtmitgliedschaft kleine Beschäftigtensegment stabil an die institutionellen Strukturen der Gesellschaft zu binden, muß an dieser Stelle offen bleiben.

Wir wollen den Blick über den Kernbereich unserer Analyse hinaus damit beenden. Er sollte dazu dienen, zusätzlich vor dem vorschnellen Urteil zu schützen, es im Falle der IGBE mit einer traditionsgebundenen und in bezug auf zentrale Zukunftsprobleme noch wenig modernisierten Gewerkschaft zu tun zu haben. Auch wenn man jene Sonderbedingungen des Bergbaus berücksichtigen muß, ohne die die spezifischen Strukturen von Interessenvertretung und Arbeitspolitik im Bergbau nicht zu erklären sind, zeigt unsere Analyse doch, wie sehr ein traditionsgebundenes lokales Organisationsprinzip zum tragenden Element eines überaus erfolgreichen Institutionalisierungsprozesses werden konnte, der Modernisierungsprozesse im Sinne eines institutionellen Wandels nicht ausschließt. Institutionelle Modernisierung, so könnte man formulieren, erfolgt im Falle der IGBE in einem ständigen, relativ dichten Rückbezug auf gemeinschaftliche Strukturen, denen die Gewerkschaft immer noch auflagert und die zugleich (gleichsinnig sozusagen) durch die Montanmitbestimmung verändert worden sind; und institutionelle Modernisierung erfolgt im Blick auf die Anpassung an betriebliche Modernisierungsprozesse, denen diese Montanmitbestimmung keineswegs, gleichsam als ein veraltetes und gegenüber modernen

Managementkonzepten womöglich unterlegenes Modell, entgegensteht, sondern die über die institutionelle Struktur von Mitbestimmung ebenfalls bei Wahrung und Stärkung von Effizienzgesichtspunkten in spezifischer Weise sozialverträglich mitgestaltet werden können[34].

Am Beispiel der IGBE läßt sich zeigen, daß deren lokales Organisationsprinzip ein wichtiges Fundament für stabile funktionale Bezüge dieser Gewerkschaft in bezug auf das politische, wirtschaftliche und kulturelle System ist und daß darüber ein im Vergleich zu anderen Einzelgewerkschaften im DGB relativ breites Themenspektrum stabil und mit immer noch beachtlicher Rückkopplung zur Mitgliedschaft bearbeitet werden kann. Zu Recht wird deshalb in den maßgeblichen Gremien der IGBE das lokale Organisationsprinzip als wesentliche Bedingung für die Fähigkeit der Gewerkschaft, den krisenhaften Strukturwandel innerhalb der Branchen als Institution stabil zu bewältigen und unter Interessenaspekten, aber auch bei Wahrung von Anpassungserfordernissen effektiv zu gestalten, hoch eingeschätzt. Es erscheint deshalb als unbedingt zu bewahrendes Gut. Und vor diesem von uns institutionentheoretisch interpretierten Hintergrund ist die im Untersuchungszeitraum angekündigte Fusion von IGBE, die wir als eine bemerkenswert stabile – und dabei organisatorisch durchaus mit manchem Erfolg modernisierte – Institution begreifen, und der IGCPK eine hochspannende Angelegenheit. Denn die IGCPK ist wohl vor allem als erfolgreich modernisierte Organisation zu begreifen, mit ausgeprägten funktionalen Leistungsbezügen in bezug auf das wirtschaftliche, aber schon sehr viel weniger differenzierten Bezügen zum politischen System und jedenfalls mit ganz anderen Bezügen zur eigenen Mitgliedschaft. Denn letztere können im Sinne der Organisationssoziologie wohl zu Recht als Bezüge zur eigenen Klientel beschrieben werden (Streeck 1981)[35].

---

34 Zu den entsprechenden mitbestimmungspolitischen Aspekten vgl. allgemein Martens 1991, Bürger 1992 und Braszeit 1992.

35 Ein ehemaliger hauptamtlicher Funktionär der IGCPK beschreibt die dort – wie bei anderen DGB-Gewerkschaften – in den 50er Jahren aufgegebenen, örtlich gerichteten Strukturen der »Nebenstellenarbeit« z.B. im Rückblick wie folgt: »Wenn ich das jetzt so betrachte, was daraus geworden ist, war es ein Fehler, an Stelle dieser Nebenstellenorganisation die Vertrauensleuteorganisation zu setzen und nicht zu überlegen, wie kann man das beides miteinander verbinden, so weit haben wir damals nicht gedacht.

Sicherlich setzen sowohl das traditionelle Arbeitermilieu – das im von uns untersuchten Dortmunder Raum sozialdemokratisch geprägt ist, in anderen Organisationsbereich der IGBE aber auch starke christliche Traditionen aufweist – dem möglichen Themenspektrum lokaler Arbeitspolitik Grenzen. Und vor allem kann man davon sprechen, daß spezifisch einzelgewerkschaftliche Interessenbezüge, nämlich die Dominanz und spezifische Einfärbung energiepolitischer Themen dort, wo es um Funktionen der Ortsgruppenarbeit im Hinblick auf das

---

Wir haben damals in den Nebenstellen viele Veranstaltungen gemacht. Wir haben Filmabende, Lichtbildervorträge, Vorträge über Lohnsteuersparen, über Rentenversicherungen, über Tarifpolitik und was weiß ich alles in diesen Nebenstellen veranstaltet. Gut, da gab es Versammlungen, da waren nur 5 Leute da, und es gab Versammlungen, da waren 10 Leute da, und es gab Versammlungen, da waren 500 Leute da. Trotzdem muß ich sagen, da war noch was von Lebendigkeit innerhalb der Gewerkschaft und innerhalb auch des Lebensraumes der Mitglieder vorhanden... Ich fand das wichtig, und ich muß heute im nachhinein sagen, das gibt's nicht mehr, diese Strukturen sind in den Orten nicht mehr vorhanden. Das halte ich für einen ganz wichtigen Aspekt, einen ganz wichtigen Fehler in der Entwicklung der Vertrauensleutearbeit, so wie wir sie wollten. Aber wir wollten das ja so.

Mir geht es jetzt nicht so sehr um die Filmabende usw., sondern diese Nebenstellen waren das unterste Organ des gewerkschaftlichen Aufbaus. Dort sind z.B. auch die Delegierten für die Delegiertenversammlung der Verwaltungsstelle gewählt worden. Und nicht in den Betrieben bei den Vertrauensleuten, wo ja Mitglieder heute überhaupt keine Rolle mehr spielen.

Die Entwicklung des Fernsehens, das damit verbundene Kinosterben, der Rückgang der Teilnehmer bei örtlichen Versammlungen (auch der örtlichen Vereine) hatte auch Auswirkungen auf die o.g. Nebenstellen-Veranstaltungen. Zu den Nebenstellen-Versammlungen kamen sehr viele Rentner, die dann auch teilweise als Delegierte für die Delegiertenversammlungen der Verwaltungsstelle gewählt wurden. Dies führte dann dazu, daß 20 Prozent der Delegierten Rentner waren.

Natürlich waren die Rentner froh, wenn sie mal von zu Hause weggehen konnten, und sie konnten mal mit den Kumpels aus den Betrieben reden. Ein Hauptamtlicher war auch da, sie konnten fragen, was ist mit meinem Altersgeld, kannst du mir mal bei AOK oder was weiß ich helfen. Die Rentner waren also da. Natürlich sind die Rentner auch gewählt worden, wenn von 15 Leuten 10 Rentner da waren, da haben die Rentner natürlich ihren Mann durchgebracht in der Versammlung. Also, ich meine, auch das ist natürlich ein Problem gewesen, und das waren eigentlich die Ebenen, von denen aus man die Frage der Vertrauensleute entschieden hat, und ich würde sagen, das war zu kurz gedacht, das war eine falsche Überlegung.«

Dies sind nicht mehr rückholbare Strukturen, über die die Modernisierungsprozesse der 50er und 60er Jahre hinweggegangen sind. Aber das Zitat zeigt eben auch, was in den Strukturen der IGBE festgehalten und gepflegt worden ist und wofür es – angesichts unbestreitbarer funktionaler Leistungen – im Zuge der DGB-Struktur- und Programmreformdiskussion moderne funktionale Äquivalente zu finden gilt.

politische Funktionssystem der Gesellschaft geht, Grenzen ziehen, jedenfalls gemessen an einem weitergefaßten Verständnis von lokaler gewerkschaftlicher Arbeitspolitik, von dem wir in dieser Untersuchung ausgehen. Auf der anderen Seite spricht einiges dafür, daß die relative Stabilität der institutionellen Strukturen, die wir am Beispiel der IGBE aufgezeigt haben, auch eine gewisse Offenheit gegenüber neuen Themen und gesellschaftlichen Problemlagen erleichtert; jedenfalls wäre es falsch, von der nach wie vor starken organisatorischen Rückbindung an das traditionelle Arbeitermilieu vorschnell auf einen Modernisierungsrückstand der IGBE zu schließen. Viele Anhaltspunkte sprechen vielmehr dafür, daß eher das Gegenteil der Fall ist. Auch dies sollte dazu ermutigen, die von uns vorgefundenen und analysierten Strukturen daraufhin zu überprüfen, ob aus ihnen nicht doch im Hinblick auf die Programm- und Organisationsreform des DGB insgesamt das eine oder andere gelernt werden kann.

V. Das gebrochene lokale Organisationsprinzip der IG Metall Dortmund

1. Die IG Metall Dortmund – Traditionalistische Gewerkschaft unter Modernisierungsdruck

1.1 Stellung und Selbstverständnis im örtlichen DGB

Die IG Metall (IGM) gilt als die größte Industriegewerkschaft der Welt. Und dies ist ein Element ihres Selbstverständnisses als einer selbstbewußten und kämpferischen Gewerkschaft im DGB. Sie gilt seit jeher als Protagonist des Reformflügels innerhalb des DGB (auf dem DGB-Bundeskongreß 1963 zusammen mit ÖTV und IGCPK) und wurde in den gewerkschaftssoziologischen Untersuchungen der frühen siebziger Jahre dementsprechend (auch noch zusammen mit der IGCPK) als »konfliktorische« Gewerkschaft von den »kooperativen« wie BSE und GTB unterschieden (Bergmann u.a. 1975). Aus anderer Perspektive erschien sie allerdings als »traditionalistische« Gewerkschaft und wurde der IGCPK als dem Prototyp einer modernen Gewerkschaft gegenübergestellt, die die gewerkschaftliche Organisationskrise der fünfziger und sechziger Jahre im Wege »administrativer Rationalisierung« gelöst hatte (Streeck 1981a). Die IG Metall forcierte zuerst im DGB die Diskussionen über Technik, Automation und Zukunft der Arbeit (IGM 1963, 1966 u. 1973) und war in Anknüpfung an diese Tradition auch die erste Gewerkschaft im DGB, die Ende der achtziger Jahre über eine ganze Kette von Kongressen eine gewerkschaftliche Zukunftsdiskussion initiierte (IGM 1989). Für Teile der sich kritisch verstehenden Gewerkschaftsforschung ist sie von daher in besonderer Weise Bezugspunkt ihrer Forschung und konzeptionellen Entwürfe.

Ein vor diesem Hintergrund ausgeprägtes gewerkschaftliches Selbstverständnis finden wir auch bei der IG Metall Dortmund, wo sie als größte Mitgliedsgewerkschaft am Ort von maßgeblicher Bedeutung ist. Größter Arbeitgeber im Metallbereich Dortmund ist der Hoesch-Konzern mit drei Stahlwerken in verschiedenen Stadtbezirken und der Gewißheit, der bedeutendste private Arbeitgeber am Ort zu sein. Bei ›Hoesch‹ beschäftigt zu sein, verhilft seit jeher zu einem gewissen gehobenen Image. Heute – nach dem immensen Arbeitsplatzabbau der vergangenen Jahre – lebt in den Köpfen von FunktionärInnen das Bewußtsein fort, einer kampferfahrenen Belegschaft anzugehören – einer Belegschaft, die einst der Demontage der Alliierten trotzte, anläßlich der »Septemberstreiks« zum Teil ihren eigenen Funktionären die Stirn bot und im Stahlstreik 1978/79 wochenlange Solidarität praktizierte.

Auf der anderen Seite ist an den Funktionären aus dem Montanbereich, die jahrzehntelang ganz unstrittig und selbstverständlich gewissermaßen das Rückgrat der örtlichen Gewerkschaftsorganisation darstellten, der Bedeutungsverlust der Branche nicht spurlos vorübergegangen, und auch die Erfahrungen der Stahlkrise sind noch immer nicht voll verarbeitet worden, wie ein hauptamtlicher Funktionär meint.

Zum Organisationsbereich, der die Städte Lünen und Castrop-Rauxel mit einschließt, zählen laut Organisationshandbuch der IGM (1991) rund 160 Metallbetriebe (mit Betriebsräten, denen IGM-Mitglieder angehören), die von den z.Zt. 12 hauptamtlichen Gewerkschaftssekretären (eine davon weiblich) betreut werden. Die Liste der Betriebe umfaßt sowohl den Stahlbereich als auch die Weiterverarbeitung und das Handwerk, also Betriebe jeglicher Größenordnung. Genaue Angaben über nach Branchen aufgeschlüsselte Organisationsgrade liegen bei der IGM Dortmund leider zur Zeit nicht vor[1].

Die Städte bzw. Ortsteile Lünen sowie Dortmund-Hörde haben – nachdem sie dem Verwaltungsstellenbereich Dortmund zugeordnet wurden – eigene Nebenstellen mit je einem Sekretär. Im Kreise der ortsansässigen 15 Mitgliedsgewerkschaften ist die IGM in der im Strukturwandel begriffenen Stadt Dort-

---

1 Jedenfalls gibt es keine aggregierten Zahlen unter Einschluß des Metallhandwerks. Eine Übersicht über die »Beschäftigungs- und Organisationssituation der Metallwirtschaft im Bereich der IG Metall, Verwaltungsstelle Dortmund« vom Herbst 1990 macht aber deutlich, daß hohen Organisationsgraden in der Stahlindustrie (Hoesch Stahl AG 99,14%) vielfach niedrige Organisationsgrade (von oft deutlich unter 25%) in kleinen und mittleren Unternehmen des Maschinenbaus und v.a. der Elektroindustrie und Datenverarbeitung gegenüberstehen.

mund mit ca. 49400 Mitgliedern die größte, gefolgt von der ÖTV mit ca. 30000 Mitgliedern. Die IGBE als drittgrößte Gewerkschaft am Ort ist in Dortmund zwar mit einem Büro vertreten, jedoch wachsende Stillstandsbereiche sind Zeichen für die schwindende Bedeutung des Bergbaus in dieser Stadt. Im Zuge der Nordwanderung des Bergbaus mit immer mehr Zechenschließungen verlieren auch die entsprechenden Ortsgruppen in Dortmund an Bedeutung.

Wenn auch durch das Fusionsvorhaben des Krupp-Konzerns mit der Hoesch AG Befürchtungen hinsichtlich eines verstärkten Arbeitsplatzabbaus laut wurden, in dessen Folge auch mit Einbußen bei den Mitgliederzahlen zu rechnen wäre, bleibt der IGM doch vorerst noch ihre herausgehobene Bedeutung erhalten. Sie ist nach Auffassung hauptamtlicher Funktionäre vor diesem Hintergrund bemüht, strukturpolitische Veränderungen mit anzuregen.

Nach der Vorstellung eines örtlichen IGM-Funktionärs gilt es dabei, nicht nur in Krisensituationen, gleichsam nach einer Art »Feuerwehrprinzip«, tätig zu werden, sondern kontinuierliche Arbeit auch auf dem Feld der regionalen Strukturpolitik, ausgehend von den Betrieben, zu entwickeln:

> »Das muß ein kontinuierlicher Prozeß sein. Wir waren ja in der Vergangenheit mindestens teilweise auch beteiligt bei diesen verschiedensten Initiativen, ZIN und dieser Zukunftsinitiative Montanregion und bei anderen Geschichten, die da gelaufen sind. Wir haben ja auch Forderungen formuliert für den Stahlbereich in Richtung Beschäftigungsgesellschaften, die ja auch mindestens erheblich diskutiert worden sind, hier auch in Dortmund im Stahlbereich, die dann ein bißchen durch die konjunkturelle Entwicklung wieder ins Hintertreffen geraten sind, also das hat dann nicht mehr die Rolle gespielt in der Diskussion, aber das muß – man kann das nicht an einer Einzelentscheidung jetzt festmachen, daß man sagt, da macht irgendwo ein Laden zu, und deswegen muß man sich nun auch mal Gedanken über strukturpolitische Fragen stellen, sondern das kann nur funktionieren, wenn man das, wenn man sich da auf Dauer in solch einen Prozeß hineinbringt.«

Schwerpunktmäßig ist für den Komplex der Beschäftigungs- und Strukturpolitik innerhalb der Verwaltungsstelle ein Sekretär zuständig, doch ist aus Sicht der IGM für strukturpolitische Überlegungen vor allem der DGB in der Rolle des Koordinators – genaugenommen des zentralen gewerkschaftlichen Akteurs – gefordert, denn – so beschreibt es ein Gewerkschaftssekretär –:

> »Regionalpolitik... ist nur bedingt, nur sehr bedingt ein Arbeitsfeld der (Mitglieds-)Gewerkschaften... Also, bisher waren die Gewerkschaften, wenn ich das mal so sagen darf, eigentlich recht froh, daß sie mit dieser Regional- und Strukturpolitik wenig zu tun hatten, um das ganz deutlich zu sagen.«

Gleichwohl hat sich hier innerhalb des vergangenen Jahrzehnts eine Veränderung vollzogen. So wird im Gespräch mit einem früheren Bevollmächtigten deutlich, daß bis Anfang der 80er Jahre ausschließlich der originäre Metallbereich die örtliche IGM-Führung beschäftigte: Bestrebungen hinsichtlich einer Vernetzung Hochschule–Gewerkschaft mit dem Ziel, z.B. eine arbeitnehmerorientierte Wissenschaft anzuregen, fanden sein Interesse nur am Rande:

> »Ich muß also sagen, da habe ich dem XY (damaliger Hauptamtlicher, d.V.) vollkommen freie Hand gelassen. Ich habe mich also nicht darum gekümmert. Ich wußte nur, daß das lief. Das war klar. Aber inhaltlich usw. kannte ich es nicht.«

Dieses eingeschränkte Verständnis gewerkschaftlichen Vertretungshandelns, das in dieser Aussage ebenso zum Ausdruck kommt wie das Selbstbewußtsein der örtlich dominierenden Mitgliedsgewerkschaft im DGB, ist nicht nur zurückzuführen auf Einzelinteressen einer Mitgliedsgewerkschaft, die eben nur dann initiativ werde,

> »wenn die unmittelbare Problemlage sehr drückend wurde, d.h. wenn also Massenentlassungen anstanden oder stehen«, sondern auch auf mangelnde personelle Kapazitäten: »In einer Region, so wie wir jetzt, wie wir's in den letzten Jahren hier im Ruhrgebiet hatten, wo also ein Betrieb nach dem anderen zugemacht hat, wo wir die Stahlkrise hatten, Bergbaukrise usw...., kommen die einzelnen Leute, auch die Funktionäre, nur noch zum Reagieren und nicht mehr zum Agieren.«

Wenn auch die IGM inzwischen die gewachsene Bedeutung strukturpolitischer Fragen auch für ihr eigenes Handeln betont und deshalb laut Aussage eines hauptamtlichen Funktionärs verstärkt um Zusammenarbeit mit anderen örtlichen, strukturpolitischen Akteuren bemüht ist, so täuscht dies nicht darüber hinweg, daß dieser Ansatz dem politischen Tagesgeschäft im Rahmen »klassischer« Arbeitsteilung von DGB und Mitgliedsgewerkschaften untergeordnet bleibt.

1.2 Mitbestimmung als Bestandteil politischer Kultur

Im Zuge der bevorstehenden Übernahme von Hoesch durch Krupp wurden vermehrt Befürchtungen laut hinsichtlich einer Gefährdung der Montanmitbestimmung: »Wir sind die einzigen, die die Montanmitbestimmung haben. Wenn demnächst die Krupp-Stiftung das Sagen haben wird, dann gnade uns Gott in Dortmund! Die Montanmitbestimmung ist unverzichtbar für uns in Dortmund!« (eigene Mitschrift anläßl. der Vertrauensleute-Vollversammlung bei der Hoesch AG am 15. 10. 91). So lauten typische Aussagen einer Vertrauensleute-Vollversammlung, in denen die Bedeutung dieser institutionellen Struktur erkennbar wird, aber auch das Selbstverständnis der früheren Vorreiterrolle noch einmal anklingt. Es entspricht dieser Mitbestimmungskultur, daß in der jüngsten Auseinandersetzung neben der »Gewerkschafts-« auch die »Parteischiene« aktiviert wurde. So forderte z.B. auch der Bezirks-Vorstand der AfA (Arbeitsgemeinschaft für Arbeitnehmerfragen) die Sicherung der Montanmitbestimmung mit Hilfe der Landesregierung NRW, die auch gegenüber Krupp »politisch Druck machen« solle (WAZ 31. 1. 92).

Der Bezirksvorsitzende der AfA zeigt sich engagiert in dem Konflikt. Er ist Bundestagsabgeordneter der SPD und ehemaliges Betriebsratsmitglied im Werk Phoenix der Hoesch-AG. Eine nicht ungewöhnliche Karriere, wie die Vergangenheit zeigt: So war einer der früheren Betriebsratsvorsitzenden in Hörde Stadtratsmitglied und MdB; desgleichen war der frühere Betriebsratsvorsitzende des Werkes Union Dietrich Keuning OB und auch MdB. Für ein ehemaliges Betriebsratsmitglied liegt eine Begründung für diese Tradition einer parallelen partei- sowie gewerkschaftspolitischen Betätigung darin,

> »daß die Frage der Montanmitbestimmung eigentlich auch einen selbstbewußten Arbeitnehmer-Typ geschaffen hat. Oder, wenn man so will, Funktionär auch geschaffen hat, Vertrauensmann oder Betriebsrat... daß von daher die Übernahme von Funktionen eigentlich da eine Selbstverständlichkeit geworden ist. Das heißt also, die prägen mit, weil sie sagen, es muß alles von uns ausgehen, also von dem größeren Partner, von dem größeren Bereich, dadurch wird das andere überdeckt; die prägen das meiner Meinung nach aus dem Sinne, daß sie mit der Montanmitbestimmung gelernt haben, politische Arbeit logisch nachzuvollziehen. Das ist eigentlich der Punkt, warum man überall das Gefühl hat, es gibt nur Hoesch, es gibt nur die Stahlindustrie, besser gesagt.«

Die Montanmitbestimmung ist offensichtlich Basis für das politische Engagement vieler IG Metaller. Die Strukturen entsprechen deutlich denen, die wir für die IGBE nachgezeichnet haben:

> »Es gibt kaum eine solche Möglichkeit, sich politisch zu bewegen, zu versuchen, Akzente zu setzen, wie im Bereich der Montanmitbestimmung. Und das wirkt sich letzten Endes auch auf das Selbstverständnis der Menschen aus«, so das ehemalige Betriebsratsmitglied.

Die »Selbstverständlichkeit« der Übernahme sozialer Verantwortung, von der hier die Rede ist, liegt ursächlich in der politischen Kultur des Ruhrgebietes begründet, einer »potentiellen Allzuständigkeit der Betriebsräte« (Faulenbach 1989, 46), deren Wurzeln auf den Kampf gegen Demontage nach 1945 zurückführen und die sich auf das betriebliche Alltagsgeschäft bis hin zur sozialen Problembewältigung auch im außerbetrieblichen Bereich erstreckten.

Einer jener ehrenamtlichen betrieblichen Funktionäre, die die Politikerlaufbahn einschlugen, versteht so das Handeln auf betrieblicher Ebene nur als Teilgebiet »größerer Bereiche«, für die er eben auf der kommunalen und schließlich auch Bundesebene eintritt. Montanmitbestimmung fungiert hier gleichsam als eine Art ›Lehre‹, die ein betrieblicher Funktionär absolvieren muß, bevor er in einen übergeordneten politischen Zusammenhang eintritt. Die verstärkten Aktivitäten im zuvor geschilderten Umfang tragen bei zum Bild der von der Stahlindustrie dominierten Kommune: »Es gibt nur Hoesch.« In der Tat setzt sich ein größerer Teil des Stadtparlaments bis hin zum OB in Dortmund auch heute noch aus (ehemaligen) Beschäftigten des Hoesch-Konzerns zusammen. Insofern hat also die Montanmitbestimmung positive Ausstrahlungseffekte u. a. auf die politische Kultur des Ruhrgebietes gehabt mit der Konsequenz, daß »basisnahe Eliten« (Faulenbach 1989) oder ein »selbstbewußter Arbeitnehmertyp«, so das ehemalige Betriebsratsmitglied, entstehen konnten.

Auch bei einem Teil der Beschäftigten der Westfalenhütte gab und gibt es noch parteipolitische Aktivitäten, die jedoch zumeist auf Stadtbezirksebene begrenzt waren und sind: Auch heute noch ist ein ehemaliger Betriebsrat der Westfalenhütte Stadtbezirksvorsitzender. Regelrechte parteipolitische Karrieren bis hin zur Bundesebene machten jedoch ausschließlich

Hoesch-Arbeitnehmer aus dem Hörder Bereich und z. T. auch vom Werk Union. Deutlich ist eine spezifische Tradition der Hörder Sozialdemokratie, die vom jeweiligen Betriebsratsvorsitzenden in Hörde weitergetragen wird; möglich auch, daß die betrieblichen Funktionäre der (»roten«) Westfalenhütte durch fraktionelle Auseinandersetzungen im Betrieb dort stärker gebunden waren. Auch mögen die räumliche Nähe und der örtliche Bezug vom Werk zum Wohnort eine nicht unerhebliche Rolle spielen – wird doch in Hörde zumindest durch die gegebene Siedlungsstruktur teilweise noch die für das Ruhrgebiet so typische Nähe von Arbeiten und Wohnen erreicht. Allerdings, diese Zusammenhänge zwischen betrieblicher und örtlicher Arbeit, gewerkschaftlichem und parteipolitischem Engagement sind heute durchaus nicht mehr so selbstverständlich, wie sie es früher waren, so der erste Bevollmächtigte der IGM. Das zeigen auch unsere Erhebungen auf der Stadtteilgruppenebene (s. u.)[2].

1.3 Die IG Metall als »Spitze der Bewegung«

Vor allem durch ihre betrieblichem Kämpfe und Gewerkschaftstradition begründet, existiert bei der örtlichen IGM ein

---

[2] Darüber hinaus gibt es Anlaß zu der Vermutung, daß die ausgeprägte Form der politischen Kultur in Hörde mit der z. T. immer noch nicht verwundenen »Zwangs-Eingemeindung« nach Dortmund im Jahre 1928 zusammenhängt – eine Empfindsamkeit, die im übrigen auch in der Geschichte der IGM und des DGB in Dortmund hier und da deutlich wird. Die Geschichte des 1. Mai in Dortmund legt mit einer Reihe von Auseinandersetzungen und Kompromissen über die Wahl des Kundgebungsortes davon Zeugnis ab. In früheren Jahren fand die Kundgebung im zu Hörde gehörigen Westfalenpark statt, wurde dann ins Dortmunder Zentrum und dort gar mit dem Jugendtreff in den Dortmunder Norden verlagert – also besonders weit von Hörde entfernt. Zuletzt wurde diese spannungsreiche Geschichte sichtbar anläßlich der 1.-Mai-Veranstaltung 1991, zu der der IGM-Vorsitzende Franz Steinkühler angekündigt war. In diesem Jahr war vorgesehen, daß der Festredner vom Treffpunkt Hörde den Demonstrationszug begleitet, wohingegen dieser sich in den vergangenen Jahren immer in die von der Westfalenhütte ausgehende Marschsäule einreihte. Für den Nebenstellenbereich Hörde hat dies geradezu symbolische Bedeutung, daß »kein geringerer als Franz Steinkühler bei uns von Hörde aus mitmarschiert«, so der zuständige Gewerkschaftssekretär in einer Nebenstellenversammlung. Er habe sich hierfür mit dem »Mutterwerk von Hoesch angelegt.« Man habe ihn bei der Westfalenhütte »süffisant« gefragt, wie viele Demonstranten denn wohl hinter Steinkühler hermarschieren sollten. (Dazu von

Selbstbild der Dortmunder Metaller als »Spitze der Bewegung«: durch die Streiks 1969 (»Septemberstreiks«) gegen Rationalisierungsmaßnahmen und für Lohnerhöhungen (Surkemper 1977)[3]; 1973 wegen unzureichender Tarifabschlüsse und schließlich den Arbeitskampf 1978/79 um den Einstieg in die 35-Stunden-Woche (Dzielak u.a. 1981). Zumal die Stahlindustrie häufig mit ihren Tarifverhandlungen den alljährlichen Reigen der Tarifauseinandersetzungen anführte, ist die Metapher »Spitze der Bewegung« sicherlich treffend. So überrascht auch nicht das leicht glorifizierende Resümee von zwei BetriebsrätInnen der Westfalenhütte (Droll/Raguse 1990):

> »Die BelegschaftsvertreterInnen von Hoesch waren die ersten, die versucht haben, mit einer gemeinsamen Kampfperspektive: die Vergesellschaftung der Stahlindustrie und Sicherung aller Stahlstandorte, die StahlarbeiternehmerInnen bundesweit gegen die Politik der Stahlunternehmen zusammenzuschließen... Ob bei der Auseinandersetzung zur Sicherung der Montanmitbestimmung oder der Änderung des § 116 AFG, die Belegschaft der Westfalenhütte war und ist immer mit eine der ersten, die in Aktionen eintritt.«

Dieses Bewußtsein der eigenen historischen Bedeutung wird auch in Gesprächen und nicht zuletzt in den beobachteten Stadtteilgruppen-Sitzungen deutlich. Der Stahlstreik 1978/79 sei »für die Entwicklung der Stadtteilgruppen-Arbeit in B[4]. ungeheuer wichtig gewesen«, so ein Sekretär der IGM. Seinerzeit habe es dort Sitzungen gegeben, »die kann man gar nicht beschreiben.« Eine etwas überhöhende Sichtweise der Funktionäre der Westfalenhütte resp. der Stadtteilgruppe B. ist mancherorts zu spüren – auch wenn hier und da durchaus gewisse Schwächen eingeräumt werden –, z.B. den in der Stadtteilgruppe herrschenden Diskussionsstil betreffend. So weiß ein hauptamtlicher Funktionär um die Schwierigkeit in den Versammlungen – gerade für weibliche und jugendliche

---

uns befragt, räumt ein Betriebsrat der Westfalenhütte mit ironischem Unterton ein: »Die Dependencen müssen berücksichtigt werden.«) Um verstärkte Teilnahme werbend, schließt er mit den Worten: »Es kann ja wohl nicht sein, daß der Franz vor zwei Kapellen und hundert Demonstranten hermarschiert. Dann laß ich ihn lieber von der Westfalenhütte aus gehen.«

3 »Daß sie 30 Pfennig an der Organisation vorbei geholt haben«, so ein hauptamtlicher Funktionär in treffender Zuspitzung der damaligen Auseinandersetzungen zwischen IGM-Führung und ArbeitnehmerInnen.
4 Die Stadtteilgruppe B. wird zu mehr als 90% von Beschäftigten der Hoesch-Stahl AG besucht.

Mitglieder – des »brutalen Diskussionsverhaltens« der altgestandenen Funktionäre aus den Stahlbetrieben. Da müßten sich die Kolleginnen eben »durchbeißen«. Und dann sei eben dieses »Vaterverhalten« durchaus auch positiv zu sehen nach dem Motto: »Rauhe Kerle, aber innen morsch«. Für ihn stellt sich dieses Gebahren als »mehr strategischer Natur« dar: Polemik als Diskussionsstrategie, verblüffen, sich darstellen wollen; z.T. wohl auch Ausdruck der Frustration mit der eigenen, heute gewerkschaftspolitisch randständigen Rolle im Ruhestand...

Deutlich wird nach Ansicht eines hauptamtlichen IGM-Sekretärs aber auch, daß die »Situation Stahl noch nicht voll aufgearbeitet« ist. So wird in Diskussionsbeiträgen der Stadtteilgruppe B. immer wieder auf alte Konflikte Bezug genommen:

>»Die Generation, die da aktiv diskutiert, die berichten aus Erfahrungen ihrer Erlebnissolidarität heraus. Daß sie selbst am Arbeitsplatz was bewegt haben.«

Dabei kann man fast sicher sein, daß nach dem Diskussionsbeitrag eines ehemaligen Betriebsratsmitglieds mit der Entgegnung eines anderen zu rechnen ist, früheren Kontrahenten noch heute daran gelegen ist (oft auch nur graduell), divergierende Positionen sichtbar zu machen.

Die Gewichtung der Stadtteilgruppe B. wird in so manchem Gespräch deutlich: Im Vergleich mit anderen Stadtteilgruppen am Ort hat sie, die »Republik B.«, eine besonders herausgehobene Stellung. So wird sie uns selbstverständlich mit Beginn des Projekts als besonders aktive Stadtteilgruppe genannt. Und so wird die Situation in der Stadtteilgruppe B. u. E. nach etwas geschönt betrachtet. Wenn z.B. ein hauptamtlicher Funktionär berichtet, eine Funktionärin der Stadtteilgruppe habe »die Frauenarbeit dort aktiviert«, können zumindest unsere Beobachtungen dies nicht bestätigen; so traten alle jeweils anwesenden Frauen im Beobachtungszeitraum mit keinem Redebeitrag in Erscheinung. Darüber hinaus nahm mit einer Ausnahme lediglich eine Frau an den Sitzungen eines Winterhalbjahres teil.

Einschätzungen solcher Art von wie auch immer in den Prozeß einbezogenen Akteuren sind vermutlich Ausdruck des Bestrebens, die besondere Rolle der FunktionärInnen der Westfalenhütte hervorzuheben. Es ist die subjektive Sicht von Funktionären auf ihre eigene, oftmals bewegte Vergangenheit. Gerade in der Stadtteilgruppe B. finden sich noch viele ältere Funktionäre, die die Auseinandersetzungen der 60er/70er Jahre aktiv miterlebt und wichtige gewerkschaftspolitische Entwicklungen mitgestaltet haben. So finden auch heute noch Mitgliederversammlungen statt, in denen frühere Erfahrungen und Differenzen wieder lebendig werden. Z.B. anläßlich einer Stadtteilgruppen-Sitzung zum Thema ›Vertrauensleute-Wahlen‹, bei der es eine heftige Diskussion um die »Septemberstreiks« gibt und man feststellt, daß es »damals« im Gegensatz zu heute »einen gut funktionierenden Vertrauenskörper gegeben« habe. Heute noch finden Scheingefechte statt zwischen ehemaligen Betriebsräten der Westfalenhütte: In einer protokollierten Stadtteilgruppen-Sitzung zum Thema »gewerkschaftliche Gegenmacht« wirft ein Teilnehmer das Reizwort »Generalstreik« in die Runde, in dessen Folge geradezu bewußt Mißverständnisse produziert werden, um wieder einmal Gelegenheit zu haben, sich über Vergangenes auseinanderzusetzen. Doch trotz aller provozierten Dispute bezeichnet man sich dennoch respektvoll als »guten Kumpel«.

Hintergrund eines solchen heute immer wieder einmal hervorgerufenen verbalen Schlagabtausches ist, daß in den 60/70er Jahren jeweils unterschiedliche, z.T. konkurrierende Strömungen innerhalb des Betriebsrats der Westfalenhütte existierten: Hier gab es zum einen diejenigen Betriebsräte, die sich durch die Aneignung hohen Expertenwissens spezialisierten (etwa auf dem Feld der Arbeitssicherheit – »Dr.h.c.erg.«). Dies sei eine Gruppe von Funktionären gewesen, so ein hauptamtlicher Funtkionär, die seinerzeit professionell in die Betriebsratsarbeit einsteigen wollte. Eine zweite Gruppe sei hingegen viel stärker über die Bildungsobleutearbeit der IGM politisiert worden und habe sich in ihrem Verständnis gewerkschaftspolitischer Ziele und Aufgaben von der erstgenannten kritisch abgesetzt.

Das Selbstverständnis, an maßgeblicher Stelle die Geschichte einer kämpferischen IGM mitgeprägt zu haben, ist auch heute noch bei den meisten Stadtteilgruppen-Sitzungen, die wir beobachteten, zu spüren, und es scheint schwerzufallen – selbst eingebunden in die erfolgreiche und wechselhafte Vergangenheit der »roten« Westfalenhütte sowie gemeinsamer Kampferfahrungen in Tarifauseinandersetzungen –, eine mehr sachliche Sichtweise des Geschehens herzustellen. Doch auch vor der Stadtteilgruppe B. hat die Entwicklung der vergangenen Jahre nicht haltgemacht, und so befinden sich die ›altgedienten‹ aktiven Funktionäre dieser Stadtteilgruppe inzwischen überwiegend im Ruhestand.

Bemerkenswert sind allerdings auch heute gesellschaftspolitische Aktivitäten, die vom Betriebsrat der Westfalenhütte ausgehen: So gründete er – u. a. zusammen mit dem örtlichen DGB – einen gemeinnützigen Verein zur Unterstützung der Bevölkerung in der UdSSR, und der Betriebsratsvorsitzende organisiert und beteiligt sich persönlich an dem Transport des Frachtguts. In einem ausführlichen Vortrag erstattet er der Stadtteilgruppe anschließend seinen Bericht über die Reise »Nach Moskau und zurück«. Die Dortmunder StahlarbeiterInnen verbindet ein ganz eigenes Verhältnis mit dem ehemaligen Präsidenten der SU seit dessen Besuch auf dem Gelände der Westfalenhütte im Jahre 1989. Auf diese Beziehung ist man hier sehr stolz. Das wird auch deutlich bei Anlässen, die zu dieser historischen Begebenheit keinen unmittelbaren Bezug bieten: Gleichsam eine gemeinsame Belegschaftsidentität beschwörend, empört sich der Betriebsratsvorsitzende anläßlich der Vertrauensleute-Vollversammlung zur Übernahme von Hoesch durch Krupp[5], es sei »ein Unding, daß eine Belegschaft, die einen Michail Gorbatschow für den Nobelpreis vorgeschlagen (hat), jetzt abgeschlachtet werden soll.« (eigene Mitschrift)

Aus der sozialdemokratisch-gewerkschaftlichen Tradition der Arbeiterbewegung heraus wird hier Einfluß genommen auf den Gang der Weltgeschichte – zumindest ein Stück weit. Dies ist das Bild, das die Dortmunder IGM und in ihr v. a. die Stahlarbeiter haben: zum einen die ›Ehre‹ und Aufmerksamkeit, die ihnen zuteil wurde durch den Besuch von Gorbatschow, zum anderen das Bewußtsein, »einige von Euch haben das Gesicht der Gewerkschaft mitgeprägt«, so ein ehemaliger 1. Bevollmächtigter in einem Referat. Dies sind Versatzstücke, die zu der selbstbewußten Sicht der Metaller am Ort beitragen. Die »Führungsgewerkschaft« IGM steht heute noch mitgliederstark an der Spitze der örtlichen Einzelgewerkschaften. Doch Veränderungen auf der Montanmitbestimmungsebene sowie

---

5 am 15. 10. 91 in der Westfalenhütte.

strukturelle Bedingungen in der Region sind Herausforderungen, denen sich die IGM zu stellen hat.

1.4 Betriebliche Interessenvertretungsstrukturen als Basis – Stadtteilgruppen als »zweites Standbein«

Die Arbeit der IGM Dortmund verläuft auf zwei Ebenen: Die eine ist die Stadtteilgruppe, die andere die betriebliche Gewerkschaftsarbeit, denn »der Betrieb ist und bleibt zentrale Handlungsebene gewerkschaftlicher Arbeit« (IGM/Abt. Vertrauensleute 1990, 1). Im Gegensatz zu den Ortsgruppen der IGBE bestehen bei der IGM die Stadtteilgruppen neben der betrieblichen Gewerkschaftsorganisation, die zum einen von den Betriebsräten, zum anderen von den gewerkschaftlichen Vertrauensleuten geleistet wird. Bei der IGBE ist diese Vertrauensleute-Struktur – im Sinne von durchgängig in den Betrieben gewählten Vertrauensleuten – nicht vorhanden, was von manchem IGM-Funktionär durchaus als Mangel an demokratisch legitimierten Strukturen dort angesehen wird – wenn denn auch eingeräumt wird, daß auf seiten der IGBE eine größere Nähe zur soziokulturellen Handlungsebene dem gegenüberstehe und sie über stärkere kommunalpolitische Bezüge sowie eine ausgeprägte Struktur im Wohnumfeld verfüge.

Dies wird nicht nur am Fehlen der eher herausgehobenen kulturellen Aktivitäten sichtbar (mit Ausnahme der Jubilarehrungen), die wir bei der IGBE nachgezeichnet haben, sondern auch in den alltäglichen Bezügen im Stadtviertel. Zwar finden wir in Interviews und Gesprächen am Rande beobachteter Veranstaltungen manch biographischen Hinweis auf die Bedeutung der gemeinsamen Herkunft aus dem traditionellen Arbeitermilieu – aber immer gepaart mit dem Bedauern darüber, daß diese Strukturen heute fehlen. Und es zeigt sich, daß die Stadtteilgruppen nur unter Schwierigkeiten bestimmte Rückbezüge neu herstellen können«[6].

---

6 So war an die Stelle von persönlichen Besuchen der pensionierten Mitglieder aus Anlaß herausgehobener Geburtstage bei der IGM Dortmund schon lange der abstrakte Vorgang der Überweisung eines kleineren Geldbetrages getreten (von dem nach unserer Kenntnis nur eine Stadtteilgruppe der Nebenstelle Hörde bereits langjährig abwich). Seit zwei, drei Jahren wird nunmehr – nach übereinstimmender Einschätzung der Stadtteilgruppenvorsitzenden erfolgreich – versucht, wieder mehr den persönlichen Kontakt zu pflegen und ein kleines Präsent zu überreichen. Auf einer Wochenendveranstaltung mit

Die IGM Dortmund bildet nach Einschätzung eines Sekretärs mit diesem Ortsprinzip, das »zum Teil eine Verdoppelung dessen ist, was betrieblich stattfindet oder stark auf die betriebliche Ebene bezogen« wird, neben ganz wenigen weiteren Verwaltungsstellen die Ausnahme. Der weit überwiegende Teil von Verwaltungsstellen beschränkt sich in seiner Mitgliederbetreuung auf den betrieblichen Bereich[7]. Das heißt, dem Betriebsrat sind Vertrauensleute zur Seite gestellt »zur Unterstützung der gewerkschaftlichen Arbeit in den Betrieben und zur Beratung der Mitgliedschaft« (IGM Dortmund 1989). Daß dabei in den Betrieben das Prinzip eines »beteiligungsorientierten Ansatzes« noch nicht »Allgemeingut« ist (Der Gewerkschafter 12/90, 7), räumen allerdings auch von uns befragte Betriebsräte ein:

> »Wir sind jetzt grade in diesen Wochen dabei zu versuchen, hier ja wirklich erst mal wieder Boden in das Faß zu ziehen, aber ob uns das gelingen wird, um langsam mal wieder aufzubauen bei unseren Vertrauensleuten, da mal wieder ein bißchen Rüstzeug zu schaffen, weil – wir spüren das am Ablauf von Vertrauensleutevollversammlungen, wir spüren das an Belegschaftsversammlungen: Das ist nicht gesund, daß ein Großteil der Diskussionsredner eben nicht – wie es sein müßte – kritische Vertrauensleute sind, die den Betriebsrat entsprechend also auch mal angreifen, neue Konzeptionen, neue Ideen entwickeln, da kommt zu wenig. Das Beispiel der letzten Belegschaftsversammlung wieder war vor 14 Tagen; Gott sei Dank haben wir noch Diskussionsredner, aber 80, 70 % mindestens sind es Betriebsräte, die diskutieren. Das kann es an sich nicht sein... Da muß einiges geschehen, Konzeptionen sind in den letzten Jahren genügend entwickelt worden. Wir müssen nur sehen, daß wir mal hier wieder einen neuen Anschub kriegen.«

Stadtteilgruppenvorsitzenden war es aber Gegenstand einer längeren Diskussion, wie diese aus Sicht aller sinnvolle Praxis auf mehrere Schultern verteilt wird, ob sie nicht sogar z.T. von hauptamtlichen Funktionären übernommen werden könne. Eine stabile ehrenamtliche Infrastruktur, die solche Aktivitäten selbstverständlich trägt, gibt es erkennbar nicht. Das relativ banale Beispiel und seine ausführliche Erörterung auf einem Wochenendseminar bestätigt deshalb beides: die Gebrochenheit des Stadtteilgruppenprinzips der IGM – im Vergleich zur IGBE – und die Bedeutung, die der Rückbindung an das soziale Milieu von Seiten der haupt- und ehrenamtlichen Funktionäre beigemessen wird.

7 In den neuen Bundesländern wird nach Interviewaussagen allerdings z.T. versucht, das Stadtteilgruppenprinzip zu übertragen; dies sei hier angesichts hoher Arbeitslosenzahlen und entsprechend geringer Möglichkeiten des betrieblichen Zugangs äußerst vielversprechend.

Bei dem Bestreben nach größerer Beteiligung der Vertrauensleute bzw. der Mitgliedschaft müssen allerdings die im Rahmen der Mitbestimmung gewachsenen Strukturen berücksichtigt werden: Die Interessenvertretungsarbeit im Betrieb sei laut Betriebsverfassung auf den Betriebsrat konzentriert, und die Montanmitbestimmung stärkt darüber hinaus dessen Stellung. Gleichwohl wird das Verhältnis Betriebsräte/Vertrauensleute hinsichtlich der »häufig dominanten Stellung der Betriebsräte aufgrund gesetzlicher Verankerung und ihrer rechtlichen Möglichkeiten als problematisch eingeschätzt« (IGM Vorstand 1990). Sowohl von seiten der Organisation als auch der Mitgliedschaft werden Forderungen laut nach größerer Beteiligung und Nutzung der vielfältigen Kompetenzen von Mitgliedern. Dies sei erforderlich, so ein hauptamtlicher Funktionär,

> »um auch deren Sachverstand, der sicherlich vorhanden ist, für unsere eigene Politik mit einzubinden und – ich sag' mal – um über so einen Weg bspws. auch vermitteln zu können, daß man, ja – daß es sich lohnt, auch weil man vielleicht betrieblich dann was durchsetzen kann, sie so auch bei uns zu beteiligen. Also, in so einer Richtung, glaub' ich, müssen wir perspektivisch eigentlich auch unsere eigene Betriebspolitik versuchen zu verändern an der Stelle.«

Praktikable und ausgereifte Strategien hierzu gibt es allerdings in der Verwaltungsstelle momentan noch nicht.

Dies gilt gerade auch für den Bereich der Klein- und Mittelbetriebe, wo die Anzahl von Vertrauenskörpern äußerst gering ist: bei bestimmten Betriebsgrößen

> »wird es schwierig, eine vernünftige Arbeit zu organisieren... Von dem Anspruch ›kein Betrieb ohne funktionierenden Vertrauenskörper‹ sind wir ein Stück weg«, weiß ein IGM-Sekretär.

Dieser Bereich bedarf einer intensiven Betreuung, die Hauptamtliche im Rahmen ihrer sonstigen Pflichten oft hinsichtlich ihres geringen Zeitvolumens kaum bewältigen können. Hier muß primär harte Überzeugungsarbeit geleistet werden, da nach der Erfahrung des Sekretärs »oftmals die Notwendigkeit eines gewerkschaftlichen Engagements nicht gesehen« wird.

Häufig existiert auf dieser Ebene kein Vertrauensleutekörper, vereinzelt muß sogar um die Existenzberechtigung eines Betriebsrates mit der Firmenleitung gerungen werden. Hauptamtliche haben, so der Sekretär, »harte Kleinarbeit« zu leisten, die noch dazu von wenig Erfolg gekrönt sei. Daher soll mehr und mehr der Sachverstand der Mitglieder für die IGM genutzt werden. Das heißt, interessierte Mitglieder sollen einen Prozeß durchlaufen, der sie von der Sinnhaftigkeit einer Mitarbeit in der IGM überzeugt.

Integraler Nutzen dieses Prozesses ist also nicht primär die Beteiligung eines Belegschaftsmitglieds, sondern der quantitative Nutzen für die Organisation. Dieses Schielen nach einer Maximierung der Mitgliedszahlen ist dann nicht problematisch, wenn die IGM tatsächlich das Wissen und die Bedürfnisse der potentiellen Neumitglieder faktisch einbezieht in ihre (Betriebs-)Politik, d.h.

> »daß wir Formen finden, die über diesen traditionellen, relativ starren Funktionärskörper, Vertrauenskörper, Betriebsräte hinaus Möglichkeiten schaffen, weil es zunehmend Leute gibt, wenn wir das mit den, mit der stärkeren Einbindung von Angestellten beispielsweise, alles ernst meinen, was da in vielen Papieren steht, daß es zunehmend Leute gibt, da kann man mit Sicherheit davon ausgehen, aus verschiedensten Gründen werden die sich nicht für drei Jahre als Funktionär wählen lassen der IGM. Also jemand, der auf verschiedensten Ebenen irgendwo in anderen Gruppen aktiv ist, also einen großen Teil seiner Freizeit irgendwo anders eingeplant hat oder der bestimmte Funktionen in einem Betrieb hat, der wirklich nicht ohne weiteres sagt: ›Also, jetzt laß ich mich zum Funktionär der IGM wählen‹... daß er dafür zusätzlich wieder Zeit aufwenden muß. Aber wenn man ein Angebot der offenen Beteiligung macht, auch an Meinungsbildungsprozessen im Betrieb, dann glaube ich, daß das ein Punkt ist, wo wir auch unsere betriebliche Ebene verstärken können. Und wir müssen an der Stelle was tun, mehr tun, als wir bisher gemacht haben«, wünscht sich ein zuständiger Sekretär.

Auf diese Weise soll keine schrittweise »Entmachtung« der Betriebsräte als quasi gewerkschaftlicher Strukturen im Betrieb vonstatten gehen, sondern es sollen neue Formen der Beteiligung von Nicht-FunktionärInnen und Nicht-Mitgliedern in Angriff genommen werden.

Die Vermutung des IGM-Sekretärs, daß »bestimmte Strukturen innerhalb der Organisation abgelehnt werden, in die man sich nicht reinbegeben will, sicherlich auch Detail-Positionen aktueller Politik«, könnte so auch Ausgangspunkt einer zukünftigen Arbeit auf Ortsebene sein. Die Handlungskompetenzen hier sind bislang jedoch sehr reduziert: Ein Aufgabenkatalog von auch nur annähernd dem Umfang, den wir bei der IGBE nachgezeichnet haben, findet sich nicht; und ›autonom‹ sind die Stadtteilgruppen lediglich in der Handhabung ihrer statutsmäßigen Aufgabe »Mitgliederwerbung«:

> »Die (Stadtteilgruppen-)Leitungen *müssen in engster* Verbindung mit der Geschäftsleitung (der IGM) tätig sein und die ihr von der Ortsverwaltung *übertragenen* Aufgaben *erfüllen.* Insbesondere *obliegt* ihnen die Werbung für die Gewerkschaft.« (IGM Dortmund 1990; Hervorh. durch d. V.)

Eine äußerst rigide Art der Delegation, wie es scheint: Superlativ reiht sich an Imperativ, und im Delegationsprinzip müssen Aufgaben erfüllt werden... Selbst für die Veröffentlichung von Pressenotizen und Flugblättern hat allein die Verwaltungsstelle Herausgeberbefugnis.

1.5 Zum gewerkschaftlichen Organisationsverständnis

Im Gegensatz zum relativ autonomen Handeln bei den Ortsgruppen der IGBE, die je ein eigenes finanzielles Budget verwalten (12 bzw. 15 % eines Mitgliedsbeitrages), muß jede Stadtteilgruppe der IGM bei finanziellem Bedarf einen Antrag an die Ortsverwaltung richten, dem im Regelfall allerdings auch nachgekommen wird: »Ich wüßte keinen Fall, wo die Ortsverwaltung also gesagt hätte, wir genehmigen diese Geldausgabe nicht«, so ein Mitglied der Verwaltungsstelle Dortmund. Verwehrt wird nichts – nur bedingen die scheinbar »langen Zügel«[8], an denen die Ortsverwaltung die Stadtteilgruppen hält, eine starke Kontrolle und bewirken mithin Inflexibilität auf seiten der Stadtteilgruppen.

> »Das hat natürlich was mit der gesamten Struktur der IGM zu tun, weil letztendlich – die politische Verantwortung – insbesondere auch für die Position, Geld auszugeben – liegt bei der Ortsverwaltung nach unserem Organisationsaufbau. Ich find' das auch nicht für sinnvoll, Regelungen zu treffen, nach denen die Ortsverwaltung das auf andere wieder delegieren kann. Also, so berechtigt der Wunsch ist, der Anspruch da ist, an bestimmten Ecken Geld auszugeben: Ich meine, daß es richtig ist, daß letztendlich auch das politisch verantwortliche Gremium dann diese Geldausgabe politisch absichert und beschließt. Und ansonsten wärst du ja im

---

[8] So der 1. Bevollmächtigte der IGM Dortmund, zitiert in: Niemeyer 1988, 113.

Grunde nur in der Lage, im nachhinein zu überprüfen, ob denn so, wie das Geld ausgegeben ist, ob das organisationspolitisch notwendig war.«

Dieser Einwand eines führenden Gewerkschaftssekretärs über die Aufsichtspflicht bei der Rechnungslegung mag sachlich stimmig sein – allein: Auch im Bereich der IGBE werden Revisionen vorgenommen, die offenbar den vertretbaren Handlungsrahmen dieser Gewerkschaft nicht sprengen. An dieser Stelle wird das doch ausgeprägt zentralistische Organisationsprinzip der IGM sehr deutlich, schließlich müsse

»so eine Organisation doch irgendwo geführt werden, auf allen Ebenen, und da kann halt – ich will da niemandem etwas unterstellen – aber es kann nicht sein, daß in dieser Or-, so einer Organisation jeder machen kann, was er will. Das funktioniert nicht, weil – du hast irgendwann eine Situation, dann hast du vier verschiedene Meinungen der IGM, die dann auch noch öffentlich dokumentiert werden als Meinung der IGM da oder da oder da, hier in einem Verwaltungsstellenbereich. Und das kann eine Organisation nicht durchhalten.«

Dieser Einschätzung haftet eine Art ›Chaosvision‹ an. Dabei muß die Delegation von Verantwortung auf breite Mitgliederkreise natürlich nicht zwingend bedeuten: Jeder kann machen, was er will. Doch differenziertere Betrachtungsweisen sind aus Angst vor Mißbrauch anscheinend tabu. Daher dürfen Zweifel an der Proklamation einer »Öffnung nach außen« gestattet sein, wenn zugleich eine interne Übertragung von Verantwortung unmöglich erscheint.

Ein behutsames Aufbrechen des zentralistischen Prinzips wäre jedoch möglicherweise produktiver und könnte den Effekt haben, bisher brachliegende Potentiale innerhalb der Mitgliedschaft zu aktivieren. Hiermit jedoch tut sich die IGM schwer. Lange Zeit ist sie einem überkommenen, paternalistisch anmutenden Verhältnis zwischen Mitgliedschaft und Gewerkschaft verhaftet gewesen. So formuliert ein ehemaliger hauptamtlicher Funktionär im Rückblick:

»Die Basis unten braucht nur das zu empfinden, ›jawohl, das ist richtig, was die Gewerkschaft macht!‹ Die (Basis, d. V.) braucht gar nicht aktiv da mitzumachen, sondern nur wissen, das ist richtig... Wenn wir fest davon überzeugt wären, die Gewißheit hätten, daß das auch geglaubt wird im Betrieb, was wir da oben – wie das so schön heißt – sagen, dann haben wir gewonnen. Und das ist meiner

Meinung nach das Ziel! Das Mitglied und die Politik der IGM sind viel zu weit auseinander.«

In dieser Tradition und Überzeugung von der alles bestimmenden Bedeutung stellvertretenden, vorbildlichen Handelns, auch wenn es die Distanz zum ›einfachen‹ Mitglied zugleich immer wieder reproduzieren muß, wurde die IGM Dortmund lange Jahre ›geführt‹[9]. Nach dieser Devise heute noch zu verfahren hieße, die Mitgliedschaft von der Richtigkeit des Handelns der Gewerkschaftsführung überzeugen zu wollen, an sie *glauben* zu lassen, und in der Tat heißt es in dem zitierten Interview weiter:

»Nach wie vor gehe ich davon aus, der Deutsche – insbesondere der deutsche Arbeitnehmer – will geführt werden. Und je stärker die Führungsposition ist und die Führungsperson ist, je stärker die ist, desto besser klappt es. Allerdings, das Vertrauen zu dieser Führungsperson darf nie enttäuscht werden.«

Eine hohe Verantwortung, die in einem solchen Fall auf den »tragenden Funktionären« lastet. Zum hier dargelegten Politikverständnis zählt auch die Bedeutung, die der eigenen Position beigemessen wird. *Er* muß ein *Macher* sein, ein Taktiker und Spieler. *Er* braucht einen verläßlichen Kreis aktiver Gewerkschafter, mit denen *er* »etwas anfangen kann«, so der Ehemalige. Aktiver Faktor in diesem ›Spiel‹ ist der Macher, der Funktionär. Alle anderen Beteiligten sind dazu da, die Aufgaben, die er ihnen zugedacht hat, in seinem Sinne auszuführen.

Zum zentralistischen Organisationsverständnis gehört auch die dominante Figur so manches Betriebsratsvorsitzenden. Aus der Sicht des früheren Dortmunder Bevollmächtigten:

»Der Boß, der Chef, der Mann war der Belegschaftsvorsitzende in H. Ob es heute noch so ist, weiß ich nicht. Mit XY, weiß ich nicht. Kann ich kein Urteil drüber abgeben. Bis zu meiner Zeit war es so, insbesondere der starke H.S., dann der starke R. Das war natürlich eine Wucht. Und daneben bestand nichts.«

Die hier gebrauchte Steigerungsform ›Boß/Chef‹ hin zum Substantiv ›Mann‹ ist ausdrucksstark und durchaus programmatisch: Männer, starke noch dazu, präg(t)en diese Organisation

---

[9] Es zeigt sich hier ein Organisations- und Politikverständnis, das weit über die IG Metall hinaus in den deutschen Gewerkschaften prägend gewesen sein dürfte.

IGM. *Der Mann* an sich ist hier gefragt – ›und daneben besteht nichts‹ – weder ein anderer (Mann) noch gar eine Frau. Zwar sind in den Betriebsräten und Vertrauenskörpern der Stahlwerke, v.a. aber der metallverarbeitenden Betriebe heute auch Frauen vertreten, doch finden sich sogar in sogenannten ›Frauen‹-Betrieben der hiesigen Metallbranche ausschließlich Männer an deren Spitze, was sich der Betriebsratsvorsitzende eines Metallbetriebes »nicht erklären kann«. Daß dieses Phänomen nicht zuletzt etwas mit der nach Einschätzung einer Hauptamtlichen »männerorientierten« IGM zu tun hat, ist naheliegend. Der oben zitierte frühere Bevollmächtigte ist von den Qualitäten des von seinem Auftreten her weniger ›stark‹ (wohlgemerkt im zuvor gebrauchten Sinne) erscheinenden heutigen Betriebsratsvorsitzenden in H. nicht so sehr überzeugt: Die dreimalige Versicherung, er wisse nicht, wie die Verhältnisse dort diesbezüglich heute seien, läßt vermuten, daß er sein eigenes Urteil sehr wohl gefällt hat.

Dem sich an alte Zeiten erinnernden ehemaligen Mann an der Spitze der örtlichen IGM begegnen auch heute noch die damaligen Weggefährten mit Verehrung: In einer Stadtteilgruppen-Versammlung, bei der D. als Referent auftritt, erinnert ein älterer Teilnehmer an den Stahlstreik 1978/79: »da hat der D. uns motiviert. Der hat uns richtig Mut gemacht. Solche Leute fehlen heute.« Er ist eine gewerkschaftspolitische Größe am Ort, die heute – anläßlich eines Vortrags über politische Verhältnisse nach der Vereinigung – bedauernd feststellen muß, »Freunde, Ihr werdet über den Tisch gezogen. Und ich kann nichts dagegen tun!« (eigene Mitschrift)

Deutlich wird an seiner Person, daß er nach einem personenzentrierten und zur damaligen Zeit durchaus nicht erfolglosen Handlungskonzept verfuhr, in dem er und andere Führungspersonen an zentralen Punkten die Hauptrolle spielten. Und dieses Rollenverhalten wurde und wird von vielen Mitgliedern dankbar angenommen. Eine solche Person braucht i.d.R. keine starken Mitstreiter in ihrer unmittelbaren Umgebung. Sie ist sich selbst genug. »Daneben war nichts« bedeutet insofern auch, daß es nicht das Ziel war, andere, nämlich möglicherweise konkurrierende Personen aufzubauen oder sich gar über abweichende Einstellungen und Konzepte auseinanderzusetzen, mit denen er »nichts anfangen konnte.«

Bezieht sich die hier herangezogene Interviewpassage auch auf Zeiten, die mehrere Jahre zurückliegen, so ist sie dennoch aufschlußreich für das aktuelle Organisationsverständnis der IGM. Mögen auch viele Positionen inzwischen weitaus pragmatischer ausgefüllt werden, so wird die Organisation hier am Ort dennoch zentral und straff geführt. Es ist allerdings fraglich, ob der soeben geschilderte Typ Funktionär auf Dauer eine Zukunft haben wird, denn auch die Klientel der IGM wird sich verändern: Angestrebt ist – und zumindest die Mitgliedsentwicklung im Bereich Frauen deutet es an – ein Mitgliederzuwachs im Angestellten- und Frauenbereich[10]. Gerade bei diesen Beschäftigten ist der soeben dargestellte, eher dem klassischen Facharbeiter-Milieu zuzurechnende Typ Funktionär problematisch.

Heute treten unter FunktionärInnen deshalb auch andere Vorstellungen zutage. Das Politikverständnis der Hauptamtlichen wird in Frage gestellt; denn »man muß auch bereit sein, ein bißchen an Kompetenzen abzugeben. Also, irgendwo muß es ja auch gelernt und geübt sein, das Zusammenspiel«, ist ein Sekretär überzeugt. In der Verwaltungsstelle Dortmund (inkl. der Nebenstellen Hörde und Lünen) arbeiten 12 hauptamtliche GewerkschaftssekretärInnen, unter ihnen eine Frau. Die meisten von ihnen sind mit einer Vielzahl von Sachgebieten betraut, die es ihnen aus Zeitgründen unmöglich machen, sich

> »um Fragen, um die du dich dann eigentlich kümmern solltest, zu kümmern. Oder daß du dich auf bestimmte Dinge so nicht vorbereiten kannst«. Diese Reduzierung hat Auswirkungen – nicht nur inhaltlicher Art: »Ich kenne kaum einen Beruf mit so viel Verschleiß, so vielen Herzinfarkten, so vielen Alkoholikern, mit so vielen Problemen wie im hauptamtlichen Gewerkschaftsbereich. Und je näher man an die örtliche Basis kommt, um so mehr«, klagt ein ehemaliger DGB-Kreisvorsitzender (zit. n. Kruse 1986).

Gewerkschaftlicherseits wird dies in Kauf genommen, wenn nicht gar vorausgesetzt. Ein ehemaliger DGB-Kreissekretär mutmaßt, »daß (die Gewerkschaften, d.V.) an die Verwendung ihrer Mittel einen strengen Maßstab legen«, und dieser Anspruch bewirke, »daß sie das auch bis ins Personelle tun«.

---

10 Wobei wir uns darüber im klaren sind, daß im Begriff der Angestellten oder der gewerkschaftlichen Angestelltenpolitik in allzu abstrakter Weise ganz unterschiedliche Beschäftigtengruppen und -segmente zusammengefaßt sind.

Frauen haben es im hauptamtlichen Bereich daher besonders schwer: Die allgemeine Arbeitszeitregelung eines Sekretärs spricht dafür, daß dieser entweder männlich mit einer nicht erwerbstätigen Hausfrau oder aber weiblich und ebenfalls familiär unabhängig, also in der Regel ledig ist.

Neben einer üblichen Arbeitszeit von 60 bis 70 Stunden in der Woche verlangt die hauptamtliche Gewerkschaftsarbeit »einen von allen privaten Sorgen und Belastungen freien Funktionär«, was praktisch einem Berufsverbot für Frauen innerhalb der Gewerkschaft gleichkommt (Bogart 1987, 50). Ein derartiges Pensum ist für Frauen mit Familie ohne tatkräftige Unterstützung seitens eines Partners bzw. anderer verläßlicher Personen kaum leistbar.

Der 1. Bevollmächtigte einer anderen großen Verwaltungsstelle der IGM bezieht noch einen weiteren Punkt in die kritische Betrachtung des Hauptamtlichen-Status mit ein: Die gewerkschaftlichen FunktionärInnen seien von ihrer herkömmlichen Ausbildung her nicht in der Lage, neue Entwicklungen entsprechend umzusetzen (eigene Mitschrift, Hattinger Forum 1991). Er bezeichnet dies nicht als individuellen Mangel einzelner, sondern als Mangel an inhaltlicher Ausbildung der Hauptamtlichen generell[11]. Dies war im übrigen auch ein Diskussionspunkt anläßlich des Workshops »Frauen in der gewerkschaftlichen Bildungsarbeit« des Bildungswerks des DGB im Februar 1990. Auch hier wurde massive Kritik an der Rolle der Hauptamtlichen sowie an deren unzureichender Qualifizierung geübt (DGB Bildungswerk/Bundesvorstand 1990).

Gerade spezifische Fragen und Probleme der anwachsenden Klientel Angestellte und Frauen und ihre Ansprüche an eine Gewerkschaft werden mangelhaft berücksichtigt. Konzepte sind reichlich vorhanden. Jetzt ist das konkrete Eingehen auf deren Problembereiche sowie Prozeßbegleitung am Arbeitsplatz gefragt, wie es ein Pilotprojekt im Angestelltenbereich des DGB z. Zt. erproben will.

Von Bedeutung ist in diesem Zusammenhang die Nutzung von Ressourcen, die innerhalb der Mitgliedschaft vorhanden sind, denn den Hauptamtlichen ist es oftmals aus Zeitgründen nicht möglich, sich intensiv um alle Bereiche gleichrangig zu kümmern,

---

11 Vgl. die ähnlich gerichtete Argumentation bei Becker-Töpfer 1990.

»weil du von der Zeitschiene her und von den Terminen, vom Termindruck her so auf bestimmte andere Dinge eingegrenzt bist, daß du dich um Fragen, um die du dich dann eigentlich kümmern wolltest, nicht kümmern kannst. Oder daß du dich auf bestimmte Dinge nicht so vorbereiten kannst, wie du das selbst gern machen würdest«, sagt ein IGM-Funktionär.

Die GewerkschaftssekretärInnen müssen sich auf bestimmte Bereiche beschränken, so daß Weiterbildung oder Versuche, etwas Neues zu probieren, oftmals vom alltäglichen Arbeitsablauf in den Hintergrund gedrängt werden. Gerade diese Bedingungen sollten jedoch dazu führen, verstärkt über eine Verlagerung von Verantwortlichkeit von der bisherigen Führungsebene auf Teile der Mitgliedschaft, somit ein verändertes Führungsverständnis nachzudenken (Schmid/Tiemann 1991, 389).

Der/die Hauptamtliche sollte nicht mehr der ›Macher‹ sein, sondern anregen, koordinieren und Prozesse begleiten. Dies ist denkbar sowohl auf betrieblicher als auch auf Ortsebene. Voraussetzung ist allerdings eine interessierte und aktive Mitgliedschaft, die nicht zuletzt im Bereich der qualifizierten Beschäftigten zu finden sein dürfte.

Eine derartige Veränderung im Organisationsverständnis erfordert aber gleichzeitig die Weiterqualifizierung der hauptamtlich Beschäftigten – sowohl inhaltlich als auch in deren Selbstverständnis. So sollten die Zeiten des ›Alleinunterhalters‹ bei Seminaren, an deren Ende der mit ironischem Unterton an den Seminarleiter gerichtete Dank erfolgt: »Wir danken Dir für Deine *Vorträge*!« (eigene Mitschrift) endgültig der Vergangenheit angehören...

2. Das Ortsprinzip und seine Bedeutung für die IG Metall

Das örtliche Prinzip existiert bei der Verwaltungsstelle Dortmund bereits seit den Nachkriegsjahren. Offizieller Anlaß war es seinerzeit, und dies nennen uns verschiedentlich Sekretäre der IGM Dortmund auch heute noch als Begründung, eine gemeinsame politische Basis für die Bereiche Stahl, Handwerk und Weiterverarbeitung zu schaffen. Allerdings gibt es auch Quellen, die in dieser Form der Mitgliederbetreuung zunächst das Motiv sehen, ein Gegengewicht zum Einfluß kommunistischer Vertrauensleute in Teilbereichen der Dortmunder Hüttenwerke herzustellen und diesen so ihren betrieblichen Einfluß zu entziehen (Bosch 1974, 31 – Anm. 19).

Im Verlaufe unserer Untersuchung nannte man uns eine Vielzahl von Gründen für das Festhalten an dieser Organisationsform. Dabei wurden den Vorteilen durchaus auch Nachteile gegenübergestellt. Sowohl Befürworter als auch Kritiker sprechen im wesentlichen folgende Aspekte an:

Die Bewahrung historisch gewachsener und bewährter Strukturen

Eine historisch bewährte Einrichtung soll und darf man nicht einfach ersatzlos streichen, so der erste Bevollmächtigte der Verwaltungsstelle Dortmund. Er beruft sich hier u.a. auch auf die Organisationsstruktur der IGM in Dortmund,

»die so ja noch auf die Tradition des alten Metallarbeiterverbandes zurückgeht.« Obwohl es – so ein anderer befragter IGM-Funktionär – »zur Zeit durchsetzbar (wäre). Kein Betrieb oder kein Kader oder kein Vertrauensmann würde sich dagegen auflehnen, wenn also jetzt umgestellt würde. Würde sich keiner gegen auflehnen.«

Aus der Perspektive eines Stadtteilgruppenleiters wird die Bedeutung der zu bewahrenden Tradition besonders deutlich. Und zugleich ist spürbar, daß sich für ihn die Stadtteilgruppenarbeit mit der kämpferischen Tradition der IG Metall und mit der Rückbindung an Klasseninteressen der Arbeiterschaft aufs engste verknüpft:

»Also mir – ich sag' mal so –, mir macht es sehr viel Freude, mich mit den alten kampferprobten Leuten zu unterhalten. Also, wenn ich die Chance habe. Bei uns ist immer der E. inner Gruppe, der auch in der Ortsverwaltung beschäftigt war z.B. Also Leute, die nach dem Krieg Gewerkschaftsarbeit begonnen haben und gemacht haben und noch mehr eigentlich – ich meine – Grundeinstellung von dem Interessenskonflikt und dem Interessensunterschied vertreten, meine Art. Daß solche Dinge zur Eskalation führen können, daß mir die auch sehr viel Hilfe geben. Für mich ist das schon eine Bereicherung, mit den alten Leuten über die Themen zu sprechen, die ja nun wirklich – äh, die auch irgendwo aus dem... brutalen Wiederaufbau z.B. nach dem Krieg ja irgendwo dann ihre Positionen festlegen mußten. Und da war es ja bedeutend schwieriger als jetzt, wo man meinetwegen in geordneten Formationen auf 'ner bestimmten Basis immer nur wiederaufbauen kann, ne. Die haben da schon eine Menge Arbeit geleistet, gute Arbeit geleistet. Und für mich ist das auch wichtig, mit denen zu sprechen – also von mir aus kann ich das sagen... Also, das freut mich schon, wenn solche Leute, die auch... aus den Zeiten kennen, was die da alles so gemacht haben und was noch getan werden konnte, dann – das ist schon so auch eine seltene Umgebung, mit der ich nun fertigwerde. Ich brauch' so was, ich kann hier nicht ohne – ohne Tradition leben. Das ist für mich – nicht weil ich so gut bin oder so was, deshalb ist alles so super... Ich muß auch schon auch irgendwo Kraft holen... und da so, wenn du das möchtest, Dialog zwischen jung und alt.«

Die Bedeutung für die Mitglieder – gemessen am Faktor ›Versammlungsbesuch‹ – ist tatsächlich nicht sonderlich hoch: durchschnittlich ca. 2 % der Mitglieder[12] nehmen diese statutsgemäße Möglichkeit in Anspruch. Doch bietet die Stadtteilgruppe immerhin die Möglichkeit, nicht auf den engen betrieblichen Interessenvertretungsrahmen bezogen zu bleiben, sondern auch darüber hinausgehende Themen mit einzubeziehen. Die Interviewaussage eines Sekretärs, die »eigentliche« gewerkschaftliche Arbeit finde zwar weiterhin im Betrieb statt, »ohne daß dann die Stadtteilgruppen-Arbeit in die Kategorie ›sekundär‹ geriete«, klingt widersprüchlich: Findet die Arbeit »eigentlich im Betrieb statt«, so ist dies zwangsläufig das primäre gewerkschaftliche Betätigungsfeld. Vermutlich soll in Anbetracht der Bedeutung, die das Stadtteilgruppen-Prinzip für die Verwaltungsstelle hat, sein sekundärer Rang geleugnet werden. Das ortsnahe Forum Stadtteilgruppe birgt für *alle* Mitgliedergruppen (von Arbeitslosen bis Rentnern) die Möglichkeit einer Teilhabe am gewerkschaftlichen Leben, wohingegen Versammlungen im Betrieb ausschließlich dem FunktionärInnenkreis vorbehalten sind.

Möglichkeiten des Kontakts zwischen Mitglied und Gewerkschaft

Das Kontakthalten des Mitglieds zu seiner Gewerkschaft ist nach Ansicht eines Stadtteilgruppenvorstands ein durchaus wichtiger Aspekt:

»Die wollen gar keine Funktion irgendwann mal übernehmen. Die wollen einfach mal wissen: Ich bin jetzt Mitglied bei der IGM, ich komme zu der Versammlung hin, und ich will möglicherweise auch

---

12 Niemeyer (1988, 59) weist die Zahl von ca. 5,9 % für *eine* Stadtteilgruppe aus.

was loswerden. So! Und da erwarte ich, daß da jemand ist, der mir zuhört! Könnt ich mir vorstellen, daß es da viele Menschen gibt. Die sagen, wo soll ich sonst hingehen? Das Gewerkschaftshaus möglicherweise, von der Arbeitszeit her, das schaff' ich nicht immer, muß ich mir freinehmen oder so. Aber da ist eine Mitgliederversammlung, und da sollte es doch mal möglich sein, auch vielleicht mal eine Rechtsfrage loszuwerden! Auch wenn der jetzt vielleicht keine Antwort geben kann, aber der kann sagen: Paß mal auf, ich schreib' mir das mal auf, und ich ruf' dich an, oder so.«

Bei einer Stadtteilgruppen-Versammlung faßt ein hauptamtlicher Funktionär den Zweck einer Stadtteilgruppe folgendermaßen zusammen: Zum einen seien die Rentner sonst aus der gewerkschaftlichen Arbeit ausgeschlossen; zum anderen »lebt eine Gewerkschaft schließlich von der Arbeit der Mitglieder«, und ein ideeller Beitrag könne auch nach Schichtende noch erwartet werden. Sollte sich allerdings in Zukunft die Teilnehmerzahl der Stadtteilgruppen nicht positiv verändern, »werden wir darüber reden müssen.« (eigene Mitschrift) Ein Mitglied der Gruppe wirft daraufhin warnend ein, daß im Fall von Stadtteilgruppen-Schließungen »kein Rentner mehr in der Gewerkschaft bleiben wird!« (ebd.)

In der Tat ist die Stadtteilgruppe gerade für KollegInnen im Ruhestand der einzige Kontakt zum früheren Erwerbsleben und eben auch zur Gewerkschaft. Hier können sie ihre Erfahrungen einbringen, hier hört man ihnen auch noch gern zu. Es gibt allerdings durchaus auch Rentner, die zwischen ihrem heutigen und dem Erwerbsleben einen Schnitt machen wollen: So ist es für einen Befragten »nach 20jähriger Gewerkschaftsarbeit genug«; er will sich nunmehr anderen Dingen widmen, die seiner aktuellen Lebenssituation mehr entsprechen.

Das Kontakthalten zu/von inaktiven Mitgliedern ist in der Tat ambivalent, wie ein Stadtteilgruppenleiter im Interview veranschaulicht:

> »Die Stadtteilgruppe kann ja nicht eigentlich eine Veranstaltung von Rentnern für Rentner sein. Da müssen Leute rein, die noch aktiv im Dienst sind, und durch diese, dieses frühe Ausscheiden, daß sie schon mit 58, teilweise mit 55 aus'm Dienst kamen, war ja schon, daß die ganze Gruppe, die da war, nicht mehr arbeitete, weder der Vorstand noch sonst irgend jemand von denen, die regelmäßig an den Sitzungen teilnahmen, das war so. Das haben

die dann auch irgendwann eingesehen, haben gesagt: Das kann ja gar keine Voraussetzung sein, das ist Gewerkschaftsarbeit. Hier geht's nicht darum zu klären, sicherlich kann man das auch mal machen, wie hoch die Rente wird nächsten Monat oder so was. Da geht's darum, z.B. Tarifbewegungen vorzubereiten, wofür denn, ich mein', die Rentner machen schon bei der IGM eine ganze Menge, auch..., ne, das ist klar, aber sind nicht so die tragende Kraft, die was in den Betrieb bringen kann, dazu sollte sie doch eigentlich dienen. Deshalb ist es natürlich für uns besonders schwer, weil wir wenig Hinterland haben. Die paar, die vom... da arbeiten z.B., die wir auch motivieren können, die auch hier in H. wohnen, das ist also nur ein verschwindender Teil.«

Eine Konzentration von mehrheitlich oder gar ausschließlich nicht mehr aktiv im Erwerbsleben Stehenden kann die Arbeit einer Gruppe durchaus lähmen – für den Fall, daß die Inhalte der Stadtteilgruppe sich nur auf die betriebliche Interessenvertretung beziehen, und das wurde ja auch in dieser Interviewpassage als geradezu selbstverständlich unterstellt. Für den Fall jedoch, daß hier durchaus auch Elemente einer arbeitspolitischen Erweiterung von Interessenvertretung Eingang finden sollen, ist der Beschäftigtenstatus eines Mitglieds von sekundärer Bedeutung. Dies kann z.B. auch den Effekt haben, daß neue und jüngere Mitglieder den Weg zur Versammlung finden.

Die Stadtteilgruppe als Informationsbörse

In einigen wenigen Stadtteilgruppen gibt es die Möglichkeit, sich im Rahmen der Stadtteilgruppe über gewerkschaftliche, betriebliche oder auch persönliche Probleme beraten zu lassen. Etwa eine halbe bis eine Stunde vor offiziellem Beginn stehen die Vorsitzenden als Ansprechpartner bereit. Fragen individueller Art werden jedoch oftmals auch im informellen Rahmen nach Ende des offiziellen Teils geklärt – gerade auch dann, wenn ein hauptamtlicher Funktionär der Verwaltungsstelle als Referent anwesend ist.

Häufig wird in diesem Zusammenhang mit Bedauern vom Aufgeben der früheren Hauskassierung berichtet, durch die ein intensiverer Kontakt zum einzelnen Mitglied bestanden habe. Bei der Gelegenheit hätten bereits im Vorfeld viele Dinge zwischen Funktionär und Mitglied geklärt werden können, die heute eher anonym mit den Beschäftigten der Verwaltungsstelle geregelt werden müssen. Dies ist im übrigen eine Erkenntnis, die von IGBE-Funktionären ähnlich geäußert wurde: Hier gibt es noch Unterkassierer, die jetzt allerdings v.a. die Zeitung verteilen. Außerdem erfüllt der Knappschaftsälteste die äußerst wichtige Funktion des sozialen Bindeglieds zwischen der Organisation und seinen Mitgliedern am Ort. ›Vor Ort‹ besteht die Möglichkeit, »Fragen der Gewerkschaftspolitik hautnah zu diskutieren«, so ein Stadtteilgruppen-Vorsitzender der IGM:

> »Ja, hier kommt jemand hin zu uns, zu mir. Ich hab' die Möglichkeit, mich da mit einzubringen – das find' ich ja positiv. Weil sonst ist ja für viele die Organisation so weit weg. Im Betrieb ist das was anderes. Hier hab' ich mein Wohngebiet, das ist also was Positives.«

Die Nähe zum Mitglied ist von den organisatorischen Voraussetzungen her zwar gegeben. Betrachtet man konkret die Möglichkeiten, die ein/e TeilnehmerIn hat, ihre Fragen und Probleme, die sie ganz subjektiv betreffen – sei es im Betrieb, im Wohnumfeld oder innerhalb der Gewerkschaft einzubringen –, so kann zumindest für die von uns beobachteten Stadtteilgruppen festgestellt werden, daß diese Möglichkeiten kaum genutzt werden: So gibt es zwar in einigen Stadtteilgruppen eine halbe Stunde vor Beginn der Versammlung eine Art Sprechstunde, wo die Mitglieder Gelegenheit haben sollen, ihre Fragen einzubringen; desgleichen besteht diese Möglichkeit unter dem Punkt ›Verschiedenes‹. Doch unseren Beobachtungen nach ist das sich anschließende, informelle Gespräch am Tresen nicht nur die weitaus angenehmere, sondern auch aufschlußreichere Art der Kommunikation. Möglichkeiten und Räume der Kommunikation bereitzustellen sind ein wichtiger Aspekt der gewerkschaftlichen Arbeit. Weniger ritualisierte und funktionalisierte Formen lassen sich mit der Stadtteilgruppenarbeit gut verbinden und werden den Bedürfnissen der Mitgliedschaft eher gerecht. Allerdings werden sie letztlich nur von einem relativ kleinen Teil der Mitglieder genutzt.

Öffentlichkeitsarbeit und Stärkung des gewerkschaftlichen Bewußtseins

Eine weitere Legitimation für die Existenz von Stadtteilgruppen liegt, so ein Stadtteilgruppenleiter, in der erhofften Möglichkeit der Stärkung gewerkschaftlichen Bewußtseins und der Einflußnahme auf die lokale Öffentlichkeit,

»daß man also immer wieder sagt: Das und das sind eigentlich die Ansätze, mit denen wir antreten. Ich kann ja nicht aus dem luftleeren Raum irgendwelche Arbeit machen. Wenn ich also keine Zielvorstellung hab' von dem, was ich mit meinem Engagement machen will, dann brauch' ich erst gar nicht anfangen, dann brauch' ich kein Betriebsrat werden. Also, das den Leuten immer wieder deutlich zu machen: hier sind unsere Quellen, hier sind die Quellen und die Basis, auf der wir arbeiten. Und das ist also die Grundlage der Arbeit, die ich dann mit nach Hause nehmen kann und die ich auch wieder in dem Betrieb oder wo ich dann aktiv bin, umsetzen kann. Bei der Stadtteilgruppe sicherlich ist es ganz wichtig, daß ich auch Mehrheiten für diese Überlegung und auch für den, ich sag' mal, für den Kampf – ich sag das so, Kampf ist es, z.B. Tarifkampf ist 'n Kampf. Und da brauch' ich Mehrheiten auch in der Öffentlichkeit, und da brauch' ich auch diese 15 Multiplikatoren, die in der Stadtteilgruppe sind, aber wieder alle Bekanntenkreise haben, da gewerkschaftliche Arbeit über z.B. warum eine Lohnforderung in dieser Höhe. Wir haben ja dieses Wechselspiel, daß z.B. die Presse, die ja in den meisten Fällen nicht auf der Seite der Arbeiter steht, solche Forderungen dann als absurd und wirtschaftsschädigend oder so was abtut. Und da muß man, kann man ja nur gegenwirken, indem man dann ein anderes Bild für diese Forderung z.B. aufstellt in der Öffentlichkeit. Und da, da sehe ich auch die Anbindung so an die Stadtteilgruppe. Daß ich sag', das ist wieder ein Stück mehr Öffentlichkeit, wo so was besprochen werden muß.«

An dieser Stelle wird eine vorwiegend agitatorische Aufgabe der Stadtteilgruppe beschrieben – wohl nicht zufällig im Hinblick auf die Tarifpolitik als zentralem gewerkschaftlichen Handlungsfeld: Hier sollen »Kräfte für den Kampf« gesammelt, Multiplikatoren für die Öffentlichkeitsarbeit herangezogen werden, die um Unterstützung innerhalb der Bevölkerung werben sollen für Forderungen »der Arbeiter«. Diese Vorstellung impliziert das Bild sehr kämpferischer Stadtteilgruppen-Angehöriger, mit dem jedoch die tatsächliche Praxis in der Stadtteilgruppe nur wenig übereinstimmt. Es ist getragen von klassenkämpferischem Pathos, das in der Wirklichkeit kaum Entsprechung findet.

Ohne Zweifel ist es auch eine Frage persönlichen Engagements, ob eine Stadtteilgruppe noch lebendig ist oder ob etwa Versuche, organisatorische Änderungen einzubringen, verhindert werden:

»Also, wir hatten damals diskutiert mit einigen Kollegen, daß man aus dieser Stadtteilgruppe doch mal so ein bißchen Bewegung machen könnte. Daß man mal nach draußen geht und nicht hofft, daß die Leute nach hierhin kommen. Die kommen ja bekanntlicherweise nicht. Zum Beispiel, daß man Informationsstände macht zu einer Tarifrunde (sic!). Warum das eigentlich nicht gemacht wird. Und das wurde da also den ruhigen Gang störend nicht so besonders gut befunden! Und solche und ähnliche Aktivitäten hat es dann als Versuche gegeben. Und sie sind sicherlich an der Trägheit einiger Funktionäre gescheitert!«

Es ist ein von der Stadtteilgruppen-Arbeit enttäuschter Betriebsrat, der hier zu Wort kommt. Wiederholte Versuche, einer vor sich hindämmernden Stadtteilgruppe neue Impulse zu geben, scheiterten vermutlich an Desinteresse und Phantasielosigkeit der Vorstandsmitglieder seiner Gruppe. Daß auch einem der Praxis von Stadtteilgruppen eher kritisch gegenüberstehenden Mitglied im Zusammenhang mit Neuerungen lediglich das Beispiel Tarifpolitik einfällt, deutet darauf hin, daß mit kleinen Korrekturen keine umfassenden Veränderungen zu erwarten sind. Darüber hinaus dürfte es schwerfallen, Vorstände, die z.T. jahrzehntelang im Amt sind, aus ihren gewohnten Arbeitsabläufen zu reißen. Veränderungen der Stadtteilgruppenarbeit sind also oftmals an personelle Veränderungen gebunden, wie uns auch anhand verschiedener Beispiele geschildert wurde.

Leistungsfähige Organisationsstruktur im Arbeitskampf

Die Organisationsebene Stadtteil erlangt schließlich auch Bedeutung als Handlungsstruktur im Falle von Arbeitskampfmaßnahmen. Auch hier steht wieder der thematische Bezug zur Tarifpolitik im Vordergrund. Hier habe sich die Ortsebene »großartig bewährt. Das mußten alle anderen erst mal erfinden«, meint stolz der 1. Bevollmächtigte. Um diese Einrichtung ins rechte Licht zu rücken, werden auch schon mal Verhältnisse anderenorts überzogen dargestellt, wie z.B. in der folgenden Passage aus dem Interview mit einem Stadtteilgruppenmitglied, in der es dann allerdings um die kritische Infragestellung dieser Argumentation geht:

»Da hört man also wirklich nur Schauergeschichten. Da wird erzählt vom Streik der Stahlarbeiter in Duisburg, wo dann alle Streikenden, die ihr Geld abholen wollten – oder Ausgesperrten –, zu

Tausenden ein Betriebsratsbüro gestürmt hätten; ein großes Chaos. Und wir haben das ja so wunderschön in Dortmund. Und zwar alles schön verteilt auf 35 Stadtteilgruppen. Das wird dann so als Beispiel genannt, wo ich mir nur vorstellen kann, aus Baden-Württemberg, in den Bereichen, wo noch viel mehr gestreikt worden ist. Die haben solche Horrormeldungen bisher nicht erzählt... Das kann man eigentlich dann auch anders organisieren. Ich weiß nicht, wie das da in Duisburg gewesen ist. Das kann sicherlich gewesen sein, daß es dann eben einen Betrieb, da haben sie dann nur eine Anlaufstelle gehabt für soundso viele Leute. Und das ist vielleicht ein Chaos geworden. Aber das hat ja alles dann nur mit der Organisierung zu tun.«

Für viele Angehörige der Verwaltungsstelle jedoch ist die Stadtteilgruppe gerade für Arbeitskämpfe ideal und erwiesenermaßen bewährt. Darüber hinaus sind auch einzelne Fälle bekannt, in denen von dieser (und weiteren) dezentralen Strukturen her geradezu spontan Aktionen initiiert werden können. Beispielsweise fanden sich innerhalb kürzester Zeit Angehörige der Stadtteilgruppen der IGM, der OGs von IGBE und SPD sowie auch der Arbeiterwohlfahrt in einem Dortmunder Stadtteil ein zu einer spontanen Demonstration gegen die geplante Zwangsvereinigung von Krupp mit Hoesch (WR 22. 10. 91). In diesem Sinne ist die Stadtteilgruppe schon eine sinnvolle Einrichtung, die einer schnellen Mobilisierung dienen kann. Mit ihrer Existenz entfällt eine zusätzliche, aufwendige Organisierung im Bedarfsfall, sie kann zumindest erleichtert werden. Allerdings: Beispiele für ein solches dezentrales und eigeninitiativ bewerkstelligtes Handeln im Rahmen einer allgemeinen Kampagne sind rar. Sie mögen auf noch relativ einfache Strukturen verweisen. Aber es ist im Blick auf alle Stadtteilgruppen doch fraglich, ob es sinnvoll und überhaupt möglich ist, eine sonst schon erodierende Struktur aufrechtzuerhalten, die in diesem Sinne nur äußerst selten, nämlich bei Tarifauseinandersetzungen, zum Einsatz kommt und im alltäglichen Leben weiter an Bedeutung verliert.

In der Argumentation für den Erhalt von Stadtteilgruppen hat die Bewährung im Streik offenbar eine zentrale Funktion: Die im Streik wegfallende Ebene Betrieb könne hierdurch nahtlos ersetzt werden. Die Erfahrungen aus dem Stahlstreik 1978/79 sind für den Dortmunder Bevollmächtigten Anlaß genug, um an der Stadtteilgruppen-Struktur auch für die Zukunft festzuhalten:

»Älteres und Bewährtes schmeißen wir erst weg, wenn wir was Neues und Besseres haben.«

Hier tritt also der bereits benannte Aspekt ›Tradition‹ wieder deutlich in den Vordergrund. Die Stadtteilgruppe hat sich bewährt bei dem »großen Stahlstreik« 1978/79, der als quasi historisches Ereignis geradezu Symbolcharakter gewonnen hat. So erscheint die Stadtteilgruppe hier einmal mehr unter dem Blickwinkel einer traditionellen Einrichtung, die nicht zuletzt um ihrer selbst willen bewahrt werden soll. Unbeweglich und kaum eingehend auf veränderte Zeiten und Umstände bleibt man starr verwachsen mit einer Einrichtung, die sich in den derzeit praktizierten Formen immer mehr überlebt.

Wahlgremium für die Vertreterversammlung

Der wohl bedeutendste Auftrag der Stadtteilgruppe ist es, jedem Mitglied die Möglichkeit zu geben, von seinem Recht auf Vertreterwahl Gebrauch zu machen; diese Berechtigung haben insbesondere auch inaktive Mitglieder – wie Rentner, Arbeitslose, Elternteile im Erziehungsurlaub etc. –, die aktuell keinen Betriebszugang haben. Daß lediglich rd. 2 % der Mitglieder via Stadtteilgruppe überhaupt dieses Recht nutzen, sollte allerdings nachdenklich stimmen.

Uns sind Zahlen über frühere, möglicherweise höhere Wahlbeteiligungen nicht bekannt. Der ehemalige 1. Bevollmächtigte der IGM sieht allerdings heute – vor der Folie der dynamischen Entwicklung in den 60er Jahren – nicht nur die Wahlbeteiligung, sondern auch die Art der Auseinandersetzung bei den Wahlen zur Vertreterversammlung in relativ kritischer Sicht. Für ihn sind die Zeiten der »Freiheit des Wortes und des Geistes« bei der Vertreterversammlung nun vorbei:

»Das war noch die Zeit, wo sich die Funktionäre in echter Auseinandersetzung, in echter Wahl um ein Vertretermandat bemühten, daß sie Mitglied der Vertreterversammlung wurden. Heute – nebensächlich. Ich bedaure das sehr, daß das diese Kurve gekriegt hat.«

Die rückblickende Erinnerung an die ›Kampfzeiten‹ mag hier den Blick zum Teil verklärt haben, denn wenn – wie im Anschluß noch näher erläutert wird – die Stadtteilgruppen v.a. auch aus taktischen Gründen für die Beibehaltung der Stahldominanz erhalten wurden, wirkt die Erinnerung an die ›echte‹ Wahl mit dem Ziel der gerechten Repräsentanz *aller* Branchen wenig überzeugend. Im Rückblick heben manche betrieblichen Funktionäre denn auch durchaus hervor, daß sie es als damals nach vorne drängende Vertrauensleute in den Stadtteilgruppen mit durchaus vermachteten Strukturen zu tun hatten. Ein Stadtteilgruppenmitglied hat z.B. in den sechziger Jahren die Erfahrung gemacht, daß

> »jeder Betriebsrat hat seine Stadtteilgruppe... dann jeder seine Wähler mitbringt. Wenn man das nämlich nicht macht, geht man da nämlich unter. Ein gutes Beispiel ist mir auch damals in N. aufgefallen. Man gab zwar offiziell die Parole aus: ›Wer aktiv mitarbeitet, der wird natürlich auch von den regelmäßig Anwesenden getragen!‹ Wie die Wirklichkeit dann ausgesehen hat, da war also schon – da gab es andere Maßstäbe.«

Hat demnach also ein Branchenvertreter keine Lobby innerhalb der Stadtteilgruppe, wird er schwerlich ein Mandat erringen – auch wenn er zu den regelmäßigen Besuchern der Gruppe gehört. Für einen Betriebsrat in der Gruppe kommt es eher darauf an, »ob man angepaßt mitmarschiert oder gelegentlich noch ein paar neue Ideen hat, die im eingefahrenen Trott dann nicht mehr zu tragen sind.« So weiß ein jetziger Stadtteilgruppen-Vorstand von seiner früheren Stadtteilgruppe:

> »Da hattest du noch nicht mal eine Chance, wenn du kandidiertest, nur halbwegs akzeptiert zu werden, weil du aus einem anderen Werk kamst... In B. lief das alles so ein bißchen liberaler ab, daß man auch Vertreter aus anderen Standorten und nicht nur Hoeschianer als Vertreter gewählt hat.«

Wie weitgehend dies allerdings in ›seiner‹ jetzigen Stadtteilgruppe anders war und ist, ist noch keinem Härtetest unterzogen worden, da in dieser Stadtteilgruppe nur verschwindend wenige Mitglieder aus anderen Betrieben vertreten sind, der Beweis für deren Chancen bei der Vertreterwahl daher schwerlich zu erbringen ist[13].

Die Institutionalisierung einer ›Bewegung‹ bringt natürlich auch bestimmte Abnutzungserscheinungen mit sich – wie

---

13 In diesem Zusammenhang ist dann auch die bei unseren Beobachtungen vorgefundene Branchen-Homogenität in den einzelnen Stadtteilgruppen erklärlich, die in einem Fall aus den Beschäftigten des Stahlbereichs, im anderen aus der Weiterverarbeitung und im letzten nahezu ausschließlich aus Rentern bestand. Ein Branchenfremder kann sich von diesen Zusammenhängen aus verschiedenen Gründen ausgeschlossen fühlen.

eben »geregelte Bahnen« und relativ formal ablaufende Vertreterversammlungen, die leicht zur bloßen Abstimmungsmaschinerie gerinnen können. Doch auch die bloße Tatsache, daß heutige Vertreterversammlungen den früheren ersten Bevollmächtigten eher an »Geburtstagsversammlungen« erinnern, darf nicht darüber hinwegtäuschen, daß die Vertreterversammlung das höchste beschlußfassende Gremium auf Ortsebene ist, das über weitreichende Entscheidungen abzustimmen hat. Durch die Mehrheit der hier vertretenen Stahlbranche geraten vermutlich oftmals andere Branchen und Mitgliedergruppen ins Hintertreffen. Schon unter dem Gesichtspunkt politischer Einflußnahme müßten die unterrepräsentierten Personengruppen die Stadtteilgruppen-Versammlung besuchen. Doch scheint entweder das Wissen um die Bedeutung eines Vertretermandats nicht vorhanden, oder die Bedeutung dieses Gremiums wird als zu gering erachtet. Wie ein Gewerkschaftssekretär berichtet, ›vergessen‹ manche Jugendliche auch schon mal den Wahltermin für die Vertreterversammlung – ein Zeichen dafür, daß die doch sehr formale Grundstruktur des Beschlußorgans nur geringen Reiz besonders auch auf Jugendliche ausübt.

Über die Bedeutung des reinen Vertretermandats hinaus ist die Möglichkeit, Kommissionsmitglied – und hier inbesondere in der Tarifkommission – werden zu können, auch noch von großer Bedeutung. Die Verteilung dieser begehrten Mandate ist nicht so sehr eine Frage besonderer persönlicher Qualifikation, sondern auch des Proporzes. Ein Betriebsrat:

»Man muß natürlich auch gucken, daß man die entsprechenden Bereiche in so einer Tarifkommission alle vertreten hat. Also, die Tarifkommission Eisen und Stahl, die muß hier in Dortmund vertreten sein durch die Werke, die es da gibt. Da kann man nicht – ich sage mal – nur an Hoesch denken, und zwar Westfalenhütte, weil die die meisten sind. Also, da muß man schon ungeheuer berücksichtigen. Und wenn man meint, das wäre es schon, dann hat man einen Fehler gemacht. Man darf nämlich nicht... vergessen, was auch dazugehört. So, und ähnlich ist es auch in der Weiterverarbeitung. Da kann man natürlich nicht auf Holstein & Kappert und Orenstein & Koppel verzichten. Aber man muß natürlich auch gucken, was es sonst noch für Betriebe gibt.«

Bei der Vergabe dieser begehrten Funktionen können sich die Mitglieder eines Betriebes auch schon einmal benachteiligt fühlen, oder ein anderer muß aus Tradition heraus mit einem

Mandat »aufgewertet« werden. Zukunftsträchtige Branchen können hier ins Hintertreffen geraten, wenn z.B. der Maschinenbau, ein eher krisenhafter Zweig, innerhalb der Ortsverwaltung mehr Berücksichtigung findet als mitgliederstarke Betriebe anderer Branchen. Der Betriebsrat weiter:

> »Und da fällt das natürlich niemandem ins Ermessen, wer in der Personalkommission oder Ortsverwaltung – wen die da vorschlagen... Also, wenn ich unter uns mal so festhalte, was in der letzten Tarifkommission der Kollege – nichts gegen den Kollegen, das ist der Betriebsratsvorsitzender der Fa. ›ZYX‹. Der ist da angemeldet worden, neu. Die haben eine Kampfkraft von über 300 IGM-Mitgliedern. So ist der Laden... Aber wenn ich mal so ketzerisch sage, daß es in unserem Unternehmen gut über 500 Mitglieder gibt, aber hier solche Überlegungen – ich weiß nicht, welche Rolle spielen, zumindest wird so ein Betrieb einfach nicht zur Kenntnis genommen oder man will ihn nicht zur Kenntnis nehmen, sind das natürlich andere Entscheidungen, die nun wirklich andere Überlegungen zugrunde haben, warum das nicht berücksichtigt wird... Aber wenn man mal die Augen aufmacht und guckt, wo sich denn Betriebe entwickeln, wirtschaftlich und mitgliedermäßig, die in Zukunft hier was zu sagen haben in der Tarifrunde, weil – so traurig das ist – aber für die Kolleginnen und Kollegen von der ›ZYX‹ ist die Perspektive ja nun nicht gerade vom Konzern vorgesehen, noch mal ein blühendes Unternehmen zu werden, sondern eher Ausverkauf zu machen bis zum Gehtnichtmehr.«

Die Stadtteilgruppe als gemeinsame organisatorische Basis für alle Metall-Branchen

Der Vorteil einer gemeinsamen Basis für die Bereiche Handwerk/Stahl/Weiterverarbeitung gilt als weiteres Argument für die Stadtteilgruppe. Hier ist Gelegenheit, sich über die einzelnen Bereiche hinweg zu informieren und miteinander ins Gespräch zu kommen. Bei der Wahl zur Vertreterversammlung seien so auch Klein- und Mittelbetriebe automatisch repräsentiert – wenn denn die gewählten Vertreter auch aus diesen Bereichen stammen, muß hinzugefügt werden! De facto sieht die Praxis in den Stadtteilgruppen jedoch anders aus: In den drei von uns besuchten Stadtteilgruppen gab es diese Durchmischung verschiedener Bereiche so nicht. Es war vielmehr festzustellen, daß in einer Stadtteilgruppe nahezu 100% aus dem Stahlbereich kommen, in der zweiten alle Besucher aus der Weiterverarbeitung und in der dritten desgleichen, und hier noch dazu alle aus ein und demselben Betrieb! Von einem Austausch untereinander kann somit schwerlich die Rede sein.

Wohl finden in annähernd allen Stadtteilgruppen jeweils Referate zum Thema Tarifforderungen *aller* Bereiche statt, doch stößt dies dann lediglich auf höfliches Interesse. Möglicherweise wird die branchendurchmischte Versammlung von den Mitgliedern so auch gar nicht gewünscht: In der Stadtteilgruppe H. z.B. wechselte bei der Vorstandswahl gleich die gesamte Klientel der Stadtteilgruppe, die sich zuvor aus Beschäftigten des Stahlbereichs rekrutierte, seitdem aber ausschließlich von in der Weiterverarbeitung Beschäftigten besucht wird. Darüber hinaus ist die uns vorliegende Themenliste hinsichtlich der Branchen auch eher unspezifisch – mit anderen Worten: Für Information und Diskussion bleibt es unerheblich, aus welchen Bereichen die Mitglieder ursprünglich stammen.

Von größter Bedeutung für die Stadtteilgruppen-Struktur ist bei näherer Betrachtung die unverhohlene Dominanz des Stahlbereichs innerhalb der IGM Dortmund. Nicht zuletzt sichtbar ist dies anhand der Teilnehmerzahlen von Vertreterversammlungen: gerade 1% der Vertreter stammt aus dem handwerklichen Bereich, knapp 50% jedoch aus dem Eisen- und Stahlbereich sowie 35% aus der Weiterverarbeitung. Rentner bzw. nach Sozialplan ausgeschiedene Mitglieder machen rd. 14%[14] aus (IGM Dortmund 1990). Auch die Ortsverwaltung setzt sich mindestens zur Hälfte aus VertreterInnen der Stahlbranche zusammen.

Laut Aussage eines früheren Bevollmächtigten wurde innerhalb seiner Amtszeit gleich zweimal überlegt, die Stadtteilgruppen aufzulösen und gewerkschaftliche Arbeit allein auf den Betrieb zu konzentrieren. Dies wurde jedoch verworfen. Anläßlich eines Referats in der Stadtteilgruppe Eving im Jahre 1974 erläuterte ein hauptamtlicher Funktionär die voraussichtliche Vertretersituation bei Änderung des Ortsstatuts:

»Von den 34 heute vertretenen Betrieben würden
23 Betriebe einen oder mehr Sitze abgeben,
 7 Betriebe die gleiche Anzahl behalten,
 4 Betriebe einen oder mehr Sitze hinzubekommen,

---

14 Aus den Zahlen dieser Statistik geht nicht hervor, aus welcher Branche die Rentner jeweils stammen.

10 Betriebe würden darüber hinaus einen oder mehrere Vertreter bekommen, d.h.

84 Betriebe würden nur über Sammelvertreter repräsentiert sein.«

Dieser Auflistung nach hätte z.B. die Westfalenhütte 31, Eisen und Stahl insgesamt 58 VertreterInnen eingebüßt; Mandats- »Gewinner« hingegen wäre die verarbeitende Industrie sowie die Gruppe der Rentner gewesen.

Der früher 1. Bevollmächtigte schildert den Vorgang im Interview wie folgt:

> »Ich sage, ›könnt Ihr haben! Ich mache Euch einen Vorschlag‹. Ich habe also dann die gesamte Mitgliederstruktur genommen und dann festgestellt, daß in den Vertreterversammlungen wesentlich mehr von der Westfalenhütte sitzen als aus anderen Betrieben. Handwerk war nur mit einem vertreten bei 250 Vertretern. In der Verarbeitung waren sie nur vereinzelt. Ich mußte dann also aufteilen – und die Westfalenhütte hätte 16 Mandate weniger gekriegt. Nachdem die das hörten, war das vom Tisch.«

Daß die IGM-Mitglieder der Westfalenhütte es schließlich ablehnten, sich zu ihrem eigenen Nachteil für eine andere Organisationsform zu entscheiden, ist nachzuvollziehen – schließlich hätte dies geringeren personellen Einfluß zur Folge gehabt. Aber auch von seiten des ehemaligen 1. Bevollmächtigten ist die weitere Begründung seiner eigenen Position für eine Beibehaltung der Stadtteilgruppen insofern aufschlußreich, als hier seine Wertung der Branchen deutlich wird: Der Stahlbereich sollte dominierend bleiben, denn anderenfalls

> »wären die Aktiven dann nicht mehr Mitglied der Vertreterversammlung geworden«. Und weniger oder gar nicht aktive Mitglieder, »die ich zwar als Mitglieder habe, aber die nie in Erscheinung getreten sind, sich um die IGM nicht gekümmert haben..., die hätten dann ein Mandat bekommen, da hätte ich doch politisch nichts mit anfangen können, und die Aktiven hätte ich hinausschmeißen müssen. Das wäre ja ein mörderischer Kampf geworden auf der Westfalenhütte. Wer bleibt drin, Mann – wer kommt raus! Da wäre wieder die SPD-Fraktion gekommen, und dann wäre es aber losgegangen.«

Die Betonung der Bedeutung der ›Aktiven‹ verweist auf das weiter oben diskutierte traditionelle Organisations- und Führungsverständnis: *Aktiv* sind die durch die von ihm selbst mitkonzipierte und mitgetragene Bildungsarbeit besonders geschulten Vertreter des Stahlbereichs. Bei allen übrigen Bereichen ist davon vergleichsweise weniger zwingend auszugehen. Zum anderen passen diese ›Aktiven‹ in das politische Konzept der örtlichen Gewerkschaftsarbeit. Für die anderen gilt, daß man ›politisch mit ihnen nichts (hätte) anfangen können‹!

Der zu befürchtende Konflikt um die geringere Zahl der Mandate im Stahlbereich kommt dann erst als zweites Argument – nun in der spezifischen Sicht des örtlichen Funktionärs: Seiner Befürchtung nach hätte in den großen Werken ein »mörderisches« Gerangel um Listenplätze eingesetzt, bei dem sich vermutlich die ›stärksten Ellenbogen‹ durchgesetzt hätten. Und zu alldem hätte auch noch die SPD-Fraktion Ansprüche angemeldet, die den Proporz hätte gewahrt wissen wollen...

Um diesem Konglomerat aus hierarchischem Organisationsaufbau, Angst um Machtverlust auf seiten verschiedener FunktionärInnen sowie parteipolitischer Rücksichtnahme zu entgehen und weil natürlich das bewährte System mit dem eigenen Denken und auch einer (impliziten) Branchen-Wertigkeit übereinstimmte, war der frühere erste Mann der Verwaltungsstelle ein Verfechter des Stadtteilgruppenprinzips.

Diese führende Rolle der Eisen- und Stahlindustrie wird trotz ihres tatsächlichen Bedeutungsverlustes in der Folge der Stahlkrise und des massiven Beschäftigtenabbaus seit dem Ende der siebziger Jahre inzwischen von vielen Mitgliedern am Ort als gegeben hingenommen. Lediglich dann, wenn einmal eine vergleichbare Übergewichtigkeit *andernorts* festgestellt wird, kann es passieren, daß dies zwar kritisiert, jedoch nicht mit der eigenen Situation in Verbindung gebracht wird. So beschreibt ein von uns befragter Kritiker eben dieser Stahldominanz die Situation nach dem Besuch in einer Partnerstadt:

> »Die (KollegInnen in K., d. V.) sind unheimlich am Stöhnen, weil – das ist einfach so in dieser Stadt K.: da gibt es einen Riesenbetrieb, der hat unheimlich viele IGM-Mitglieder, und der heißt ABC. Die stellen dann soundso viele Vertreter, und die dominieren die ganze Politik – in der Vertreterversammlung, in der Ortsverwaltung. Das gefällt mir überhaupt nicht, das kann überhaupt nicht gut sein!‹ – ›Ja‹, sagte ich, ›es soll in Dortmund ein winzig kleines Unternehmen namens Hoesch geben; da sind alle gewerkschaftlich überhaupt nicht organisiert, und die sind überhaupt nicht dominierend in der Vertreterversammlung und in der Ortsverwaltung!‹ –

Das war köstlich. Als er dann fertig war, da hat er auch wohl gemerkt, was er da für einen Blödsinn redet.«

Ihren Unmut über die gering gewichtete Rolle, die sie ihrer Ansicht nach innerhalb der IGM einnehmen, äußern KollegInnen anläßlich eines Treffens von BetriebsrätInnen aus dem Bereich der Weiterverarbeitung und des Handwerks: Seitdem der Hoesch-Konzern »langsam zugrunde geht«, besinne man sich wieder auf die Klein- und Mittelbetriebe, würden Veranstaltungen speziell für diesen Bereich gemacht. Bei allen anderen Angelegenheiten spielten sie jedoch lediglich eine untergeordnete Rolle – so z.B. bei Seminaren. Von den großen Betrieben würden ›auf Verdacht‹ hin im vorhinein Plätze gebucht »egal, ob einer mitfährt oder nicht – und die ›Kleinen‹ gucken in die Röhre.« Hoesch spiele einfach »immer die erste Geige!« An dieser Stelle wird einmal mehr deutlich, wie unterschiedlich sich die Situation für die einzelnen Branchen darstellt und daß der verstärkte Einsatz von Hauptamtlichen sowie die Umsetzung eines gezielten Konzepts für die sinnvolle Zusammenarbeit *aller* BranchenvertreterInnen notwendig sind.

Ein Zwischenresümee

Bei der Gesamtbetrachtung des Für und Wider der Stadtteilgruppenarbeit in der IGM Dortmund wird deutlich, daß das Moment des Festhaltens am Bewährten und die »traditionelle Bewahrung« einen hohen Stellenwert für haupt- wie auch ehrenamtliche FunktionärInnen hat. Die IG Metall als »traditionalistische Gewerkschaft« (im Gegensatz zu einer »administrativ-rationalen«) im Sinne der Unterscheidung von Streeck (1981a, 386) gewinnt Gestalt. Zugleich entsteht der Eindruck, daß die örtliche IGM stark alten Strukturen verhaftet ist, die im Alltagsgeschäft der Verwaltungsstellenarbeit einer ins Grundsätzliche zielenden Reflexion nicht unterzogen werden. Und nur zögerlich wagt sich die IGM Dortmund an die angemessene Berücksichtigung aller Mitgliederpotentiale.

Die schon traditionelle Überbewertung von Stahlbereich und Großbetrieben, die in den vergangenen Jahrzehnten ihre Berechtigung angesichts des hohen Anteils an Beschäftigten in der Stahlindustrie sowie deren Vorreiterfunktion in Tarifbewegungen gehabt haben mag, benachteiligt die ehrenamtlichen FunktionärInnen aus anderen Betrieben und behindert eine zielstrebige Hinwendung zu den unerschlossenen Mitgliederpotentialen. Der rückwärtsgerichtete Blick auf Bewährtes läßt wenig Raum für die Aufnahme neuer gesellschaftlicher Entwicklungen.

Das breite Spektrum von Zukunftsaufgaben, das in Programmen und Konzepten (»Zukunftsdiskussion«) der IGM dargelegt ist, findet sich zwar in programmatischen Aussagen örtlicher FunktionärInnen bisweilen wieder, hat praktisch aber nur geringe Auswirkungen auf örtlicher Ebene – wo zugegebenermaßen der schwierigste Programmteil zu absolvieren ist, nämlich die Umsetzung in die Praxis. Alte Strukturen und Inhalte werden beibehalten, weil sie sich in einer bestimmten historischen Phase bewährt haben. Heute jedoch befinden sich die Gewerkschaften unter einem massiven Modernisierungsdruck. Angesichts der Bedingungen und Anforderungen, die von außen (Strukturveränderungen auf nahezu allen Ebenen), aber auch von innen – durch veränderte Erwartungen und Ansprüche der (potentiellen) Mitglieder – an sie herangetragen werden und auf die sie zu reagieren haben, tragen die traditionellen Grundlagen ihrer Bindungsfähigkeit (nach innen) und Handlungsfähigkeit (nach außen) immer weniger.

Gerade die örtliche Ebene bietet Möglichkeiten – so lautet eine unserer Hauptthesen –, ungenutzte Potentiale zu erschließen und gewerkschaftliche Arbeit mit mehr Leben zu erfüllen. Notwendig ist allerdings der Wille zur Öffnung und die Bereitschaft, Kompetenzen abzugeben an die Mitgliedschaft und dabei auch Turbulenzen in Kauf zu nehmen. Wir wollen anhand einer vertiefenden Analyse der von uns näher beobachteten Stadtteilgruppen klarmachen, welche Ansatzpunkte für eine solche Entwicklung es innerhalb der traditionalistischen Grundstrukturen gibt.

3. Die Stadtteilgruppen der IG Metall Dortmund

Im Rahmen unserer Untersuchung bewegten wir uns über ein halbes Jahr lang vorwiegend in drei Stadtteilgruppen der IGM; zusätzlich – je nach Anlaß (z.B. eine für unsere Untersuchung relevante Themenstellung etc.) – kamen noch weitere hinzu.

Um die gesamte Vielfalt der Stadtteilgruppen ausschöpfen zu können, wurden uns mit Beginn der Untersuchung von der örtlichen Verwaltungsstelle der IGM drei (als je repräsentative) Stadtteilgruppen zur eingehenden Beobachtung vorgeschlagen. Sie sollen zunächst typisierend unterschieden werden.

Daran anschließend sollen einige Aspekte der Arbeitsweise der Stadtteilgruppen eingehender betrachtet werden. Wichtig erscheint uns dabei, sowohl den organisatorischen Ablauf (wie Planung und Sitzungsverlauf) zu veranschaulichen, als auch Inhalte (Themen, Veranstaltungsformen) und Teilnehmerstrukturen darzustellen.

Der Vorstand einer Stadtteilgruppe setzt sich im allgemeinen aus einem Vorsitzenden, dessen StellvertreterIn sowie einem/r SchriftführerIn zusammen. Obwohl diese Funktionen durch Wahl legitimiert sind, tritt in der Öffentlichkeit eigentlich nur der erste Vorsitzende in Erscheinung (eine erste Vorsitzende gibt es im Verwaltungsstellenbereich Dortmund nicht). Er leitet die Versammlung und ist die Kontaktperson zur Verwaltungsstelle.

Ein Mitglied eines Stadtteilgruppen-Vorstands berichtet im Interview, daß es eine *gemeinsame* Arbeit seines Vorstands faktisch nicht gebe; wohl sei dies einmal bei der Wahl geplant gewesen anläßlich der konstituierenden Sitzung. »Aber da ist nichts gelaufen. Das haben die auch vorher nicht gemacht.« Die einzelnen Funktionen im Vorstand würden lediglich aus formalen Gründen vergeben. Ebenso würden keine Protokolle verfaßt.

Es ist insgesamt davon auszugehen, daß im Vorstand die in der Stadtteilgruppe aktivsten Personen zusammentreffen, da ein Vorstandsmitglied auch gute Chancen hat, zur Vertreterversammlung nominiert zu werden. Hier und da macht sich ein Vorstand Gedanken über eine etwas individuellere Form der Einladung zu Versammlungen, doch in der Regel geht man mit der Haltung heran »das ist so, das bleibt auch so, das wird in zehn Jahren noch so sein«, so der eben Zitierte. Die Einladungen werden von der Verwaltungsstelle an die jeweiligen Mitglieder verschickt; z.T. werden – falls vorhanden – auch die Planungen für das nächste Quartal, Halbjahr oder auch das ganze Jahr mit Terminen und Themen verschickt. Planung heißt dabei Festlegung von Themen und Referenten für die jährlich ca. 10 Mitgliederversammlungen. Daneben ist noch die Jubilarehrung von Bedeutung. Geburtstagsbesuche werden offenbar weitgehend als Aufgabe des Stadtteilgruppenvorsitzenden behandelt. Herausgehobene Aktivitäten im Stadtteil (im Untersuchungszeitraum z.B. die Errichtung von Infoständen anläßlich der Einhundertjahrfeier der IGM) gibt es allem Anschein nach selten.

Drei Fallbeispiele

Zum einen finden wir hier die – bis auf einen noch erwerbstätigen Angestellten – inzwischen nur noch von Rentnern besuchte Stadtteilgruppe in O. mit durchschnittlich zehn männlichen Teilnehmern. In der Begrifflichkeit der IGBE wäre dies also sozusagen ein »Stillstandsbereich«. O. ist ein flächenmäßig kleiner und ländlich geprägter Vorort, jedoch dürfte infolge der Existenz mehrerer Wohnsiedlungen sowie eines Gewerbegebietes die hier zahlenmäßig zur Stadtteilgruppe zu rechnende Klientel nicht gerade unbedeutend sein. Die Ruheständler – unter ihnen 4 Angestellte – sind ausnahmslos im selben Betrieb beschäftigt gewesen und kennen sich z.T. seit Jahrzehnten. Der Vorsitzende ist ein recht zurückhaltend wirkender, früherer Betriebsratsvorsitzender eines großen metallverarbeitenden Betriebes. Wiederholte Bemühungen, der Gruppe neues Leben einzuhauchen, sind fehlgeschlagen. Über mögliche Ursachen des mangelnden Interesses herrscht keine einhellige Meinung. Es wurden verschiedentlich Versuche unternommen, Mitglieder für die Gruppe zu werben, was jedoch kaum auf Resonanz stieß.

Der organisatorische Ablauf der Versammlung unterscheidet sich formal nicht vom Verlauf einer Sitzung in anderen Stadtteilen. Auch das behandelte Themenspektrum ist ähnlich. Die teilnehmende Beobachtung der Sitzungen macht aber bestimmte Besonderheiten deutlich. So tritt der in allen Stadtteilgruppen wichtige Aspekt der Geselligkeit besonders deutlich hervor. Erkennbar ist er für die Anwesenden *das* zentrale Motiv zur Teilnahme an den Versammlungen. Man kann im lokalen Bezug zu aktuellen Themen alte Geschichten erzählen. Versammlungsleiter und Referent haben regelmäßig Mühe, die formal vorgesehene Struktur des Ablaufs praktisch »durchzuziehen«. Sehr schnell setzen die Anwesenden dagegen eine Diskussionform durch, die undiszipliniert und assoziativ erscheint und in der einzelne Teilnehmer das große Wort führen. Das Ganze nimmt leicht den Charakter einer

Stammtischrunde an. Es geht um Meinungsaustausch, wechselseitige Bestätigung und eben alte Geschichten aus der Zeit, als Gewerkschaftsarbeit noch durch ein »ganz anderes Zusammengehörigkeitsgefühl der Kollegen« bestimmt war, aber es gibt keine praktischen Handlungsbezüge zur aktuellen Gewerkschaftsarbeit im Betrieb oder am Ort. Und solange die Stadtteilgruppe nicht als eine gleichsam vorgefundene »Organisationshülse« von den Betriebsräten eines Werks im Stadtbezirk »entdeckt« wird, ist nicht abzusehen, daß es hier Veränderungen geben wird.

Als zweite Stadtteilgruppe beobachteten wir die altersmäßig gemischte Gruppe in H., der zu einem der größten Dortmunder Stadtteile zählt. H. ist der Sitz einer der beiden Nebenstellen der IGM in Dortmund, die allerdings für den gesamten Dortmunder Süden zuständig ist und insgesamt 8 Stadtteilgruppen umfaßt. Die ausschließlich männlichen Mitglieder dieser Stadtteilgruppe sind schwerpunktmäßig in verschiedenen Betrieben der Weiterverarbeitung tätig. Vor einigen Jahren noch, berichtet der Vorsitzende, seien alle regelmäßig teilnehmenden Stadtteilgruppen-Mitglieder Beschäftigte des Hoesch-Konzerns gewesen, seien zu Wahlen regelrecht »angekarrt« worden. Nachdem diese Leute inzwischen alle den wohlverdienten Ruhestand erreicht haben, fand ein Generationswechsel statt, der gleichzeitig verbunden war mit dem Einzug von Beschäftigten aus der Weiterverarbeitung. Wer indes an den Sitzungen dieser Stadtteilgruppe teilnimmt, hat auch eine gewerkschaftliche Funktion – »es sei denn, er ist Rentner«, sagt der Vorsitzende. Der relativ junge Vorstand löste bei der letzten Wahl ein überaltertes Gremium ab, das sich aus Beschäftigten der Stahlbranche rekrutiert hatte. Alle Mitglieder des heutigen Vorstands arbeiten im selben Betrieb. Die für die Betriebsräte der älteren Generation aus dem Stahlwerk noch selbstverständliche Verknüpfung von gewerkschaftlichen und parteipolitischen Mitgliedschaften und Funktionen ist für sie so nicht mehr gegeben.

Zur monatlichen Sitzung finden sich regelmäßig ca. 15 Teilnehmer ein. Beschäftigte aus dem Stahlbereich nahmen im Beobachtungszeitraum an den Sitzungen nicht teil. Zwischen den Stadtteilgruppen in O. und H. gibt es eine gewisse Parallele: Die Versammlungen nehmen hier verstärkt Informationscharakter an. Beiden Stadtteilgruppen ist darüber hinaus die geringe Teilnehmerzahl gemein, die den Diskussionen einen eher informellen Touch gibt. Gilt aber für die stark überalterte Stadtteilgruppe in O., daß ausschließlich Geselligkeit und ein nostalgisch geprägter Blick charakteristisch sind, so finden wir in H. auch die Diskussion aktueller Fragen, die praktische Handlungsbezüge zu tarif- und betriebspolitischen Fragen haben. Auch ist in H. der Diskussionsradius erweiterter, und es beteiligen sich mehr Diskussionsredner am Gespräch. Allerdings nehmen in beiden Stadtteilgruppen die Diskutanten kaum aufeinander Bezug. Die jeweiligen Vorsitzenden treten in beiden nicht allzu stark in den Vordergrund, aber der Vorsitzende der Stadtteilgruppe H. greift häufiger regulierend in den Ablauf der Versammlung ein, wenn die Diskussion zu stark vom Thema abzugleiten droht.

Die dritte untersuchte Stadtteilgruppe, in B., die von Beschäftigten des größten Werkes des Hoesch-Konzerns, der Westfalenhütte, dominiert wird, ist durch einen im Bereich der Verwaltungsstelle beispiellos starken Versammlungsbesuch mit durchschnittlich 50 bis 60 TeilnehmerInnen gekennzeichnet. B. ist einer der größeren Vororte von Dortmund, und das Einzugsgebiet der Stadtteilgruppe erstreckt sich weit über angrenzende Stadtteile hinaus. Die hier relativ hohe TeilnehmerInnenzahl führt ein hauptamtlicher Funktionär nicht zuletzt auf ein gewisses »dirigistisches« Verhalten maßgeblicher Funktionäre zurück:

> »Die spitzen sich da gegenseitig an«, und ein ehemaliger Betriebsrat habe den Kollegen früher »auf seine charmante ostpreußische Art« immer klargemacht: »»Wenn Du was wissen willst, mußt Du eben zur Stadtteilgruppen-Sitzung kommen.««

B. ist eine altersdurchmischte Stadtteilgruppe, jedoch auch hier dominiert die Gruppe der über 40jährigen. In der Regel nimmt mindestens eine Frau an den Sitzungen teil, seltener wurden von uns bis zu drei TeilnehmerInnen gezählt, von denen eine dem Vorstand angehört.

Der Vorsitzende der Stadtteilgruppe ist zugleich Betriebsratsvorsitzender eines örtlichen Stahlbetriebes, und so ist es kaum verwunderlich, daß die BesucherInnen der Stadtteilgruppe zum überwiegenden Teil ebenfalls Beschäftigte dieses Werkes sind. Weiterhin rührt diese Homogenität auch daher, daß es hier große Wohnsiedlungen der konzerneigenen Wohnungsbaugesellschaft seit mehreren Jahrzehnten gibt.

In B. haben die Versammlungen einen überwiegend anderen Charakter als die vorher erwähnten. Zwar verbindet auch hier die Mitglieder der Stadtteilgruppe die gemeinsame und jahrelange betriebliche Praxis, jedoch kommen noch andere Faktoren hinzu: Dem äußeren Anschein nach geht es hier lebhafter zu, es wird engagierter diskutiert, Zwischenrufe sind durchaus nicht unüblich. Der Vorsitzende läßt es sich nicht nehmen, eine Art Koreferat zu halten: d.h., er greift brisante Punkte aus dem Gastvortrag auf mit dem erklärten Ziel »die Diskussion anheizen und provozieren« zu wollen, obwohl dies oftmals gar nicht zwingend notwendig ist, da das Thema die Gemüter ohnehin bereits erhitzt hat. Doch hat dies die Funktion, noch einmal ihm besonders wichtig und diskussionswürdig erscheinende Punkte herauszugreifen und in seiner Sicht und mit seinen Bezugspunkten darzustellen. So etwa, wenn der Gastreferent zur bevorstehenden Bundestagswahl das Programm der SPD darlegt und der Stadtteilgruppen-Vorsitzende daraufhin den hohen Anteil von ArbeitnehmerInnen am Wahl-Potential der CDU problematisiert oder anfragt, ob es denn »die 35-Stunden-Woche mit oder ohne vollen Lohnausgleich bei einer SPD-Regierung geben wird« und ob denn »die SPD alles wieder in Ordnung bringt?!«

Üblich ist es auch, daß der hier nicht zu jeder Sitzung, aber doch häufig anwesende frühere Betriebsratsvorsitzende des nahegelegenen Stahlbetriebes gegen Ende der Debatte einen längeren Redebeitrag beisteuert, in dem weltpolitisches Geschehen ebenso einfließt wie Begebenheiten und Erfahrungen aus seiner noch aktiven betrieblichen Phase. Er ist geradezu eine Instanz in B., eine charismatische Persönlichkeit, die am Ende der Wortmeldung auch schon mal heftigen Beifall bekommt. Nicht nur bei ihm ist es so, daß Geschichte einfließt in die Diskussion: Gerade die vielen älteren Kollegen, die in ihren aktiven Jahren auf der Hütte vielfach als Betriebsräte tätig waren, greifen auf einen umfangreichen Fundus an betrieblichen und politischen Erfahrungen zurück. So wird ein Referat zum Thema »Steuererhöhungen« nicht als bloße Informationsveranstaltung genutzt[15], sondern es werden politische

---

15 Ein Teilnehmer scherzhaft: »Als das Thema ausgeschrieben war, dachte ich, na ja – gehste mal hin... Als Rentner bin ich ja nicht so betroffen von den Steuererhöhungen.«

Hintergründe angesprochen, der Bogen vom Golfkrieg bis zu den Aufgaben der Gewerkschaften geschlagen:

> »Man will uns weismachen, daß es in Saudi-Arabien nicht nur um Öl geht... Wir müssen uns anhören, das ist für Freiheit! Nur wenn Millionen Kurden darunter leiden, das ist kein Problem!«

Gleich darauf erinnert er an die »Septemberstreiks« und erzählt von einer seiner ehrenamtlichen Tätigkeiten – dies alles, um den Begriff ›Interessenvertretung‹ anschaulich zu schildern. Es ist schon ein Stück Selbstdarstellung, die hier betrieben wird. Hier treffen Menschen aufeinander, die sich im Ruhestand befinden und einmal im Monat in der Stadtteilgruppe mit ehemaligen Kollegen über vergangene Zeiten und Aktivitäten reden – vielleicht sogar ein wenig wehmütig der eigenen vergangenen Bedeutung in Betrieb und/oder Gewerkschaft und damit verbunden eines politischen Gewichts nachhängen. Geselligkeit unter Gleichgesinnten, wechselseitige Selbstbestätigung und vielleicht auch die Gewißheit des ein oder anderen Teilnehmers, in diesem Kreis noch Gewicht zu haben und gehört zu werden, spielen also eine große Rolle. Aber ganz anders als in O. haben all diese Diskussionen ihren spezifischen Bezug auf aktuelle tarifpolitische, mitbestimmungspolitische usw. Handlungsprobleme.

All dies jedoch wäre letztlich nicht zu verstehen ohne Kenntnis der Vergangenheit der Stadtteilgruppe B. Gemeinsam ist einem Großteil der Stadtteilgruppen-Mitglieder die Kampferfahrung aus den Stahlstreiks der vergangenen Jahrzehnte. Das relativ starke Zusammengehörigkeitsgefühl in B. ist nicht zuletzt auf die räumliche Nähe im Stadtbezirk zurückzuführen. Die KollegInnen teilen nicht nur betriebliche Erfahrungen miteinander, sondern treffen sich bei verschiedensten Gelegenheiten: »Sie treffen sich bei der IGM, sie treffen sich bei der SPD, sie treffen sich überall«, so ein Mitglied des Vorstands der Stadtteilgruppe. Viele seien in Kleingarten- oder diversen Sportvereinen, seien teilweise zusammen aufgewachsen »und kennen sich sehr gut... sind bekannt wie ein bunter Hund.«

Neben dem infrastrukturell bedingten Zusammenhalt ist jedoch auch der Stahlstreik 1978/79 für die Bezüge in der Gruppe sehr wichtig gewesen. Damals habe es Stadtteilgruppen-Sitzungen gegeben, »die kann man gar nicht beschreiben«, schwärmt ein hauptamtlicher Funktionär. Man habe manchmal 20 Diskussionredner zu verzeichnen gehabt. Der Stadtteilgruppen-Vorsitzende erinnert sich an Zeiten,

> »wo aus dieser Stadtteilgruppe 30, 35 Anträge zum Gewerkschaftstag gestellt wurden, die zum Großteil sich – ich will jetzt nicht von der Quantität sprechen, sondern von der Qualität – die Leitanträge wurden von der Ortsverwaltung nachher, wo die Vertreterversammlung den B.er Antrag zum Leitantrag gemacht hat und dieser einfloß praktisch in die große Gewerkschaftspolitik. Und da ist wirklich hier, hier sehr viel besonders in den 70er Jahren von einigen Vordenkern entwickelt worden. Das hat im Grunde auch dazu geführt, daß die B.ler in den Vertreterversammlungen die Richtung vorgaben.«

Nicht von ungefähr also taucht in Gesprächen mit Haupt- und Ehrenamtlichen der Begriff von der »B.ler Mafia«, die »Republik B.« als »eine Schmiede – wo Vorstellungen, wo neue Gedanken entwickelt wurden« auf.

> »Es wird völlig übersehen, daß diese Stadtteilgruppe ja ausgehend von den 60er Jahren nur einer Politik von jungen oder weniger jungen Menschen, daß dort ein anderes Bewußtsein vorher schon war, aus welchen Gründen auch immer, als woanders... Daß da Menschen zusammengefunden haben, die politisch engagiert waren. Es ist Zufall oder auch nicht Zufall, wenn ich A. sehe, der aus einer alten sozialdemokratischen Familie herkommt, wo der im KZ unglaublich gelitten hat. Und am Beispiel von Z., der die Auseinandersetzung mitgemacht hat in der Sozialdemokratie, weil sie gegen die Aufrüstung in den 50er Jahren angetreten sind, Tore unten bei den Kasernen besetzt haben, danach – ja, wie 20 Jahre später andere – weggetragen wurden, und das, weil sie gegen die Aufrüstung nach dem Kriege eingetreten sind. Das heißt, da kamen Menschen zusammen, die ja vom Elternhaus geprägt waren, die eine andere Gesellschaft wollen, und die sich Gedanken gemacht haben, wie denn – ja, ich sag' mal – das Los der Arbeitnehmer verbessert werden kann«, erklärt der Stadtteilgruppenvorsitzende.

Daß diese früheren Betriebsräte gewissermaßen als »Leitfiguren« auch heute noch ein solches Gewicht in der Versammlung haben, erstaunt daher nicht.

In der Stadtteilgruppe B. schwingt aufgrund der wechselvollen Vergangenheit der Stahlarbeiter immer noch ein Hauch von ›Klassenkampf‹ durch den Saal, doch altgediente Mitglieder sehen auch ganz realistisch:

»Ich hatte Ideale, das System zu verändern. Und bin schnell dahintergestiegen, daß die Gewerkschaften nach dem Krieg immer ein ordnungspolitischer Faktor waren. Wir waren nicht dazu da, das System zu verändern. Wenn Du (zu seinem Vorredner gewandt, d. V.) das so darstellst, die Gewerkschaften hätten Klassenkampf gemacht, dann stimmt das nicht! Wenn wir nicht auf die reale Situation[16], die Wechselwirkungen eingehen, dann wird nichts passieren.«

Das »Auf-die-Wechselwirkungen-Eingehen« heißt, die begrenzten Möglichkeiten der Montanmitbestimmung auszuschöpfen. Es geht also darum, vorhandene – wenn auch eingeschränkte – Gestaltungsmöglichkeiten wahrzunehmen, um sich nicht des geringen Einflusses, den die ArbeitnehmerInnen im Rahmen der Mitbestimmung noch geltend machen können, zu entheben; denn mit anderen Worten: »sonst würde nichts passieren.«[17]

Es ist eine immer wieder ambivalente Haltung, die am eben gezeigten Beispiel, aber auch bei anderen Beobachtungen auffällt: Das Kapital/Arbeit-Paradigma hat in den Köpfen vieler Anwesender noch seine plakative Bedeutung, und es wird z.B. bei der Interpretation aktueller Tarifrunden darauf zurückgegriffen. An anderer Stelle jedoch wird unter Umständen in derselben Versammlung und von denselben Personen – vornehmlich anläßlich von Diskussionen um die neuen Bundesländer – diese Ebene verlassen und festgestellt: »Die müssen die Marktwirtschaft erst mal lernen.« Oder es wird an anderer

---

16 Die ›reale Situation‹ – das ist auch die, von der der Betriebsratsvorsitzende eines der drei Stahlwerke Dortmunds bei einer öffentlichen Podiumsveranstaltung (mit Vertretern der IHK, des Arbeitsamtes, dem Sozialinstitut des Erzbistums Paderborn ›Kommende‹ am 9. 2. 92) aus Anlaß des Hoesch/Krupp-Konflikts zum Vorwurf einer Teilnehmerin, der Betriebsrat habe ›geschlafen‹, wenn er vor dem Öffentlichwerden des Aktienkaufs nicht informiert gewesen sei, meint, »man kann sich moralisch entrüsten, aber man kann nichts dagegen machen.« (eigene Mitschrift) Die Arbeitnehmervertreter im Aufsichtsrat der Hoesch AG haben auch in diesem Konflikt im Rahmen der Montanmitbestimmung keine Möglichkeiten, am Vorhaben des Krupp-Konzerns bzw. der Mehrheits-Aktieneigner vorbei eine für Hoesch zufriedenstellende Lösung durchzusetzen, denn dann – so der Betriebsrat weiter – werde Krupp sich (dem Aktiengesetz folgend) in der Hauptversammlung die Zustimmung holen.
17 Ein hauptamtlicher Gewerkschaftsfunktionär formuliert in diesem Zusammenhang kritisch: »Nach außen geben sich die Kollegen dort immer noch sehr verbalradikal als Klassenkämpfer, aber nach innen, im Unternehmen, da treten sie als Modernisierer auf... und das ist nicht aufgelöst.«

Stelle die hohe Arbeitsverdichtung in den westlichen Produktionsstätten als Ergebnis und Beweis eigener Leistungsfähigkeit gepriesen im Vergleich zu der »laschen Arbeitsweise« in der ehemaligen DDR.

Entsprechende Diskussionen können auf diese Weise merkwürdig irreale Züge annehmen: So will einer »nicht ausschließen, daß es in Zukunft mal zu einer Explosion kommen kann«, doch der Versammlungsleiter erwidert: »Nein, es geschieht nichts!« und verweist damit auf Erfahrungen mit Antikriegsdemonstrationen, bei denen die Proteste seiner Einschätzung nach mit der Zeit immer geringer wurden. Sein Schluß allerdings: »Wahrscheinlich werden wir als Gewerkschafter mal wieder gezwungen, in den Tarifrunden *alles* rauszuholen!« suggeriert eine hohe gesellschaftspolitische Qualität der anstehenden Tarifauseinandersetzung und scheint angesichts der Begrenztheit eines solchen Verteilungskampfes mehr vom Prinzip Hoffnung getragen und agitatorisch motiviert, als daß er Entsprechungen in der Wirklichkeit hätte. Denn auch die – gemessen an Steuer- und Preiserhöhungen – vergleichsweise geringen Tariferhöhungen der letzten Jahre vermögen die finanziellen Einbußen auf seiten der ArbeitnehmerInnen nur schwerlich auszugleichen.

Organisatorischer Ablauf einer Sitzung

Die Versammlungen der einzelnen Stadtteilgruppen finden ausnahmslos in den meist verräucherten Versammlungssälen von Gaststätten statt. An langen Tischreihen trifft man sich in den nüchtern gestalteten Hinterzimmern der jeweiligen Gaststätte. Vor Kopf sitzen der Vorstand bzw. der Versammlungsleiter und der/die ReferentIn.

Die Kellnerinnen haben v.a. in der ersten Hälfte des Abends viel zu tun, um den zahlreichen Wünschen nach Getränken zu entsprechen. Neben Bier werden auch häufig nichtalkoholische Getränke sowie Kaffee oder Tee gewünscht. Spirituosen scheinen unüblich zu sein.

Im Vorfeld der Versammlung findet lockeres Geplauder statt, bei dem aktuelle Themen in kurzen, prägnanten Sätzen auf den Punkt gebracht werden: Hier geht es um Asylpolitik der Landesregierung NRW, mit der einer nicht einverstanden ist (»Man muß sich schämen, daß man so lange in der Partei war!«), dort um den anscheinend bereits als überfällig eingeschätzten Rücktritt eines Bundesministers (»daß sie den endlich am Kragen kriegen«).

Offizieller Beginn ist durchgängig um 18 Uhr, tatsächlich fängt die Versammlung gegen 18.10 Uhr mit der Begrüßung durch den Vorsitzenden an. Dieser stellt die Referentin/den Referenten des Abends vor und erteilt dieser/diesem sogleich das Wort. Für die Stadtteilgruppe B. weiß ein hauptamtlicher Funktionär, daß es dort »unmöglich« sei, etwa eine Stunde lang zu referieren, sondern dann dränge es die Teilnehmer, ihre Meinung zum Thema einzubringen: »Nach zwanzig Minuten mußt du die Möglichkeit schaffen zu diskutieren.«

Nach Ende des Referats ist Gelegenheit für Fragen und Diskussionsbeiträge, denen sich unter dem Punkt ›Verschiedenes‹ zumeist noch einige organisatorische Hinweise anschließen. Es fällt auf, daß auch bei durchaus hitzig geführten Diskussionen die Anzahl der Wortbeiträge nicht erhöht wird. Das Versammlungsende wird stringent eingehalten, so daß nahezu der Eindruck entsteht, hier würden Gespräche um ihrer selbst willen geführt in dem Sinne, daß man sich zwar auseinandersetzt, das Ergebnis der Diskussion jedoch keine Relevanz hat. Das Ende wirkt entsprechend abrupt: Dem Dank des Versammlungsleiters für die rege Beteiligung folgt der offizielle Schluß. Aus der Diskussion werden zumindest hier an Ort und Stelle keine Konsequenzen gezogen noch eine Weiterbehandlung des Themas in welcher Form auch immer erwogen. Zwischen 19.30 und 20 Uhr wird die Versammlung dann offiziell geschlossen und gegebenenfalls noch informell weitergeführt.

Das Themenspektrum der Stadtteilgruppen

In wenigen Stadtteilgruppen ist es üblich, daß sich der/die zuständige hauptamtliche Funktionär(in) in der Regel ein- bis zweimal jährlich mit dem Vorstand zusammensetzt, um die Planung zu gestalten. Dies geschieht nur in lediglich 6–8 Stadtteilgruppen Dortmunds[18]. Alle übrigen überlegen sich kurzfristig für jeden Monat ein Thema und melden dies der Verwal-

---

[18] In der Nebenstelle Hörde findet in ca. der Hälfte der Stadtteilgruppen eine quartalsbezogenen Planung statt.

tungsstelle. ›Stadtteilgruppenangelegenheiten‹ heißt die Veranstaltung, für die kein explizites Thema vorgesehen ist oder aber Vorbereitungen für Veranstaltungen der Stadtteilgruppe anstehen. Hier diskutiert die Gruppe dann ohne externe ReferentInnen (z.B. die Gestaltung einer Jubilarfeier). Zur Illustration der gemeinsamen Themensuche eines Vorstandes mag folgende Protokollpassage dienen, die von uns im Anschluß an eine Stadtteilgruppen-Sitzung notiert wurde:

> ›Danach‹, und ›wo schon mal alle beisammen sitzen‹, wirft das Vorstandsmitglied A. die Frage auf: »Was machen wir das nächste Mal?« – Etwas stockend – der Vorsitzende hat offensichtlich überhaupt keine Lust, sich jetzt darüber den Kopf zu zerbrechen – kommen einige Vorschläge zusammen:
> – »Neue Technologien?«/»Das hatten wir doch schon mal.«
> – »100 Jahre IG Metall?«/»Das ist jetzt noch zu früh.«
> – »Entgelttarifvertrag?«/»Ist wichtig, aber nicht zum jetzigen Zeitpunkt.«
> – »Man müßte mal wen Prominentes holen oder jemanden vom Schauspielhaus, die sind rhetorisch sehr gut.«/»Auf die Rhetorik allein kommt's doch nicht an.«
> – »Kultur?«
> – (Frage an den Beobachter) »Weißt du nicht was?«/(Achselzucken) »Ich dachte, Ihr hättet ein Programm?!«
> – »Oder man müßte den B. mal wieder einladen...?«
> – »Gewerkschaftsaufbau in den NBL?«/»Da müßte man den C. (Hauptamtlicher, d.V.) kommen lassen.«/»Der ist doch noch drüben.«/»Oder vielleicht den A.?«

Deutlich wird hier eine gewisse Beliebigkeit (Kultur, Schauspielhaus) sowie die Gebundenheit bestimmter Themen an Ereignisse (Jubiläen, Tarifvertrag etc.). Die Diskussion endete schließlich auch ohne Entscheidung. Der Stadtteilgruppenvorsitzende traf diese später allein – mehr oder weniger pragmatisch in Abhängigkeit von sich anbietenden ReferentInnen.

Ein hauptamtlicher Funktionär berichtet: Die Referenten, die man bei Bedarf anhand einer in der Verwaltungsstelle vorliegenden Liste auswählen kann, sind in ihrer Mehrzahl zumeist männliche haupt- oder nebenamtliche Funktionäre. Darüber hinaus werden auch VertreterInnen der Kommunalverwaltung, Abgeordnete aus Land- sowie Bundestag und ExpertInnen konkreter Themenbereiche (z.B. Umwelt, Verkehr) zu Referaten hinzugezogen.

»In vielen Bereichen sucht man krampfhaft nach Themen. Nicht, weil es zu wenig sind, sondern weil natürlich auch die Überlegung ist: Kommen zu diesem Thema *mehr* Leute oder kommen überhaupt Leute? Das Grundproblem ist erst mal, daß man danach sucht, überhaupt ein Thema zu behandeln«, berichtet ein Mitglied des Stadtteilgruppenvorstands.

In unmittelbarem Zusammenhang damit steht auch das Problem, daß bestimmte – eher hochkarätige – Referenten ihre Zeit nicht »sinnlos vertun« wollen. Vor einer nur geringen Zahl von TeilnehmerInnen zu referieren, sei wenig attraktiv, meint ein Hauptamtlicher:

> »Wenn man wirklich hochdotierte Leute dahin holt, die fragen in der Tat vorher, mit wieviel Leuten sie rechnen können. Und wenn man jetzt sagt, zwischen 5 und 15 oder was weiß ich, dann kommen die nicht. Ich sag' auch mal, verständlicherweise. Wenn die von wer weiß wo anreisen und haben da so ein paar Insider vor sich sitzen, oder sie haben das Thema, die Stadtteilgruppe hat das Thema auf die Tagesordnung gesetzt und hoffen, daß da wirklich mal Angestellte kommen, ohne vorher Werbung dafür gemacht zu haben, sondern routinemäßig diese Einladungen rausgegeben haben, dann werden immer noch die da sitzen, die immer gesessen haben. Und sie wollten eigentlich das Thema nicht – sie wollten das eigentlich, um mehr Angestellte dahinzukriegen.«

Ein Vorstandsmitglied der Stadtteilgruppe B. berichtet, man sei durchaus schon mit sozialpolitischen Themen befaßt gewesen – so z.B. mit Verkehrsproblemen am Ort, Müllentsorgung etc. –, muß jedoch einräumen, dies sei bereits einige Jahre her, denn neben den obligatorischen Themen wie Tarife, Betriebsratswahlen und der Sommerpause (Juli–September) bleibe nicht mehr viel Zeit für anderes: »Im letzten Jahr hat sich halt auch viel um die Ex-DDR gedreht, das war doch das Hauptthema.«

Großer Beliebtheit erfreuen sich die die Altersversorgung betreffenden Themen – lebt doch ein Teil der TeilnehmerInnen bereits im Ruhestand. Bei einem solchen Thema sind erfahrungsgemäß wachsende Besucherzahlen zu verzeichnen. Auf weitaus geringeres Interesse jedoch stoßen sogenannte »Frauen-Themen«. Ein weibliches Stadtteilgruppen-Mitglied: »Ich habe das mal angeschnitten, bin dann aber ziemlich abgeschmiert.« Sie hat dann dieses Vorhaben nicht weiter verfolgt, da sie »ziemlich beleidigt« war angesichts der männlichen Kommentare, »von denen ich dachte, das darf alles nicht wahr sein – da sei die Stahlrunde, Vertrauensleute-Wahlen, Betriebsratswahlen« – es gebe also immer wichtigere Dinge als Frauen-Themen. »Wenn mehr Frauen da wären, wäre es vielleicht anders. Aber es ist nicht so.«

Auf der anderen Seite zeigt der Blick auf die Veranstaltungskalender der letzten Jahre, daß ein breites Themenspektrum in den Stadtteilgruppen abgedeckt wird. Nach Einschätzung eines Hauptamtlichen wird insgesamt in den Stadtteilgruppen »von der Qualität und Themenstellung... eine unheimliche Palette abgedeckt, zum Teil ist das eher zu hoch gegriffen und zuviel.«

Nach den von uns eingesehenen Veranstaltungskalendern für mehr als zwei Jahre wird dieser Eindruck zwar bestätigt, jedoch zeigt sich eine relativ starke Dominanz traditioneller gewerkschaftlicher Themen (vgl. auch Niemeyer 1988), als da sind: tarif- und organisationspolitische Themen sowie der Bereich Sozialpolitik. Neu hinzugekommen ist alles, was thematisch die deutsche Vereinigung berührt. Das lokale Umfeld tangierende Themen wurden 1991 in verschiedenen Stadtteilgruppen unter zwei Gesichtspunkten behandelt: dies waren der Bereich ›Ökologie‹ (Umweltschutz, Abfallbeseitigung, Verkehr) sowie die ›Kommunal- und Strukturpolitik‹. Das Thema ›Arbeitslosigkeit‹ wird im genannten Zeitraum in lediglich einer Stadtteilgruppen-Versammlung problematisiert.

Die Abfolge dieser Themen ist gebunden an die Aktualität (z.B. neue Bundesländer) sowie an ständig wiederkehrende Ereignisse (wie Wahlen, Tarifauseinandersetzungen etc.). Es findet sich kein Anhaltspunkt dafür – und dies wird auch in keinem Gespräch gewünscht –, daß eine Stadtteilgruppe daran interessiert wäre, eine thematische Kontinuität zu erreichen, um gleichsam projektartig einen Themenkomplex zu behandeln, was den Effekt haben könnte, einen solchen Themenkomplex systematisch zu vertiefen und vielleicht auch auf konkrete Handlungsansätze hin zuzuspitzen – nicht zuletzt um darüber einen größeren Kreis von Interessenten ansprechen zu können. So bleibt die Themenfindung der Phantasie und dem Interesse des jeweiligen Vorstands überlassen, und der Charakter der Veranstaltungen entspricht doch relativ stark dem Muster traditioneller Bildungsveranstaltungen (Referentenprinzip) – auch dort, wo es sehr lebendige Diskussionen der Teilnehmer gibt.

Richtmaß für die Referate sind 30 bis 60 Minuten, unter einer halben Stunde blieb unseren Beobachtungen nach kaum ein Vortrag. Die festgelegte Dauer von zwei Stunden je Sitzung wird – zumindest, was den offiziellen Rahmen betrifft – selten überschritten. So bleibt zumeist nur Zeit für 5–6 Wortmeldungen, und egal, wie hitzig und bedeutungsvoll eine Diskussion auch sein mag: »Mit Eurer freundlichen Genehmigung machen wir Schluß nach den nächsten beiden Wortmeldungen!« lautet die lapidare Ankündigung eines Vorsitzenden.

Doch muß dies noch nicht das Ende des Abends bedeuten: In der Stadtteilgruppe B. trifft man sich gern noch im informellen Kreise vorn in der Kneipe auf ein Bier, in der Stadtteilgruppe H. bleibt der größte Teil der Anwesenden nach dem offiziellen Ende der Versammlung noch sitzen, und die Gespräche werden in lockerer Form weitergeführt. Lediglich in der Stadtteilgruppe O. verlassen alle Teilnehmer den Saal, da im Anschluß ein Gesangsverein die Räumlichkeit belegt. Hier nutzen die Kollegen auch nicht mehr den Schankraum zum verlängerten Beisammensein – dies war ja, wie gezeigt, bereits die Versammlung selbst –, sondern gehen – allein oder gruppenweise – nach Hause.

Jubiläen

Jubiläen sind ein jährlich stattfindendes, herbstliches Ereignis. Je nach Größe einer Stadtteilgruppe finden sie als Einzel- oder gemeinsame Veranstaltung mehrerer Stadtteilgruppen statt. Die zumeist männlichen Jubilare erscheinen in der Regel mit Partnerin/Ehefrau und sind z.Z. mehrheitlich seit 40 Jahren Mitglieder der IGM. Insgesamt geehrt werden Mitglieder ab 25, 40, 60, 70... Jahren der Mitgliedschaft, wobei die Gruppe der 25jährigen unter den Teilnehmern unterrepräsentiert ist, d.h. deren Interesse an der Veranstaltung ist nicht sehr groß.

In der Regel finden die Veranstaltungen in Gaststätten statt, die im gutbürgerlichen Sinne festlich gestaltet sind. Für das Rahmenprogramm lädt jede Stadtteilgruppe individuell eine Kulturgruppe oder einen Alleinunterhalter ein. Die Kosten der Veranstaltung trägt die Ortsverwaltung. Als Gastredner treten oft der erste Bevollmächtigte, der DGB-Kreisvorsitzende sowie weitere Personen des gewerkschaftlichen und öffentlichen Lebens auf (z.B. eine Bürgermeisterin). In dieser ca. 20–30 Minuten währenden Rede wird meist – neben dem

Dank an die altgedienten Mitglieder sowie Fragen der aktuellen Gewerkschaftspolitik – eine Art Revue der Jahre geboten, in denen die Jubilare jeweils eingetreten sind. Skizziert werden die wichtigsten gesellschaftspolitischen Ereignisse des Zeitraums. Im Anschluß daran werden vom Festredner die Urkunden überreicht, es folgt die Aufstellung für das Pressefoto, und damit ist der offizielle Teil erledigt. Nun ist Raum für Musik und Tanz.

Hier und da macht man sich allerdings Gedanken über eine Veränderung des Stils der Veranstaltung, um das Zusammengehörigkeitsgefühl in einer Stadtteilgruppe zu fördern, und plant, dieses Fest, ähnlich der uns aus dem Organisationsbereich der IGBE bekannten Praxis, als Veranstaltung für alle Stadtteilgruppen-Mitglieder unter dem Motto »Herbstfest der Stadtteilgruppe ... mit Jubilarehrung« zu öffnen und den Kontakt zwischen den Generationen zu fördern.

4. Zur Integration »gewerkschaftlicher Randgruppen«

Der typische Besucher einer Stadtteilgruppe ist männlich, deutsch[19] und älter als 40 Jahre. Die Struktur der Teilnehmer unterscheidet sich vermutlich wenig von der in den Arbeiterortsgruppen der IGBE, wobei über die Anteile der Angestell-

---

19 Nach einer Personengruppen-Statistik der IGM Dortmund (1990) finden sich 2% Ausländer in der Vertreterversammlung. Das entspricht 4 (von 201) gewählten VertreterInnen. Eine statusgemäße Aufschlüsselung (Arbeiter/Angestellte) ist aufgrund der hier vorliegenden Angaben nicht möglich.
In den Stadtteilgruppen sind im Rahmen unserer halbjährlichen Beobachtungen in allen drei Fällen keine ausländischen Mitglieder in Erscheinung getreten.
In der uns vorliegenden Themensammlung der 35 Stadtteilgruppen erscheinen vier Veranstaltungen, die sich thematisch mit Problemen ausländischer Mitbürger befassen. Für die Stadtteilgruppen läßt sich daraus ableiten, daß von seiten der IGM zwar wohlwollendes Interesse an der speziellen Problematik vorhanden ist, jedoch über den Betrieb hinaus auf Stadtteilgruppenebene kaum Kontakte zwischen ausländischen und deutschen IGM-Mitgliedern bestehen.
Innerhalb der Verwaltungsstelle gibt es einen Ausländerausschuß, der in den Betreuungsbereich einer Gewerkschaftssekretärin fällt. Der Ausschuß ist bereits mit mehreren Veranstaltungen an die Öffentlichkeit getreten, die der interkulturellen Begegnung dienen sollten (vgl. WAZ 10. 9. 91). Die Mitglieder des Ausschusses kommen vorrangig aus Portugal, Spanien und Griechenland.

ten in den Mitgliederversammlungen der IGM keine gesicherten Angaben verfügbar sind. Im folgenden Abschnitt soll den Gründen für die Abwesenheit der deutlich weniger vertretenen Mitgliedergruppen wie Frauen, Jugendliche, Angestellte und Ausländer nachgegangen werden, wobei auf eine eingehende Analyse der Beteiligung ausländischer IGM-Mitglieder im Rahmen dieses Projekts verzichtet werden mußte.

Laut Mandatsprüfung zur Vertreterwahl 1990 gibt es in der Vertreterversammlung unter den 201 VertreterInnen 41 (20,4%) Angestellte. Knapp 9% (18) der VertreterInnen sind weiblich (1987: 6,7%). Aus dem Handwerksbereich kommen gerade 2 (1%) VertreterInnen. Dominierend ist der Eisen- und Stahlbereich mit 95 (47,3%), gefolgt von der Verarbeitung mit 72 (35,8%) VertreterInnen (IGM Dortmund 1990, 7). Die jüngste Vertreterin ist 25 Jahre (ebd.).

Frauen

Frauen finden sich in allen Stadtteilgruppen-Versammlungen entweder überhaupt nicht oder nur als »Spurenelemente«. Ihre Teilnahme ist manchmal noch dazu weniger von inhaltlichem Interesse gelenkt als taktischer Art: So weiß eine Befragte – einzige Frau im Vorstand der Stadtteilgruppe, stellvertretende Vorsitzende und eigener Einschätzung nach »Quotenfrau« –, daß es für sie als Betriebsrätin sehr wichtig sei, die sich in der Stadtteilgruppe bietenden Kontakte zu nutzen. Man müsse sehr viel wissen, um Betriebsratsarbeit effektiv machen zu können. Es reiche nicht aus, über das Betriebsverfassungsgesetz Bescheid zu wissen, sondern man müsse sich auch sozialpolitisches Wissen aneignen. Darüber hinaus müsse man Kontakt zu anderen BetriebsrätInnen sowie Vertrauensleuten pflegen, um sich auszutauschen:

»Das war eigentlich ein Grund für mich, in die Stadtteilgruppe zu gehen.« Für diese informelle Informationskette – die also in diesem Sinne für sie durchaus auch Bildungsfunktion hat – nutzt sie die Zeit am Tresen, nach der offiziellen Sitzung. Nur »mußt du da fürchterlich aufpassen, weil du da die einzige Frau bist. Wenn du dich mit einem Kollegen länger als eine Stunde unterhältst, hast du deinen Ruf auch weg. Da muß ich sagen: Da schlabbern Männer mehr als Frauen!«

Trotz alledem empfindet sie sich in der Stadtteilgruppe als »neutrale Person«:

»Du mußt mehr wie ein Mann dahingehen. Du mußt dich darauf einstellen. Du kannst auch nicht dahinkommen und einen ganz kurzen Rock anziehen im Sommer. Was meinst du, was ich da für Sprüche gehört habe.«

Anpassung in jeder Hinsicht scheint angeraten – sowohl kleidungsmäßig als auch inhaltlich sollte frau sich nach den Gepflogenheiten richten. Zwar ist die Befragte der Ansicht, dies sei eine Frage der Quantität: Gäbe es mehr Frauen, die sich für die Arbeit der Stadtteilgruppe interessierten, müßten sich die Männer zwangsläufig umstellen, doch bisher treffen Überlegungen, mehr Frauen eventuell durch eine entsprechende Werbeaktion zu gewinnen, kaum auf großes Interesse bei den Kollegen im Vorstand der Stadtteilgruppe, denn »es gibt zu viele andere Probleme«, mußte die Befragte erfahren.

Zwar kommt es hier und da vor, daß innerhalb einer Diskussion das Thema »Frauenarbeit« gestreift wird – so geschehen in der Stadtteilgruppe H. bei einem Referat zum Thema »Tarifpolitik«. Dann engagieren sich die teilnehmenden Männer auch verbal, doch spitzt sich die Diskussion meist auf das Fazit zu: ›An uns liegt es nicht – die Frauen wollen ja keine Funktionen übernehmen.‹ Hier sind es noch am ehesten ältere Mitglieder, die wohlwollend argumentieren und Frauen gefördert sehen wollen: »Wir Männer haben immer eine große Schnauze! Aber wenn's ans Eingemachte geht, dann kneifen wir.« Sie haben schließlich im Ruhestand von aktiven Frauen nichts mehr zu befürchten: weder mangelnde Versorgung zu Hause noch weibliche Konkurrenz in Betrieb und Gewerkschaft, was sich für so manchen jüngeren Mann schon ein wenig anders darstellen kann...

Auch eine hauptamtliche Funktionärin bei der Verwaltungsstelle hält sich merklich bedeckt gegenüber dem Ansinnen, den Männern in der Stadtteilgruppe mehr frauenspezifische Themen anzubieten: »Was sollen die Männer über die Frauen reden...?« Ein hauptamtlicher Funktionär will sich dennoch nicht pessimistisch geben. Seien die Frauen auch nicht in der Stadtteilgruppe, so doch immerhin mit steigender Tendenz in betrieblichen Arbeitnehmergremien vertreten (im Bezirk Dortmund sind von 11 100 Vertrauensleuten 7,4 % Frauen; metall 1/92). Gleichwohl treffen auch hier verschiedene Betriebsratsvorsitzende die Feststellung, daß das Engagement von Frauen noch zu wünschen übrig läßt:

»Vertrauensleute, also Vertrauensfrauen und selbst Betriebsrätinnen, sind kaum zu kriegen. Obwohl wir ein Betrieb sind, in dem weit über die Hälfte Frauen beschäftigt sind. Kriegt man also mit Mühe und Not dieses Pflästerchen, daß wenigstens eine in so einem Gremium, z.B. im Betriebsrat ist«, berichtet z.B. einer von ihnen.

Bei der benachbarten Verwaltungsstelle Bochum wird seit geraumer Zeit versucht, mit einem ›Frauen-Stammtisch‹ neue Wege der gewerkschaftlichen Frauenarbeit zu beschreiten. Laut Information der IGM-Bezirkssekretärin macht »diese etwas lockere Art der Zusammenkünfte jetzt Schule.« In loser Folge veranstaltet man hier zu wechselnden Themen offene Plenumsveranstaltungen, die sich ihr zufolge reger Nachfrage erfreuen[20]. In einer anderen Verwaltungsstelle des Bezirks liegt der Schwerpunkt mehr auf der betriebsbezogenen Frauenarbeit. Hier wurden »eigens aus dem Betrieb Kolleginnen angesprochen, die dann abends in der Nähe von der Firma sich zum lockeren Gespräch gefunden haben«, so die dortige IGM-Sekretärin. All dies sind Versuche, Kontakte zur Zielgruppe ›Frauen‹ herzustellen. Ansatz ist sinnvollerweise der persönliche Erfahrungsbereich von Frauen, da hier »die für offizielle Versammlungen konstitutiven Merkmale der Erfahrungsform und der Fremdheit, die eine wesentliche Hemmschwelle für die Artikulation von Interessen und Vorstellungen bilden, entfallen« (Frerichs/Morschhäuser/Steinrücke 1986, 490).

Die Ablehnung von Veranstaltungen mit vorwiegend formalistischem Charakter ist dabei wahrscheinlich nicht nur ein Beweggrund *weiblicher* Mitglieder, Stadtteilgruppenversammlungen sowie auch andere gewerkschaftliche Versammlungen eher zu meiden (Ferichs/Steinrücke 1989, 94). Angesichts der geringen Zahl von InteressentInnen an gewerkschaftlichen Versammlungen ist zu vermuten, daß auch viele männliche Kollegen die in der Mehrheit abstrakten Diskussionen und oft langatmigen Vorträge zu vermeiden suchen. Für Frauen wie Männer außerhalb dieser relativ stabilen Kerngruppen gilt darüber hinaus aber wohl auch, daß bei ihnen oftmals die

---

20 Eine daraufhin von uns beobachtete Veranstaltung war zwar gut besucht, in ihrem äußeren Ablauf aber doch sehr stark durch das bereits am Beispiel der Stadtteilgruppe B. beschriebene traditionelle Muster geprägt.

Neigung vorliegt, Interessenvertretung zu delegieren (Frerichs u. a. 1989).

> »Als ich noch im Betrieb war, sagte ich oft ›kommt, geht doch mit zur Versammlung!‹ – ›Ach, wir haben euch gewählt, und dann geht ihr mal. Ihr macht das schon richtig, was sollen wir da denn noch?‹«

mußte eine Ehrenamtliche häufiger von Kolleginnen erfahren.

Manche Stadtteilgruppen machen sich hier und da Gedanken über einen Einbezug von Funktionärinnen in ihre Arbeit. Doch ist es möglicherweise auch eine Generationsfrage, inwieweit tatsächlich Bereitschaft bei den männlichen Mitgliedern vorhanden ist, auch sich selbst als Funktionäre in Frage stellen zu lassen. So kann eine Veranstaltung mit (Ehe-)Partnerinnen auch den Effekt haben, daß zum einen Frauen ihre Probleme jedweder Art offen artikulieren, »aber da dürfen die dann das zweite Mal nicht mehr kommen«, bedauert eine Gewerkschaftssekretärin; zum anderen sei es bei derartigen gemischten Veranstaltungen häufig der Fall,

> »wenn Männer dabei sind, daß *die* dann diskutieren. Die Frauen kommen ja teilweise gar nicht zu. Oder wenn wir jetzt öffentliche Konfrontation haben wollen, bekräftigen sie dann ihren Mann noch in dessen Meinung.«

Eingefahrene Rollenklischees von Frauen und Männern sind auch hier ein Handicap für Veränderungen in der gewerkschaftlichen Arbeit. Gerade im traditionellen Arbeitermilieu, aus dem bislang vorrangig die Teilnehmer der Stadtteilgruppenversammlungen kommen, sind sie weit verbreitet. Mit zunehmender Erwerbstätigkeit von Frauen jedoch wird die Beobachtung gemacht, daß diese überkommenen Klischees aufgebrochen werden. Nur bietet die Mitgliederversammlung auf örtlicher Ebene offenbar angesichts ihrer derzeitigen Beschaffenheit für Frauen keinen Anreiz, hier vorrangig ihre strukturerneuernden Kräfte einzusetzen. Frauen suchen andere Möglichkeiten des Austausches in bezug auf die ihnen wichtigen politischen Fragen, als sie sie in der Stadtteilgruppe vorfinden. Daher sucht nur selten ein weibliches Mitglied das verräucherte Hinterzimmer der diversen Gaststätten auf. Das Umfeld der Stadtteilgruppe und deren Wirkungsfeld ist seit jeher auf den männlichen (Fach-)Arbeiter bzw. auf den ihm im Status ähnlichen, angelernten Stahlarbeiter mit langjähriger Berufserfahrung abgestellt.

Jugendliche

Jugendliche sind im Rahmen des maßgeblichen gewerkschaftlichen Gremiums der Verwaltungsstelle Dortmund – wie oben erwähnt – nicht vertreten. Dies ist durchaus folgerichtig – findet man doch auch in den Stadtteilgruppen, in denen die VertreterInnen immerhin gewählt werden, kaum Jugendliche. Bei unseren Beobachtungen war festzustellen, daß lediglich in B. innerhalb eines halben Jahres *ein* Jugendvertreter den Weg zur Sitzung fand! Dies ist jedoch ein durchgängiges Problem *aller* Stadtteilgruppen: »Jugendliche mußt du mit dem Lasso einfangen!«

Ist die Stadtteilgruppe eine Versammlungsform, mit der Jugendliche nicht (mehr) zu begeistern sind? Nach dem Krieg sei dies durchaus anders gewesen, so ein hauptamtlicher Funktionär. Seinerzeit habe es eine andere Verwurzelung in der Gewerkschaftsbewegung gegeben. Der biographisch frühere Eintritt ins Erwerbsleben und die oftmals noch wirksame Prägung durch das Elternhaus hatten damals positiv zu Buche geschlagen. Die Jugendlichen hatten nicht die Abwechslung, die Attraktionen der heutigen schnellebigen Zeit.

In den Stadtteilgruppen-Versammlungen mag auch die Dominanz der älteren Kollegen, die sich nicht selten in der offenbarten Lebenserfahrung und einer oft rigiden Redeweise ausdrückt, eine Rolle spielen: »Wer kommt gegen die schon an?« lautet die rhetorische Frage der ehrenamtlichen Funktionärin einer Gruppe. Ein Generationsproblem also?

Gewerkschaften sind für Jugendliche vorrangig eine Organisation der betrieblichen Interessenvertretung, die mit ihrer Freizeit kaum mehr Berührungspunkte hat. Die betriebliche Jugendgruppe der 70er Jahre ist heute keine Attraktion mehr: Früher habe es bei der Westfalenhütte eine Jugendgruppe gegeben, über die verschiedene Aktivitäten in den Freizeitbereich hinein organisiert worden seien, erinnert sich ein Gewerkschaftssekretär. Heute hingegen sei der Freizeitbereich dermaßen kommerzialisiert, daß ein Beisammensein auf gewerkschaftlicher Ebene keine Attraktivität besitze. Einzig Zeltlager stoßen auch heute noch auf große Resonanz – eine Erfahrung, die auch die IGBE mit ihren jugendlichen Mitgliedern macht. In diesen Rahmen muß auch die Stadtteilgruppen-Arbeit kritisch miteinbezogen werden: In erster Linie interessierten sich die in der Ausbildung befindlichen Jugendlichen für Fragen der konkreten Situation am Arbeitsplatz, so ein hauptamtlicher Funktionär,

> »aber darüber hinaus zu sagen, mal was zu entwickeln oder in Form von... Computerclubs oder Theatergruppe, die wir mal gehabt haben... sich über den Weg hinaus zu engagieren oder auch zu sagen, wie ist einfach die Frage Information, aber auch die Möglichkeit, Einfluß zu nehmen auf die Politik der IGM und auch der Stadtteilgruppe, diese Priorität ist einfach nicht vorhanden.«
> Noch dazu fragten sich die Jugendlichen – und das sicher auch mit gutem Grund – »was kann ich da eigentlich als Jugendlicher in der Stadtteilgruppe machen?«

Den GewerkschaftsvertreterInnen ist klar, daß sie es heute mit veränderten Bedingungen zu tun haben: Die Jugendlichen sind – falls sie sich für den Eintritt in eine Gewerkschaft entscheiden – bereits um Jahre älter als die BerufsanfängerInnen vor 10–30 Jahren. Ihre Schulbildung ist qualifizierter und dauert länger. Allerdings steigen dadurch ihre Kenntnisse von Gewerkschaften nicht signifikant. Nicht zu vergessen, haben auch die Skandale der 80er Jahre (Neue Heimat etc.) das Interesse an Großorganisationen rapide sinken lassen.

Anläßlich einer Gruppendiskussion mit Jugendlichen aus dem Metallbereich[21] wird zum einen dieses tiefe Mißtrauen Großorganisationen gegenüber deutlich, zum anderen aber auch eine erschreckende Unkenntnis in der Frage nach Sinn und Zweck von Gewerkschaften. Mängel in den Lehrplänen der allgemeinbildenden Schulen können nur *eine* Erklärung für dieses Phänomen sein. Nach Mitteilung der Jugendlichen aus unterschiedlichen Betrieben ließen es sowohl Jugendvertretung als auch Betriebsrat an Begeisterungsfähigkeit mangeln, die Jugendlichen vom Nutzen einer Gewerkschaftsmitgliedschaft zu überzeugen: Die meisten Jugendlichen wurden mit Ausbildungsbeginn im Betrieb aufgefordert, der IGM beizutreten. Da dieser Aufforderung anscheinend keine sinnfällige Erklärung hinzugefügt wurde, hatten die Jugendlichen »keinen Bezug dazu, auch kein echtes Interesse daran« (eigene

---

21 Das Gespräch fand statt im Rahmen einer Veranstaltung der Kommende (Sozialinstitut des Erzbistums Paderborn) im Dezember 1991 in Allagen mit Jugendlichen aus verschiedenen Metallbetrieben des gesamten Bundesgebiets. Die Absicht, ein Seminar mit Jugendlichen aus Dortmunder Betrieben zu beobachten, ließ sich im Untersuchungszeitraum nicht realisieren.

Mitschrift der o.a. Diskussion). Ein nochmaliges, späteres Ansprechen blieb in allen genannten Betrieben aus. Noch dazu sei so manche Jugendvertretung in ihrer Arbeit auch »nicht sehr überzeugend.«

Festzustellen ist – zumindest bei dieser Gruppe Jugendlicher – die oft große Distanz zu selbstverständlichen gewerkschaftlichen Topoi. Statt dessen spielt die Orientierung an der – zunächst einmal von Gewerkschaft und Mitbestimmung relativ »ungetrübten« – Leistungsgemeinschaft des Betriebes oder an vereinfachende, national eingefärbte Interpretationen ökonomischer und sozialer Probleme (von der Wettbewerbsfähigkeit der deutschen Wirtschaft bis zur Bewältigung der Arbeitslosigkeit) eine Rolle. Häufig wurden in dem beobachteten Kreis Einschätzungen laut wie:

> »Wenn keiner mehr schafft und bloß noch bezahlt wird von der Firma – das find' ich doch blöd! – Das bringt doch der deutschen Gewerkschaft im Endeffekt auch nix mehr!«

Auffallend ist hier auch die Verwendung des Attributs »deutsch«, das von einigen Jugendlichen häufiger gebraucht wird:

> »Wenn sie noch weniger Arbeitszeit wollen, würde es mit Deutschland bergab gehen... weil dann soviel Verlust gemacht wird!«

Der einzige Ausländer in diesem Kreis stimmt in den Tenor jener mit ein, die (nationale) Katastrophen als Reaktion auf gewerkschaftliches Handeln hin befürchten. Doch nicht nur Gewerkschaften wirken wenig überzeugend auf diese Jugendlichen: Bis auf eine von den 22 TeilnehmerInnen ist niemand Angehörige(r) eines Verbandes, Vereins oder sonstiger Organisationen.

Nun ist die Auswahl dieser Gruppe Jugendlicher sicher eher zufällig. Aber die protokollierte Diskussion vermittelt doch ein Kontrastbild zur eingangs erwähnten, gewerkschaftlich geprägten Jugendarbeit der 50er und 60er Jahre und einen Eindruck davon, was u.a. aus der heutigen Randständigkeit der Gruppe der Jugendlichen in der gewerkschaftlichen Arbeit folgt.

Miteinbezogen werden muß in die Betrachtung des »Jugendproblems« der IGM Dortmund auch die intergenerative Dynamik: Innerhalb der Stadtteilgruppen ist festzustellen, daß die älteren Mitglieder oftmals entgegen eigener verbaler Forderungen[22] nicht bereit sind, Kompetenzen an Jüngere abzugeben. So berichtet ein weibliches Mitglied der Stadtteilgruppe B. im Gespräch von den Bemühungen, einen Jugendvertreter zur Vertreterwahl »einzufangen«, und von den Widersprüchen K.'s:

> »Den haben sie geholt, und den wollten sie auch unbedingt haben, weil die Jugend hier an sich auch vertreten sein soll. Er hat es aber leider nicht geschafft... Dafür haben wir zwei Rentner drin. Das ist schade. Der eine ist der K., der immer sagt: ›Die Jugend muß voran!‹ – Nur, wenn es darum geht, etwas abzugeben, dann sagt er: ›Nee, da müssen wir doch die Rentner auch mit unterstützen!‹«

Eine gewisse Hilflosigkeit ist auf seiten der FunktionärInnen zu erkennen: Man müsse andere Veranstaltungsformen finden für diese Altersgruppe, schlägt ein hauptamtlicher Funktionär vor, müsse die »jugendspezifischen Ansprüche« intensivieren, »sei es über verstärkten Ausbau von Jugendgruppen, betriebsnah oder überbetrieblich.« Einer thematischen Weiterung bezogen auf die örtliche Ebene steht er bei den gegebenen Strukturen eher skeptisch gegenüber:

> »Findet mal eine Stadtteilgruppensitzung statt, die sich mit so einem Thema befaßt, und dann ist nächstes Mal wieder das Thema ›Tarifpolitik in der Eisen- und Stahlindustrie‹ oder weiß nicht was... Mit so einer einmaligen Geschichte, so ein Thema zu behandeln, kannst du dann auch nicht dauerhaft jemanden begeistern.«

Vorstellbar erscheine statt dessen, zu einem bestimmten Problembereich auf Stadtteilgruppenebene eine Arbeitsgemeinschaft zu bilden,

> »die zu einem Thema sich häufiger trifft, daran arbeitet und die dann eine offene Veranstaltung insgesamt durchführt. Über solch einen Weg könnte man vielleicht auch an dem Thema konkret interessierte Leute stärker einbinden.«

Viel zu sehr ist man dem Gedanken verhaftet, wie die Jugendlichen denn zu gewinnen seien – dabei ist die Jugendarbeit zu traditionell ausgerichtet, als daß sie überhaupt das inhaltliche Interesse jüngerer Mitglieder treffen könnte, vermutet ein

---

22 So übt ein altgedienter Funktionär (K., Rentner) in einer Gruppenversammlung deutliche Selbstkritik: »Wenn ich aber den Jungen keine Chance gebe oder oben nur alte Böcke sitzen«, sehe es schlecht aus für die Zukunft der Gewerkschaften.

hauptamtlicher Funktionär. Es sei durchaus eine bewußtere Schicht von Mitgliedern vorhanden, doch engagiere diese sich in anderen Organisationen, in denen sie sich besser einbringen könne.

Schwerpunkt seiner Arbeit mit Jugendlichen ist für den in der Hauptsache für diese Personengruppe zuständigen Sekretär der Verwaltungsstelle der Bereich ›betriebliche Jugendarbeit‹. Kontakte laufen hier über die Jugendvertretung. Größtes Problem mit den Jugendvertretern ist seiner Erfahrung nach das der mangelnden personellen Kontinuität: Männliche Jugendvertreter müssen mit Ende der Ausbildung zumeist zur Bundeswehr, die weiblichen legen ihren primären Schwerpunkt auf den Beruf:

> »Der Bruch kommt bei den Kolleginnen, die Jugendarbeit machen, meistens unmittelbar mit der Ausbildung. Also wenn die Frage ansteht, wo werde ich im Betrieb eingesetzt? Da passiert es sehr häufig, daß sie in eine Abteilung reinkommen, wo sie dann sagen ›die Arbeit hier ist mir wichtiger als alles andere... ich habe keine Zeit mehr, was anderes zu machen, ich will da einfach weiterkommen!‹ Und dann sind die weg!«

Bei der Jugendvertretung ist der Eindruck des örtlichen Jugendsekretärs ganz deutlich, daß Frauen hier effektiver arbeiten als männliche Jugendvertreter, nachdem immer mehr weibliche Auszubildende bereit sind, eine solche Funktion zu übernehmen:

> »Ich muß feststellen, daß die Arbeit mit den Frauen kontinuierlicher läuft. Da ist einfach mehr Zeit und Ordnung drin; man nimmt dieses Amt sehr ernst.« Frauen gingen sehr viel effektiver mit der Funktion um. Sie seien »eher dazu bereit, Hilfe von außen einzuschalten und auch Kontakte zu knüpfen. Halt die Arbeit ordentlicher gestalten... Daher bin ich immer froh, wenn die auch wirklich Spaß daran haben, so einen Vorsitz übernehmen, weil – das läuft meistens ein, anderthalb Jahre ganz hervorragend.«

In dieser Formulierung wird erneut das traditionelle gewerkschaftliche Organisationsverständnis überdeutlich. Doch selbst die beste Grundlage für eine weitere gewerkschaftliche Karriere verleitet die meisten Jugendvertreterinnen nicht, sich später für ein Betriebsratsmandat zur Verfügung zu stellen. Der effektive Nutzen, den die Gewerkschaften von der Bildung der Gewerkschaftsjugendlichen hat, ist der einer Prägung ihres politischen Grundverständnisses als Basis für

»eventuelle Aktivitäten, die erst in ein, zwei oder drei Jahren richtig rauskommen«, stellt der für Jugendarbeit zuständige Funktionär fest. Im Vergleich zur Jugendarbeit der 70er Jahre habe sich das Verhältnis der aktiven FunktionärInnen zugunsten der (kaufmännischen) Angestellten verschoben:

> »Ich habe Lehrwerkstätten mit 30, 40, 50 Auszubildenden, wo die Jugendvertretung zum größten Teil aus kaufmännischen Auszubildenden besteht, wo die gewerblichen Schwierigkeiten hatten, ihre Kandidaten durchzubringen.«

Diese Entwicklung findet statt seit der Gesetzesänderung der Jugend- und Auszubildendenvertretung im Dezember 1989, bei der die Altersgrenze nunmehr bei 25 Jahren (früher 18 Jahre) liegt. Dazu trägt nach Auffassung des Befragten möglicherweise auch eine qualifizierte Schulausbildung der kaufmännischen Angestellten bei, die dieser Gruppe neben einer umfassenden Bildung organisatorisches Geschick mit auf den Weg gibt. Dessenungeachtet kann nach Darstellung des betreuenden Sekretärs (und ganz im Sinne des vorherrschenden Musters der örtlichen Dominanz des Stahlbereichs in der IGM) auch für heute festgestellt werden, daß »die Aktivsten von Hoesch kommen.« Dies führt er vor allem auf die organisatorisch günstigen Gegebenheiten (eigenes Büro, ein eigens zuständiges Betriebsratsmitglied etc.) gegenüber den Klein- und Mittelbetrieben zurück.

Das Problem des jugendlichen Nachwuchses kann also nicht losgelöst betrachtet werden von einer dringend anstehenden Organisationsreform der Gewerkschaften, von der allenthalben die Rede ist, bei der es jedoch hier auf örtlicher Ebene bisher an überzeugenden Schritten mangelt. Es muß verstärkt darüber nachgedacht werden, wie die Bedürfnisse *aller* gewerkschaftlichen Gruppen in die gewerkschaftliche Interessenvertretung adäquat eingebunden werden können.

Angestellte

In der innergewerkschaftlichen Diskussion herrscht inzwischen weitgehende Übereinstimmung darüber, daß es »die Angestellten« als soziale Gruppe nicht mehr gebe. Gleichwohl gibt es Probleme mit der Integration von Beschäftigtengruppen, die nicht zur traditionellen Klientel der Gewerkschaften zählen. Hierzu zählen die Beschäftigten im kaufmännischen und technischen Bereich, die oftmals mit dem etwas ungenauen Begriff »Neue Arbeitnehmerschichten« bezeichnet werden und sich von gewerkschaftlicher Thematik und Semantik offensichtlich wenig angesprochen fühlen.

Die IGM hat die Konsequenzen aus dem Dilemma der statusmäßigen und z. T. auch finanziellen Trennung zwischen Arbeitern und Angestellten gezogen und Vorschläge erarbeitet für die Gestaltung eines gemeinsamen Entgelttarifvertrages (Der Gewerkschafter 1991), der ungleiche Entgeltgruppen beseitigen soll. Dies scheint ein wichtiger Schritt zu sein, die Kluft innerhalb der Arbeitnehmerschaft zu verringern. Gleichwohl bewegt sich diese Maßnahme wiederum im traditionellen gewerkschaftlichen Handlungsfeld »Tarifpolitik«.

Auf örtlicher Ebene hat die umfassende Problematik der unterschiedlichen ArbeitnehmerInnengruppen bisher wenig Niederschlag gefunden. Wir werden daher im folgenden den Begriff des/der ›Angestellten‹ verwenden, da er uns in den Gesprächen mit FunktionärInnen mit dem entsprechenden Inhalt auch begegnete.

Für die Angestellten existiert in der Verwaltungsstelle Dortmund neben dem Frauen- und Jugendausschuß ein eigener Ausschuß, an dem Vertreter aus den Betrieben teilnehmen.

Aus den Themenübersichten der Stadtteilgruppen-Veranstaltungen für das Jahr 1991 läßt sich lediglich das Thema »Neuordnung der Büroberufe« als angestelltenspezifisch identifizieren, so daß man zunächst einmal hinsichtlich der Themenpalette die Angestellten als ›Randgruppe‹ innerhalb der Stadtteilgruppe bezeichnen kann. Es werden nach Meinung einer hauptamtlichen Funktionärin hier keine Themen behandelt,

> »mit denen sie sich identifizieren... Also ein Beispiel: Wenn du also über EDV sprichst, werden auch wirklich nur Fachleute akzeptiert, also auch Referenten, mit denen man auch fachsimpeln kann, also über bestimmte Programme und Erlebnisse und wie auch immer. Und das kann ein Gewerkschaftssekretär nicht... Da muß man dann auch wirklich in diese Stadtteilgruppe kompetente Leute holen.«

Auch von der Teilnehmerzahl her wird der Eindruck einer gewissen Randständigkeit der Angestellten nicht widerlegt: In den von uns besuchten Stadtteilgruppen bewegt sich die Zahl der anwesenden Angestellten zwischen durchschnittlich zwei und acht TeilnehmerInnen, was daher ein angestelltenspezifisches Thema nicht unbedingt zwingend notwendig macht... Das alte Vorurteil gegenüber den Angestellten, die »bei der Demo immer hinter'm Fenster stehen«, wirkt auch heute noch in einigen Köpfen fort, weiß eine Betriebsrätin aus Erfahrung:

> »Weil – du hast im Betrieb eigentlich Strukturen, daß Angestellte so als über den Arbeitern stehend eigentlich eingerichtet wurden von den Unternehmensleitungen her, so als ihre Erfüllungsgehilfen, sag' ich mal. – Das kehrt sich dann – in der Gewerkschaftsarbeit kehrt sich das irgendwo um. Weil Arbeiter so auf ihr gewerkschaftliches Bewußtsein pochen... Und wenn jetzt wirklich mal Angestellte sich dann gewerkschaftlich sehr aktiv verhalten, dann kriegst du irgendwo Probleme, auch mit solchen Vorurteilen, die auf beiden Seiten sind.«

Das Vorurteil über den Angestellten, der sich aus allen Arbeitskampfmaßnahmen heraushält, ist hartnäckig und historisch begründet. Selbst der 1. Bevollmächtigte nutzt dieses Bild, um zu verdeutlichen, daß man Angestellte für die gemeinsamen Ziele »begeistern« müsse. Daß sie sich von solchen Ressentiments eher abgestoßen fühlen, ist nachvollziehbar. Zum Teil soll durch eine gewisse verbale Geringschätzung *den* Angestellten gegenüber (hier wird auch nicht differenziert) die Gruppe der Arbeiter in der IGM aufgewertet werden, was zwar stellenweise deren Selbstbewußtsein stärkt, langfristig jedoch Schaden anrichtet hinsichtlich der Integration verprellter potentieller Mitglieder.

Eine befragte gewerkschaftliche Funktionärin aus dem Angestelltenbereich hat auch vom Frauenausschuß der IGM Dortmund den Eindruck, »es wird überwiegend auf den gewerblichen Bereich abgehoben... Da fühlte ich mich manchmal so fehl am Platze« – und dies, obwohl der Frauenausschuß überwiegend von Frauen aus dem Angestelltenbereich besucht wird.

Der Typus des selbstbewußten Arbeiters, der sich zumindest innerhalb seiner Gewerkschaft dem Angestellten überlegen fühlen kann, ist – für Angestellte in der Gewerkschaft – eine schmerzliche Erfahrung. Diese Haltung verbindet so wenig, wie sie nutzt. Sie dient einzig der Selbstbehauptung und ist für den »Normalarbeiter«[23], der dem gewerkschaftlichen Selbstverständnis an vielen Stellen noch zugrunde liegt (Morgenroth 1989), schlüssig. Ohne gleich in das überzeichnende Gegenbild der »Yuppie-Gewerkschaft« (Steegmann) zu verfallen, die ausschließlich auf die modernen Arbeitnehmer als Rationalisierungsgewinner abhebt, muß eine für beide Mitgliedergruppen erträgliche Version von Interessenvertretung gefunden werden, die den differenzierten Interessenlagen *aller* ArbeitnehmerInnen Rechnung trägt. Angesichts einer Mitgliederzahl von rund 40% Angestellten im Organisationsbereich der IGM Dortmund ist es angebracht, die spezifischen Bedürfnisse dieses doch beträchtlichen Teils der Gesamtmitgliedschaft in das Handeln der IGM einfließen zu lassen. Der eher traditionelle Teil der Mitgliedschaft muß dabei nicht vernachlässigt werden.

Ein Schritt in dieser Richtung ist sicherlich die Entwicklung des Entgeltrahmentarifvertrages der IGM, der die traditionelle Spaltung zwischen den beiden Beschäftigtengruppen durch unterschiedliche Entlohnungssysteme aufheben soll. Diskussionen hierzu führten im Untersuchungszeitraum verschiedene örtliche Gremien der IGM.

Doch auch hier gilt es, sich von alten Vorurteilen zu verabschieden:

>»Von vielen Arbeitern wird so diskutiert: ›Die (Angestellten) verdienen sowieso zu viele Knete, und jetzt wird's Zeit, daß wir alle K6 bekommen.‹ Und von den Angestellten wird eigentlich aus etwas anderer Sicht diskutiert, indem man sagt: ›O.K. – Tätigkeiten haben sich verändert. Wir müssen sowieso ein neues Gehaltrahmen- und Lohnrahmenabkommen haben und auch Beschreibungen dafür. Und so ein großer Unterschied zwischen Arbeitern und Angestellten ist in der Realität überhaupt nicht mehr. Daß man also durchaus alles in einem Entgeltrahmen zusammenfassen könnte, d.h. Beschreibungen für gewisse Tätigkeiten finden.‹«

Ob diese Sicht einer Angestellten und Ehrenamtlichen in der Tat von der Mehrheit ihres Standes so geteilt wird, muß an dieser Stelle offenbleiben. Daß von beiden Seiten Vorbehalte gegen die jeweils andere Beschäftigtengruppe bestehen, ist bekannt. Aufgabe der IGM ist es daher, zur Aufhebung dieser

---

23 Der Normalarbeiter ist der voll- und lebenszeitbeschäftigte, männliche, gut qualifizierte Facharbeiter.

Vorbehalte eine gemeinsame Handlungsstrategie zu entwickeln, die beiden Seiten gerecht wird.

5. Die Stadtteilgruppe in ihrem soziokulturellen Umfeld

Die Vertretung einer gewerkschaftlichen Grundeinheit im Stadtteil birgt Chancen und Möglichkeiten verschiedenster Art. Über sie könnte die IG Metall im Stadtteil in Erscheinung treten – eben als ein Faktor dort, wo es um arbeitsbezogene Politik geht. Im Lichte unserer Befunde ist es jedoch nicht abwegig zu behaupten, die Stadtteilgruppe sei als solche über den jeweiligen Versammlungsraum ›Gaststätte‹ hinaus unbekannt. Erwähnenswerte Aktivitäten – Veranstaltungen o.ä. –, die bis in den Stadtteil hinein gewirkt hätten, wurden uns bei den zahlreich geführten Gesprächen im Rahmen des Projekts nicht genannt. Dies ist bei den Ortsgruppen der IGBE zu großen Teilen anders. Hier sind vielfältige Berührungspunkte mit dem Wohnumfeld gegeben, was durch eine Reihe von Faktoren begünstigt wird (Siedlungsstruktur, Knappschaftsältester etc.), vor allem aber durch das intensive Wirken von Funktionären im Bereich des Wohnungswesens.

Die Mitgliederversammlung auf Ortsebene soll dem Mitglied die Möglichkeit der Kontaktaufnahme mit seiner/ihrer Gewerkschaft geben. Daraus geht nicht zwingend hervor, daß dieses Mitglied namens der IGM im Stadtteil tätig werden soll. Eine arbeitspolitische Erweiterung von Interessenvertretung aber müßte zum Ziel haben, daß sich die Stadtteilgruppe nicht nur mit traditionellen Themen befaßt, sondern zu einer Öffnung hin zu neuen Feldern bereit ist.

Ansätze einer Kooperation auf örtlicher Ebene sind gegeben im Dortmunder Stadtteil H., wo seit geraumer Zeit ein »Hörder Forum«[24] in unregelmäßigen Abständen den Stadtteil betreffende Angelegenheiten aufgreift. So auch im November 1991 zur Fusion Krupp/Hoesch, als sich die IGM, Vertreter der evangelischen und katholischen Kirche sowie der Verband der Gewerbetreibenden in H. gegen die Übernahme aussprachen, da sie allesamt drastische Nachteile für ihren Stadtteil

---

24 Es ist ein lockerer Zusammenschluß verschiedener, örtlich relevanter Akteure (wie z.B. IGM, Kirchen usw.).

befürchteten – bis hin zur völligen Aufgabe des Werkes Phoenix der Hoesch AG, dessen Auswirkungen alle hier durch Vertreter ausgewiesenen Institutionen empfindlich treffen würde. Auch in einer anderen Stadtteilgruppe gibt es Bezüge zu den beiden führenden christlichen Konfessionsgemeinschaften: Hier werden die örtlichen Pfarrer zu einer »offenen« Stadtteilgruppen-Sitzung mit Beteiligung der Ehefrauen eingeladen und mit nachdrücklich lautem Klopfen begrüßt. Den Bemerkungen ist zu entnehmen, daß hier ein ständiger, zumindest lockerer Kontakt zu den Kirchen besteht. Der erste Bevollmächtigte weist uns gegenüber auf Nachfrage darauf hin, daß es sehr viele Bezüge zur katholischen Arbeitnehmerschaft gibt; u. a. habe ein hauptamtlicher Gewerkschaftssekretär (der inzwischen im Ruhestand ist) intensive Kontakte zur KAB (katholische Arbeitnehmerbewegung) und sei Mitglied der CDU. Dieser reihe sich nicht zufällig bei den 1.-Mai-Demonstrationen immer mit der KAB-Fahne in den Zug ein. Unter einheitsgewerkschaftlichen Gesichtspunkten seien solche Beziehungen von großem Wert.

Auch von anderen Funktionären ist zu erfahren, daß sie sich durchaus als aktive Christen verstehen mit intakten Bezügen zur Kirchengemeinde. Bekannt sind auch die Unterstützungen durch Vertreter beider Großkirchen im Stahlstreik 1978/79. Dies alles scheint jedoch vorwiegend in den Gemeinden der Fall zu sein, wo auch in gesellschaftspolitischer Hinsicht aufgeschlossene Pfarrer tätig sind, denn an anderer Stelle äußert auch schon mal ein Stadtteilgruppenmitglied: »Ich bin gläubiger Christ, aber mit der Amtskirche habe ich nichts mehr zu tun!«

Diese Kontakte zur Kirche sind rein individueller und privater Natur. Von einer organisierten Zusammenarbeit zwischen Stadtteilgruppe und Kirche ist uns – ausgenommen das eben dargestellte »Hörder Forum« – nichts bekannt. Diese offenbar doch relativ starke Verbundenheit von Einzelpersonen mit der Kirche bringt keine intensivere Zusammenarbeit auf der örtlichen Ebene zustande. Relativ abgetrennt scheint das Engagement des Gewerkschafters von dem des Kirchenangehörigen.

Die systematische Analyse der Stadtteilgruppenarbeit, die wir vorgenommen haben, hat bereits eine Vielzahl von Hinweisen darauf geliefert, daß man dort stark auf tarifpolitische Fragen und Probleme der betrieblichen Interessenvertretung konzentriert ist – jedenfalls da, wo es konkret wird. Und so finden sich denn auch nur relativ wenige Beispiele dafür, daß Stadtteilgruppen Probleme des außerbetrieblichen Lebenszusammenhangs der IGM-Mitglieder (von der Müllbeseitigung über den Umweltschutz bis zu Fragen der Verkehrspolitik oder auch zu Problemen der Struktur- und Beschäftigungspolitik in der Stadt, des Kontakts mit Arbeitsloseninitiativen usw.) aufgreifen. Dies alles spricht für eine sehr eingeschränkte Sichtweise von Interessenvertretung durch die IGM, die sich aus der Perspektive des traditionell geprägten Mitglieds auf den betrieblichen Bereich beschränkt. Die folgende Aussage eines Stadtteilgruppenvorsitzenden ist von daher charakteristisch:

»Daß sich eine Gewerkschaft, so eine Riesenorganisation, z.B. auch über Müllbeseitigung Gedanken macht als *Thema*, oder autofreies Wochenende oder was es da alles so auf'm Plan – das ist sicherlich auch gut. Also, ökologische Dinge sind für jede gesellschaftliche Schicht wichtig. Aber erst mal interessieren mich in der Gewerkschaftsarbeit alle Dinge, die mit dem Interessenskonflikt zu tun haben. So würd' ich das vielleicht abgrenzen.«

Eine erweiterte Interessenvertretung, daß eine Stadtteilgruppe sich einmal von der abstrakten Diskussionsebene wegbewegte und die Interessen ihrer Mitglieder praktisch aufgreifen könnte, scheint für viele Funktionäre kaum vorstellbar. Wenn etwa mit der Aussage des Stadtteilgruppenvorsitzenden

»ich bin nicht der Auffassung, daß es einen Interessenskonflikt zwischen Arbeitgeber und Arbeitnehmer *nicht* gibt – so wie heute die Yuppies das in vielen Fällen vertreten«,

zugleich ein klarer Gegnerbezug hergestellt und die Konzentration auf die »eigentlichen« gewerkschaftlichen Aufgaben postuliert wird, dann schneidet man zugleich ein weites Feld potentieller arbeitspolitischer Aktivitäten der IGM ab. Denn sehr wohl hat der Interessenkonflikt Dimensionen, die auch außerhalb der betrieblichen Ebene liegen und die einer Neudefinition von gewerkschaftlichem Handeln bedürfen.

Auch die Kontakte zu anderen Gewerkschaften zwecks gemeinsamer Veranstaltungen oder abgestimmter Vorgehensweise hinsichtlich der Bearbeitung eines Problems, das dann vielleicht die engeren Grenzen des Kerns industriegewerkschaftlichen Handelns überschreiten helfen würde, sind minimal. Gemeinsame Sitzungen auf Ortsebene von IGBE und IGM finden hier und da statt, sind insgesamt aber eher selten. Aus den Zeiten des Stahlstreiks 1978/79 sind über Solidaritätsaktionen Kontakte zur IGBE zustandegekommen. Auch die DGB-Ortskartellarbeit in Castrop und Lünen verbindet Ortsgruppen der beiden Gewerkschaften, und mit der GEW fanden Kulturveranstaltungen statt. Kontakte zwischen Stadtteilgruppen finden aber allenfalls anläßlich von Jubiläen statt, wodurch sich der organisatorische Aufwand für die einzelne Stadtteilgruppe reduziert.

Die dargestellten Kooperationsversuche in einigen Stadtteilen sind an Einzelpersonen geknüpft und durch Kontakte zwischen Personen oder durch konkrete Anlässe (Streik) entstanden. Insgesamt steht dieses Gerüst jedoch auf keinem tragenden Fundament, d.h. punktuelle Zusammenarbeit ist in keine Struktur eingebunden, die derartige Bezüge planvoll nutzen und zu einer erweiterten Form gewerkschaftlichen Handelns führen könnte.

6. Die IGM Dortmund im sozialdemokratisch geprägten Arbeitermilieu

Von einer milieubedingten Verbundenheit spricht Vogel (1989, 386), wenn er auf die gemeinsame »historische Wurzel« von SPD und Gewerkschaften verweist. Auch heute seien ArbeitnehmerInnen Kern dieser Partei, obgleich diese sich auch anderen Gesellschaftsschichten gegenüber öffne, was vor allem von der Ursprungsklientel mit wachsendem Befremden betrachtet wird (Wichert 1991, 16). Von regen Kontakten zwischen Ortsgruppen (der SPD) und Stadtteilgruppen (der IGM) kann jedenfalls keine Rede sein. Der Wandel der SPD von der Arbeiter- zur Volkspartei wird von den KollegInnen immer noch mit einer erheblichen Portion Skepsis betrachtet: In den Reihen traditioneller Gewerkschafter wird die SPD abfällig als »Lehrerpartei« bezeichnet! Zwar ist der Bezug zur Sozialdemokratie immer noch ausgeprägt, aber als ›linientreu‹ könne man z.B. die Mitglieder der Stadtteilgruppe B. nicht bezeichnen: »Die war'n ja stark in der AfA[25] engagiert. Aber AfA – das heißt für die jetzt ›Alles für'n Arsch‹!« erläutert ein hauptamtlicher Funktionär.

Auch bei Stadtteilgruppen-Versammlungen äußern die Teilnehmer immer wieder Kritik an ›ihrer‹ Partei. Die Delegierten des SPD-Unterbezirks-Parteitages wählten im November 1991 den für andere Gesellschaftsschichten offenen Kandidaten und verprellten damit (vermutlich nicht nur) dessen Gegenkandidaten als Vertreter der alten Wählerschichten (WAZ 18. 11. 91), der z.B. die Unterstützung der Funktionäre aus dem Bereich der Stadtteilgruppe B. hatte. Aktive Gewerkschafter fühlen sich in erster Linie ihrer Organisation und erst in zweiter Linie *der* Partei der Arbeiter verbunden, so ein ehemaliger Bevollmächtigter der IGM, der hier am Ort versuchte, »über den Weg der Parteipolitik auch für die Gewerkschaft etwas herauszuschlagen, insbesondere Aktivität am Arbeitsplatz, damit sie sich mit der politischen Situation auseinandersetzen.« Er habe versucht zu erreichen, daß »den KollegInnen ihr gesellschaftlicher Standort bewußt« wurde und sie sich auch dementsprechend verhalten sollten. »Das habe ich gedacht, das über die Partei zu erreichen. Nicht möglich! Auch hier in Dortmund nicht, wo es eigentlich die heimliche Hauptstadt der SPD ist.«

Stillschweigende Übereinkunft ist es, als GewerkschafterIn auch SPD-Mitglied zu sein.

> »Für mich ist es eigentlich schon von vornherein klar gewesen, daß ich in diese Partei eintreten würde: Es hätte genausogut schon im Alter von 14, 15, 16 Jahren sein können«, bestätigt eine ehrenamtliche Funktionärin.

Sei es, weil man aus dem entsprechenden Milieu stammt und geradezu in die Partei hineinwächst, oder weil es einem später mit der Übernahme einer gewerkschaftlichen Funktion nahegelegt wird. Denn – so der 1. Bevollmächtigte der IGM – der Umstand, daß ein größerer Teil der in den Stadtteilgruppen aktiven Funktionäre nicht mehr so enge parteipolitische Bindungen habe, sei aus gewerkschaftlicher Sicht deshalb problematisch, weil durchaus auch politische Ansprüche vorhanden seien und es daher wünschenswert sei, sich als FunktionsträgerIn politisch aktiv zu zeigen, »egal, bei welcher Partei.«

---

25 Arbeitsgemeinschaft für Arbeitnehmerfragen.

Diese Aussage ist ein deutliches Indiz für die strikte Aufgabenteilung, die Gewerkschaften und Partei jeweils von traditionellen GewerkschafterInnen zugeschrieben wird.

In beiden Organisationen jedoch aktiv mitzuarbeiten, ist eine Aufgabe, die kaum leistbar ist.

> »Ich war selbst eine Zeitlang im Vorstand der ASF (Arbeitsgemeinschaft sozialdemokratischer Frauen, d.V.), aber mir ist die Arbeit da zuviel geworden. Man muß sich entweder für Gewerkschaftsarbeit oder Parteiarbeit entscheiden. Ich finde, beides ist zuviel«,

meint eine ehrenamtliche Funktionärin. Denn in der Regel zieht eine Funktion in der Gewerkschaft mindestens eine weitere nach sich.

> »Ich hab' jetzt schon so viel Gewerkschaftssachen am Hals. Partei krieg' ich überhaupt nicht mehr geregelt. Das ist dann hinten, ganz hintenanstehend.«

Aus diesen Gesprächen geht hervor, daß es nicht unüblich ist, der SPD aus einem sehr abstrakten Verständnis heraus beizutreten: »Wenn ich in der SPD bin... bin ich eben drin, und fertig bin ich damit«, schließt die ehrenamtliche Funktionärin kategorisch.

Diese Kluft zwischen Gewerkschafts- und Parteitätigkeit ist in allen drei beobachteten Stadtteilgruppen spürbar: Hier gibt es kaum Interaktionen zwischen Ortsgruppen der SPD und den Stadtteilgruppen.

Deutlich wird die Trennung, die die IGM-Mitglieder zwischen »hoher Politik« und Gewerkschaftspolitik ziehen: »Bin ich heute bei der Stadtteilgruppe oder beim Ortsverein?« lautet die rhetorische Frage eines Teilnehmers anläßlich eines Referats des örtlichen DGB-Kreisvorsitzenden in der Stadtteilgruppen-Versammlung in B. Er fährt fort: »Im Ortsverein würde ich Dir klarmachen, warum wir die Wahl verloren haben. Aber hier sage ich Dir das nicht!«

Der Kreisvorsitzende hat in dieser Versammlung nach der Bundestagswahl ein umfassendes Resümee gezogen über die sozialen und politischen Verhältnisse in der BRD. Man verübelt ihm, daß er auch die ArbeitnehmerInnen nicht schont in seiner Anmerkung »auch 40% der Arbeitnehmer in der BRD/alt haben die CDU gewählt« – eine Einschätzung übrigens, die auch der hiesige Stadtteilgruppen-Leiter teilt. Für den DGB-

Kreisvorsitzenden vertritt die SPD unzweifelhaft eine arbeitnehmerorientierte Politik, er stellt allerdings im selben Zuge das Gebaren der Gewerkschaften in Frage:

> »Nehmen wir als Gewerkschafter mit unserer Ansprache und Politik innerhalb und außerhalb der Betriebe die geeignete Ansprache vor, um Kolleginnen und Kollegen zu überzeugen?«

Es scheint jedoch kaum lediglich ein Problem der geeigneten Ansprache zu sein, wenn 40% der Arbeitnehmerschaft ihre Stimme dem konservativen Lager schenken. Der Kreisvorsitzende weiß sehr wohl um die »Knackpunkte«, die aus zahlreichen Wahlanalysen sprechen und – angefangen bei Parteiüberdruß bis hin zur generellen Organisationsfeindlichkeit – auch für Gewerkschaften ihre Gültigkeit haben. Seine hier in der Stadtteilgruppe geäußerte Kritik jedoch löst heftige Abwehr bei den Diskussionsrednern aus: So plädiert man für die Beibehaltung der strikten Arbeitsteilung zwischen SPD und Gewerkschaften: »*Wir* wollen für abhängig Beschäftigte was tun, nicht die Parteien.«

Wie bereits Niemeyer (1988, 95) feststellt, hat speziell in Dortmund diese Arbeitsteilung zwischen Partei und Gewerkschaft auf der kommunalpolitischen Ebene Tradition. »Die Arbeitsteilung zwischen DGB und SPD funktioniert nicht mehr«, stellt dessenungeachtet der DGB-Kreisvorsitzende fest. Aufgabe der Gewerkschaften sei es, sich verstärkt in Politik und Kommunalpolitik einzumischen. Zwar sollten sie nicht als ›Parteiersatz‹ dienen, jedoch dürfe das Feld nicht nur der SPD überlassen werden. Aus anderen Interviews wird deutlich, daß dies allerdings die Veränderung tradierter Handlungsmuster voraussetzt. Ein ehemals in der Kommunalpolitik tätiger Betriebsrat erinnert sich an lokale Konflikte, die aufgrund der Emissionen des Hoesch-Werkes entstanden und ihn zum einen als Belegschaftsvertreter, zum anderen als Mitglied des städtischen Umweltausschusses beschäftigten. Auch die Stadtteilgruppe habe sich mit dem Thema auseinandergesetzt – zumal in ihr »höchst interessierte« Mitglieder vertreten waren. Dieses Interesse hatte jedoch nicht zur Folge, daß aus den Diskussionen etwa auch praktische Maßnahmen resultierten. Erfolgt sei lediglich »ein Aufnehmen von (...) ein Anbringen von Gedanken, ein Aufnehmen von Vorschlägen, aber es verfolgt im Regelfall kaum so einer.« Adäquate Handlungsmuster zu entwickeln und gegebenenfalls Aktivitäten zu veranlassen, sei dann Aufgabe der »politisch Verantwortlichen dieses kommunalen Bezirks« gewesen:

> »Derjenige, der über diesen Weg in die Kommunalpolitik gegangen ist, wird auch wieder einen Teil dessen zurückbringen, den Ursprung der Sache, wie wir das mit den Stadtteilgruppen oder auch mit den Freunden, die er in den Stadtteilgruppen kennt, auch wieder zur Sprache bringen. Das ist ein Wechselweg.«

Hier wird eine »klassische« Arbeitsteilung zwischen Partei und Gewerkschaft deutlich: Die gewählten Volksvertreter sind für die Regelung der außerbetrieblichen Belange der Arbeitnehmer verantwortlich; auf diese können sich die Stadtteilgruppen-Mitglieder ›verlassen‹. Eigene Aktivitäten der Stadtteilgruppen sind dieser Logik folgend weder notwendig noch wünschenswert. In diesem Sinne wird dann auch die Notwendigkeit eines partei- *und* kommunalpolitischen Engagements von Gewerkschaftsfunktionären untermauert. Die Verknüpfung erfolgt so über das Handeln einzelner Personen, aber für ihr arbeitspolitisches Handeln im lokalen Politikfeld gibt es innergewerkschaftlich kaum Strukturen, auf die sie sich systematisch rückbeziehen könnten.

Unbehagen über die momentane Situation der SPD, die nach Meinung vieler Gewerkschafter nicht (mehr) eindeutig auf seiten der ArbeitnehmerInnen stehe, ist nicht nur bei der IGM in Dortmund spürbar. Auch vom IGM-Vorstand muß die »Partei der offenen Gesellschaft« (Engholm, FR 1. 6. 91) die harte Rüge einstecken, sie nehme überhaupt zu wenig »Stimmungen, Unsicherheit, Ängste und Orientierungslosigkeit der ArbeitnehmerInnen« wahr (Zwickel 1991). Es herrsche Mangel an überzeugenden politischen Alternativen, so der stellvertretende IGM-Vorsitzende weiter. »Ich empfinde, daß die heutige SPD nicht mehr als Partei die Arbeitnehmerinteressen vertritt« ist im gleichen Zusammenhang ein hartes Urteil für die Sozialdemokratie, hier ausgesprochen von einem örtlichen IGM-Funktionär. Es verdeutlicht jedoch auch die Unsicherheiten, mit denen die Mitglieder angesichts einer stellenweise orientierungslos wirkenden Partei zu kämpfen haben und die von uns wiederholt in den beobachteten Diskussionen wahrgenommen wurden. ArbeitnehmerInnen aus dem traditionellen Arbeitermilieu verübeln ihr einen Kanzlerkandidaten Oskar Lafontaine, obwohl andere Stimmen dem durchaus positive Aspekte abgewinnen, es sei nur eine »taktische Fehlleistung der SPD, Macht- und Positionskämpfe in der Öffentlichkeit auszufechten.« Es müßten aber »Leute mit Vollblut an die Front und nicht solche ›Lehrer‹ wie Vogel.« So oder ähnlich klingt die Enttäuschung über die eigene Partei, die in der Arbeitnehmerschaft so wenig überzeugend wirkt.

Zwischen sämtlichen Stühlen findet sich die SPD wieder in dem Konflikt der Übernahme von Hoesch durch Krupp: harsche Kritik am Verhalten der Landesregierung und Enttäuschung insbesondere über den »Landesvater« Rau wird anläßlich einer Vertrauensleutevollversammlung bei Hoesch (am 15. 10. 91) geübt. Starkes Mißtrauen von allen Seiten schlägt der Landesregierung entgegen, da vermutet wird, sie sei in das geplante Geschäft von Krupp verwickelt: So ergeht hier die Rücktrittsforderung an Wirtschaftsminister Einert sowie die Warnung, die Bevölkerung der »heimlichen Hauptstadt der SPD (werde) die Landesregierung im Auge behalten... und womöglich dafür sorgen, daß sie zur ›unheimlichen‹ Hauptstadt wird.« Die Zweifel an einer wie auch immer gearteten Beteiligung der Landesregierung an dieser überraschenden Übernahme-Androhung von seiten Krupps werden auch durch Gespräche innerhalb der folgenden Woche nicht ausgeräumt (vgl. WAZ). Dies trägt nicht gerade zur Imagepflege der SPD bei. Ein Redner zeigt sich anläßlich der Vertrauensleutevollversammlung enttäuscht: Wenn die SPD es zulasse, daß »die Arbeiter wieder in Not und Elend versinken«, müsse er sich schämen, ihr nunmehr seit 30 Jahren angehört zu haben[26].

Der ›Schulterschluß‹ zwischen Gewerkschaften und SPD scheint gestört: Im Sinne der traditionellen ArbeitnehmerInnen verläßt die SPD ihre Ursprünge, und für die neu zu gewinnenden Wählerschichten stellt sie sich wiederum als traditionell noch zu stark verhaftet dar. Die SPD befindet sich im Wandel, desgleichen die Gewerkschaften. Der Einfluß der traditionellen Arbeitnehmerschichten in NRW, die sich in vergangenen Jahrzehnten aus Betriebsräten der dominierenden In-

---

26 Auch anläßlich der Diskussion über die Position der SPD bzgl. einer Grundgesetzänderung wegen des Einsatzes der Bundeswehr in Krisengebieten äußern Mitglieder in den Stadtteilgruppen heftige Enttäuschung über ›ihre‹ Partei und ziehen gar Vergleiche zum SPD-Votum für die Kriegskredite 1914: »Wenn die SPD auch noch dafür stimmt, dann verlier' ich alles... Ja, dann tret' ich aus!« Auch hier werden zentrale Momente der gewerkschaftlichen und sozialdemokratischen Identität jener örtlichen »Leitfiguren«, von denen weiter vorn die Rede ist, im Kern getroffen.

dustriebereiche Bergbau und Stahl rekrutierten, wird mit dem Niedergang dieser Industrien immer geringer. Modernisierung ist bei beiden angesagt. Die unteren Gliederungen – nämlich Orts- bzw. Stadtteilgruppen – sollten jedoch nicht von Neuerungen von oben überrollt werden, ohne an dem Prozeß beteiligt zu sein.

Veränderte gesellschaftliche Bedingungen bedürfen einer differenzierteren Politik der Gewerkschaften und auch der Parteien. Modernisierungsschritte sollten allerdings auch von den Mitgliedern nachvollzogen werden können.

Solange jedoch die IGM in Dortmund, tendenziell eingekapselt in ihrer Organisation, unbeirrt am alten Leitbild des Interessenkonflikts zwischen Kapital und Arbeit festhält und ihren Blick nicht erweitert, d.h. ihren Aktionsradius nicht in arbeitspolitischer Perspektive über den betrieblichen Rahmen hinaus auf andere Bereiche des öffentlichen Lebens ausdehnt, wird sie sich immer stärker isolieren und den Gefahren eines Funktions- und Bedeutungsverlustes als traditionelle Institution der Arbeit kaum entgehen können.

7. Zusammenfassung

Angesichts der hier dargestellten Untersuchungsergebnisse zeigt sich ein nicht gerade optimistisch stimmendes Bild der örtlichen IGM: Gefangen in alten organisatorischen sowie thematischen Strukturen, zeigt sie sich relativ unbeweglich gegenüber Anforderungen, die sich aus ökonomischen sowie gesellschaftlichen Entwicklungen ergeben. Der Interessengegensatz zwischen Kapital und Arbeit gilt ihr unverändert als treibende Kraft gewerkschaftlichen Handelns, bleibt jedoch vielfach Makulatur. Eine nach außen hin getragene, traditionelle Gegenposition zum ›Klassengegner‹, die dabei die bereits jahrzehntelang praktizierte Sozialpartnerschaft scheinbar ignoriert, verhindert Strukturveränderungen, die sich momentan bestenfalls durch geringe Beteiligung wichtiger Mitgliedergruppen verdeutlichen, längerfristig jedoch die Handlungsfähigkeit der IGM als kämpferisch reformorientierte Gewerkschaft vollends in Frage stellen können.

Das vielfältig zu beobachtende, zentralistische Handlungsmuster ist seit Bestehen der IGM hier am Ort gültige Praxis, mag sogar in der vergangenen Ära für das Organisationsverständnis eines Teils der Mitgliedschaft eine gewisse Berechtigung gehabt haben. Mit der wachsenden Bedeutung ›neuer‹ Mitgliedergruppen jedoch wird dieses Handeln immer zweifelhafter: Der Ruf nach mehr Mitgliederbeteiligung und das Infragestellen formalisierter, bürokratisierter Arbeitsweisen und eingeschliffener Rituale sind Signale für ein wachsendes Selbstbewußtsein großer Teile der gewerkschaftlichen Klientel, dem die Institution Gewerkschaft relativ unvorbereitet gegenübersteht. Unvorbereitet deshalb, weil deutliche Zeichen für dieses Umdenken innerhalb der Mitgliedschaft sowie gesellschaftspolitische Veränderungen zu lange ignoriert wurden. Stütze des alten Denkens war und ist noch heute der traditionelle Teil der IGM, der durch den männlichen Facharbeiter repräsentiert wird.

Gerade in Dortmund sind diese Strukturen durch den strukturell bedingten Überhang des Stahlbereichs besonders markant. Mittelständische und Kleinbetriebe sowie weitere Metallbranchen (Verarbeitung, Handwerk) spiel(t)en eher eine randständige Rolle, was sich heute – angesichts der rasanten, jedoch sich bereits seit rund fünfzehn Jahren abzeichnenden Entwicklungen im Stahlbereich – bitter rächt. Große Mitgliederpotentiale – Frauen, Jugendliche, Angestellte und Arbeitslose – bleiben durch diese Präferenz ausgegrenzt, werden vernachlässigt bzw. fühlen sich nicht angesprochen und werden mit ihren konkreten Interessen und Belangen unangemessen berücksichtigt. Traditionelle Themenbereiche sowie eine wachsende Überalterung der Mitglieder lasten schwer auf der örtlichen IGM. Thematisch bewegt sie sich innerhalb traditioneller Grenzen, findet somit nur wenig Zuspruch bei allen nicht dem traditionellen Gewerkschaftsmilieu angehörenden Mitgliedsgruppen.

Neben einer Überfrachtung mit überkommenen Themen ist auch die Figur des Gewerkschaftsfunktionärs alten Schlages unzeitgemäß geworden: Der allzeit bereite und universal zuständige, männliche Funktionär ist mit den komplexen Anforderungen gesellschaftlich sich ergebender Probleme überfordert. Es ist an der Zeit, Kompetenzen abzugeben, Verantwortung zu teilen mit interessierten und aufgeschlossenen Mitgliedern, die Interesse und fachliches Know-how einbringen, sich von formalen institutionellen Beschränkungen jedoch eher abgeschreckt fühlen. Eine mit mehr Kompetenzen ausgestattete Stadtteilgruppe könnte deutlich mehr für die Integration von Mitgliedergruppen sowie bislang nur programmatisch als immer wichtiger deklarierten thematischen Bereichen leisten, als es bislang der Fall war.

Dies allein kann jedoch nicht zu einer Neudefinition gewerkschaftlicher Interessenvertretung führen. Eine arbeitspolitische Erweiterung gewerkschaftlichen Handelns ist notwendig, um die anstehenden Probleme angehen zu können, denen sich die Mitgliedschaft über den betrieblichen Raum hinaus gegenübersieht. Bislang ist dieser Bereich, der strukturpolitische Elemente verbindet mit umwelt-, verkehrs- sowie weiteren lebensweltlichen Bereichen, innerhalb der IGM weitgehend vernachlässigt, oder er wird gesehen als überhaupt durch den DGB repräsentierter, eigentlich aber der Sozialdemokratie auf lokaler Ebene »arbeitsteilig« zu überlassendes Terrain. Die Stadtteilgruppen könnten in einer veränderten Organisation ein stabiler öffentlichkeitswirksamer Träger von arbeitspolitischen Elementen im Stadtbezirk sein, die das »zweite Standbein« der IGM tragfähiger machen und beide Organisationssäulen nicht nur dem Anspruch nach, sondern auch auf der Handlungsebene sinnvoll miteinander in Einklang bringen könnten. Aktuell erscheinen sie hingegen in ihrer tradierten und auf Veränderungsmöglichkeiten im Sinne einer arbeitspolitischen Erweiterung gewerkschaftlicher Interessenvertretung kaum reflektierten Praxis als eine akut von Auszehrung und Erstarrung bedrohte Struktur.

Die Stadtteilgruppe ist derzeit ein traditionsreiches »historisch bewährtes« Instrument, das über eine flankierende Stützung betrieblicher Vertretungsstrukturen hinaus kaum mehr nennenswerte Funktionen erfüllt – abgesehen von der zweifellos wichtigen Integration von Mitgliedern im Ruhestand. Für diese Mitgliedergruppe stehen aber auch andere Angebote (z.B. ZWAR) zur Verfügung, die eine sinnvolle Funktion hinsichtlich der Bedürfnisse der älteren Mitglieder erfüllen dürften. Außerdem könnte diese Gruppe auch bei einer weiterreichenden institutionellen Reform entsprechend ihren Bedürfnissen berücksichtigt werden.

Will die IGM das Stadtteilgruppen-Prinzip nicht nur beibehalten, sondern hinsichtlich seiner Funktion und Bedeutung für die Mitgliedschaft wiederbeleben, so steht sie vor der Herausforderung, Struktur und Arbeitsweise dieser Gruppen in Zukunft nachhaltig zu verändern und dabei durchaus widersprüchliche Anforderungen zu bewältigen. Versammlungen herkömmlicher Art haben offensichtlich kaum nennenswerte Attraktivität für größere Teile der Mitgliedschaft, insbesondere für die »modernen Arbeitnehmer«. Gleichzeitig ist aber davon auszugehen, daß sich diese Versammlungsform nicht binnen kürzester Zeit verändern lassen wird, denn diejenigen, die heute die Versammlungen besuchen, erwarten zusammen mit dem gewichtigen Aspekt der Geselligkeit auch die alten Rituale; jedoch erscheint als Gebot der Stunde eine thematische Bereicherung, die angepaßt wird an die Bedürfnisse *aller* Mitgliedergruppen, sowie eine notwendige Öffnung nach außen, also der Einbezug anderer interessierter Einzelpersonen und Gruppen und die Erprobung anderer Formen und Versammlungsstile. Einzelne Angebote in dieser Richtung, gegebenenfalls in ausgewählten Stadtteilgruppen, könnten ein erster Schritt sein.

Gerade in Dortmund liegt ein Schwerpunkt der gewerkschaftlichen Arbeit der IGM auf dem Stahlbereich. Für die weitere Zukunft dieser Verwaltungsstelle ist es jedoch wegen der strukturpolitischen Erfordernisse dringend geraten, anderen Branchen wachsende Aufmerksamkeit zu schenken, sie mit neuen Schwerpunkten und einer Förderung von FunktionärInnen verstärkt in die gewerkschaftliche Arbeit einzubeziehen.

Zu überdenken ist in diesem Zusammenhang auch die Effektivität von Personengruppen-Ausschüssen, die sich erfahrungsgemäß immer geringer werdenden Zuspruchs ›erfreuen‹ – Anzeichen für eine ineffektive Organisationsform. Es sollte vielmehr von einem erweiterten Auftrag der Gewerkschaft und entsprechenden Inhalten ausgegangen und weite Teile der Mitgliedschaft in thematisch orientierten Gruppen einbezogen werden.

Einer derartigen Weiterung steht allerdings das in hohem Maße zentralistische gewerkschaftliche Organisationsverständnis im Weg. Mit herkömmlicher ›Gewerkschaftsdisziplin‹, die der Phantasie nur wenig Raum läßt, werden keine neuen Mitglieder angezogen. Die »Verwaltungsstelle als Zukunftswerkstatt«, wie von der IGM verschiedentlich in Verbindung mit der Vorstellung eines erweiterten Interessenbegriffs programmatisch gefordert, braucht veränderte Strukturen.

Aber schon bescheidenere Zielsetzungen wie die einer arbeitspolitischen Erweiterung von Interessenvertretung machen es erforderlich, die Stadtteilgruppen mit mehr Kompetenz als bislang auszustatten und einer schrittweisen Dezentralisierung Spielraum zu geben. Möglicherweise wird man aber auch feststellen, daß im Zuge einer solchen Entwicklung die Stadtteilgruppe nicht die sinnvollste und jedenfalls nicht die alleinige Form ist, notwendige Schritte einer Organisationsreform einzuleiten.

Angesichts der Erstarrung und allmählichen Austrocknung der von uns am Beispiel der IGM Dortmund untersuchten traditionellen örtlichen Strukturen, ihrer Bindung an ein traditionelles Arbeitermilieu wie auch der Gebrochenheit dieser Form des Lokalprinzips im Organisationszusammenhang einer einzelnen Industriegewerkschaft stellt sich auch die Frage, ob nicht die Arbeitsteilung zwischen DGB und Einzelgewerkschaft geändert werden muß, um zeitgemäßere organisatorische Voraussetzungen für die Entfaltung lokaler Arbeitspolitik bereitzustellen.

Basis für all dies kann nicht ausschließlich der – berechtigte – Wunsch nach mehr Mitgliederbeteiligung sein, sondern die Überzeugung von der Richtigkeit einer arbeitspolitischen Erweiterung von Interessenvertretung der IGM, der Gewerkschaften insgesamt. Die Probleme, mit denen die ArbeitnehmerInnen heute konfrontiert sind, lassen sich nicht (mehr) auf den einfachen Nenner vom Gegensatz zwischen Kapital und Arbeit reduzieren. Daher erscheint es notwendig, mit anderen Gruppierungen zu kooperieren und ohne Berührungsängste gemeinsame Ziele zu verfolgen.

Wie wir feststellen konnten, machen sich immer mehr FunktionärInnen und Mitglieder Gedanken über neue Formen und Inhalte. So wird beispielsweise nachgedacht über den Nutzen eines ›Kommunikationszentrums Gewerkschaftshaus‹, um u.a. auch kulturellen Ansprüchen zu genügen, die sich immer mehr verstärken und denen die Gewerkschaften bisher nur unzulänglich entsprochen haben, weil sie sich zu oft noch ausschließlich traditionellen Kulturformen verbunden fühlen.

Insgesamt ist dies eine stattliche Sammlung von Aufgaben, die bei ihrer Lösung einen Schritt zur notwendigen Organisationserneuerung ausmachen könnten. Wichtig erscheint bei alledem, daß die IGM Dortmund sich auf Kräfte besinnt, die innerhalb der Mitgliedschaft vorhanden sind, und daß sie überlebte Traditionen nicht ausschließlich um ihrer selbst willen bewahrt, ohne gleichzeitig Chancen für Veränderungen zu eröffnen.

VI. Neuansätze in einer teilweise ländlichen und einer nicht montangeprägten, großstädtischen Region

Wir haben den DGB-Kreis Dortmund im Blick auf institutionell geprägte gewerkschaftliche Handlungsstrukturen und Ansatzpunkte einer arbeitspolitischen Erweiterung gewerkschaftlicher Interessenvertretung mit möglichst großer »Tiefenschärfe« analysiert und die Ergebnisse ausdifferenziert auf die unterschiedlichen und sich wechselseitig beeinflussenden, institutionellen Handlungskontexte von örtlichem DGB, IGBE (Büro Dortmund und Bezirk Ruhr-Ost) sowie IGM (Verwaltungsstelle Dortmund) präsentiert. Ehe wir sie im Lichte unserer Fragestellungen resümieren, wollen wir unseren Blick auf zwei Vergleichsregionen ausweiten, die in diesem Zusammenhang unter bestimmten thematischen Aspekten von Interesse sind. Beide Vergleichsregionen können allerdings nur in einem ersten evaluativen Schritt ausgeleuchtet werden.

Den DGB-Kreis Hamburg haben wir ausgewählt, weil er von der Industrie- und Beschäftigungsstruktur her deutlich mit Dortmund kontrastiert und weil es sich hier um eine von fünf Modellregionen der DGB-Schwerpunktaktion ›Angestellte‹ handelt, in der der innergewerkschaftlichen Diskussion zufolge erste beteiligungsorientierte und auf die Verknüpfung von betrieblichem und örtlichem Handeln gerichtete Ansätze erfolgreich entwickelt werden konnten.

Der DGB-Kreis Recklinghausen bot sich als Vergleichsregion an, weil wir hier in einer zwar auch stark durch den Bergbau, in Teilen aber auch eher ländlich geprägten Region mit – aus Sicht gewerkschaftlicher Experten – modellhaften Neuansätzen in der Ortskartellarbeit rechnen konnten. Zusätzlich zu der Einblendung örtlicher Gewerkschaftsarbeit über die DGB-Ortskartelle eröffnete dies – im Falle einer Bestätigung dieser Einschätzung – auch einen weiteren empirischen Zugang zu eventuellen Ansätzen einer Weiterentwicklung der örtlichen Strukturen der in der Region durchgängig präsenten IGBE.

1. Die Vergleichsregion Hamburg

1.1 Zu einigen strukturellen Merkmalen

Der DGB-Kreis Hamburg ist einer der größten DGB-Kreise des Bundesgebiets. Die Gewerkschaften IG Chemie, HBV, IGM, ÖTV, DPG und NGG sind zwar die mitgliederstärksten am Ort, haben jedoch dieselben organisatorischen Probleme zu bewältigen wie auch die Gewerkschaften anderswo: stagnierende oder sogar sinkende Mitgliederzahlen, auf seiten großer Teile der Mitglieder nur geringe Bereitschaft zu ehrenamtlicher Mitarbeit und ein deutlicher Überhang gewerblicher ArbeitnehmerInnen innerhalb der Mitgliedschaft.

Seit Jahren vollzieht sich im Kreis Hamburg ein rasanter Strukturwandel: der industrielle Sektor verliert zunehmend an Bedeutung. Im Organisationsbereich der IGM etwa stehen immer weniger Beschäftigte in den Werften einer zwar noch wachsenden Beschäftigtenzahl im Flugzeugbau gegenüber, die aber den fortgesetzten Trend eines Beschäftigtenabbaus in der Metallverarbeitung nicht kompensieren kann. Der Anteil der Metallbeschäftigten an den Erwerbstätigen in Hamburg liegt derzeit nur noch bei rund 11 %.

> »Das ist ein Drittel von dem, was in andern Industrie-Regionen der Fall ist. Es gibt natürlich auch noch andere Städte, wo das ähnlich ist, aber ich glaube, es gibt noch keine einzige, wo es so extrem ist«, klagt ein IGM-Verantwortlicher in Hamburg. »Und wir sind da auch 'ne ganz besondere Konstellation, wenn man sozusagen so'n Randbereich ist – auch für 'ne politische Diskussion. Da muß man dann schon sich drum kümmern, daß es überhaupt Aufmerksamkeit findet.«

Schrumpfende industrielle Bereiche, eine expandierende Medienlandschaft, die jedoch gegen gewerkschaftliche Einflüsse relativ resistent ist – all dies sind Gegebenheiten, mit denen sich der DGB-Kreis und nicht zuletzt sein Vorsitzender zu befassen hat. Dieser übt zugleich ein Abgeordneten-Mandat in der Bürgerschaft aus, das dem jeweiligen Kreisvorsitzenden traditionsgemäß von seiten der SPD-Fraktion reserviert wird. So soll die Verbindung von Gewerkschaft und kommunaler bzw. landesweiter Politik gewährleistet werden.

1.2 Der DGB und seine Mitgliedsgewerkschaften

Der organisatorische Zusammenhalt der DGB-Mitgliedsgewerkschaften im DGB-Kreis Hamburg wird gewährleistet durch die Kreisvorstandssitzungen, die regelmäßig einmal monatlich stattfinden. Hieran nehmen teil: die Vorsitzenden der fünfzehn in Hamburg vertretenen Mitgliedsgewerkschaften und die Vertreter der DGB-Personengruppen, der Geschäftsführer des ACE (Automobilclub Europa) und der BfG – insgesamt ein recht umfangreicher Personenkreis, dessen Arbeit aus diesem Grunde durch ein vorbereitendes Gremium effektiviert werden soll, das sich »Beratender Kreisvorstand« (BVK) nennt. Auch dieser Kreis tagt einmal monatlich kurz vor der Vorstandssitzung mit regelmäßig zwischen vier und sechs Geschäftsführern der größten örtlichen Mitgliedsgewerkschaften – u.a. der IGM und der IGCPK. Sie beraten den Kreisvorsitzenden, um diesen »nicht so alleine mit seinen Problemen sitzenzulassen«, wie ein Mitglied des BVK erläutert. Seiner Ansicht nach ist der eigentliche Kreisvorstand aufgrund seiner Größe relativ unbeweglich, der BVK hingegen könne durch den relativ unbürokratischen Zusammenhang gegebenenfalls schnell auf Anforderungen reagieren:

> »In Hamburg bist du drauf angewiesen, aufgrund der Medienlandschaft, wenn Themen öffentlich gefahren werden, auch relativ kurzfristig dich da abzustimmen, wie denn der DGB darauf reagieren würde. Das macht der E. P. ganz gut, daß er die Großen (Gewerkschaften, d. V.) schnell kontaktiert und sagt, was ist Sachlage!«

Dieser Kreis wird im Bedarfsfall kurzfristig zusammengerufen, um wichtige Fragen zu klären – wie z.B. kürzlich die Haltung des DGB zur Teilnahme an einer Demonstration gegen den Krieg in Jugoslawien: der Kreisvorstand hatte die Absicht erklärt, eine Demonstration zu veranstalten – entgegen der Empfehlung des BKV, »und heute Mittag findet 'ne Runde der BKV statt, um diese Frage dann noch mal abzuklären«[1], so ein Mitglied des BKV.

---

[1] Die Grundstruktur ist der langjährig in Dortmund prägenden ähnlich. Nur erachtete man dort aufgrund der Dominanz insbesondere einer Gewerkschaft eine Art formalisierten »geschäftsführenden Ausschuß« mehrerer (der wichtigsten eben) Gewerkschaften als nicht erforderlich. In der Praxis schien der informelle Kontakt zur IGM (im gleichen Hause, ein Flur tiefer) ausreichend zu sein.

Im Gespräch mit Vertretern des BKV wird deutlich, daß dem Gesamtgremium Kreisvorstand zwar Gewicht, aber eben doch eine geringere Bedeutung beigemessen wird. Deutlich ist hier auch der Einfluß der »Großen« (Gewerkschaften), die durch ihre Teilnahme am BKV die Zielrichtung des gewerkschaftlichen Handelns beeinflussen. In der Tat dürfte das BKV eine für den Kreisvorsitzenden entlastende Funktion darstellen, da er durch seine Bürgerschaftsfunktion über seine Kreisvorsitzenden-Tätigkeit hinaus im zweifachen Sinne kommunal tätig ist. Seine Entscheidung zur Übernahme des sicheren Listenplatzes wird von einem Vertreter der Mitgliedsgewerkschaften begrüßt:

> »Ich persönlich find' das gut, weil ich der Auffassung bin, daß Gewerkschaften, da, wo sie parlamentarische Sitze in Anspruch nehmen können oder ihnen angeboten werden, sie auch nehmen sollten, weil die Verteilung gesellschaftlich erwirtschafteter Werte erfolgt auf drei Ebenen: Betrieb zwischen Betriebsrat und Arbeitgeberseite, Tarifverhandlungen zwischen Gewerkschaften und Arbeitgeber-Verbänden, auf Staatsseite, sprich Parlament, wird entschieden, wie Steuermittel eingenommen und verteilt werden. Aus diesem Grunde halt' ich es für wichtig, daß wir dann auch als Personen in Parlamenten vertreten sind, die gewerkschaftliche Politik dort betreiben.«

Einhellig ist diese Meinung jedoch nicht:

> »Es war umstritten und ist immer noch umstritten, aber es gibt 'ne breite Mehrheit im KV, die das für richtig hält, und eine Minderheit, die findet das nicht so gut«, so ein Mitglied des Kreisvorstands. Man wolle »den E. (Kreisvorsitzender, d. V.) da nicht allein... lassen. Und er kommuniziert auch mit uns in wichtigen Fragen«,

um ein möglichst breites Meinungsspektrum für den DGB-Vertreter in der Bürgerschaft zu gewährleisten. Der bringe das politische Gewicht ein

> »von 250000 Mitgliedern, die sowieso nicht zur Demonstration kommen. Und wenn man merkt, daß die Parteifraktion da nicht mitzieht, dann muß man mit denen reden.«

Ob eine derartige Tätigkeit des Kreisvorsitzenden auf Landesebene zwingend und immer dem DGB zuträglich ist, zieht ein innerhalb des DGB-Kreises beschäftigter Gewerkschaftssekretär in Zweifel. Seiner Einschätzung nach gerinne das ehrenamtliche Mandat des Kreisvorsitzenden faktisch zu dessen primärer Tätigkeit. Dies erschwere hier und da durchaus die

Wahrung gewerkschaftlicher Interessen. Daß die Abwägung zwischen der Loyalität der Gewerkschaft und der Fraktion gegenüber schwierig ist, darf zumindest vermutet werden, denn auch im DGB-Kreis Recklinghausen z.B. wird diese Ämterverquickung durchaus kontrovers diskutiert.

Die geringe Personalausstattung des DGB Hamburg läßt darüber hinaus vermuten, daß auf den vollen Einsatz des hauptamtlichen Kreisvorsitzenden hier nicht unbedingt verzichtet werden kann, sind doch lediglich vier (männliche) Sekretäre für den DGB-Kreis tätig.

»Der DGB ist total unterbesetzt. Das muß man eindeutig sagen. Die Einzelgewerkschaften haben ja im Grunde mehr Personal. Abgesehen natürlich vom Rechtsschutz. Aber alle Personalzuwächse sind in den Rechtsschutzbereich eingegangen und in den andern Bereichen hat sich dann wenig getan. Das ist natürlich 'ne ganz schwierige Situation. Wenn man da überlegt, was da alles gemacht werden könnte: Frauenarbeit, Angestellte... Das kann man praktisch gar nicht. Ist schon sehr schwierig.«

Angesichts der finanziellen Ausstattung des Gewerkschaftsbundes wird eine Aufstockung des Personals jedoch für wenig aussichtsreich gehalten. Um die Arbeitskraft der wenigen vorhandenen Sekretäre effektiver auszunutzen, schlägt ein Gewerkschaftssekretär vor, die

»Ausbildung (der Hauptamtlichen, d. V.) (zu) verändern. Man muß sehr viel mehr Wert auf gute Personalplanung legen. Alles das, was jeder große Betrieb machen muß, wenn er erfolgreich sein will.«

Mit den dem DGB zur Verfügung stehenden 12% Beiträgen der Mitgliedsgewerkschaften müsse sich nach Ansicht des Gewerkschaftssekretärs einer Mitgliedsgewerkschaft einigermaßen effektiv arbeiten lassen, wenn denn die Finanzen den Prioritäten entsprechend eingesetzt würden: »Das Geld (muß) auch da ankommen, wo es ganz, ganz dringend gebraucht wird«, nämlich im DGB-Kreis und dürfe nicht im Landesbezirk »versickern.«

Die finanzielle Frage wiederum wird von dem Sekretär einer Mitgliedsgewerkschaft als eng verknüpft mit den Möglichkeiten der Organisations- und Aktionsfähigkeit des Kreises erfahren:

»Zentral ist dann unheimlich viel Bedarf an Personal und über die Landesbezirke geht's nachher runter und das führt immer dazu, daß wir bei allen möglichen Fragen – ob wir 'ne Demonstration machen etc. – die Frage, wer bezahlt das eigentlich?«

In der Regel werde dann in Form eines Umlageverfahrens das Loch in der Finanzdecke ›gestopft‹[2]. Dieses Subventionsverfahren werde jedoch von vielen Mitgliedsgewerkschaften kritisiert, sei noch dazu nicht satzungsgerecht und werde daher auch von einigen Gewerkschaften nicht mitgetragen:

> »Der DGB muß mit seinem Geld klarkommen, das er hat. Auch wenn er keins hat«, so der Vertreter einer Mitgliedsgewerkschaft lakonisch.

Der vom DGB-Bundesvorstand mit der sogenannten »Angestellten-Kampagne« betraute Gewerkschaftssekretär in Hamburg sieht für den geringen Handlungsspielraum neben der unzureichenden Finanzausstattung als Grund vor allem mangelnde Phantasie und ungenutzte Kooperationsmöglichkeiten zwischen den Gewerkschaften innerhalb des DGB-Kreises. Für seine Aktion in der City-Nord, für die er keinen Sonderetat zur Verfügung hat, bedient er sich deshalb auch der organisatorischen, finanziellen und logistischen Möglichkeiten einer großen, an der Kampagne des DGB beteiligten Institution, die sich – wenn auch nicht uneigennützig – in Gestalt sachlicher Unterstützungsleistungen beteiligt. So könne man auch andernorts und in anderen Zusammenhängen verfahren, glaubt der DGB-Sekretär. Doch FunktionärInnen dächten zu häufig in traditionellen Aktionsmustern. Viel zuwenig Zeit bliebe ihnen darüber hinaus für eine angemessene Reflexion ihrer Arbeit:

> »Wir brauchen einerseits sowas wie Supervision, und wir brauchen diese Supervision auch auf der inhaltlichen Ebene. Das heißt, der Gewerkschaftssekretär ist ein politischer Beruf, und er hat sich aktuell mit Politik und Philosophie auseinanderzusetzen. Und wer keine Zeit hat, Bücher zu lesen – so wie ich, ich komm' auch immer weniger dazu, und ich hab' auch bei meinem Job schon gar keine Lust mehr, Bücher zu lesen, das kommt dazu eben durch diese Alltäglichkeit – dann muß es diesen Punkt geben, wo man geistig gefordert wird.«

Es kommt demnach also darauf an, die notwendige laufende Arbeit so zu organisieren, daß wenigstens ein Minimum an

---

[2] Auch dies ist nicht viel anders als in Dortmund und – folgt man den Erfahrungsberichten und Diskussionen auf den Hattinger Foren des DGB – in vielen anderen DGB-Kreisen.

Zeit für kritische Selbstreflexion verbleibt. Wenn dadurch unnötiger Leerlauf vermieden und Prioritäten richtiger gesetzt werden könnten, müßte dies die Effizienz der Arbeit erhöhen, ohne größere zeitliche Belastungen.

1.3 Die Angestellten-Kampagne »City-Nord«

Die Angestellten-Kampagne des DGB-Bundesvorstands wird u.a. in Hamburg exemplarisch durchgeführt[3] und ist angelegt als Pilotprojekt zur Gewinnung derjenigen ArbeitnehmerInnen, die unter den Begriff »neue Arbeitnehmerschichten« subsumiert werden. Die Bezeichnung »Angestellten-Kampagne« ist unscharf, da die Standesbezeichnung ›Angestellte(r)‹ heute eine breite Palette von Beschäftigungen umfaßt und nur wenig Auskunft gibt über Status und Arbeitsinhalte der betreffenden ArbeitnehmerInnen. Gewerkschaften sind traditionell Verbände von/für Facharbeiter bzw. Arbeitnehmer aus dem gewerblichen Bereich. Das immer größer werdende Reservoir an nicht gewerblichen ArbeitnehmerInnen fühlt sich durch die traditionelle Gewerkschaftsarbeit erfahrungsgemäß wenig angesprochen.

Einen Versuch, dies zu revidieren, soll das Angestelltenprojekt in der Hamburger City-Nord darstellen. Es wird dabei keineswegs erwartet, durch diese Kampagne gleich reihenweise neue Mitglieder zu gewinnen; vielmehr erhofft man sich Impulse für eine bedarfsgerechte Arbeit mit allen ArbeitnehmerInnen-Schichten.

Das Projekt kann nach Ansicht der befragten GewerkschaftsfunktionärInnen aus DGB und Mitgliedsgewerkschaften als relativ erfolgreich gewertet werden, wobei insbesondere von »besserem Image« und gestiegenem Aufmerksamkeitswert des DGB die Rede ist: die vornehmlich dem Organisationsbereich von HBV, IGM, ÖTV, DPG und IGCPK zugehörigen Beschäftigten in der City-Nord sind von den Aktivitäten des DGB offenbar recht positiv eingenommen – greifen sie doch in ungewohnter Form Probleme auf, die sie selbst als ArbeitnehmerInnen beschäftigen.

Resonanz hat das Projekt auch gefunden bei in der City-Nord tätigen ehrenamtlichen Betriebs- und GewerkschaftsfunktionärInnen. Diese unterstützen den Gewerkschaftssekretär inner-

---

3 Daneben in 4 weiteren DGB-Kreisen (DGB-Bundesvorstand 1993).

halb einer Arbeitsgruppe, die u.a. gemeinsam die Zeitung »Wir in der City-Nord« herausbringt. Unter den insgesamt rund zehn TeilnehmerInnen im Alter zwischen 35 und 45 Jahren bleibt jedoch der hauptamtliche Funktionär dominant: er treibt die TeilnehmerInnen sowie die Diskussion an, präsentiert Vorschläge und mögliche Arbeitsgänge, ist also zunächst einmal unverzichtbar. Doch er betrachtet den Arbeitskreis als entwicklungsfähig. Durch ihr Engagement qualifizierten sich die Mitglieder – vor allem auch Frauen:

> »Ich hab' in dem Arbeitskreis immer mehr Frauen dabei gehabt als sonst in gewerkschaftlichen Kreisen, ohne daß wir gesagt haben, das ist Frauenpolitik. Ich hab' auch das Gefühl, daß die Frauen dort, die sind selbstbewußt genug, die brauchen nicht von irgend jemandem unterstützt zu werden. Die suchen ihre Position als Frau im Betrieb. Das ist sehr schwer, aber sie haben die Sicherheit und das Selbstverständnis, sie auch selber suchen zu wollen. Und wo man aufpassen muß, daß denen nicht zu viele Knüppel in den Weg gelegt werden.«[4]

Der Arbeitskreis stellt sich für ihn als gelungene Verbindung von betrieblicher und außerbetrieblicher Arbeit dar:

> »Da besteht bei den Gruppenmitgliedern ein hohes Wissen. Und dieses hohe Wissen wird in der Fülle der Erfahrungen von dem Betrieb überhaupt nicht voll genutzt, kann gar nicht. Und diese Menschen machen sich schon gesellschaftliche Gedanken. Und ich denke, daß – wenn man sie richtig anspricht und sie einbezieht – nicht wie bisher, daß man sagt, entweder bist du da, um jeden Morgen Flugblätter zu verteilen – sondern ihnen punktuell Chancen gibt, ihre Sachkenntnis, ihre Lebenserfahrung einzubringen. Dann sind sie – denk' ich – auch bereit, an sozialen Projekten mitzuarbeiten... Ich denke, daß man die Kreativität und das Wissen dieser Menschen nutzen soll, aber nicht in der Form, daß man sie benutzt, sondern indem man ihnen von unserer Seite her eine Chance gibt, ihr Wissen auch zu veröffentlichen und sozial zur Verfügung zu stellen.«

Das Projekt befruchtet auch die betriebliche Arbeit, indem die im Arbeitskreis tätigen BetriebsrätInnen einwirken auf die betriebliche Ebene. So treten sie beispielsweise mit der Geschäftsleitung in Verbindung hinsichtlich der im Arbeitskreis geplanten Vorhaben – zum Beispiel die Zahlung von Fahrgeld-

---

[4] Vgl. die Hinweise bei Negt u.a. (1984, 221 ff.) auf die innovative Rolle von Frauen in der Ortskartellarbeit (»vorbildlich und unterbewertet«).

zuschüssen oder die Vereinbarung von verbilligten Dauerfahrkarten (Großkundenabonnements) oder – so das jüngste Diskussionsthema – die Forderung nach betrieblichen Kindergärten. Es wird somit ein für die Beschäftigten relevantes Thema vom DGB von außen (durch den Arbeitskreis) und von innen (durch die jeweiligen BetriebsrätInnen) an sie herangetragen. Sie lernen den DGB auch von einer Seite kennen, die nicht lediglich aus plakativen Forderungen besteht:

> »Heute muß man sich viel mehr um einen Arbeitsplatz kümmern. Das reicht auch nicht, irgendwelche Dutzend Gewerkschaftsgespräche anzufangen, eine schlechte Gewerkschaftszeitung zu geben und zu versuchen, den Leuten ein Gespräch aufzuzwingen oder als Moralapostel dazustehen... Man muß sich Instrumente schaffen, die einem helfen. Zum Beispiel muß man sich ein Schema schaffen, wie man schnell Umfragen im Betrieb machen kann, zu bestimmten Arbeitsplatzsituationen. Umfragen, die nicht aufdringlich sind, die man sehr schnell machen kann, über die man sehr schnell einen Überblick verschaffen kann, und auch Untersuchungsformen, die man auch gesprächsmäßig abwickeln kann, durch eine qualitative Untersuchung, wo der Betriebsrat lernt, an bestimmten Punkten Stichpunkte zu machen, bestimmte Eckwerte mit abzufragen im Gespräch... und da muß richtig Managementqualifikation entwickelt werden.«

Es soll nicht in erster Linie darum gehen, möglichst viele Mitglieder für die Gewerkschaft zu werben, sondern eine überzeugende inhaltliche Arbeit im Betrieb bzw. für die Beschäftigten zu leisten, die dann – so zumindest die Hoffnung – die Gewerkschaft in einem anderen, neuen Licht erscheinen läßt, das die Betroffenen vom Sinn einer Mitarbeit innerhalb des DGB bzw. einer Mitgliedsgewerkschaft überzeugt. Innovative, örtlich gerichtete Ansätze verknüpfen sich konzeptionell – und ansatzweise offenbar auch praktisch – mit Reformbemühungen um eine beteiligungs- und gestaltungsorientierte Betriebspolitik und Mitbestimmungspraxis (Frerichs/Bundesmann-Jansen 1992; Martens 1992).

Aber wo der Schwerpunktsekretär die ersten Früchte seiner Arbeit sieht, da rücken für die Repräsentanten der Mitgliedsgewerkschaften die harten Zwänge ihrer Alltagsarbeit stärker in den Vordergrund der Bewertung: ›inhaltliche Arbeit – schön und gut, aber das Wichtigste sind doch die Mitgliedszahlen!‹ So oder ähnlich klingt es aus den Gesprächen mit ihnen. Die Mitgliedszahlen sind für sie das tägliche Brot und die vorrangigen Interessen der jeweiligen Klientel, für deren Bearbeitung ein bewährtes Instrumentarium bereitsteht, Programm: So ist es auch wenig erstaunlich, daß sich die Gruppe der »neuen ArbeitnehmerInnen« für viele Mitgliedsgewerkschaften nicht als Problem darstellt: die Angestellten spielen hier zwar

> »eine wichtige Rolle, weil – wir werden in Zukunft an die rangehen... Andererseits darf man... in der aktiven Politik nicht zu weit gehen, weil dann die traditionellen Bereiche sagen: ›Moment mal, wer bringt's hier eigentlich? *Wir* bringen die Organisierten, *wir* bringen's Geld! Und so gesehen wollen *wir* auch unsere Interessen in einer Prioritätenliste ganz oben haben!‹«

Diese »Konkurrenzmechanismen« führen dann dazu, so ein Gewerkschaftssekretär, daß man sich eben vorrangig für die aktuell Organisierten einsetzt, denn:

> »Wer *drin* ist bestimmt die Musik, nicht wer draußen ist!«

Ist in diesem Dilemma auch das Desinteresse der Mitgliedsgewerkschaften zu suchen, die der in der City-Nord engagierte Gewerkschaftssekretär beklagt? Für ihn zeigen sie ein viel zu geringes Engagement in Richtung der langfristig zu gewinnenden ArbeitnehmerInnen-Potentiale: so wurde ein entsprechendes Angebot des DGB an die Mitgliedsgewerkschaften schlichtweg nicht wahrgenommen,

> »daß jede Gewerkschaft für ihren Bereich eine Sondernummer von ihrer ›City-Nord‹ (Zeitung des DGB, d. V.) bringen kann, wo jetzt das Außenblatt identisch ist und das Innenblatt speziell ist. Nur – da hätten die Gewerkschaften Arbeit reinstecken müssen! Das haben sie nicht getan. Das war ihre Chance. Das hätten wir alles finanziert! Haben sie nicht getan.«

Das Aufgreifen von Impulsen und die eigenverantwortliche Weiternutzung dieser Anstöße blieb bisher also weitgehend aus. Die Gewerkschaft HBV, die gewissermaßen nicht durch das widerständige Schwergewicht traditoneller Organisations- und Betreuungsarbeit im gewerblichen Bereich »gebremst« wird, bildet hier eine »rühmliche« Ausnahme. Sie ist bekanntlich darum bemüht, der »neuen Unternehmenskultur« (N. Trautwein auf dem Hattinger Forum 1991, eigene Mitschrift) eine ebensolche »Gewerkschaftskultur« entgegenzusetzen. Mit drastischen Worten charakterisiert Trautwein die Befindlichkeit und Gefahren der Gewerkschaften, die drohten, zur »Underdog-Organisation« zu werden. Die HBV hat aus diesem Grunde eine Unternehmensberatungsfirma beauftragt, die »No-Future-Organisation« zukunftsfähig zu machen. Voraussetzung für diesen Strategieprozeß sei eine neue Form der Offenheit – sowohl innerhalb der eigenen Organisation, als auch anderen Organisationen und Gruppierungen gegenüber. Ein wichtiges Ziel sei die »Entfesselung des ehrenamtlichen Potentials« (ebd.). Soweit die programmatische Absicht, deren (mehr oder weniger) korrespondierende Praxis hier nicht diskutiert werden kann. Immerhin aber sind die HBV bzw. ihre betrieblichen FunktionärInnen in Hamburg auch die aktivsten TeilnehmerInnen der Angestellten-Kampagne des DGB.

Die Tatsache, daß die IGM ein eigenes, auch in Hamburg angesiedeltes »Angestellten-Projekt« initiierte und dann in eigener Regie betrieb, wirft Fragen auf nach Kooperationsbereitschaft und Konkurrenzen zwischen DGB und Mitgliedsgewerkschaften: ein anfangs als gemeinsame Kampagne geplantes »Verbundprojekt Angestellte« von DGB-Bundesvorstand und IG Metall lief schließlich zweigleisig und separat. Die Angebote des DGB-Sekretärs zur Kooperation wurden nicht aufgegriffen, so seine Erfahrung:

> »Hab' gesagt, wir müssen uns exemplarisch Betriebe aussuchen. Da hat er gesagt, ›ja, such dir doch ein paar aus...‹ – Ich sag', nee, Betriebe, die du als deine Kampagne-Betriebe bezeichnest. – Da sagt er, ›ja, meine Kampagne, das ist mein Verbundprojekt, hier die Betriebe, aber das mach' ich! Das hat mit deiner Kampagne nichts zu tun.‹ – Da hat er schön meine und deine Kampagne unterschieden!«

Auch ein führender Funktionär einer Mitgliedsgewerkschaft muß hinsichtlich des City-Nord-Projekts selbstkritisch eingestehen:

> »Die Einzelgewerkschaften sagen aber nicht: ›Das ist unser Projekt.‹«

Statt dessen reduziert sich die Trägerschaft der Kampagne auf die Person des DGB-Projektleiters und die Mitglieder des Arbeitskreises. Offenkundig herrscht ein akuter Mangel an Kooperationsfähigkeit bzw. -willen sowie klare Konkurrenz zwischen Dachverband und Mitgliedsgewerkschaften. Alltagsroutinen drohen innovative Impulse zu ersticken. Ein Mangel an Personal und Finanzen wird zusätzlich als Grund fehlender Beteiligung an der DGB-Arbeit genannt.

Fraglich ist jedoch, ob dem nicht doch eine Unterbewertung der spezifischen Aufgaben des Dachverbandes zugrunde liegt. Die eigenen Aufgaben der Mitgliedsgewerkschaften scheinen demgegenüber klarer: Interessenvertretung in den gewohnten industriegewerkschaftlichen Bahnen, betriebliche Mitgliederbetreuung sowie Rekrutierung neuer Mitglieder zwecks Erhöhung des Beitragpotentials sind die Stichworte. Lokale Arbeitspolitik wird allenfalls arbeitsteilig delegiert, aber:

> »Wir sind alle der Meinung, der DGB hat eine ganz wichtige Funktion. Aber wenn's dann ernst wird, akzeptieren wir zumindest, daß er nicht in der Lage ist, die Funktion auszufüllen«,

meint der Vertreter einer Mitgliedsgewerkschaft entsprechend ratlos. Welches denn nun die wichtige Funktion des DGB sein könnte, ob sie mit dem Begriff der lokalen Arbeitspolitik zu umschreiben ist, bleibt zudem offen. Gedacht wird – so kann vermutet werden – vornehmlich an Aufgaben, die den reibungslosen Ablauf der Arbeit der Mitgliedsgewerkschaften nicht behindern und vor allem nicht in deren Kompetenzen eingreifen.

> »Aber so wie überall sind einem die eigenen Probleme im Betrieb natürlich näher als der DGB. Das bestimmt auch den Spielraum, den der DGB hat«,

bringt ein führender Funktionär der Mitgliedsgewerkschaften das auf eine Formel, was viele seiner KollegInnen denken. Andererseits kann und darf der DGB nicht losgelöst von den Mitgliedsgewerkschaften tätig werden, denn

> »man muß natürlich das, was der DGB hier tut, dann auch betrieblich verankern. Er kann nicht so was werden wie 'ne freischwebende Bürgerinitiative.«

Dafür gibt es auch schon Beispiele: nachdem in der Zeitschrift »Wir in der City Nord« ein Artikel unter der Überschrift »Tempo 30« erschienen war, in dem der Hamburger DGB sich verkehrspolitisch stark gemacht hatte für eine Sperrung der Innenstadt für den Individualverkehr, traf dies auf barsches Unverständnis bei den Mitgliedsgewerkschaften: »Ihr seid wohl verrückt geworden!« Mangelnde Akzeptanz ist Folge dieses Alleingangs – »einfach deshalb, weil der Diskussionsprozeß nicht intensiv genug ist.« Da reiche eine Sitzung im Kreisvorstand einfach nicht aus, so ein hauptamtlicher

Funktionär, um derartige Vorhaben eingehend abzuklären und abzustimmen. Um

> »andere Personalkapazität (freizugeben, d.V.), (um in, d.V.) Arbeitsgruppen zu arbeiten, fehlen einfach die Leute. Wir haben schon Schwierigkeiten, daß Funktionäre in *unsere* Gremien kommen.«

Der DGB – das ›ungeliebte Kind‹? Ratlosigkeit herrscht – gleichwohl gibt es Ideen, was seine mögliche Entwicklung betrifft: so könnte der DGB eine »koordinierende Funktion« wahrnehmen, Maßnahmen gemeinsam mit den Mitgliedsgewerkschaften planen und organisatorisch begleiten, so die Vorstellung eines DGB-Funktionärs. Hierzu sei eine neue »Diskussionskultur« erforderlich, die nicht der Machterhaltung der Funktionäre diene und der Bestätigung ihrer mehr oder minder erfolgreichen Politik, sondern auch bisherige Werte in Frage stellen müsse. Eine ergänzende »wohnort- und arbeitsbezogene Struktur« garantiere dabei die Nähe zum Mitglied, einen Zugang zu den betroffenen Mitgliedern und anderen Bevölkerungsteilen. Der DGB kann dabei, so der Funktionär,

> »die Organisation sein, die vor Ort den Dialog organisieren kann und es schafft, eventuell, wenn es möglich ist, die Fachqualifikation der Mitglieder dort zu bündeln auf diesem Gebiet.«

Dies alles sind bislang vornehmlich Überlegungen einzelner. In der Hamburger IG Metall wurde ansatzweise eine Öffnung durch »Zukunftsforen« versucht, die – thematisch eingegrenzt – jeweils auf großes Interesse stießen. Dies jedoch sind Ausnahmeveranstaltungen, die den Alltag der Gewerkschaften kaum berühren[5]. Das »wahre Leben« der Mitgliedsgewerkschaften spielt sich – neben dem Betrieb – in Gremien und Ausschüssen ab, denn, so der 1. Bevollmächtigte der IGM:

> »das ist ja auch gar nicht möglich, so 'ne große Organisation wie 'ne Bürgerinitiative zu organisieren. Also ich bin schon der Mei-

---

[5] So die Einschätzung des befragten Funktionärs und auch der Eindruck, den erste Ergebnisse eines IGM-Projekts über »gewerkschaftliche Zukunftswerkstätten« vermitteln (Expertenaussagen). Das Organisationsverständnis, das wir am Beispiel der IGM Dortmund nachgezeichnet haben, ist offenbar keineswegs fallspezifisch oder an die Mitbestimmungskultur des Ruhrgebiets gebunden.

nung, daß wir zu zentralistisch sind – von oben bis unten. Und daß wir da auch mehr Spielräume lassen müssen. Und das tun wir auch. Und wir sind ja auch viel offener und vielfältiger geworden. Auch in Hamburg, aber das ist kein Patentrezept, daß plötzlich alle in diese Gruppen reinströmen... Also wir haben ja diese Gruppe ›Alternative Produktion‹, wir haben Umweltgruppen, aber – das sind immer einzelne, die sich organisieren.«

So sehr also auch das Projekt »City Nord« auf positive Resonanz stößt – »alle sehen das hier so«, sagt ein Funktionär –, wird zugleich eben auch auf den unverzichtbaren Stellenwert tradierter, bürokratischer Arbeitsformen verwiesen. Denn mit nur wenigen Interessierten lasse sich eben eine große Organisation nicht bedarfsgerecht führen, so ein hauptamtlicher Funktionär.

»Es sagt sich alles ganz leicht: wir wollen die formalisierte Ausschußarbeit, die inhaltliche Ausschußarbeit zurückfahren zugunsten von inhaltlicher Projektarbeit. Sagt sich schnell, aber es ist nicht so einfach gemacht.«

Ebensoschwer lasse sich eine ortsbezogene Struktur aufbauen, so der Vertreter einer Mitgliedsgewerkschaft; wohnen doch die Mitglieder dermaßen weit im Stadtgebiet und im Umland verstreut, daß eine Wohngebietsarbeit auf einzelgewerkschaftlicher Ebene kaum Sinn mache.

Für ein absolut »hoffnungsloses Unterfangen« hält er auch die Arbeit in Ortskartellen, denn dafür sei schließlich ehrenamtliches Engagement notwendig, und daran mangele es schließlich auch den einzelnen Gewerkschaften. Daher ergebe sich für ihn und seine Gewerkschaft die Konsequenz,

»wenn ich was anfangen will, fange ich lieber mit denen an, die in Funktionen *sind*!«

Für Probleme – wie z.B. Verkehr u.ä. – gebe es im übrigen eine Reihe von Bürgerinitiativen und Selbsthilfegruppen:

»Ich glaube auch nicht, daß wir *alles* aufgreifen müssen.«

Die Mitgliedsgewerkschaften sind zu großen Teilen auf ihre betriebliche Arbeit beschränkt und mit Problemen, die daraus erwachsen, eingedeckt, so daß für darüber hinausgehende Formen der Zusammenarbeit recht wenig Raum bleibt. So gelingt es oftmals nicht einmal, die zahlreichen Kleinbetriebe der

Verwaltungsstellen entsprechend abzudecken. Ein Großteil der Arbeit laufe in den Großbetrieben, die von ihrer institutionellen Struktur her bessere Ansatzmöglichkeiten für die hauptamtlichen Sekretäre böten, berichtet ein Gewerkschaftssekretär.

Die betriebliche Arbeit – wie z.B. Tarifpolitik, Fragen der Qualifizierung – ist der unmittelbare Bezugspunkt einiger führender Mitgliedsgewerkschaften in Hamburg. Dabei treten selbstredend auch strukturpolitische Defizite und Versäumnisse zutage, doch müssen führende Funktionäre der Mitgliedsgewerkschaften einräumen, daß es an einer intensiveren Kooperation mit örtlichen Akteuren bisher noch weitgehend mangele.

> »Dazu sollten wir was machen. Ich muß aber zugeben, daß es bisher in der Praxis so gut wie nicht realisiert ist. Paar Gespräche – also nicht das, was man darunter eigentlich verstehen würde. Also irgendwas mit Regelmäßigkeit... Da haben wir mit mehreren gesprochen, es gibt auch viel Interesse dafür. Also ich sehe nicht, daß wir das nicht hinkriegen würden. Aber es ist ein Problem auch der Zeit und der Prioritäten. Wir haben Tarifverhandlungen und da schiebt man alles zur Seite, ne?!«

Der Faktor Zeit, chronischer Personalmangel sowie die Frage der Prioritäten – dies scheinen die Fixpunkte zu sein, die die Bereitschaft zur aktiven Beteiligung an überbetrieblicher Arbeit des DGB seitens der Mitgliedsgewerkschaften relativ gering halten – von eigenen Initiativen zu örtlich gerichteter Arbeit ganz zu schweigen.

Sporadische Kontakte gibt es noch innerhalb einer regelmäßigen Gesprächsrunde mit dem Bürgermeister und verschiedenen Senatoren zu ausgewählten Problembereichen – z.B. der Arbeitsmarktpolitik, so ein Funktionär. Auch mit den Arbeitgebern habe man selbstverständlich Kontakte – »da, wo es sich ergibt«. Zweimal im Jahr finde darüber hinaus ein wirtschaftspolitisches Gespräch beim Bürgermeister statt, an dem auch die Vorsitzenden der großen Gewerkschaften sowie Vertreter der Wirtschaft beteiligt seien. Aus dieser Runde heraus habe es kürzlich Überlegungen gegeben hinsichtlich einer Weiterbildungsmaßnahme, für die die Arbeitgeber, der Senat sowie das Arbeitsamt Finanzen und sonstige Mittel zur Verfügung stellen wollen. Die Gewerkschaften jedoch – obwohl Mitglied der Runde – blieben außen vor. Sie scheinen als Teilnehmer der Runde zwar geduldet, können jedoch nicht gleichwertig ihr Gewicht in den Kreis einbringen. Das Moment der angemessenen Repräsentation scheint das von Gestaltungsansprüchen und -fähigkeit im lokalen Politikfeld deutlich zu überwiegen. Ein gewerkschaftlicher Teilnehmer dieser Runde sieht zwar grundsätzlich Möglichkeiten gewerkschaftlicher Einflußnahme auf die Themengestaltung sowie ein gemeinsames Auftreten mit den Arbeitgebern. Bislang jedoch seien diese noch nicht bereit, die Gewerkschaften als »akzeptierte Gesprächs- und Gestaltungspartner« zu betrachten.

Der industrielle Bereich ist aufgrund der strukturpolitischen Konstellation im DGB-Kreis Hamburg »mehr so – naja, nebenbei oder sogar ein bißchen mißfallend«, so ein Gewerkschaftsfunktionär. Die Gewerkschaften hätten hierbei die Aufgabe, dem Senat und den Behörden gegenüber deutlich zu machen,

> »daß sie sich darum mehr kümmern müssen. Das ist so'n bißchen auch gelungen. Wir haben in verschiedenen Gremien inzwischen auch das zum Thema gemacht, und das hat – glaube ich – vor allem auch die Wirtschaftsbehörde verstanden, daß man da mehr Aufmerksamkeit drauf verwenden muß.«

Für seine Gewerkschaft sei die Industriepolitik

> »schon ein Schwerpunkt. Wir haben auch selbst dazu schon Veranstaltungen gemacht und insofern – *wenn* wir schon inhaltliche Schwerpunkte außerhalb der Betriebsarbeit suchen – wär' das wahrscheinlich der, den man am ehesten als unsern Schwerpunkt ansehen könnte.«

Es wird an dieser Stelle deutlich, daß der primäre Aktionsrahmen der Mitgliedsgewerkschaften der Betrieb ist. Weitergehende Aktivitäten betrachten selbst aufgeschlossene Funktionäre zwar als wichtig, sehen sich selbst jedoch aufgrund von Ressourcenmangel nicht in der Lage, sie aktiv zu unterstützen oder gar zu initiieren.

Andererseits bleibt ein Unbehagen. Scheinen doch derartige Aufgaben – wie diffus sie auch immer beschrieben werden – so wichtig zu sein, daß man sie nicht ausschließlich dem DGB überlassen möchte. Dies könnte die Gefahr bergen, daß dieser über die Mitgliedsgewerkschaften hinweg Einfluß ausübt, der deren Autonomie untergraben könnte. So wünscht man sich zwar einen DGB, der »an manchen Dingen mehr tun (könnte), gesellschaftspolitische Themen«, die aber merkwürdig diffus bleiben und nicht näher spezifiziert werden. Der DGB habe die Aufgabe, die Verbindung zu den Einzelgewerkschaften zu halten, wie ein führender Funktionär einer Mitgliedsgewerkschaft weiter erläutert. Dabei soll die alleinige Handlungsvollmacht jedoch bei den Mitgliedsgewerkschaften verbleiben.

Vorstellbar als Aufgabe für den DGB erscheint nach Ansicht von Vertretern der Mitgliedsgewerkschaften eine intensivere Öffentlichkeitsarbeit. Um Aufmerksamkeit in der Öffentlichkeit zu finden – noch dazu in einer an spektakulären Ereignissen nicht eben armen Stadt mit einer »ausgeprägten Medienlandschaft« –, sei eine entsprechende Pressearbeit unabdingbar. »Wir können hier rumzappeln wie wir wollen – die Zeitungen nehmen davon gar keine Notiz!« klagt ein Gewerkschaftsfunktionär. In ländlichen Bereichen erlange eine Gewerkschaft eine

>»ganz andere Öffentlichkeit. Das hängt aber auch wieder mit den Eigenheiten einer Großstadt zusammen... Die Kollegen aus Leer, Emden oder Papenburg – die haben faktisch die Möglichkeit. Alles was sie sagen oder schreiben, wird auch in der Zeitung abgedruckt. Mit Bildern... die Zeitungen freuen sich drauf!«

Ein Funktionär schlägt daher vor,

>»es wäre mit Sicherheit effektiver, wenn es beim DGB eine zentrale Stelle gäbe, wo man allein für Öffentlichkeitsarbeit zwei Leute hätte, zu denen ich hingehen würde, wenn ich das Bedürfnis habe, was nach draußen zu trällern, und wir setzen uns zusammen zehn Minuten, und ich sage ihm mein Problem. Und er ist in der Lage, in einer halben Stunde darauf 'n Pressetext zu machen, rüberzufaxen und zu sagen: ›ist der o.k.?‹ – Und ich sag', der ist o.k. und der geht raus. – Dann hätten wir das alles in 'ner Dreiviertelstunde erledigt.«

Diese Vorstellung verweist den DGB allerdings auf eine weitere dienstleistungsähnliche Funktion für die Mitgliedsgewerkschaften – für Aufgaben, die jenen zwar ein Anliegen sind, jedoch das Kernproblem nicht lösen. Professionelle Öffentlichkeitsarbeit macht dann Sinn, wenn Klarheit über das Themenspektrum besteht, über das man – u.a. mittels der Medien – gewerkschaftliche Öffentlichkeit herstellen will. Ohne diese inhaltliche Klärung bleibt das organisatorische Instrument stumpf.

1.4 Erste Schlußfolgerungen

Der Eindruck, den die durch das Angestelltenprojekt des DGB-Bundesvorstandes initiierte, kurze Betrachtung des DGB-Kreises Hamburg hinterläßt, ist ein durchaus »klassischer«: klare Aufgabenteilung in der Zuständigkeit von Mitgliedsgewerkschaften und Dachverband. Die Mitgliedsgewerkschaften sind – soweit uns dies unser Blick auf lediglich zwei der führenden örtlichen Gewerkschaften ermöglichte – vorrangig auf die betriebliche Arbeit konzentriert.

Auch die Arbeitsweise der Gewerkschaften ist primär durch traditionelle Muster geprägt; einzige Ausnahme bildet das sogenannte »Angestelltenprojekt« des DGB, das versucht, durch innovative Impulse neue ArbeitnehmerInnen-Schichten anzusprechen. Doch dieses Projekt stößt als Initiative des Bundesvorstandes zwar auf das Wohlwollen von örtlichem DGB und Mitgliedsgewerkschaften, aber es wird nicht aktiv als Chance zur Veränderung eingeschliffener Binnenstrukturen genutzt.

Der DGB wird von den Mitgliedsgewerkschaften als eine Art Dienstleistungsorganisation betrachtet, von der der Eindruck entsteht, daß sie zwar irgendwie notwendig sei, daß eine klare Aufgabenzuschreibung jedoch nicht möglich, ja vielleicht nicht geraten ist, wenn man die Prioritätensetzung und Strukturen der Mitgliedsgewerkschaften nicht zugleich der Diskussion aussetzen will. Diese würde unter Umständen darauf hinauslaufen, eigene Kompetenzen an den Dachverband abzugeben. Ein Schritt, den die Mitgliedsgewerkschaften bislang scheuen.

Für eine arbeitspolitische Erweiterung gewerkschaftlicher Interessenvertretung auf lokaler Ebene gibt es deshalb in Hamburg nur wenige Anzeichen. Vertreter einzelner Mitgliedsgewerkschaften sehen hier für ihre Organisation kaum Möglichkeiten. Und auch seitens des DGB gibt es außerhalb des Schwerpunktprojekts kaum Ansatzpunkte. Im Feld lokaler Politik scheint er keine allzu gewichtige Rolle zu spielen. Zwar ist der Kreisvorsitzende Mitglied der Hamburger Bürgerschaft und verbürgt so nach einem ebenfalls sehr traditionellen Muster gewerkschaftliche Präsenz an der Schnittstelle zur örtlichen Politik, aber dies bedeutet keineswegs auch Gestaltungskraft – unabhängig von Gewicht und Kompetenz der jeweiligen Person. Im Kreise der örtlichen Akteure spielt der DGB eine eher gering einzuschätzende Rolle.

2. Die Vergleichsregion Recklinghausen

Im Rahmen der im DGB geplanten und sich bereits abzeichnenden Umbrüche sind in der jüngeren Vergangenheit die DGB-Ortskartelle wieder mehr in den Blick der Öffentlichkeit geraten. Der DGB-Landesbezirk NRW beispielsweise hat in diesem Jahr zum zweitenmal eine »DGB-Infobörse« veranstaltet, die es dem DGB und seinen in Ortskartellen tätigen Mitgliedern ermöglichte, sich und ihre Arbeit darzustellen. Die hier gehaltene Rede des Landesbezirksvorsitzenden Mahlberg vom 22. 6. 91 mündete ein in die Forderung nach einer

- »stärkeren Einmischung in die Kommunalpolitik«,
- Nutzbarmachung von vorhandenen Kompetenzen der Mitgliedschaft,
- Verabschiedung von unfruchtbaren Ritualen zugunsten »neuer Wege« sowie
- besseren Öffentlichkeitsarbeit der Gewerkschaften (Mahlberg 1991).

Ob solche programmatischen Zielsetzungen in der täglichen Praxis der Kreise ihre Entsprechung finden und so möglicherweise zu einer arbeitspolitischen Erweiterung gewerkschaftlicher Interessenvertretung beitragen, soll in der folgenden Darstellung des DGB-Kreises Recklinghausen untersucht werden.

2.1 Zu einigen strukturellen Merkmalen

Am Rande des Ruhrgebiets gelegen, erstreckt sich der DGB-Kreis Recklinghausen schon weit in das z. T. eher ländlich geprägte Münsterland. Das weiträumige Kreisgebiet umfaßt acht Ortskartelle: hierzu zählt zum einen Castrop-Rauxel – in der Emscherzone in unmittelbarer Nachbarschaft zur »Metropole« Dortmund gelegen, ehemals Bergbau- und Industriestadt, die nun jedoch unter akuter industrieller Auszehrung leidet; die Städte Datteln und Haltern, Oer-Erkenschwick, Herten, Waltrop und Dorsten, die alle überwiegend vom Bergbau geprägt sind, aber auf dem »flachen Land« gelegen zu einer durch Landwirtschaft und Naherholungsgebiete für den industriellen Ballungsraum Ruhrgebiet charakterisierten Region gehören. Schließlich gibt es noch ein Ortskartell in Marl, einer Stadt mit einem bedeutenden Chemiewerk als größtem Arbeitgeber der Stadt, aber ebenfalls einem erheblichen Anteil von Beschäftigten im Steinkohlenbergbau.

2.2 Der DGB und seine Ortskartelle

Der Kreis Recklinghausen wird vom Kreisbüro der Stadt aus betreut vom DGB-Kreisvorsitzenden sowie einer DGB-Sekretärin und kann charakterisiert werden als ein im Umbruch begriffener DGB-Kreis. Der Kreis ist (noch) geprägt vom Bergbau und seiner Industriegewerkschaft, die traditionsgemäß als mitgliederstärkste Gewerkschaft innerhalb der Ortskartelle die Vorherrschaft, d.h. den Vorstandsvorsitz beanspruchte sowie die Sitzungsinhalte weitgehend bestimmte:

> »in großem Maße ist unser Ortskartell ja auch geprägt von der Situation hier vor Ort in der Region von Bergbau. Das muß man so sehen. Wir haben hier die Gewerkschaft Bergbau und Energie, ist die größte Gewerkschaft innerhalb unseres Ortskartells und demnach hat die Zeche auch die meisten Arbeitsplätze in der Stadt und dies prägt dann auch schon die Arbeit im Ortskartell. Ist ganz klar! Und in der Vergangenheit war dann logischerweise auch immer Thema Kohle ein ganz wichtiges Thema«, berichtet ein Ortskartell-Mitglied.

Eine Ortskartell-Vorsitzende vermißt manchmal bei der doch gehörigen Dominanz der großen Gewerkschaften IGBE und IG Chemie in ihrem Ortskartell den entsprechenden Einsatz der kleineren Gewerkschaften:

> »Daß die Kollegen sich auch trauen, was zu sagen. Weil – da reden immer die Bergbauer und die ÖTV – und die HBV und so, die – kommen auch selten aus den Socken, sag' ich mal. Die fehlen mir auch so ein bißchen mit Wortbeiträgen oder Ideen. Die trauen sich einfach nicht. Weil sie's auch nicht gewohnt sind, zu Wort zu kommen.«

Mit dem zunehmenden Rückzug der IGBE aus ihrer dominierenden Position verbunden ist jedoch nicht zwangsweise auch der völlige Schwund der IGBE-Mitglieder aus den Ortskartellen. Erfreulicherweise – so ein Ortskartell-Vorstandsmitglied – bleiben die vor allem älteren Mitglieder dem Ortskartell erhalten, indem sie

»einfach zur Sitzung dazu(kommen). Wenn man sich die anguckt und alle Bergbauler die Hand heben, sind das 50% der Anwesenden, die also rein formal zwar nicht abstimmungsberechtigt sind, aber Interesse an der DGB-Arbeit haben. Ich seh' nicht ein, warum ich die draußen lassen soll, weil – das sind meistens Kollegen, die ihre Ortsgruppen-Arbeit machen und noch viel Freizeit haben, weil sie halt Rentner sind, und die wir als Ortskartell auch brauchen.«

Von großem Nutzen sei die Mitarbeit dieser Mitglieder z.B. als »Abgeordnete« des DGB bei Veranstaltungen und dergleichen, wofür ein berufstätiges Ortskartell-Mitglied nur bedingt abkömmlich sei. Eine Integration der älteren KollegInnen scheint somit gegeben.

Immer häufiger auch werden die IGBE-Delegierten im Ortskartell durch jüngere Mitglieder ersetzt, obgleich alle Ortskartelle mit dem Problem zu kämpfen haben, daß jüngere Leute sich nur bedingt für Gewerkschaftsarbeit interessieren. Doch gerade hier im Kreis Recklinghausen gibt es in verschiedenen Ortskartellen einen deutlichen Trend hin zu einer spürbar verjüngten Altersstruktur.

Bemerkenswert ist auch die Tatsache, daß es im Kreis zwei Frauen als Ortskartell-Vorsitzende sowie weitere weibliche Vorstandsmitglieder gibt. Daß sie als sogenannte ›Alibifrauen‹ gelten könnten, weisen sie jedoch weit von sich. Eher, meint eine von ihnen, sei die Tatsache für ihre Wahl ausschlaggebend gewesen, daß sie nicht der IGBE angehöre, sondern

»eine(r) *kleine(n)* Gewerkschaft hier am Ort! Die IGBE ist so eigenständig stark, die brauchte keinen Repräsentanten. Da läuft intern alles prima ab.«

Noch dazu habe sie die Qualifikation als Betriebsratsvorsitzende, und diese Kombination weise sie als höchst qualifiziert und prädestiniert für den Ortskartell-Vorsitz aus, betont ein anderes Ortskartell-Vorstandsmitglied.

Auch eine weitere Vorsitzende ist Betriebsratsmitglied, hatte allerdings ihrer eigenen Einschätzung nach mit mehr Vorbehalten zu kämpfen:

»Erstens war ich Frau; zweitens war ich jung und kam drittens auch aus der ›Chemie‹. Das waren drei große Vorurteile. Zumindest die, die die Kollegen aus der IGBE hatten. Weil mein Vorgänger ein alter gestandener Bergmensch war. – Ich hab' das Problem gelöst, indem ich gesagt hab', ich geh' in jede Ortsgruppe rein und guck' mir die an und stell' mich überall auch vor. Ich bin auch von den meisten Ortsgruppen eingeladen worden, von manchen sogar schon das zweite Mal. Und hab' gesagt, ich bin auch für euch da, wenn ich Zeit hab', und komm' und diskutier' mit euch als Vorsitzende des DGB hier in X. Und da haben mittlerweile einige offensichtlich erkannt, daß ich da keine Probleme habe, zu reden und andere Ideen zu kennen. Und da suchen auch mittlerweile einige das Gespräch. Ich denke mir, das kann auch nur so gehen.«

Ein sicherlich nicht einfacher Umdenkungsprozeß für so manchen »gestandenen« Mann – auch in der Art und Weise des Kommunikationsstils: durch die weibliche Vorsitzende hat sich vor allem der Informationsfluß innerhalb des Ortskartells verändert:

»Bei männlichen Kollegen ist ein Alleinherrschaftsanspruch stärker vorhanden. So daß sie schon sagen: ›Die Information gehört mir, die geb' ich nicht weiter!‹ – Für mich gibt's keine Information, die ich nicht weitergebe! Ich hab' auch nicht den Anspruch zu sagen: ›Ich weiß mehr als andere.‹ Oder ich muß überall da hinkommen, wo ich auch den entsprechenden Überblick behalte. Ich vertraue da schon den Kollegen.«

Termine richten sich nicht ausschließlich nach ihrem Kalender, sondern werden dann angesetzt, wenn die meisten können:

»Bei Männern gibt's so was nicht in der Form. Da werden Sitzungen gemacht, wenn der Vorsitzende kann!«

Vorbei seien nun die Zeiten, in denen »unser großer Vorsitzender« berichtet habe; heute teile man die anfallende Arbeit innerhalb des Ortskartells auf, werde auch schon mal ein nicht dem Ortskartell angehörendes Gewerkschaftsmitglied in einen städtischen Ausschuß delegiert.

»Genauso hoffe ich auch, so andere Aufgaben auf viele Füße legen zu können. Ich kann nicht als Vorsitzende alles machen. Ich muß die Sitzung vorbereiten, ich muß den Laden am Laufen halten. Funktionieren müssen wir alle zusammen.«

Veränderungen hat es innerhalb der jüngsten Vergangenheit gegeben, eingeräumt wird jedoch nahezu einhellig, daß die Hauptlast der Arbeit auf nur wenigen Schultern ruhe. Dies bestätigen verschiedene Vorstandsmitglieder:

»Der Vorstand hat vier Leute. Ja – an uns beiden hängt allerdings – kann man sagen – die Arbeit. Die andern machen mit, aber ...«

In ihrer Funktion als Vorsitzende eines anderen Ortskartells wird eine Funktionärin der HBV vor allem von Frauen auch gern als Ansprechpartnerin bei betrieblichen und auch persönlichen Problemen und Fragen genutzt. Mangels einer Verwaltungsstelle der Mitgliedsgewerkschaft am Ort wird so die örtliche DGB-Vorsitzende zu Rate gezogen und nimmt eine Dienstleistungsfunktion wahr, die eigentlich die entsprechenden Mitgliedsgewerkschaften erfüllen müßten. Doch die räumliche Distanz zur nächsten Verwaltungsstelle überwinden die Betroffenen nur ungern und nutzen lieber die anerkannte und ihnen vertraute Funktionärin am Ort. Als AnsprechpartnerInnen für Mitglieder der großen und ortsansässigen Gewerkschaften betrachten sich die Ortskartell-Vorstände demgegenüber jedoch nicht:

> »Ich hab' als Ortskartell-Vorsitzende genau das Bett für die zu sein, die *nicht* so 'ne Struktur vor Ort haben. Die aber Interesse an Gewerkschaftsarbeit haben und zumindest im DGB ihre entsprechende Unterstützung finden können.«

In einem Ortskartell, das seit vielen Jahren von einem IGBE-Mitglied geleitet wird, sind Frauen eher eine Randerscheinung, obgleich sich unter den drei gewählten Vorstandsmitgliedern immerhin eine Frau befindet und – wie in überwiegend männlich besetzten Gremien gern gesehen – die Funktion der Schriftführerin erfüllt:

> »Das lag aber an ihr: zweiter Vorsitzender, erster Vorsitzender wollte sie nicht werden!« erklärt ein Vorstandsmitglied.

Ob diese Tatsache möglicherweise mit der – wie eine Funktionärin vermutet – »ausschließlich auf Männer ausgerichteten Gruppendynamik«, die in so manchem IGBE-dominierten Ortskartell herrsche, zu tun hat, sei dahingestellt. Für viele der Männer jedoch bleibt die komplexe Lebenswelt, in der sich erwerbstätige Frauen mehrheitlich befinden, nur bedingt nachvollziehbar. So verweisen die Gewerkschaftssekretärinnen des Kreises auf Erfahrungen anläßlich einer Weiterbildungsveranstaltung für Ortskartell-Vorstandsmitglieder des Kreises in Hattingen, wo das Thema ›Frauenerwerbstätigkeit im Arbeitsamtsbezirk Recklinghausen‹ eine ganze Woche lang auf der Tagesordnung stand:

> »Das hat fürchterlich gefetzt; das war am Dienstag abend, haben sich weder Männlein noch Weiblein angeguckt«,

erinnert sich eine Beteiligte. Und mit verblüffender Offenheit hätten einige Teilnehmer ihr im Laufe der Woche gestanden:

>»Wenn du uns vorher gesagt hättest, mit welchem Thema du das ausstattest, dann wären wir da nicht hingekommen!«<

Der Vorsitzende und die Sekretärin des Kreises betrachten jedoch gerade die Beschäftigung mit dem Thema ›Frauen-Erwerbsarbeit‹ als für eine Gewerkschaft unerläßlich. Der Kreisvorsitzende:

»Ich finde das also für die Ortskartell-Arbeit sehr, sehr wichtig, daß das behandelt wird. Auch weil eben Mitgliederrekrutierung letztendlich auch was mit Frauenerwerbstätigkeit zu tun hat, und in den Gewerkschaften, die da außen vor stehen, dann sind die Gewerkschaften außen vor!«

Frauen als Mitgliederpotential der Zukunft könne also die Gewerkschaftsarbeit nicht mehr unberücksichtigt lassen. Zwangsläufig werde dieser Komplex durch einen zunehmenden Frauenanteil in verantwortlichen Positionen intensiviert werden. Doch für so manche Frau ist es noch nicht selbstverständlich, eine solche Position selbstbewußt zu übernehmen. Oft genug muß sie über ihren eigenen Schatten springen und lernen, eigene Stärken zu erkennen und sich nicht am männlichen ›Vorbild‹ zu messen, denn der Anspruch akzeptiert zu sein, »als ob ich ein Mann wär'«, wie eine Ortskartell-Vorsitzende stolz bekennt, läßt auf einen Mangel an Selbstbewußtsein schließen:

»Ich hab' nie Probleme gehabt, weil ich eine Frau bin! Am Anfang vielleicht... ich persönlich, weil man dann zu den (IG-)Bergbausitzungen eingeladen wird und man da gestandene Männer sitzen sieht, die schon wer weiß wie lange aktive Gewerkschafter sind.«

Daß auch sie bereits seit vielen Jahren als »gestandene« Frau aktive Gewerkschaftsarbeit, vor allem im Betrieb leistet, fällt dabei für sie anscheinend nicht gleichwertig ins Gewicht.

Zur besonderen arbeitsmarktpolitischen Problematik für Frauen im DGB-Kreis Recklinghausen hat sich kürzlich ein Arbeitskreis Strukturpolitik gegründet, berichtet der Kreisvorsitzende:

»Grade dann vor dem Hintergrund, daß die Frauen-Erwerbstätigkeit im Emscher-Lippe-Raum gegenüber dem in NRW zurückliegt, der Anteil der Frauen in den gewerblich-technischen Berufen, auch wieder für NRW... zurückliegt.«

Aus diesem Grunde hat es der DGB-Kreis Recklinghausen übernommen, Leitprojekte für die Regionalkonferenz zu entwickeln. Als sogenannte »Frauenoffensive« waren verschiedene Projekte geplant aus den Bereichen Mädchen/Frauen in gewerblich-technischen Berufen. Hier sollten Qualifizierungsangebote sowie geeignete Maßnahmen für Berufsrückkehrerinnen entwickelt werden. Die Projektgruppe scheiterte nach Einschätzung der DGB-Sekretärin am mangelnden Konsens innerhalb der Regionalkonferenz: obwohl 28 von 30 beteiligten Organisationen und Institutionen derartigen Maßnahmen gegenüber aufgeschlossen waren, verweigerten die IHK sowie das Arbeitsamt Gelsenkirchen ihre Kooperationsbereitschaft – letzteres übrigens, weil es eigene Pläne für Maßnahmen mit Berufsrückkehrerinnen hatte. Trotz dieser Niederlage verbuchen die hauptamtlichen FunktionärInnen dies für sich als Erfolg – waren es doch lediglich zwei Akteure, die sich aus unterschiedlichen Gründen für das Projekt nicht erwärmen konnten.

Für den DGB war diese Planung ein Schritt von der verbalen auf die praktische Ebene:

> »Wir wollen das also nicht mehr global... unterstützen, sondern wirklich auch von der Handlungsebene her.«

2.3 DGB-Kreis, Ortskartelle und Mitgliedschaft – Thematische Schwerpunkte und organisatorische Bezüge

Der eindeutige Schwerpunkt in der Arbeit des DGB-Kreises liegt nach Ansicht der Hauptamtlichen in der Ortskartell-Arbeit. Als »große Aufgabe, die dem DGB-Kreis obliegt«, betrachtet der Kreisvorsitzende die Zusammenführung der unterschiedlichen Strukturen der Ortskartelle, die zum Teil in industriellen Ballungsräumen, zum Teil in ländlichen Räumen angesiedelt sind.

> »Das zusammenzuführen, daß das also nichts Trennendes ist. Klarzumachen, daß dieser Kreis kein homogener Kreis ist, daß er eben mit unterschiedlichen Fertigkeiten auch in den bestehenden Handlungsebenden zu sehen« sei.

Und hierbei möchte er sich nicht nur auf die eigenen Kräfte verlassen müssen, sondern gemeinsam mit den Vorständen der Ortskartelle Hand in Hand arbeiten. Das Selbstverständnis des Kreisvorsitzenden entspricht vornehmlich dem eines Koordinators und weniger dem des »Einzelkämpfers« und »Machers«.

Die Kontakte zwischen Kreis und Ortskartell laufen über gemeinsame Kreisvorstandssitzungen nach der informellen Maßgabe, daß alle Ortskartell-Vorstände im Kreisvorstand vertreten sind und eine(r) der beiden hauptamtlichen SekretärInnen jeweils an den Vorstandssitzungen der Ortskartelle teilnimmt. Dies ist eine Vorgehensweise, die erst in der jüngeren Vergangenheit, seit der Wahl des neuen[6] Kreisvorsitzenden praktiziert wird und einen auf Gegenseitigkeit beruhenden Informationsfluß gewährleisten soll.

In der jüngeren Vergangenheit gab es in den Ortskartellen auch eine Wende hin zu einer deutlichen Senkung des Altersdurchschnitts, was dazu beiträgt,

> »daß wir in unseren Strukturen selber eine ganz anders geartete Kommunikationswelt plötzlich haben. Das geht nicht mehr mit Briefeschreiben und: ›Der DGB-Kreis sagt dir das!‹«

Aus dem intensiven Kontakt, der zwischen Kreis und Ortskartell besteht, der auch aus gemeinsamen Seminaren und der Behandlung gemeinsamer Themen ein- bis zweimal im Jahr besteht, ist eine alljährliche Kulturveranstaltung hervorgegangen, die für den Kreisvorsitzenden »jetzt eigentlich schon eine Kreissache ist.« Es ist ein von den Ortskartellen ausgewähltes Theaterporgramm, das exklusiv einmal im Jahr für die Ortskartelle im Westfälischen Landes-Theater (WLT) in Castrop-Rauxel aufgeführt wird und bisher ein ausnahmslos positives Echo fand. Thematisch wird bei der Auswahl der Stücke Wert gelegt auf einen aktuellen Bezug zur Arbeit der Ortskartelle: so wurde zuletzt das Stück »Asylantenschwemme« aufgeführt und gleichzeitig zum Leitthema in verschiedenen Ortskartellen gemacht. Dazu der Kreisvorsitzende:

> »Daß man also das Thema ›Fremdenfeindlichkeit‹... nur mit den Ortskartellen X, Y und Z behandelt. Daß sie also Schwerpunkte setzen. Wir haben überall die Fremdenfeindlichkeit. Ich hätte das also auch wieder ausweiten können auf alle Ortskartelle, aber das hätte einen Verschleiß gegeben... Und hier, hab' ich gesagt, hier

---

[6] Der inzwischen aber schon seine zweite ›Amtsperiode‹ absolviert.

binden wir ein bißchen stärker, um also auch dieses WLT stärker in die Köpfe der Mitglieder in X und Y mit reinzusetzen.«

Turnusmäßig sich wiederholende Themen werden in einem Halbjahresprogramm festgehalten, berichtet ein Ortskartell-Mitglied. Darüber hinaus sei dann noch genügend Raum für aktuelle Themen – wie demnächst beispielsweise die Beschäftigten-Situation bei der örtlichen Berufsfeuerwehr. Diese Inhalte seien weitaus bedeutungsvoller als Themen, die vom Kreis quasi vorgegeben würden –

> »wie zum Beispiel Karenztage. Die Situation Karenztag ist ein übergreifend politisches Thema. Sicher kommt das auch mal bei uns auf die Tagesordnung. Aber auf der Tagesordnung steht auch der örtliche Bezug. Das ist wichtig! Sonst kommt auch keiner mehr. Wenn ich zu Karenztage einlade, krieg' ich keinen hinterm Ofen mehr hervor! – Meine Rentner krieg' ich nicht mehr, weil – die haben keine Karenztage mehr. Die jungen KollegInnen haben das Thema schon siebenundvierzigmal in allen Einzelgewerkschaften diskutiert. Das achtundvierzigste Mal im DGB-Ortskartel diskutieren die nicht mehr! ... Und genau da ist es nicht mehr spannend. Da ist dann die Luft raus. Weil das in den Einzelgewerkschaften genauso diskutiert wird. Weil es vom DGB ja auf zwei Ebenen verbreitet wird: einmal über den Bundesverband in die Einzelgewerkschaften. Und da wird es ja auch diskutiert, und gleichzeitig noch mal in den Ortskartellen. Und ich bin auch ja einzelgewerkschaftlich aktiv.«

Der Schnittpunkt zwischen DGB und seinen Mitgliedsgewerkschaften liegt also bei einer Aufteilung zwischen den betrieblichen Belangen einerseits und der Verbindung zwischen kommunaler Politik und dem Betrieb andererseits[7]. Ein Beispiel dafür bietet ein Ortskartell, das »den Schwerpunkt Kommunalpolitik auf seine Fahnen geschrieben (hat).« Hier soll demnächst über den Personaleinsatz bei der örtlichen Feuerwehr diskutiert werden. Und bei Diskussionen allein soll es nach Vorstellungen des Vorstands nicht bleiben. Es ist geplant, der Feuerwehr einen Besuch abzustatten und mit den dort Beschäftigten ins Gespräch zu kommen. Die Handlungsebene

---

[7] So kommt in den über 60 Tages- und Wochenendseminaren, mit denen die Ortskartelle im DGB-Kreis die DGB-Bildungsarbeit quantitativ wesentlich tragen auch wirtschaftspolitischen Themen mit Bezug zur lokalen Handlungsebene besondere Bedeutung zu. Im Untersuchungszeitraum war z.B. Thema eines solchen Seminars die »Förderung der Frauenerwerbstätigkeit im Emscher-Lippe-Raum«.

der Ortskartelle ist also nicht mehr der bloße Diskussionszirkel, sondern die umfassende Behandlung eines lokalen Problems.

Von Wichtigkeit ist für den Großteil der Ortskartelle zum einen die Projekthaftigkeit ihres Unternehmens, d.h. ein Thema soll langfristig angelegt sein; zum anderen die kommunale Anbindung der Inhalte.

Auch für betriebliche Probleme einzelner soll im Rahmen der Ortskartelle Zeit und Raum gegeben sein, meint ein Ortskartell-Vorstandsmitglied:

> »Das Loswerden von brennenden Problemen – genau das muß so 'ne Sitzung auch leisten können. Sowohl betrieblich als auch überbetriebliche Thematik und möglichst auch noch 'n Thema in längerer Struktur dadurch.«

Dies sei auch nicht zuletzt für das eigene Gefühl wichtig:

> »Ich will ja auch den Kollegen aus der Tür gehen sehen und das Gefühl haben, dem hast du jetzt geholfen! Oder das Problem hast du gelöst. Den Anspruch hat 'n DGB-Ortskartell ja auch.«

Die Verbindung Betrieb–Gewerkschaft bleibt dabei erhalten, bestätigt der Kreisvorsitzende, denn

> »die Kraft der Gewerkschaften geht aus den Betrieben, das gilt insbesondere für Ortskartell-Arbeit. Denn wenn wir Ortskartell-Vorsitzende haben, die wirklich noch den betrieblichen Anschluß haben, dann sind auch ganz andere organisatorische Probleme zu lösen.«

Wichtig ist sowohl dem Kreisvorsitzenden als auch den Ortskartellen, daß ein Thema kommunalpolitischen Bezug hat *und* daß man mit dem jeweiligen Projekt Öffentlichkeitswirkung erlangt. Neben diesen Zielen soll auch die »Stärkung des ehrenamtlichen Elements« erreicht werden. Sowohl von seiten des Kreisvorsitzenden als auch der ehrenamtlichen FunktionärInnen wird dabei Wert auf Eigenverantwortlichkeit gelegt, deren Basis Vertrauen und Kommunikation sind: Eine Ortskartell-Vorsitzende:

> »Das ist ja genau das Problem für den Apparat (Gewerkschaft, d.V.) bei so einer Arbeit, wie ich sie mache: viel mehr Phantasie zulassen, damit aber auch viel mehr Ideen zulassen, und auch viel mehr gefährliche Situationen bestehen können. Weil – man könnte sich aus der Satzungslage rausbegeben – daß ein Ortskartell ein ›freies

Wendtland‹ fordert oder was... Genau dann hast du die Probleme mit deiner Satzungsorganisation: dann kommt nämlich der große Sekretär und sagt: ›Könnt ihr ja alles machen – nur das nicht!‹ – Und genau da liegt der Knackepunkt. Da muß auch viel Vertrauen geschaffen werden.«

An entsprechenden Ideen mangelt es auch weder den haupt- noch ehrenamtlichen FunktionärInnen. So hat man dem Bereich der Öffentlichkeitsarbeit einen hohen Stellenwert beigemessen, der in einem Ortskartell dazu führte, daß dort die Stelle eines Pressesprechers eingerichtet wurde, und in einem anderen Fall die bestehenden Kontakte zur örtlichen Presse ausgebaut wurden. Für Kleinstädte biete es sich an, verstärkt Kräfte in die Öffentlichkeitsarbeit zu investieren, denn die örtliche Presse sei für jede Information dankbar. Voraussetzung hierbei sei allerdings, daß es sich bei den Verlautbarungen nicht um »politische Allgemeinplätze« handele, so eine Ortskartell-Vorsitzende,

»sondern die Leser der WAZ wollen im Ortsteil das lesen, was (den Ort) X. betrifft... Ja, und wenn man sich als Ortskartell da reinhängt und sagt, man hält so 'ne Initiative für gut, weil nämlich bürgernah und in Eigeninitiative was gemacht werden kann... und sich in die Diskussion einmischt als Vertreter der beschäftigten Arbeitnehmer und auch dazu 'ne Meinung hat, dann ist man als Ortskartell und DGB plötzlich interessant vor Ort. Weil man da plötzlich 'ne Meinung zu 'ner Sache hat, die jeder kennt. Nicht so was Überschwebendes wie 35 Stunden.«

Dazu gehöre dann aber auch – so die Überzeugung der FunktionärInnen –, Meinungen nicht nur öffentlich kundzutun, sondern diese auch durch entsprechendes Verhalten zu demonstieren: ein Ortskartell mischte sich beispielsweise ein in die Diskussion um den Bau einer Moschee in einem Wohngebiet und trat zur Eröffnung demonstrativ als DGB auf, erinnert sich eine Ortskartell-Vorsitzende:

»Und wenn man als DGB dazu Stellung nimmt, vor Ort, dann merken die plötzlich, daß der Deutsche Gewerkschaftsbund mehr ist, als Tarifverhandlungen und Urlaub und 35 Stunden.«

Als einen Vorteil, den ihr die Funktion der Ortskartell-Vorsitzenden gegenüber der einer Vertreterin einer Mitgliedsgewerkschaft bringt, nennt die Ortskartellvorsitzende des DGB Marl anläßlich der Infobörse des DGB in Hattingen 1992:

»Wenn ich als Vertreterin der IG Chemie zum Bürgermeister gehe, habe ich wenig Gewicht. Aber als Ortskartell-Vorsitzende, wenn ich da noch zusammen mit meinen beiden Stellvertretern von der IGBE und der ÖTV komme und wir also zwei Drittel der Arbeitnehmer der Stadt repräsentieren, dann hört der ganz anders hin!« (eigene Mitschrift).

Als einen »wesentlichen Teil« seiner Gesamtarbeit bezeichnet denn auch ein Ortskartell die Pressearbeit. Dies wird vom DGB-Kreis auch unmißverständlich verlangt:

> »Das verlangen wir wirklich, die Kontakte zur Presse zu halten. Die müssen sich, die Presse müssen sich, ich sag' das mal, mit jedem duzen. Und wir haben in den Ortskartellen ja auch die Möglichkeit, drei Mitglieder dazuzuwählen.«

Zur Intensivierung ihrer Arbeit auf lokaler Ebene streben alle Ortskartelle an, als »Träger öffentlicher Belange« (TöB) anerkannt zu werden, d.h. zum Kreis derer zu zählen, die einem städtischen Ausschuß angehören, der über Liegenschaftsangelegenheiten zu befinden hat. Für den Kreisvorsitzenden ist es nicht einsichtig, daß laut Baugesetz

> »jeder Kleingarten da reinkommen kann, jede Kirche ist da drin vorgesehen – nur Gewerkschaften nicht.« Dabei wolle man sich selbstredend auf die wesentlichen Punkte beschränken, »eben mit den relevanten Sachen, die Arbeitnehmerinnen und Arbeitnehmer aus ihrem Wohnumfeld oder aus ihren betrieblichen Abläufen heraus berühren.«

Ziel dieser Maßnahme soll sein, die Ortskartell-Mitglieder aktiv an die Kommune zu binden und zum anderen auch den Bereich der regionalen Strukturpolitik in die Ortskartelle zu tragen.

> »Wir haben also das gesamte Entwicklungskonzept der Regionalkonferenz eigentlich gar nicht mal im Kreisvorstand ausführlich behandelt, sondern ich hab' das in den Ortskartellen sehr ausführlich, sehr detailliert an den Leitprojekten für die einzelnen Städte diskutiert und behandelt«,

berichtet der Kreisvorsitzende. So gestalte sich auch für ihn eine zufriedenstellende Rückkopplung zu den Ortskartellen, die es ihm dann beispielsweise leichter mache, in überörtlichen Gremien – wie z.B. den Regionalkonferenzen – einen mit den Ortskartellen abgestimmten Standpunkt zu vertreten, eine an Bedürfnissen und Interessen der ArbeitnehmerInnen in der Region orientierte Strukturpolitik anzuregen und mitzubetreiben.

Inzwischen haben mit einer Ausnahme alle Ortskartelle im Kreis Recklinghausen die Anerkennung als Träger öffentlicher Belange erhalten. Die Zustimmung zur Teilnahme an dem Ausschuß obliegt dem Stadtdirektor. Durch die Teilnahme an diesem Ausschuß ist dem Ortskartell eine Vielzahl von Möglichkeiten gegeben, einerseits Zugang zu Informationen zu bekommen, andererseits gewerkschaftliche Vorstellungen einzubringen.[8]

Anläßlich der DGB-Info-Börse 1991 in Hattingen spricht die Mehrheit der Teilnehmer eines Arbeitskreises von der Notwendigkeit eines intensiven Kontakts des Ortskartells zu Parteien und der örtlichen Verwaltung. Nur so könne eine Einflußnahme der örtlichen Gewerkschaften effektiv werden. Allerdings gibt es auch Stimmen, die davor warnen, Ortskartelle zum »Parteiersatz« umzufunktionieren. Ein teilnehmender Kommunalpolitiker der DGB-Infobörse weist auf die Schwierigkeit hin, die es Laien bereiten könne, mit Bebauungsplänen umzugehen. Selbst Experten hätten teilweise ihre Probleme damit.

Ein inhaltlich möglicherweise zutreffender Einwand. Andererseits könnte dieser Einwand gegen eine intensive Beschäftigung des DGB-Ortskartells mit kommunalen Themen von seiten eines Kommunalpolitikers auch bedeuten, daß diese befürchten, unter Umständen gegen »Widersacher« aus den eigenen Reihen angehen zu müssen – wie beispielsweise in Konflikten um ökologische Probleme im DGB-Kreis Recklinghausen, wo das MdB- und IGBE-Mitglied H. N. in diesem Zusammenhang im renommierten Handelsblatt von »egoistischen Bürgerinitiativen« schreibt, die sich gegen die Schaffung von Arbeitsplätzen im Kreis Recklinghausen aussprechen (Handelsblatt 29./30. 5. 92). Diese »Antiinitiativen« (ebd.) können sich der Unterstützung verschiedener Ortskartelle des Kreises sicher sein, die sich nicht scheuen, sich mit Vertretern der Partei anzulegen, der sie häufig selbst angehören, nämlich der SPD, und lassen dabei das Arbeitsplatzargument nur bedingt gelten: man könne schließlich von ihnen

---

8 Um die so erweiterten Handlungsspielräume möglichst zielstrebig nutzen zu können, wurden daraufhin in den Ortskartellen Tagesseminare zum Thema »Flächennutzungsplan, Bauleitplan und Bauplan« durchgeführt.

»nur weil Arbeitsplätze im Spiel sind, nicht erwarten, daß ich hurra schrei'! Das ist hier 'ne Randlage eines Ballungsgebietes, auch schon Naherholgungsgebiet.« Die Industriestädte des Ruhrgebietes seien gut erreichbar und da könne »niemand mit dem Argument kommen, daß hier Arbeitsplätze hin müssen!«

In der Auseinandersetzung mit der örtlichen SPD-Fraktion dreht es sich um die Forderung des DGB-Ortskartells nach der Wiedernutzung von industriellen Brachflächen, der der Fraktionsvorsitzende entgegenhält, der örtliche DGB vernachlässige die Emscher-Lippe-Zone zugunsten der Hellweg-Zone. Dies veranlaßt das Ortskartell jedoch nur zu dem Hinweis, »daß wir nicht bereit sind, für eine Kirchturmpolitik den Blick für die gesamte Region aufzugeben.« (Waltroper Nachrichten 15. 8. 92)

In einem Teil der örtlichen Presse wird das Ortskartell als eines charakterisiert, »das ohnehin nie für besondere Aufgewecktheit berühmt war« (ebd. 14. 8. 92). Tatsache ist, daß sich das Ortskartell in diesem Konflikt in deutliche Opposition zu Teilen der SPD-Fraktion[9] begibt, und es hat allem Anschein nach auch eine der (zwei) örtlichen Zeitungen nicht auf seiner Seite, weiß sich jedoch in der Auseinandersetzung vom DGB-Kreisvorsitzenden unterstützt, der die Sanierung von Industriebrachen an anderer Stelle als »gesellschaftliche Aufgabe« (Waltroper Nachrichten 14. 8. 92) bezeichnete.

Das Ortskartell begibt sich hier nicht zum erstenmal[10] in eine doch als mutig zu bezeichnende Auseinandersetzung mit der örtlich führenden Partei (SPD), die auch den Bürgermeister stellt, und akzeptiert »ein wenig Theater mit unseren Politikern«, fühlt sich jedoch nach Ansicht eines Vorstandsmitgliedes insgesamt (gerade deshalb?) »politisch akzeptiert.«

Auffassungen, die seit Jahren Anlaß für Auseinandersetzungen zwischen Gewerkschaften und Umweltschützern boten, sind inzwischen einer differenzierten Sichtweise, die ökologi-

---

9 Die AfA beispielsweise steht in der Frage der Rieselfelder auch nicht hinter dem Fraktionsvorsitzenden (Waltroper Nachrichten 14. 8. 92).

10 Auch beim »Plastikgeld für Asylanten«, das die Kommunalverwaltung statt Bargeld einführen wollte, hatte es in der Vergangenheit bereits Unstimmigkeiten zwischen SPD und Ortskartell gegeben, wie uns ein Ortskartell-Vorstandsmitglied berichtete. Dieses Vorhaben der SPD-geführten Verwaltung hatte das Ortskartell in Zusammenarbeit mit anderen kommunalen Akteuren federführend gestoppt.

sche Fragen gleichrangig neben Fragen der Arbeitsplatzsicherung stellt, innerhalb der Gewerkschaft gewichen. So ist auch die Haltung des Kreisvorsitzenden in der Frage der Müllverbrennung eindeutig, jedoch im Zusammenhang mit einer betroffenen Mitgliedsgewerkschaft sowie auch innerhalb des DGB durchaus konfliktbehaftet, denn auch hier wird mit dem Hinweis auf entstehende Arbeitsplätze argumentiert. Das betroffene Ortskartell stellte selbstkritisch fest, zur Unterstützung des Kreisvorsitzenden eine unzureichende Öffentlichkeitsarbeit geleistet zu haben, unterstützte jedoch dessen Position und konnte so letztlich eine Kursänderung hinsichtlich der Müllverbrennung auf seiten der kommunalen Akteure als Erfolg verbuchen.

Ein paralleles Engagement als Kreisvorsitzender und gleichzeitig Parteipolitiker soll in der Person des Kreisvorsitzenden unterschiedlichen Ansprüchen gerecht werden und ist dabei nicht konfliktfrei: in Zusammenarbeit mit den Ortskartellen ist er auf deren weitestgehende Eigenständigkeit bedacht, von anderen politischen Akteuren wird er gedrängt, deren Handeln in der Öffentlichkeit mit zu vertreten:

>»und dann sind wir von seiten der SPD... von der SPD, vom MdL angesprochen, ob wir uns da nicht zu äußern können. Er hat zwar gedacht, daß der DGB-Kreisvorsitzende jetzt einen Brief schreibt«,

doch an den Ortskartellen vorbei möchte der Kreisvorsitzende nicht handeln und schon gar nicht aus Gefälligkeit gegenüber einem Abgeordneten. In der Frage einer Müllverbrennungsanlage etwa nimmt der DGB-Kreis die Haltung ein, daß die vorhandenen Öfen ausreichend seien, zumal nicht einzusehen sei, daß mit der geplanten Erweiterung gleichzeitig die Müllprobleme umliegender Städte mitgelöst werden sollten:

>»Da hätte ein Ofen gereicht. Jetzt haben wir schon den zweiten Ofen... ich hab' mir sagen lassen, Duisburg und Oberhausen ist hoch daran interessiert, das alles nach Herten zu bringen! Daß da die Bevölkerung verständlicherweise sagt, mit uns nicht, da kann man auch keine Akzeptanz gewinnen, und da kann auch kein SPD-Politiker kommen und ich kann von seiten eines Kreisvorsitzenden sagen, komm, jetzt tue ich dir den Gefallen, wir verstehen uns gut, ich schreib' dir mal einen positiven Brief... Und das Ortskartell sagt dann, naja, so positiv sehen wir das gar nicht, weil wir hier wohnen! – Das muß das Ortskartell entscheiden! Das ist unser Prinzip, das wollen wir auch so bringen.«

Daß der Kreisvorsitzende sich in derartigen Auseinandersetzungen dergestalt verhalten kann, ist u.a. möglich aufgrund seiner politischen Abstinenz, was Parteiämter betrifft.

»Wir haben keine Parteiarbeit in führenden Funktionen. Ich glaube, daß das eine sich mit dem anderen zwar politisch-inhaltlich gut verbindet, aber zeitlich nicht. Wir haben bis oder es sind 1982 noch vier Sekretäre gewesen, vier Sekretäre, und daß sie die gleiche Arbeit machen wie jetzt zu zweit. Und die Arbeit ist bestimmt nicht weniger geworden.«

Die hauptamtlichen Sekretäre haben sich bewußt dafür entschieden, ihre Arbeit auf den institutionellen Kontext Gewerkschaft zu konzentrieren. Mit dem umfänglichen parteipolitischen Engagement eines früheren Kreisvorsitzenden sind die Ortskartell-VertreterInnen daher auch wenig einverstanden: »Wir haben das knallhart formuliert: entweder Landtagsabgeordneter *oder* Kreisvorsitzender!«

Die hinreichend bekannte »Verbrüderung« zwischen Gewerkschaften und SPD – so der Kreisvorsitzende – zeige nämlich einen aus gewerkschaftlicher Sicht negativen Effekt: in selbstverständlich vorausgesetzter identischer Beurteilung gewisser Problembereiche werde allzu leicht das klärende Gespräch zwischen Gewerkschaften und Parteien vernachlässigt,

»weil wir auch eins sind. Und es gibt in fast allen Städten Arbeitgeber-Stammtische. Aber Arbeitnehmer-Stammtische haben sie nicht eingerichtet, weil sie glaubten, mit dem Arbeitnehmer-Empfang am Vorabend zum 1. Mai wär' das alles ausgestanden.«

Weil eben dies aus Sicht des DGB mitnichten immer so sei, habe man in einer Stadt des Kreises mit Erfolg den Versuch unternommen und

»mal die ›Stadtspechte‹ zusammengeholt und die Gewerkschaften, die für (die Stadt) X zuständig sind, und haben dann unsere Forderungen aufgestellt« –

Forderungen in Richtung einer Wirtschaftsförderung, die auch die Bestandspflege vorhandener Industrien mit einbeziehe, seien so auf den Tisch gekommen; man habe »den Freunden in der Partei« verdeutlicht:

»Und mit Bestandspflege ist das nicht nur getan, indem man Arbeitgeber einlädt... Die Arbeitnehmer müßt ihr sprechen, die sehen, was im Betrieb passiert.«

Als Möglichkeit eines fruchtbaren Austausches zwischen Verwaltung, Parteien und ArbeitnehmerInnen soll demnächst ein sogenannter ›Arbeitnehmer-Stammtisch‹ eingerichtet werden, »um da mit Arbeitnehmern über bestimmte Schwierigkeiten im Betrieb oder mögliche Veränderungen zu sprechen.«

Dieses offenkundige Interesse aus dem lokalpolitischen Lager führt der DGB-Kreisvorsitzende darauf zurück, daß »die DGB-Ortskartelle in den letzten Jahren politisch interessanter geworden (sind) für die Parteien«, denn der DGB suche aktiv den Kontakt zu wichtigen lokalen Entscheidungsträgern. Es fänden zu bestimmten örtlich relevanten Themen auch immer häufiger Ortskartell-Vorstandssitzungen statt, zu denen dann VertreterInnen der Stadtverwaltung eingeladen werden. Auf diese Weise intensiviert sich der Kontakt in beiden Richtungen, die Ortskartelle tragen in spezifischer Weise zur öffentlichen Thematisierung lokaler arbeitspolitischer Probleme bei, und der DGB wird zu einem Faktor, der bei politischen Entscheidungen in das kommunale Geschehen mit einbezogen wird.

Neben den Ortskartellen treffen sich in regelmäßigen Abständen auch die GeschäftsleiterInnen der Mitgliedsgewerkschaften mit dem DGB-Kreisvorsitzenden – eine Zusammenarbeit, die dieser als »ausgesprochen gut« bezeichnet[11]. Von seiten der Mitgliedsgewerkschaften scheint diesem Gremium auch große Bedeutung beigemessen zu werden, wie der Kreisvorsitzende vermutet. Im Gegensatz zur Vergangenheit entsende heute ein zum anberaumten Termin verhinderter Geschäftsführer einer Mitgliedsgewerkschaft durchaus auch eine/n StellvertreterIn.

> »Also das war hier alles mal anders. Wenn einer nicht konnte, dann konnte die ganze Gewerkschaft nicht, und manchmal hat es eine Geschäftsleitersitzung gegeben, wie ich gehört hab', daß mit zwei oder drei Leuten gesprochen wurde.«

---

11 Anders als in der voranstehenden Fallstudie ist es bemerkenswert, daß das Koordinierungsgremium ›GeschäftsleiterInnen‹ hier im Gespräch mit dem Kreisvorsitzenden in seiner Bedeutung den örtlichen Gliederungen des DGB (Ortskartelle) nachgeordnet wird.

An diesen Sitzungen nimmt informationshalber auch die zweite DGB-Sekretärin teil, denn »so hat sie das alles im Griff«, formuliert der DGB-Kreisvorsitzende zunächst aus der gewohnten Perspektive des alles (vermeintlich) steuernden Funktionärs, um dann genauer fortzufahren: »Damit gibt es also hier bei uns einen relativ guten Informationsstand, gleichgelagerten Informationsstand.«

Dennoch betrachtet der Kreisvorsitzende die Sicht der Mitgliedsgewerkschaften auf die Ortskartell-Arbeit durchaus kritisch. Zwar meldeten die Gewerkschaften ihre entsprechenden Delegierten an für die Ortskartelle, ein weitergehendes Interesse für deren Arbeit sei jedoch oft genug nicht gegeben.

> »Die brauchen keinen Bericht halten bei den Gewerkschaften über DGB-Ortskartell-Arbeit. Das interessiert überhaupt nicht! Und darum hat das in den einzelnen Gremien der Gewerkschaften so einen abgeklatschten Punkt, ne: ›Also wir haben noch was zu vergeben, DGB-Ortskartell, ne, will keiner, wen können wir denn benennen?‹ – Und wenn die Gewerkschaften das kapieren, daß die DGB-Ortskartelle letztendlich ihre Arbeit mit unterstützen kann, sei es bei Tarifauseinandersetzungen, das haben wir jetzt bei dem ÖTV-Streik gesehen, was man denn alles machen kann, oder sei es aber auch dem betrieblichen, sektoralen Bereich Unterstützung geben kann, dann würden sie sicherlich noch mehr darauf abfahren.«

2.4 Erste Schlußfolgerungen

Bei der Betrachtung der Ortskartellarbeit im Kreis Recklinghausen ist im Vergleich zu Hamburg auffallend, daß der Bereich der sogenannten »neuen« Arbeitnehmerschichten ausgespart bleibt. Die Angehörigen der Ortskartelle sind vorwiegend gewerbliche ArbeitnehmerInnen oder kaufmännische Angestellte aus traditionellen Bereichen (Angestellte aus dem Bergbau, Verkäuferinnen, Industriekauffrau, Angestellte des öffentlichen Dienstes etc.). »Die Angestellten aus den kleineren Betrieben lassen sich naturgemäß schlechter mobilisieren«, ist die Meinung eines Vorstandsmitglieds, und es wird vermutet, daß eine Organisierung der Angestellten vorrangig Aufgabe der in Großbetrieben tätigen Gewerkschaften sein müsse. Vor allem aber sei auf diesem Feld der DGB-*Kreis* gefordert, und zwar

»in den Städten, wo wir schwerpunktmäßig die Möglichkeit haben, die Arbeitnehmerschicht anzusprechen, zusammen mit den großen Einzelgewerkschaften oder mit den betroffenen Einzelgewerkschaften«,

meint ein Ortskartellmitglied. Das Ansprechen dieser Arbeitnehmergruppe bedürfe allerdings einer eingehenden Vorbereitung. »Das kann ich nicht machen, indem ich einfach die Kollegen am Ort besuche.«

Im Kreis Recklinghausen gab es aus diesem Anlaß Anfang 1992 eine Bürgeranhörung, sogenannte »Angestellten- und Beamtenaktionstage« zum Thema »Leistungsverdichtung bei Angestellten und Beamten – Arbeitsalltag '92«. Hier war für Interessierte die Möglichkeit, telefonisch Fragen an ExpertInnen zu stellen, die für den DGB-Bundesvorstand, den IGM-Hauptvorstand, den ÖTV-Kreis Recklinghausen sowie den örtlichen DGB zum Thema Stellung nahmen. Dies war eine Veranstaltung der DGB-Region Emscher-Lippe und Münsterland.

Derselbe Veranstalter führte ebenfalls Anfang des Jahres eine Fachtagung für Betriebs- und Personalräte zum gleichen Thema durch – »Wem gehört die Zeit?«.

Mehr »kreisübergreifend« sehen denn auch die Ortskartelle die Aufgabe, neue Impulse für die gewerkschaftliche Angestelltenpolitik zu entwickeln:

»Ich denke, die brauchen da ein Forum mit Fachleuten, weil – die lassen sich nicht einfach mit einfachen politischen Antworten abtun«, vermutet eine Ortskartell-Vorsitzende.

Demgegenüber sehen sie ihre eigene genuine Aufgabe in der Behandlung von örtlich drängenden und brisanten Themen, die Auswirkungen auf die hier lebenden ArbeitnehmerInnen haben (können). Und die Verbindung zwischen betrieblicher und lokaler Handlungsebene scheint in vielen Ortskartellen zu gelingen.

Die Ortskartelle sind durch ihre räumliche Nähe in ganz besonderer Weise mit den BewohnerInnen der Gemeinden verbunden. Dieser Bezug von Gewerkschaften zur Mitgliedschaft hat die Chance, den DGB und somit auch seine Mitgliedsgewerkschaften durch eine glaubwürdige und problembewußte, konkret ortsbezogene Handlungsweise, die nicht abhebt auf allgemeine, abstrakte Forderungen, in einem neuen Licht erscheinen zu lassen. Diese Präsenz in einem begrenzten lokalen Feld macht den Unterschied aus zur DGB-Arbeit in größeren Städten, wie sie z.B. in Hamburg oder auch Dortmund stattfindet. Ortskartelle können nicht die Arbeit der Kreise ersetzen; wohl aber können sie als unterste gewerkschaftliche Gliederungen wichtige Impulse geben und vor allem den DGB auch für die Mitglieder der Einzelgewerkschaften deutlicher wahrnehmbar, vielleicht auch ansprechbar und personell identifizierbar machen. Die Ortsgruppen der IGBE sind hier sicherlich mitgliedernäher, aber thematisch eben auch eingegrenzter. Die DGB-Ortskartelle haben die Chance, aktive Mitglieder verschiedener Gewerkschaften miteinander zu verbinden, wenn es ihnen gelingt, unterschiedliche einzelgewerkschaftliche Interessen in ihrer Arbeit an übergreifenden Themen zwar anzuerkennen, aber auch zu relativieren. Positiv ist in dem Zusammenhang zu vermerken, daß der Kreisvorsitzende nicht die Position eines allseits zuständigen und verfügbaren Funktionärs ausfüllt, sondern nach dem Prinzip von Delegation, Kooperation und Vertrauen in der Zusammenarbeit mit den örtlichen Gliederungen des DGB verfährt.

Von VertreterInnen verschiedener Ortskartelle wird besonders hervorgehoben, daß die politische Unabhängigkeit des Kreisvorsitzenden gewahrt bleiben müsse. Nach Erfahrungen in der Vergangenheit sind die Mitglieder der Überzeugung, daß zuviel Kraft für eine parlamentarische Tätigkeit verwandt worden war, die letztlich der »eigentlichen« DGB-Arbeit nicht zugute kam. Andererseits sind einige Ortskartell-Mitglieder durchaus in Stadträten vertreten. Sie legen jedoch Wert auf die Feststellung, daß ihr primärer Bezugspunkt gewerkschaftliche Standpunkte seien, die nicht zuletzt in der Ortskartellarbeit entwickelt würden.

Von neuer Qualität an der Arbeit der Ortskartelle im Kreis Recklinghausen ist das projektartige Vorgehen beim Aufgreifen von Themen. Gerade in Ortskartellen, die über eher jüngere Vorstandsmitglieder verfügen, zeigt sich, daß traditionelle Handlungsmuster, Sitzungsroutinen usw. an Bedeutung verlieren. Auffällig ist, daß vor allem aktive Frauen den »männlichen« Charakter solcher tradierter Handlungsmuster besonders sensibel wahrnehmen. Gerade diese aktiven Gewerkschafterinnen verstehen es – und sind auch darauf angewiesen –, neue Arbeitsformen durchzusetzen, die auf dem Feld lokaler Arbeitspolitik eine gelungene Verbindung zwischen betrieblichen »klassischen« gewerkschaftlichen Themen und der örtlichen Ebene ermöglichen.

Als wichtige Grundlage ihrer Arbeit benennen viele Ortskartell-Mitglieder eine entwickelte Öffentlichkeitsarbeit. Die dezentrale, relativ autonome Arbeit der Ortskartelle schafft dabei die Grundlage für das Entstehen einer innergewerkschaftlichen Öffentlichkeit. Kontakte zur lokalen Presse werden davon ausgehend wichtig und offenbar zunehmend professionell gepflegt. Der DGB tritt so als Akteur im lokalen Politikfeld öffentlich in Erscheinung. Er kann sich neue, noch lockere oder auch veränderte institutionelle Bezüge zur lokalen Politik erarbeiten (vom Arbeitnehmerstammtisch bis zur Anerkennung der Ortskartelle als »Träger öffentlicher Belange«). Selbstverständliche, tradierte Beziehungen können so Belastungen ausgesetzt werden, werden aber möglicherweise in einer neu entstehenden »Streitkultur«[12] auch belebt und neu gefestigt: Das Verhältnis zur traditionsreichen SPD im Kreis ist in sensiblen Teilbereichen recht gespannt. Der DGB begibt sich oftmals in deutliche Opposition zu SPD-Vertretern. Dies wird häufig in ökologischen Zusammenhängen deutlich. Das für Gewerkschaften in der Vergangenheit nahezu immer mit erster Priorität ausgestattete Arbeitsplatzargument kommt hier in seiner Ausschließlichkeit nicht mehr zum Tragen. Ökologische Gesichtspunkte werden mit einbezogen, und dies läßt auf eine Veränderung im Verhältnis von Gewerkschaften zur SPD schließen: vom selbstverständlichen ›Schulterschluß‹ zwischen Partei und Gewerkschaft kann hier nicht mehr ausgegangen werden; aber die traditionsbegründete wechselseitige Nähe ist dadurch keineswegs in Frage gestellt. Daß dies in einer Stadt, in der die Mitbestimmungskultur des Ruhrgebiets wie kaum anderswo in ihren traditionellen Mustern ausgeprägt ist, geschieht und von beiden Seiten – aber auch im stark dadurch geprägten örtlichen DGB selbst – offenbar gut ausgehalten wird, ist wohl hervorhebenswert. Und ebenso erscheint es uns bemerkenswert, daß gerade die traditionsgebundenen Ortsgruppen der IGBE, die in diesem lokalen institutionellen

---

12 Hier scheint dieser vielbeschworene Begriff einmal angebracht zu sein.

Geflecht ja doch von einiger Bedeutung sind, offenbar zugleich stabil und flexibel genug sind, um neue Impulse der gewerkschaftlichen Arbeit aufzunehmen. Ein Grund dürfte darin liegen, daß diese Impulse der DGB-Ortskartellarbeit, wie auch die Ortsgruppenarbeit der IGBE selbst, ihre Vitalität zu einem großen Teil aus der Nähe zum außerbetrieblichen Lebenszusammenhang der Arbeitnehmer ziehen.

VII. Schlußfolgernde Überlegungen

Am Anfang unserer Untersuchung stand der Vorschlag, die Gewerkschaften der Bundesrepublik Deutschland in ihrer heutigen Verfaßtheit nicht mehr als soziale Bewegung und auch nicht als intermediäre Organisationen zu begreifen, sondern als Institutionen der Arbeit in der Krise und vor der Herausforderung ihrer institutionellen Reform.

Wir sind ferner davon ausgegangen, daß es im Hinblick auf einen solchen Reformprozeß gegenwärtig noch Ansatzpunkte für eine arbeitspolitische Erweiterung von Interessenvertretung gibt. Uns interessierten in diesem Zusammenhang insbesondere traditionelle, örtlich gerichtete gewerkschaftliche Organisationsstrukturen im Hinblick auf ihre tatsächliche und potentielle Leistungsfähigkeit für die Entfaltung eines solchen Konzepts; wir haben uns in evaluativen Schritten aber auch verschiedenen Neuansätzen der jüngsten Vergangenheit zugewandt.

Vor Beginn des Projekts haben wir unser theoretisches Konzept relativ breit entfaltet und in seinem Verlauf in Anwendung auf die darüber erhobene und verarbeitete Empirie weiterentwickelt[1]. Nun wollen wir zum Abschluß dieser empirischen Arbeit unser Vorverständnis noch einmal in knapper Form darstellen und prüfen,

– inwieweit unser Vorschlag, Gewerkschaften als Institutionen der Arbeit zu begreifen, geeignet war, unseren Gegenstand empirisch besser aufzuschließen, als dies bei anderen Konzepten möglich ist;
– was unsere empirischen Befunde für die von uns als Entwicklungsmöglichkeit ins Auge gefaßte Option einer ar-

---

[1] Die meisten dieser Aufsätze finden sich gesammelt in Martens 1991a.

beitspolitischen Erweiterung gewerkschaftlicher Interessenvertretung erbringen;
- ob und wie weitgehend wir über unsere kontrastierenden Einzelfallstudien eigentlich hinreichend verallgemeinerungsfähige Ergebnisse zu Tage fördern konnten, von denen her die widersprüchlichen Anforderungen und Möglichkeiten einer gewerkschaftlichen Organisationsreform beschrieben werden können.

Wie eingangs betont, scheint uns die Repräsentativität von Meinungen methodisch weniger adäquat als die Rekonstruktion typischer Fälle. Gleichzeitig (vgl. dazu Kap. VIII, 2.) ist es uns in der Tradition unserer anwendungsorientierten Forschung sehr wichtig hervorzuheben, daß theoretische Praxis[2] und die Realprozesse, auf die sie zielt, in einem spannungsreichen praktischen Austauschverhältnis – zwischen verschiedenen institutionellen Kontexten – stehen und dabei beide unabgeschlossen sind. Wir produzieren also kein fertiges (Ab)Bild der uns interessierenden Wirklichkeit, sondern wir handeln von ihren grundlegenden Strukturen ebenso wie von ihren Widersprüchen und Entwicklungsmöglichkeiten. Von daher ist es u. E. angemessen, dieses Schlußkapitel mit dem Versuch zu beenden, jene unterschiedlichen Entwicklungsmöglichkeiten zu skizzieren, die sich von unserem Vorverständnis her im Lichte unserer Empirie erkennen lassen.

Wir enden also mit Zukunftsszenarien. Wenn unser Ansatz trägt und wir solide genug gearbeitet haben, müßten sie eine Spannbreite möglicher Entwicklungen zutreffend beschreiben, die die gewerkschaftliche Praxis einschlagen kann. Ihrer Voraussetzungen und Konsequenzen gälte es also, sich in der (inner)gewerkschaftlichen Zukunftsdiskussion zu vergewissern.

1. Vor der Herausforderung ihrer institutionellen Reform: die Gewerkschaften als traditionelle Institutionen der Arbeit in der Krise

Im Gutachten »Jenseits der Beschlußlage« ist von einer Erosion des Kapital-Arbeit-Paradigmas die Rede. Es beginnt des-

---

[2] Hier also diejenige, die unseren Zugriff auf Gewerkschaften und lokale Arbeitspolitik leitet.

halb auch nicht mit ökonomischen Analysen »des Kapitals«, sondern setzt an den Problemen und Bedürfnissen der Arbeitnehmer an. Trotzdem gewinnt man den Eindruck, als werde irgendwie an einer besonders herausgehobenen Rolle der Gewerkschaften für die gesellschaftliche Entwicklung in Richtung auf eine solidarische Gesellschaft »jenseits des Kapitalismus« festgehalten.

Wir schlagen als Radikalisierung dieser Position vor, mit einem wirklichen Verzicht auf den Versuch, unsere Gesellschaft als kapitalistische, also von einer ökonomischen Strukturlogik her zentral erklären zu wollen, auch die Gewerkschaften als an dieser vermeintlichen zentralen Stelle ansetzende Organisationen nicht als einen besonders herausgehobenen Akteur für gesellschaftliche Veränderungsprozesse anzusehen. Ferner empfehlen wir, den über 40 Jahre alter Bundesrepublik im wesentlichen sehr erfolgreichen Prozeß der Institutionalisierung gewerkschaftlicher Interessenvertretung ernster zu nehmen. Nicht als soziale Bewegungen oder Organisationen, sondern als Institutionen begreifen wir die Gewerkschaften.

Gewerkschaften als soziale Institutionen bedeutet für uns, daß sie sehr komplexe Gebilde sind, die funktionale Leistungen für ihre Mitglieder, aber auch für die Gesellschaft insgesamt erbringen; die auch Leistungen sozialer Integration – und zwar nicht zuletzt über innere demokratische Strukturen – bewerkstelligen, gleichwohl aber als Institutionen auch Zwänge auf ihre Mitglieder ausüben, und die als Institutionen diese Wirkungen nur erreichen, weil sie um ein bestimmtes Leitbild herum entstanden sind. Dieses traditionelle Leitbild läßt sich vielleicht umreißen als: Herstellung von Solidarität zur Verteidigung der materiellen Lebensgrundlagen und der Würde des arbeitenden Menschen sowie zur Sicherung seiner demokratischen Teilhabe in der Gesellschaft letztlich mit dem Ziel einer Überwindung des bestehenden gesellschaftlichen Systems.

Die Gewerkschaften – begriffen als traditionelle Institutionen der Arbeit – befinden sich heute in einer Anpassungskrise. Dabei sollte man Krise zuallererst als Chance der Rückbesinnung und Wandlung begreifen. Sie ist ausgelöst durch einen massiven Modernisierungsdruck, der von verschiedenen gesellschaftlichen Teilsystemen ausgelöst wird[3]. Ökonomie (Weltmarktkonkurrenz), EG-Binnenmarkt, Politik (wiederum EG-Binnenmarkt, deutsche Vereinigung, Umwälzungen in Osteuropa), Kultur (Wertewandel, neuer Individualismus), aber auch Wissenschaft und Technik wären hier zu nennen.

Als traditionelle Institutionen der Arbeit müssen die Gewerkschaften diesem Modernisierungsprozeß Rechnung tragen, schon, wenn sie ihn heil überstehen wollen, erst recht, wenn sie ihn aktiv gestalten wollen. Die Anpassungsprobleme, denen sie dabei gegenüberstehen, sind bekannt: das Time-lag zwischen Mitgliederstruktur der DGB-Gewerkschaften und Beschäftigungsstruktur in der alten Bundesrepublik von nahezu 40 Jahren; die schwindende Integrationskraft (Jugendarbeit, moderne Arbeitnehmer usw.), die nicht zuletzt mit einem unscharf gewordenen Leitbild zu tun hat; die »hausgemachten« Probleme im Bereich der gemeinwirtschaftlichen Unternehmen; der Kontrast zwischen überfälliger Organisationsreform einerseits und dem Streit um Zuständigkeiten und Mitglieder in Ostdeutschland andererseits seien hier noch einmal genannt.

Die Gewerkschaften stehen also vor der Herausforderung, einen stabilen institutionellen Wandel zu bewerkstelligen.

Nimmt man den eingetretenen Institutionalisierungsprozeß ernst, so kann man nicht übersehen, daß mit ihm organisatorisch die Konzentration auf Betrieb, Unternehmen und Branchen und inhaltlich die Schwerpunktsetzungen auf Betriebs-, Tarif- und Sozialpolitik verbunden sind. Der programmatisch erhobene und im alten Leitbild noch prägende Anspruch auf Gestaltung, ja Umgestaltung von Wirtschaft und Gesellschaft ist damit in der Praxis weitgehend verschwunden. Wenn die Gewerkschaften der Zukunft sich im wesentlichen als Interessenverbände mit diesen Schwerpunktsetzungen *organisatorisch modernisieren*, werden sie ihren Gestaltungsanspruch bezogen auf die Gesellschaft insgesamt dauerhaft nicht mehr

---

[3] Wir begreifen Modernisierung insoweit also aus systemtheoretischer Perspektive. Die Ökonomie ist nicht der zentrale, gleichsam archimedische Punkt. Wir lassen uns deshalb aber durchaus nicht ausschließlich auf einen systemtheoretischen Ansatz ein, so wenig wie auf einen institutionentheoretischen; und wir wollen auch nicht auf den sozialwissenschaftlichen Anspruch auf Gesellschaftstheorie verzichten: aber wir müssen anerkennen, daß Gesellschaftstheorie in Anlehnung an die Marxschen Quellen heute eben auch nicht mehr trägt.

wirkungsvoll und glaubhaft zur Geltung bringen können. Gelingt es ihnen hingegen, trotz der eingetretenen Schwerpunktsetzungen an ihrem historisch gewachsenen, institutionellen Charakter festzuhalten und sich *als Institutionen zu reformieren*, so haben sie die Chance, nicht nur bezogen auf die Wirtschaft (nicht das Kapital), sondern auch in bezug auf Politik, Kultur, Wissenschaft und Technik usw. als Institutionen multifunktionale Leistungsbezüge sicherzustellen, zu erneuern, zu entfalten.

Dies setzt – als ein Element von institutioneller Reform – eine Organisationsentwicklung voraus, die es den Gewerkschaften ermöglicht, eine »arbeitspolitische Erweiterung von Interessenvertretung« herzustellen. Um für Arbeit und Leben der ArbeitnehmerInnen Leistungen erbringen und Bedeutung erhalten bzw. wiedergewinnen zu können, müssen sie im Betrieb wie auf außerbetrieblicher Ebene im Lebenszusammenhang der Mitglieder erfahrbar sein. Die Nutzung und Entfaltung dezentraler betrieblicher, aber auch lokaler Strukturen und individueller kreativer Kompetenzen und Motivationen wird dabei zur »Conditio sine qua non« der Organisationsentwicklung, die ein wichtiges Element einer institutionellen Reform ist:

- Formen offener Betriebspolitik sind Ansatzpunkte, um an die vielberufenen »neuen Arbeitnehmer« heranzukommen;
- lokale Organisationsstrukturen sind Voraussetzungen dafür, daß praktische Bezüge zur Alltagskultur der Mitglieder hergestellt werden können und daß die Gewerkschaften auf der dezentralen Ebene an der Schnittstelle zur lokalen Politik Wirkungen entfalten und die Politik wieder dahin holen können, wo sie eigentlich entsteht, bei den Bedürfnissen und Problemen der Menschen vor Ort.

Die Organisationsentwicklung im Zuge einer institutionellen Reform verweist insofern nicht nur auf die Frage eines Neuzuschnitts der Organisationsbereiche der Mitgliedsgewerkschaften im DGB und auf eine Neubestimmung des Verhältnisses der Gewerkschaften zu ihrer Mitgliedschaft, sondern auch auf eine Neubestimmung des Verhältnisses von DGB und Mitgliedsgewerkschaften, auf die Frage nach der Zukunft der Ortskartellarbeit, nach der Bereitschaft, dafür entsprechende Ressourcen zur Verfügung zu stellen (wie sie die IGBE für ihre Ortsgruppenarbeit zur Verfügung stellt) usw.

Schließlich und endlich läßt sich eine solche institutionelle Reform im Sinne einer arbeitspolitischen Erweiterung von Interessenvertretung als eine stabile Entwicklung nur dann denken, wenn darüber ein modernisiertes institutionelles Leitbild von Gewerkschaften sich entwickeln kann. Im Unterschied zu bloßer organisatorischer Modernisierung, an deren Ende Gewerkschaften als Interessenverbände der ArbeitnehmerInnen, d.h. vor allem derjenigen, die in Arbeit sind, so etwas wie ein ›ADAC der Arbeitswelt‹ werden könnten, ließen sich in einem erneuerten institutionellen Leitbild auch Traditionsbestände der alten, vergangenen sozialen Bewegung festhalten, aus der heraus die Gewerkschaften einmal entstanden sind. Stichworte wären aus unserer Sicht das Ziel einer aktiven und demokratischen Mitgestaltung der Gesellschaft in dem Sinne, daß darüber systemische Modernisierungsprozesse im Interesse der arbeitenden Menschen in sozial verträgliche Bahnen gelenkt werden können. Mehr Solidarität in der Gesellschaft, gestützt durch ein Gefüge der Institutionen der Arbeit (Gewerkschaften, Mitbestimmung, Institutionen des Arbeitsschutzes, der beruflichen Bildung usw.)[4], wäre so anzuzielen. Sicherlich wären die Gewerkschaften dann auch zukünftig als eine solche Institution der Arbeit zuallererst in ihrem Handeln auf das Funktionssystem der Wirtschaft orientiert. Ihre wirtschaftliche »Leistung« könnte vielleicht so beschrieben werden, daß sie einer sonst selbstvergessenen Wirtschaft die »Wahrnehmung« und ein »bewahrendes Gedächtnis« für die ausgeschlossenen Dimensionen menschlichen Zusammenlebens ermöglichen. Das schließt gegebenenfalls harte Verteilungskonflikte in Tarifauseinandersetzungen und die kooperative Bewältigung von Konflikten in Unternehmen und Betrieb ein. Aber als Institutionen der Arbeit mit lebendigem Rückbezug zur Arbeits- und Lebenswelt der ArbeitnehmerInnen und mit Leistungsbezügen auch zu anderen gesellschaftlichen Funktionssystemen als dem der Wirtschaft hätten die Gewerkschaften auch die Grundlage dafür, innerhalb einer demokratischen Gesellschaft aus einer arbeitsbezogenen Perspektive heraus Gestaltungsansprüche zu formulieren und zur Geltung zu bringen.

---

4 Sie stehen alle vergleichbaren Herausforderungen zu institutionellen Reformen gegenüber.

2. Im Lichte der Befunde: lokale Arbeitspolitik als Reformansatz

Läßt man die in den empirischen Hauptteilen dieses Berichts ausgebreiteten Befunde noch einmal Revue passieren, dann findet man eine Fülle von Belegen dafür, daß sich die Gewerkschaften in der Bundesrepublik Deutschland als traditionelle Institutionen der Arbeit in einer tiefgreifenden Anpassungskrise befinden. Die Probleme, auf die die aktuelle Programm- und Strukturreformdiskussion des DGB Antworten finden will, treten uns in dem rekonstruierten, z. T. unmittelbar beobachteten Handeln aktiver GewerkschafterInnen gebündelt vor Augen. Innerhalb des Geflechts institutioneller Handlungskontexte, welches gewerkschaftliche Arbeit in Betrieb und vor Ort wesentlich prägt, werden sie in der Fallstudie Dortmund gleichsam in einem Brennspiegel sichtbar. Die komplexe theoretische Konzeptionalisierung erlaubt es, Widersprüche, dynamisierende Momente und blockierende Strukturen des institutionellen Handlungskontextes örtlicher gewerkschaftlicher Politik *am Beispiel des DGB-Kreises Dortmund* herauszuarbeiten:

- Wir haben uns mit dieser Fallstudie einer traditionsreichen gewerkschaftlichen »Hochburg« zugewandt, und wir finden in der Mitbestimmungskultur des Ruhrgebiets, gestützt auf die Montanmitbestimmung, auch in vielerlei Hinsicht die betriebspolitische Handlungsmächtigkeit von IGM und IGBE bestätigt, auch wenn sie oft nur »am Rande« in unser Blickfeld gerät. Wir sehen aber gleichzeitig die organisationspolitische Schwäche der IG Metall in den Unternehmen der Zukunftsbranchen ihres Organisationsbereichs. Und in den Hochburgen sind die Erosionsprozesse unübersehbar. Auf der Zeche, in Unternehmen und Betrieb befinden sich die Interessenvertretungen angesichts von Stillegungen und Fusionen, die auf anschließende Synergieeffekte zielen, im Zeichen von technischer Modernisierung, arbeitsorganisatorischen Veränderungen usw. in der Defensive. Sie sehen sich neuen Gestaltungsanforderungen gegenüber, dichtere Bezüge zur Beschäftigtengruppe der »modernen Arbeitnehmer« und Managementqualifikationen für Betriebsräte werden wichtig. Und das alte Leitbild des »gestandenen« haupt- wie ehrenamtlichen Funktionärs vom »Interessengegensatz zwischen Kapital und Arbeit«, das deren Wirklichkeit erklären soll[5], trägt schon in den tarif- und betriebspolitischen Kernbereichen gewerkschaftlichen Handelns nicht mehr: nach außen hin wird »die rote Fahne so weit hoch gehängt, daß kaum noch einer drankommt«, und nach innen handelt man bewußt und zu Recht (!) als aktiver Modernisierer. Zugleich sind die Probleme der Entwicklung eines anderen Selbstverständnisses der gewerkschaftlichen Funktionsträger (Moderator statt stellvertretend handelnder Experte und »Macher«) ebenso wie die Überalterungsprobleme im Funktionärskörper allenthalben zu beobachten.

– Hinsichtlich der örtlichen Handlungsebene, die im Zentrum unserer Aufmerksamkeit steht, werden diese Eindrücke noch verschärft. So scheint es im Lichte unserer Befunde angebracht zu sein, die z.T. doch recht weitgehenden Annahmen bezüglich der Modellhaftigkeit lokaler arbeitspolitischer Neuansätze im DGB-Kreis Dortmund zu relativieren, von denen wir bei Projektbeginn ausgegangen sind. Zwar gibt es insbesondere mit dem früh eingerichteten strukturpolitischen Arbeitskreis des DGB, der Arbeit der Kooperationsstelle Hochschule/Gewerkschaft in den Jahren nach ihrer Einrichtung und der Gründung des EWZ bemerkenswerte frühe Ansätze, die schon in der ersten Hälfte der 80er Jahre in gewisser Weise der aktuellen theoretischen Diskussion über eine Rückgewinnung des Bewegungscharakters der Gewerkschaften durch eine Erweiterung des gewerkschaftlichen Interessenbegriffs (Negt), die Herstellung einer neuen Streitkultur usw. praktisch vorzugreifen versucht haben; wir müssen aber vor allem – unbeschadet bestimmter Erfolge – Grenzen und Brüche dieser frühen Ansätze und Entwicklungen konstatieren. Deutlich wird, daß innergewerkschaftlich präsente Vorstellungen über die Aufgaben des DGB vor Ort diffus sind. Ob und in welcher Weise so etwas wie eine »lokale Arbeitspolitik« hier eine gewerkschaftliche Arbeit sein kann und soll, ist durchaus ungeklärt. Deutlich ist aber zugleich, daß Anforderungen zur Bewältigung einer solchen, wie unscharf auch immer beschriebe-

---

[5] Ein Leitbild, das aber im Organisationsbereich der IGBE schon lange durch das sehr viel konsistentere Leitbild einer sozialpartnerschaftlich geprägten Mitbestimmung, die Konflikte aber sehr wohl einschließt, ersetzt ist.

nen Aufgabe an die Funktionsträger des DGB auf der örtlichen Ebene herangetragen werden. Die Regionalisierung der Regionalpolitik im Zeichen der ZIM- und ZIN-Runden in Nordrhein-Westfalen ist ein besonders prägnantes Beispiel dafür, daß entsprechende Impulse sogar von der Politik ausgehen; aber daß der örtliche DGB mit Problemen von der regionalen Struktur- und Beschäftigungspolitik bis hin zu verkehrspolitischen Fragen, von Fragen der Wohnungspolitik bis hin zur »Asylproblematik« befaßt wird, ist ein allgemeiner Trend. Dies zeigt sich in unseren Vergleichsregionen ebenso wie in den Erfahrungsberichten von DGB-Kreisvorsitzenden auf den »Hattinger Foren« 1990 und 1991.

Gleichzeitig aber verfügt der DGB auf örtlicher Ebene kaum oder jedenfalls nicht zureichend über organisatorische Strukturen und geeignete Instrumente, um dieses relativ breite Spektrum arbeitspolitisch bedeutsamer Fragen angemessen bearbeiten zu können. Dies gilt zumal in großstädtisch strukturierten Regionen, in denen nach der gegenwärtig geübten Organisationspraxis nicht einmal die Chance besteht, auf das ehrenamtliche Potential der Ortskartellarbeit des DGB zurückzugreifen. Hinzu kommt, daß das hauptamtliche Personal im Laufe der vergangenen Jahrzehnte vornehmlich auf die Wahrnehmung bestimmter Dienstleistungsfunktionen für die Mitgliedsgewerkschaften hin (Rechtsberatung) qualifiziert und eingesetzt ist. Politische Arbeit des DGB vor Ort wird so der Tendenz nach zu einer »Ein-Mann-Veranstaltung« ohne Netz(werk) und klar konturierte Leitorientierung. Die DGB-Kreisvorsitzenden sind weitgehend auf sich gestellt, wenn sie versuchen über die Wahrnehmung repräsentativer Funktionen hinaus Politik vor Ort gestaltend zu beeinflussen; und sie stehen dabei zugleich vor dem Problem, Gestaltungsansprüche in der örtlichen Politik durchzusetzen und in ihrem konkreten Handeln die Balance zwischen den unterschiedlichen Interessen der Mitgliedsgewerkschaften zu halten. Kreisvorstandssitzungen sind der formale Rahmen, in dem solche Balanceakte erfolgen; aber sie können nicht der Ort sein, an dem inhaltlich gewerkschaftliche, lokale Arbeitspolitik fundiert wird. Aus der Perspektive der Mitgliedsgewerkschaften handelt es sich um ein randständiges Thema, ja in mancher Hinsicht sogar um ein wenig gewichtiges Gremium, sofern vor Ort alles seinen gewohnten Gang geht. So bleiben für inhaltliche Zuarbeit und

Fundierung der örtlichen politischen Arbeit eines DGB-Kreisvorsitzenden informelle Netzwerke, die im Zweifel hohe Professionalität sicherstellen mögen, die aber nichts daran ändern können, daß gewerkschaftliche Arbeit vor Ort überwiegend mitgliederfern erfolgt und beständig der Gefahr technokratisch verkürzten Handelns unterliegt.

Wir gehen davon aus, daß diese Charakterisierung weithin über unsere Fallstudienregion Dortmund hinaus verallgemeinerbar ist. Denn auch hier gilt, daß wir die entsprechenden Grundmuster ebenso in der Vergleichsregion Hamburg gefunden haben, wie auch in Erfahrungsberichten auf gewerkschaftlichen Tagungen bestätigt fanden.

Auch bei der Frage nach der Leistungsfähigkeit und den Leistungsgrenzen des traditionellen lokalen Organisationsprinzips einzelner *Mitgliedsgewerkschaften des DGB* für eine arbeitspolitische Erweiterung von Interessenvertretung scheinen unsere Befunde auf den ersten Blick ein eher skeptisches Gesamturteil zu stützen. Die Verhaftung mit traditionellen gewerkschaftlichen Politikstilen und die Schwerpunktsetzung auf klassische Felder gewerkschaftlicher Interessenvertretungsarbeit sowie der hohe Altersdurchschnitt der aktiven, an der Orts- und Stadtteilgruppenarbeit beteiligten Funktionäre und Mitglieder, unter denen der Typus des (ehemals) voll erwerbstätigen Facharbeiters deutlich dominiert, legen den Schluß nahe: dies ist kein Modell, mit dem man die »modernen ArbeitnehmerInnen« gewinnen kann. Eine nähere Betrachtung führt jedoch zu einer differenzierteren Einschätzung:

Ein lokales Organisationsprinzip an sich produziert die im Blick auf eine arbeitspolitische Erweiterung von Interessenvertretung erforderlichen Leistungen keinesfalls gewissermaßen »von selbst«. Dies läßt sich am deutlichsten am Beispiel der *Stadtteilgruppen der IG Metall Dortmund* zeigen. Im Kontext eines noch sehr traditionalistisch geprägten gewerkschaftlichen Handelns sprechen wir hier von einem »gebrochenen lokalen Organisationsprinzip«. Charakteristisch sind:

– Inhaltliche Schwerpunktsetzungen der monatlichen Stadtteilgruppensitzungen derart, daß diese eher ein ergänzendes Diskussionsforum zu den betrieblichen Interessenvertretungsstrukturen sind. Zwar schließt das Themenspektrum auch eine Reihe allgemeiner gesellschaftspolitischer

Themen ein, örtlich gerichtete, arbeitspolitische Themen werden aber kaum mit konkreten Handlungsbezügen aufgegriffen.
- In organisatorischer Hinsicht ist ein in dem Stadtteilgruppenprinzip angelegtes dezentrales Organisationsprinzip nicht wirklich entfaltet. Die Stadtteilgruppen verfügen nicht über elementare Voraussetzungen einer eigenständigen, teilautonomen Arbeit wie etwa eine selbständige Kassenführung, eigenverantwortliche Öffentlichkeits- oder gar Bildungsarbeit; Rückbindungen im traditionellen Arbeitermilieu aufgrund regelmäßiger persönlicher Kontakte sind brüchig geworden.
- Das Zutrauen, daß die IG Metall Dortmund bei einer weitergehenden Dezentralisierung »noch mit einer Stimme spricht«, ist bei den hauptamtlichen FunktionärInnen nicht sonderlich ausgeprägt. Das gewerkschaftliche Organisationsverständnis, das hier sichtbar wird, ist unverändert stark durch traditionelle Muster geprägt und kann sehr wohl als zugleich demokratisch und zentralistisch charakterisiert werden.

Hingegen finden wir im *Organisationsbereich der IGBE* ein deutlich stärker entfaltetes örtliches Organisationsprinzip, nach dem die Ortsgruppen u.a. die oben angedeuteten Rechte haben und, wie unsere Analyse zeigt, als immer noch sehr stabile und in einem bemerkenswert hohen Maße eigenverantwortlich handelnde Grundeinheiten im gewerkschaftlichen Organisationsaufbau gelten können. Es hat sich gezeigt, daß dieses lokale Organisationsprinzip ein wichtiges Fundament für stabile funktionale Bezüge dieser Gewerkschaft in bezug auf das politische, wirtschaftliche und kulturelle System ist und daß darüber ein, im Vergleich zu anderen Mitgliedsgewerkschaften im DGB, relativ breites Themenspektrum stabil und mit immer noch beachtlicher Rückkopplung in die Mitgliedschaft bearbeitet werden kann.

- Zu beachten ist dabei allerdings, daß für den Organisationsbereich der IGBE noch immer in besonderer Weise gilt, daß die Arbeit im Betriebsrat und anderen Mitbestimmungsorganen dieser Branche auf dem Hintergrund der Revierstrukturen mit Werkswohnungen, Kolonien usw. geradezu eine Verknüpfung von betrieblicher Interessenvertretung und Kommunalpolitik nahelegt. Das, was man als die – wenn

auch von Erosionsprozessen betroffene – Mitbestimmungskultur des Ruhrgebiets bezeichnen kann, ist also eine wichtige und tragende Grundlage des traditionsgebundenen örtlichen Organisationsprinzips; und dieses festigt umgekehrt zu einem Teil auch eben diese Mitbestimmungskultur.
- Andererseits setzen diese Mitbestimmungskultur, das traditionelle, in Dortmund sozialdemokratisch geprägte Arbeitermilieu und die spezifischen einzelgewerkschaftlichen Interessenbezüge dem möglichen Themenspektrum lokaler Arbeitspolitik im Rahmen der Ortsgruppen der IGBE auch Grenzen. Im Vordergrund stehen die Fragen, die im Arbeits- und Lebenszusammenhang ihrer Gewerkschaftsmitglieder bedeutsam sind und im institutionellen Kontext des Handelns ihrer Interessenvertreter bearbeitet werden können: Energiepolitik, Sozialpolitik (Knappschaft), Wohnungswesen, bestimmte Fragen kommunaler Politik (Verkehrspolitik) sind hier von alltagspraktischer Bedeutung und spielen neben den klassischen, betriebs- und tarifpolitischen gewerkschaftlichen Themen und dem wichtigen Bereich kultureller Aktivitäten (gesellige Zusammenkünfte, Jubilarehrungen) eine herausgehobene Rolle.
- Die relative Stabilität dieser institutionellen Strukturen scheint aber doch eine gewisse Offenheit gegenüber neuen Themen und gesellschaftlichen Problemlagen zu erleichtern, und jedenfalls wäre es falsch, von der nach wie vor starken organisatorischen Rückbindung an das traditionelle Arbeitermilieu generell auf einen Modernisierungsrückstand der IGBE zu schließen. Auf wichtigen Feldern (z.B. der Angestelltenpolitik) spricht vieles eher für eine gegenteilige Einschätzung[6].

---

6 Auch in bezug auf die IGBE gehen wir davon aus, daß diese Ergebnisse aus einer Einzelfallstudie in hohem Maße verallgemeinerungsfähig sind. Dafür spricht nicht nur, daß es fallübergreifende, institutionell geprägte Strukturen und Muster sind, von denen hier die Rede ist. Vielmehr hat auch die Diskussion unserer Ergebnisse auf überbezirklichen Bildungsveranstaltungen der Gewerkschaft gezeigt, daß ehrenamtliche Funktionäre aus anderen Organisationsbereichen (vom Braunkohletagebau bis zum Kalibergbau) in diesen Charakterisierungen ihre Organisationswirklichkeit wiedergefunden haben. Für die Modernisierungsfähigkeit der örtlichen, noch stark gemeinschaftlich geprägten Strukturen gibt es im übrigen einige Hinweise in unserer Vergleichsregion Recklinghausen, denen wir wegen der Schwerpunktsetzung auf die DGB-Ortskartellarbeit aber nicht vertiefend nachgehen konnten.

Sofern man der These von einem allgemeinen Bedeutungszuwachs der lokalen/regionalen Politikebene folgt und daraus den Schluß zieht, daß dies auch für gewerkschaftliches Handeln vor Ort nicht unbeachtlich bleiben kann, muß man sich die Frage vorlegen, welche Strukturen es sein könnten, die es den Gewerkschaften ermöglichen, auf diesem Feld auch wirklich handlungsfähig zu werden. Nicht zuletzt unter diesem Aspekt haben wir unsere beiden *Vergleichsregionen* eingeblendet, die uns jeweils unter spezifischen thematischen Aspekten interessierten. Der Blick auf die *DGB-Schwerpunktaktion Angestellte in Hamburg*, in Übereinstimmung mit vorläufigen Befunden aus den anderen Modellregionen dieser Aktion, macht deutlich, daß es dezentrale, auf den Zusammenhang von Arbeiten und Leben bezogene Projekte waren, mittels derer man auch den »modernen ArbeitnehmerInnen« attraktive Angebote machen konnte. Die Formen, in denen Arbeitskreise und Projekte entwickelt worden sind, unterscheiden sich sicherlich deutlich von jenen traditionellen Mustern, nach denen die Veranstaltungen und Versammlungen ablaufen, die wir bei der IGBE und IG Metall in Dortmund beobachtet haben; aber das Prinzip, den Menschen in die Stadtteile zu folgen, in denen sie arbeiten und/oder leben, findet sich eben auch hier, und dies dürfte sich in ähnlicher Weise für gezielte Versuche der Arbeit mit Arbeitslosen, Jugendlichen oder anderen »gewerkschaftlichen Randgruppen« darstellen.

Auch unsere Evaluation der *Ortskartellarbeit im DGB-Kreis Recklinghausen* zeigt an einer Vielzahl von Beispielen, daß für die dortigen ehrenamtlichen FunktionärInnen, für die über die Medien hergestellte lokale Öffentlichkeit und – soweit für uns ersichtlich – auch für die Mitgliedschaft der Gewerkschaften inzwischen richtig und eigentlich selbstverständlich ist, »daß der Deutsche Gewerkschaftsbund mehr ist als Tarifverhandlungen und Urlaub und 35 Stunden.« Bemerkenswert an den aus unserer Sicht in der Tat modellhaften Entwicklungen in dieser Region ist vor allem zweierlei:

– Eine dezentrale, relativ autonome Arbeit der Ortskartelle schafft zum einen die Grundlage für das Entstehen einer gewerkschaftlichen Öffentlichkeit. Kontakte zur lokalen Presse werden davon ausgehend wichtig und offenbar zu-

nehmend professionell hergestellt. Der DGB tritt als Akteur im lokalen Politikfeld öffentlich in Erscheinung. Er kann sich so auch neue, (noch) lockere oder auch veränderte institutionelle Bezüge zur lokalen Politik erarbeiten (vom Arbeitnehmerstammtisch mit Repräsentanten der örtlichen Politik bis zur Anerkennung der Ortskartelle als »Träger öffentlicher Belange«). Selbstverständliche, tradierte Beziehungen (innergewerkschaftlich wie auch im Verhältnis zur kommunalen Politik) können so Belastungen ausgesetzt werden, werden aber möglicherweise in einer neu entstehenden »Streitkultur« auch mit Leben gefüllt und neu gefestigt.
- Daß dies in einer Stadt geschieht, in der die Mitbestimmungskultur des Ruhrgebiets wie kaum anderswo in ihren traditionellen Mustern ausgeprägt ist, und von beiden Seiten offenbar gut ausgehalten wird, ist der zweite hervorhebenswerte Befund. Gerade die traditionsgebundenen Ortsgruppen der IGBE, in diesem lokalen institutionellen Geflecht ja doch von einiger Bedeutung, sind offenbar zugleich stabil und flexibel genug, um neue Impulse der gewerkschaftlichen Arbeit aufzunehmen. Ein Grund dürfte darin liegen, daß diese Impulse, wie auch die Ortsgruppenarbeit der IGBE selbst, ihre Vitalität zu einem großen Teil aus der Nähe zum außerbetrieblichen Lebenszusammenhang, zu Arbeit *und* Leben der ArbeitnehmerInnen ziehen.

Unsere Untersuchung ist auf eine Fallstudie konzentriert, die natürlich auch durch Besonderheiten geprägt ist. »Mitbestimmungskultur des Ruhrgebiets« und »sozialdemokratisch geprägtes, traditionelles Arbeitermilieu«, dies sind zwei Begriffe, die in allgemeiner Form wesentliche Aspekte dieser Besonderheiten zum Ausdruck bringen. Hätten wir unter diesem Aspekt den Vergleich mit dem DGB-Kreis Hamburg vertieft, wären sicherlich entsprechende Unterschiede sehr deutlich hervorgetreten, die eben mit spezifischen institutionellen Kontextbedingungen zu tun haben. Andere hingegen, wie etwa gewerkschaftliche Organisationsverständnisse und -praxen und das zugrundeliegende, unscharf gewordene Leitbild der Institution Gewerkschaft, die Charakteristika des Beziehungsgeflechts zwischen Mitgliedsgewerkschaften und DGB als »eben nur Dachverband«, die Aufgabenzuweisungen, Spezialisierungen, Qualifikationen und Handlungsmuster, die für die Arbeit hauptamtlicher DGB-FunktionärInnen vor Ort charakteristisch sind und insgesamt einen langjährigen Trend der Entpolitisierung gewerkschaftlicher Arbeit vor Ort zum Ausdruck bringen, sind ebenso ganz offenkundig sehr allgemeiner Natur. In ihrer spannungsreichen Beziehung zu den systemischen Modernisierungsprozessen, die einen Bedeutungszuwachs der lokalen Politikebene mit sich bringen, produzieren sie zugleich die Herausforderung, aber auch die erheblichen Schwierigkeiten der Entfaltung einer lokalen gewerkschaftlichen Arbeitspolitik.

Bestimmte *verallgemeinerbare Ergebnisse* im Hinblick auf die Realisierungsmöglichkeiten eines solchen Konzepts institutioneller Reform lassen sich unserer Untersuchung entnehmen:

– Für die Entfaltung einer gewerkschaftlichen lokalen Arbeitspolitik erscheint der DGB als der gegebene organisatorische Rahmen und nicht seine Mitgliedsgewerkschaften. Aber wenn der DGB eine solche Aufgabe erfüllen soll, dann setzt dies voraus, daß er – in gewisser Analogie zu dezentralen beteiligungsorientierten Ansätzen einer »offenen Betriebspolitik« – über dezentrale örtliche Organisationsgliederungen verfügt. Diese wiederum werden nur arbeitsfähig sein, wenn ganz banale, aber eben auch fundamentale organisationspolitische Voraussetzungen – im Sinne autonomer Handlungsspielräume und verfügbarer Ressourcen – gewährleistet sind, die man am Beispiel der IGBE gut studieren kann und die sich dann als organisationspolitische Schlußfolgerungen im Blick auf die DGB-Ortskartellarbeit leicht übertragen lassen. Die Ergebnisse in der Vergleichsregion Recklinghausen zeigen in diesem Zusammenhang allerdings, daß ein dezentral angelegtes Politikkonzept im Einzelfall auch ohne satzungsmäßig festgeschriebene Rechte und Aufgaben der organisatorischen Grundeinheit Ortskartell entfaltet werden kann und daß sich dann auch Aushilfen zur Sicherung der notwendigen materiellen Ressourcen finden lassen. Aber es bleibt zu fragen, ob eine Verallgemeinerung solcher Ansätze nicht doch entsprechender organisatorischer Grundlegungen bedarf.

– Die traditionsgebundenen lokalen Organisationsformen, die wir kennengelernt haben, sind sehr stark durch Strukturen geprägt, die denen des klassischen Vereins recht ähnlich sind[7]. Die in hohem Maße durch Elemente projektförmiger Arbeit gekennzeichneten Neuansätze in beiden Vergleichsregionen unterscheiden sich hiervon deutlich. In die gewerkschaftliche Arbeit einbezogen werden – neben haupt- und wenigen ehrenamtlichen FunktionärInnen, die auf Dauer, aber mit anderem Selbstverständnis, anderer Aufgabenstellung und anderer Professionalität arbeiten – überwiegend oder zunehmend »Aktive auf Zeit«. Thematisch ist in den verschiedenen Projekten (Verkehrspolitik in der City-Nord, Bau des Asylantenheims »in unserer Stadt«, Errichtung der Müllverbrennungsanlage, Frauenförderplan, Geschichtswerkstatt oder wie immer die Themen heißen) aber immer der Bezug zu konkreten Problemen des Zusammenhangs von Arbeiten und Leben vor Ort hergestellt. Dieser Zusammenhang ist für die Menschen dort, Gewerkschaftsmitglieder oder nicht, nachvollziehbar und geht sie an; über ihn gewinnt Gewerkschaft ein verändertes Profil.

– Welche veränderte Bedeutung unter solchen Voraussetzungen Gewerkschaft für die Arbeitnehmer erlangen kann, welche Formen der Rückbindung der Institution Gewerkschaft an gemeinschaftliche Strukturen des Alltags in einer modernen Gesellschaft möglich sind, ist dabei sicherlich völlig offen. Aber die breitgeführte Diskussion um den »neuen Individualismus« sollte nicht vorschnell gegen ein traditionelles lokales Organisationsprinzip, aus dem sich vielleicht doch etwas lernen läßt, ins Feld geführt werden, weil dieses auf sozialen Milieus auflagert, deren Bedeutung fraglos schwindet. Schließlich gibt es gutbegründete Argumente dafür, daß zwar jene traditionellen sozialen Milieus an Bedeutung verlieren, die in historischer Perspektive eine ganz wesentliche Grundlage gewerkschaftlicher Organisationserfolge waren – und dies nicht zuletzt deshalb, weil Parteien und Gewerkschaften der Arbeiterbewegung diese sozialen Milieus gewissermaßen durchorganisiert haben! –, daß aber an deren Stelle nicht atomisierte Individiuen, son-

---

[7] In der Tat ist die Verschränkung mit dem Kaninchen- oder Taubenzüchterverein, dem Sportverein oder dem Ortsverein der SPD, sei es über Personen, sei es über bestimmte Handlungsanlässe, auch ein charakteristischer Zug der Mitbestimmungskultur im Ruhrgebiet.

dern neue soziale Milieus treten (Vester u.a. 1988, 1990 und 1992)[8].

Wir berühren hier allgemeine Fragen, die weiterer theoretischer und empirischer Arbeiten bedürfen. Sie können und sollen an dieser Stelle nicht vertieft werden. Hingegen erscheint es uns angebracht, in bezug auf die spezifische, uns interessierende Institution Gewerkschaft und die erhebliche Ausdifferenzierung der Anforderungen, denen sie bei der Entfaltung lokaler Arbeitspolitik als gewerkschaftliche Aufgabe ausgesetzt sein wird, noch einmal *einige offene Fragen* zu sammeln, die sich für uns am Schluß unserer Untersuchung stellen:

- Denkbar erscheint es uns im Lichte unserer Ergebnisse, daß hauptamtliche FunktionärInnen (bei entsprechenden qualifikatorischen Voraussetzungen, also einem hohen Stellenwert von Weiterbildung) als Impulsgeber und ehrenamtliche FunktionärInnen als Träger von innovativen Ansätzen einer arbeitspolitischen Erweiterung gewerkschaftlicher Interessenvertretung fungieren können. Damit entsprechende modellhafte Ansätze aber nicht an bestehenden Strukturen scheitern, bedürfte es einer hinreichend breiten, innergewerkschaftlichen Debatte, um gestaltungsorientiertes politisches Handeln im lokalen Politikfeld als eine im gewerkschaftlichen Selbstverständnis wichtige Aufgabe allmählich in ein sich veränderndes institutionelles Leitbild gewerkschaftlichen Handelns zu implementieren.
- Eine offene und dringend diskussionsbedürftige Frage ist, wie in großstädtischen Regionen, in denen bislang Strukturen fehlen, wie wir sie am Beispiel der DGB-Ortskartellarbeit herausarbeiten konnten, funktionale Äquivalente dafür aussehen könnten. Über eine nähere Untersuchung von Modellversuchen, wie der Schwerpunktaktion Angestellte, wäre auch zu prüfen, ob und mit welcher Reichweite über Ansätze einer projektförmigen Arbeit dauerhaft eine

---

8 Aus unserer phänomenologisch geleiteten Sicht stellen sich hier auch grundlegende Fragen des Zusammenhangs von Gemeinschaft und Gesellschaft, zu deren tiefergehender Analyse gerade die empirischen Erfahrungen mit der Ortsgruppenarbeit der IGBE Anlaß geben. Ein systematischerer Rückgriff auf

größere Mitgliedernähe erreicht werden kann. Es wird also wichtig sein, entsprechende Neuansätze systematischer auszuwerten als dies bisher geschehen ist.
- Für die Strukturreformdiskussion des DGB ist weiter zu berücksichtigen, daß bislang nur sehr wenige Kenntnisse über konkrete alltägliche Arbeitsbedingungen und damit verknüpfte gewerkschaftspolitische Vorstellungen und Optionen des hauptamtlichen Personals auf der dezentralen örtlichen Ebene vorliegen. Zuallererst finden wir hier ein unbeackertes Feld zukünftiger gewerkschaftlicher Organisationsentwicklung.
- Für den DGB und seine Mitgliedsgewerkschaften besteht im Hinblick auf die geforderte Programm- und Strukturreform die Notwendigkeit zu ermitteln, wie auf der örtlichen Ebene typischerweise alltägliche Handlungssituationen ausgeprägt sind, welche Optionen vertreten werden, über welches Handlungspotential man in Gestalt der haupt- und ehrenamtlichen FunktionärInnen auf dieser Ebene tatsächlich verfügt.
- Dabei sollte über die auf unserer Untersuchung u.E. zu Recht verallgemeinerbaren Befunde in bezug auf grundlegende Strukturen nicht übersehen werden, daß das relativ breite Spektrum unterschiedlicher Handlungsbedingungen vertiefender Analysen bedarf:
Die Unterschiede in großstädtisch und ländlich strukturierten Regionen sind über unsere evaluative Behandlung der Ortskartellarbeit am Beispiel eines DGB-Kreises sicherlich nicht hinreichend erfaßt;
mit welchen Problemen und ArbeitnehmerInnengruppen in ländlich strukturierten, strukturschwachen Regionen zu rechnen ist und wie damit vor Ort umgegangen wird, bedarf vertiefender Analysen;
die völlig unterschiedlichen Handlungsanforderungen in den neuen Bundesländern (wo Ortskartellarbeit überhaupt erst im Aufbau begriffen ist und sich auf ganz andere Pro-

---

das Theorieangebot von S. Tönnies (Merz-Benz 1990), aber auch Arbeiten eines wichtigen Vertreters der anthropologischen Philosophie (Plessner 1926) würde sich hier anbieten; denn die Frage des zugrunde gelegten Menschenbildes stellt sich von unserem Ansatz her durchaus – im Unterschied etwa zu systemtheoretischen Zugriffen.

bleme vor Ort beziehen muß) werfen eine Vielzahl weiterer Fragen auf.

Diese Auflistung erhebt nicht den Anspruch auf Vollständigkeit. Sie mag aber schon genügen, um zu verdeutlichen, daß eine wirkliche Klärung von Möglichkeiten zur Entwicklung neuer, dauerhafter und stabiler gewerkschaftlicher Handlungsstrukturen auf der örtlichen Ebene eine breitere Sichtung praktischer Neuansätze auf der Folie der hier vertretenen und zunächst vor allem anhand einer empirischen Fallstudie geprüften, konzeptionellen Überlegungen voraussetzen würde. Unsere Fallstudie hat gewissermaßen charakteristische und allgemeingültige institutionelle Strukturen festgelegt, die der Entfaltung eines Konzepts arbeitspolitischer Erweiterung gewerkschaftlicher Interessenvertretung in mancher Hinsicht sperrig im Wege stehen. Sie hat Leistungsgrenzen, Widersprüchlichkeiten und Handlungszumutungen, die aus diesen Strukturen folgen, sichtbar machen können, und sie hat Versuche zu Neuansätzen nachgezeichnet, die sich gleichwohl entwickelt haben – mit Sicherheit nicht nur in Dortmund und den von uns untersuchten Vergleichsregionen. Insoweit liefert sie viele Aufschlüsse über Reformbedarf, die aus dem Blickwinkel einer arbeitspolitischen Erweiterung gewerkschaftlicher Interessenvertretung bestehen. Sie gibt damit auch allgemeine Einsichten in Strukturprobleme, die sich beim Aufbau des vielberufenen »zweiten Standbeins« außerhalb der Betriebe für die Gewerkschaften ergeben. All dies kann aber nicht konkrete weitere Organisations- und Institutionsanalyse im Hinblick auf Versuche modellhafter Weiterentwicklung unter unterschiedlichen Bedingungen ersetzen.

3. Institutionelle Erstarrung, organisatorische Modernisierung oder institutionelle Reform: drei Zukunftsszenarien

Die These, daß die Gewerkschaften ihre Zukunft schon hinter sich haben, wird von nicht wenigen, auch prominenten Autoren vertreten (Dahrendorf). Von Podiumsdiskussionen über die Zukunft der Gewerkschaften, die von der gewerkschaftsnahen Hans-Böckler-Stiftung durchgeführt werden, berichtet die Presse unter der Überschrift: »Sind die Gewerkschaften auf dem Weg ins historische Abseits?« (FR 7. 12. 92). Andere sprechen von der »Herausforderung der Gewerkschaften« und ihren »neuen geschichtlichen Aufgaben« (Negt 1989). Aber solche Stimmen prägen das Bild der zugleich offener gewordenen, innergewerkschaftlichen Diskussion zunehmend weniger. Wir haben eine empirische Untersuchung durchgeführt, von der aus zu dieser Zukunftsdiskussion selbstverständlich keine fertigen Antworten gegeben werden können – schon deshalb nicht, weil es hier um offene Entwicklungsmöglichkeiten geht. Aber wir glauben, daß wir von unserem konzeptionellen Zugriff her doch Erhellendes zu solchen Entwicklungsmöglichkeiten sagen können. Es lassen sich bestimmte Zukunftsszenarien umreißen.

Weiter oben haben wir, noch ohne dies näher auszuführen, zwischen organisatorischer Modernisierung und institutioneller Reform der Gewerkschaften unterschieden. Und wir haben damit in der Tat zwei mögliche Entwicklungslinien vor Augen gehabt, die beide denkbare Wirklichkeiten der Gewerkschaften in der Bundesrepublik Deutschland sind. Die eine – die der organisatorischen Modernisierung – mag derzeit eher den vorherrschenden Tendenzen gewerkschaftlicher Organisations- und Politikentwicklung entsprechen. Aber es ist noch keineswegs ausgemacht, wie weitgehend sie gegenüber ebenfalls realen Risiken einer institutionellen Erstarrung, der die Widerständigkeit festgefahrener Alltagsroutinen zuarbeitet, erfolgreich durchzusetzen ist. Nicht übersehen werden sollte also, daß natürlich auch die Möglichkeit des »worst case«, also des Nicht-Gelingens einer durchgreifenden organisatorischen Modernisierung nicht auszuschließen ist. Im günstigeren Falle einer weitergehenden Verwirklichung von organisatorischen Modernisierungsschritten wird man davon ausgehen dürfen, daß die Existenz gewerkschaftlicher Organisationen mit spezifischen Funktionen in bezug auf das wirtschaftliche System gesichert werden kann. Allerdings scheint uns nur im Falle der dritten Option, die wir mit Begriffen eines »stabilen institutionellen Wandels« oder einer »institutionellen Reform« kennzeichnen, die Chance zu bestehen, daß die Gewerkschaften dauerhaft ihren gesellschaftspolitischen Gestaltungsanspruch wirkungsvoll sichern können. Wir wollen alle drei Entwicklungsmöglichkeiten zum Schluß näher umreißen:

Modernisierungsunfähig: Gewerkschaften als erstarrende traditionelle Institutionen der Arbeit

Man denkt unter einer solchen Überschrift an das Beispiel der englischen Gewerkschaften, oder man ist an das Bild vom »Einigeln in der Wagenburg« (Glotz 1988) erinnert. In einem Szenario, das stärker von den zukünftigen Veränderungen von Arbeit und Technik ausgeht, steht bei solchen Überlegungen im Vordergrund, daß die Gewerkschaften im DGB auch in Zukunft vornehmlich »Facharbeitergewerkschaften mit verbündeten Mitgliedern aus anderen Arbeitnehmergruppen« bleiben (Volkholz 1988).

Im Kontext unserer Ausgangsüberlegungen müßte man bei einem solchen Szenario von institutioneller Erstarrung sprechen. Zuallererst ginge es dabei um das Festhalten an einem veralteten institutionellen Leitbild, das immer weniger anschlußfähig gegenüber aktuellen gesellschaftlichen Modernisierungsprozessen ist. Dabei ist einzuräumen, daß ein solches Festhalten am Kernbestand eines traditionellen gewerkschaftlichen Leitbildes und mit der Konzentration auf die organisationspolitischen Hochburgen und die dort artikulierten Mitgliederinteressen zunächst sogar eine größere Geschlossenheit ermöglichen mag, was ja vorderhand nicht nur ein nachteiliger Umstand wäre. Aber die Ambivalenz und Fragwürdigkeit einer solchen Entwicklung, die in der Tat auf den Verlust von Zukunftsperspektiven hinauszulaufen drohte, ist schnell zu erkennen, wenn man berücksichtigt, daß in einem solche Falle

- die Gewerkschaften nur noch Repräsentanten einer, wenn auch noch gewichtigen, Minderheit unter den Arbeitnehmern sind;
- die Mitgliedsgewerkschaften im DGB dann z.T. im Festhalten an alten »Gegenmacht«-Konzepten und überwiegend verfangen in traditionellen Organisationsformen und Handlungsmustern repräsentativer Interessenvertretung weiter an Attraktivität für die ArbeitnehmerInnen, vor allem der jüngeren Generation verlieren;
- gesellschaftspolitische Gestaltungsansprüche (wie noch im Kampf um die 35-Stunden-Woche) seitens der Gewerkschaften selbst in den Kernbereichen ihres Handelns kaum mehr wirksam zur Geltung gebracht werden können – ge-

schweige denn auf arbeitspolitisch erweiterten, potentiellen gewerkschaftlichen Handlungsfeldern;
- die Mitgliedsgewerkschaften folgerichtig den DGB als Dachverband vollends auf bestimmte Servicefunktionen reduzieren, so daß er seine politischen Funktionen im Ernst nicht mehr behaupten kann.

Es wird schnell deutlich: Je mehr Elemente dieses Szenarios die gewerkschaftliche Wirklichkeit in der Zukunft prägen werden, desto eher werden die Gewerkschaften in der zukünftigen gesellschaftlichen Wirklichkeit tatsächlich marginalisiert sein. Ihre Anschlußfähigkeit an weiter fortschreitende gesellschaftliche Modernisierungsprozesse geht Zug um Zug verloren.

Nun ist dieses Szenario in reiner Form wenig wahrscheinlich. Bis heute hat sich das bundesdeutsche Institutionengefüge im Feld der industriellen Beziehungen, zu dem Gewerkschaften, Mitbestimmung, Tarifautonomie usw. gehören, im internationalen Vergleich als besonders lern- und leistungsfähig erwiesen. Verlautbarungen aus Vorständen und Stabsabteilungen von Gewerkschaften, auf Zukunftskongressen und Gewerkschaftstagen lassen ein gewachsenes Problembewußtsein erkennen. Z. T. recht weitgehende programmatische Öffnungen sind unübersehbar. Gleichwohl: Der schwierigste Teil der gewerkschaftlichen Zukunftsdiskussion ist allemal deren Umsetzung auf den dezentralen Organisationsebenen. Und welche Schwierigkeiten dort auftreten, ist gerade durch unsere Untersuchung sehr eindrucksvoll belegt. Der Gegenentwurf der

Gewerkschaften als modernisierte Institutionen der Arbeit

ist deshalb auch nicht mit großer Zuversicht zu erwarten. Ein solches Szenario setzt zunächst voraus, daß sich die Option auf eine arbeitspolitische Erweiterung gewerkschaftlicher Interessenvertretung und den Versuch der Entfaltung einer lokalen gewerkschaftlichen Arbeitspolitik in den innergewerkschaftlichen Diskussions- und Entscheidungsprozessen der näheren Zukunft durchsetzt. Dabei ist freilich zu beachten, daß sich weder ein entsprechend modernisiertes, institutionelles Leitbild, noch modernisierte organisatorische Strukturen einfach von oben verordnen lassen. Eine institutionelle Reform läßt sich aber denken, wenn neben der Weiterentwicklung dezentraler Ansätze einer »offenen gewerkschaftlichen Betriebspolitik« als Grundlage für die Durchsetzung von Gestaltungsoptionen in Betrieb und Unternehmen auch der erfolgreiche Aufbau bzw. die Neubelebung von dezentralen örtlichen Organisationsgliederungen in Angriff genommen wird und zumindest zunächst in einzelnen Regionen modellhaft gelingt.

Die Stärkung dezentraler organisatorischer Strukturen ist eine, allerdings noch nicht hinreichende Voraussetzung für eine arbeitspolitische Erweiterung gewerkschaftlicher Interessenvertretung, weil nur über sie wirkungsvoll Gestaltungsansprüche und Handlungsmöglichkeiten in bezug auf den betrieblichen wie auch den außerbetrieblichen Arbeits- und Lebenszusammenhang von ArbeitnehmerInnen sichergestellt werden können. Eine weitere Voraussetzung wäre ein modernisiertes institutionelles Leitbild. Es kann nicht mehr am Kapital-Arbeit-Paradigma orientiert sein und in den Kernbereichen der Tarif- und Betriebspolitik seine primäre Zielsetzung in der Verstetigung individueller Wohlstandsmehrung finden. Der alte Traum von »Arbeit, Fortschritt und Glück« (Martens/Peter/Wolf 1984) ist verblaßt. Aber immer noch stehen die Gewerkschaften in der Bundesrepublik vor der mit dem Vereinigungsprozeß noch schwieriger gewordenen Aufgabe, gesicherte Arbeits- und Lebensbedingungen und soziale Absicherung für die größer werdende Zahl der Verlierer der Modernisierungsprozesse durchzusetzen. In diesem Sinne steht die Zentrierung gewerkschaftlichen Handelns auf das wirtschaftliche System und auf die Folgen ökonomischer Entwicklung für die ArbeitnehmerInnen außer Frage. Was Gewerkschaften als »Menschenrechtspartei« – also Parteiersatz? – sein könnten, ist zudem im Lichte unserer empirischen Befunde – und damit natürlich auch des Konzepts, von dem her sie gewonnen wurden – nicht griffig zu beschreiben. Erkennbar sind aber schon Ansatzpunkte, über die die Gewerkschaften als arbeits*politisch* handelnde Institutionen eine breite Themenpalette aus arbeitsbezogener Perspektive in ihr Handeln integrieren könnten.

Der Stärkung eines (dezentralen) lokalen Organisationsprinzips käme in diesem Zusammenhang einige Bedeutung zu; und es wäre möglich, darüber einen gesellschaftspolitischen Gestaltungsanspruch der Gewerkschaften zu stärken, ohne eine realistische Beziehung zu den institutionell verfestigten Ausgangsbedingungen gewerkschaftlichen Handelns in Betrieb, Unternehmen und Branche in Frage zu stellen.

In bezug auf die beiden organisatorischen Standbeine (betrieblich wie außerbetrieblich), die in diesem Szenario bedeutsam wären, gilt allerdings, daß Dezentralisierung und Stärkung des ehrenamtlichen Elements nicht mißverstanden werden dürfen als basisdemokratische Veranstaltungen. Zunächst einmal wäre mit der Stärkung dezentraler Strukturen, innerhalb derer die Arbeitsteilungen zwischen DGB und Mitgliedsgewerkschaften im übrigen zu überprüfen und gegebenenfalls neu zu bestimmen wären, überhaupt die Verhältnisse zwischen Mitgliedsgewerkschaften und Dachverband neu festzulegen. Das Zukunftsszenario einer institutionellen Reform und eines an arbeitspolitisch erweiterten Zielen festgemachten gewerkschaftlichen Gestaltungsanspruchs der Gesellschaft ist nur denkbar, wenn in einem entsprechenden Reformprozeß die Stellung des Dachverbands präzisiert und gestärkt wird.

Darüber hinaus gilt, daß Gewerkschaften als Institutionen immer notwendigerweise Zwänge ausüben. Bei ihrer Reform geht es deshalb um Strukturen, die die Gewerkschaften für Lern- und Erfahrungsprozesse öffnen, die Zugänge zum wirklichen Leben der Menschen, der Mitglieder ermöglichen – in ihren betrieblichen wie außerbetrieblichen Lebenszusammenhängen –, so daß diese nicht nur erklärtermaßen ernst genommen werden können, sondern mit ihren Bedürfnissen und Interessen in den tatsächlichen Realprozessen gewerkschaftlichen Handelns berücksichtigt werden und darüber die Ziele einer gewerkschaftlichen Arbeitspolitik gestalten.

Dies ist nicht das Zukunftsbild einer erneuerten, alten sozialen Bewegung. Aber dies ist vielleicht das Zukunftsbild einer reformierten Institution, die so auch wieder mehr Attraktivität für neue Mitgliederpotentiale gewinnen kann und der es darüber auch wieder gelingen könnte, innerhalb ihres institutionell geprägten Handlungskontextes junge ArbeitnehmerInnen so gewerkschaftlich zu prägen, daß sie später auch in anderen organisatorischen und institutionellen Kontexten primär als

GewerkschafterInnen agieren und so gewerkschaftliche Anliegen wirkungsvoll befördern.

Eine Entwicklung, wie wir es eben umrissen haben, ist denkbar; aber manches spricht dafür, daß die Reformfähigkeit der Gewerkschaften derzeit immer noch zu eingeschränkt ist, um ihr wirklich zum Durchbruch zu verhelfen. Eher zeichnen sich

Gewerkschaften als modernisierte Organisationen

ab. Bei einem solchem Zukunftsszenario wäre davon auszugehen, daß das Konzept einer arbeitspolitischen Erweiterung gewerkschaftlicher Interessenvertretung im Ergebnis innergewerkschaftlicher Diskussions- und Entscheidungsprozesse zur Struktur- und Programmreform des DGB nicht verfolgt werden wird. Prägend wäre dann, noch deutlicher als bisher, der Charakter der Mitgliedsgewerkschaften im DGB als Industriegewerkschaften – oder auch als Multibranchengewerkschaften, die aber unter dem Primat der Industriepolitik stehen. Deutlicher noch als bisher müßte ihre Begrenzung als Interessenverbände ohne weitgehenden gesellschaftspolitischen Gestaltungsanspruch hervortreten. Jedenfalls würde die Spanne von u.U. aufrechterhaltenen programmatischen Ansprüchen und einer gewerkschaftlichen Praxis, nach der gewerkschaftliches Handeln im wesentlichen auf die Arbeitswelt bezogen und dort vor allem auf die Interessenvertretung der beschäftigten Arbeitnehmer gerichtet ist, noch deutlicher hervortreten. Chancen, gesellschaftspolitische Gestaltungsansprüche wirkungsvoll zur Geltung zu bringen, dürften sinken.

Ihre Stärke als Interessenverbände wird für die Gewerkschaften in diesem Falle wesentlich davon abhängen, ob ihnen bestimmte organisatorische Reformschritte (Fusionierung von Mitgliedsgewerkschaften, Dezentralisierung des Organisationsaufbaus, Durchsetzung beteiligungsorientierter Konzepte im Betrieb usw.) gelingen, die als organisatorische Voraussetzungen für eine stärkere Gestaltungsfähigkeit auf den Feldern der gewerkschaftlichen Betriebspolitik und der Mitbestimmung im Betrieb und Unternehmen gelten müssen (Martens 1992b).

Im Zuge solcher organisatorischer Modernisierungsprozesse wird das alte Leitbild (Gegenmacht, Interessengegensatz von

Arbeit und Kapital), das heute noch für einzelne Mitgliedsgewerkschaften, wie z.B. die IG Metall an der Spitze des tarifpolitischen Geleitzuges, in beachtlichem Maße prägend ist, zunehmend verblassen. Kooperative Handlungs- und Deutungsmuster (Sozialpartnerschaft), die praktisch schon lange gewerkschaftliches Handeln bestimmen, werden auch programmatisch an Gewicht gewinnen. Dabei mag die Abschwächung des alten Leitbildes z.T. auch die Bindungsfähigkeit in bezug auf den traditionellen Kern der Mitgliedschaft schwächen, ohne daß sich die Attraktivität für neue ArbeitnehmerInnenschichten spürbar erhöhen dürfte. Die Tendenz eines – wenn auch im Sinne von Dezentralisierung – modernisierten, so doch einfunktionalen Bezugs auf das ökonomische System impliziert nämlich nicht nur einen gewissen Bedeutungsverlust für die Mitglieder, der aus verlorenen gesellschaftspolitischen Gestaltungsansprüchen folgt. Vielmehr bringt eine solche Eindimensionalität letztlich auch eine Einschränkung der Funktionen von Gewerkschaften in bezug auf das ökonomische System selbst mit sich. »Global denken, lokal handeln«, eine solche Formel liegt dann tendenziell außerhalb der gewerkschaftlichen Handlungslogik. Ihre Funktion der Wahrnehmung eines »bewahrenden Gedächtnisses« für die ausgeschlossenen Dimensionen menschlichen Zusammenlebens könnten sie nur noch bedingt wahrnehmen, wenn ihnen die lebendigen Rückbezüge zum außerbetrieblichen Lebenszusammenhang ihrer Mitglieder fehlten.

Organisatorische Modernisierung in bezug auf die derzeitigen Kernbereiche gewerkschaftlichen Handelns beträfe vor allem die gewerkschaftliche Betriebspolitik – mit der dort stattfindenden Umsetzung von Tarifverträgen – im Sinne von Gestaltungsorientierung und Beteiligung. Viel spricht dafür, daß die Gewerkschaften auf diesem Feld derzeit unternehmerischen Partizipationskonzepten hinterherlaufen. Zugleich droht die Gefahr, daß sie Beteiligungskonzepte in ihrer Betriebs- und Organisationspolitik technokratisch verkürzt implementieren, wenn sie nicht wirklich teilautonom Entscheidungsbefugnisse in dezentralen Einheiten zulassen. Darüber hinaus sind sie dem Risiko ausgesetzt, an Durchsetzungsfähigkeit auf dem Feld ihrer traditionellen Schutzfunktionen zu verlieren, wenn sie betriebs- und unternehmensbezogene Gestaltungsfunktionen wahrzunehmen versuchen, ohne zugleich über einen organisatorisch und institutionell gefestigten Bezug auf die Arbeitnehmerschaft insgesamt zu verfügen[9].

Schließlich bleibt im Zuge einer solchen organisatorischen Modernisierung die Stellung des DGB als Dachverband politisch eher ungeklärt. Wahrscheinlich ist, daß der DGB seine Legitimation und Bedeutung als gesellschaftspolitische Kraft weiter schmälert. Er wird reduziert auf die Bereitstellung bestimmter Servicefunktionen (Rechtsberatung) für die Mitgliedsgewerkschaften. Auch in diesem Szenario hätte deshalb die provozierende Aufforderung anderer Beobachter, die Konsequenzen zu ziehen und den DGB abzuschaffen (Espkamp u. a. 1992), ihren Platz. Die Mitgliedsgewerkschaften würden ihrerseits in der Tat eine Entwicklung in Richtung auf so etwas wie einen ›ADAC der Arbeitswelt‹ nehmen – wobei man nicht übersehen sollte, daß der ADAC eine sehr starke und erfolgreiche Lobby ist. Nur bringt dieser bildhafte Vergleich eben auch in drastischer Weise die Begrenzungen und Borniertheiten eines reinen Interessenverbandes zum Ausdruck.

Klassentheoretisch läßt sich der dabei zugrundeliegende Interessenbegriff heute nicht mehr überhöhen. Ein Anspruch auf Gestaltung von Gesellschaft würde so am sichersten verfehlt. Dieses Festhalten eines alten Leitbildes, wie im ersten Szenario beschrieben, verknüpft sich für uns am ehesten mit Gefahren einer institutionellen Erstarrung. Die Selbstbescheidung als Interessenverband kann, wie zuletzt gezeigt, mit mehr oder weniger weitgehenden organisatorischen Modernisierungsschritten einhergehen, die – auch im Lichte unserer Befunde – nicht einfach zu bewerkstelligen sein werden. Aber organisatorische Modernisierungsschritte allein werden den DGB und seine Mitgliedsgewerkschaften nicht davor schützen können, gesellschaftspolitische Gestaltungsansprüche zu verlieren. Deren Aufrechterhaltung und zeitgemäße Umformulierung erfordert vielmehr eine institutionelle Reform. Ob die Gewerkschaften dazu die nötige Kraft haben, muß die Zukunft

---

9 Ob dies auf Dauer die tarifpolitische Durchsetzungsfähigkeit der Gewerkschaften gänzlich unberührt lassen kann, darf bezweifelt werden – zumal vor dem Hintergrund der absehbar noch langjährigen Folgen des deutsch-deutschen Einigungsprozesses und der dadurch noch auf Jahre erforderlichen Transferleistungen nach Ostdeutschland. Man muß sich nur eine ähnlich der IGCPK »administrativ rationalisierte« IGM im Verbund aller Mitgliedsgewerkschaften vorstellen und nach der Funktion ihrer Tariffführerschaft fragen, um hier von einer gewissen Skepsis beschlichen zu werden.

erweisen. Haben sie sie nicht, so wird der Verlust gesellschaftspolitischer Gestaltungsansprüche – die in der ganzen bisherigen Geschichte der Gewerkschaften ja zum Kernbestand ihrer Identität gehörten – allerdings tiefgreifende Folgen haben. Die Perspektive einer allein organisatorischen Modernisierung bietet insofern nur sehr bedingt die Aussicht auf eine stabile Entwicklung.

VIII. Und die Gewerkschaftsforschung? – Theoretische und methodologische Aspekte praxisorientierter Gewerkschaftsforschung

1. Die Gewerkschaften in der Krise

Der Dynosaurier stampft mittlerweile über die Titelseiten gewerkschaftlicher Publikationen (Die Mitbestimmung 5/1992), oder er sitzt in Gestalt einer aufgeblasenen Plastikpuppe als stummer Gast in Diskussionsrunden des zweiten Hattinger Zukunftsforums des DGB dabei (FR 20. 11. 91) und symbolisiert auch hier die Risiken einer nicht mehr nur latenten Krise der Gewerkschaften. Es war 13 Jahre früher, als W. Streeck auf dem Soziologentag 1979 in Berlin den paradigmatischen Wechsel stärker systemtheoretisch orientierter Ansätze in der Gewerkschaftsforschung durchsetzte und seine von G. Brandt so benannte »Dynosaurierthese« formulierte[1]. War also damals die »kritische« Gewerkschaftsforschung noch mit der Frage befaßt, wie die Gewerkschaften im Blick auf als notwendig erachtete, tiefgreifende antikapitalistische Reformprozesse wieder zu Trägern eines sozialen Emanzipationsprozesses werden könnten – und dementsprechend schroff in ihrer, letztlich hilflosen Ablehnung systemtheoretisch inspirierter organisationssoziologischer Ansätze (Brandt 1984) – und waren die Gewerkschaften selbst mindestens ebenso weit davon entfernt, krisenhaft erfahrene Veränderungsprozesse zu diagnostizieren, so ist der bildhafte Vergleich mit dem zum Aussterben verurteilen Koloß heute offenbar breit akzeptiert – wenn auch natürlich in der Absicht, ein Zukunftsszenario zu

---

[1] Man kann wohl rückblickend den Soziologentag 1979 als den Zeitpunkt fixieren, zu dem der versammelten Schar »kritischer Gewerkschaftsforscher« gegenüber der organisationssoziologisch geleiteten Analyse von W. Streeck (Streeck 1979) geradezu die Argumente ausgingen. Wer seinerzeit an den Diskussionen zum Themenbereich 2: »Industrielle Beziehungen« teilnahm, konnte sich dieses Eindrucks jedenfalls kaum erwehren.

illustrieren, das dann durch die wirkliche Entwicklung widerlegt werden soll[2].

Und in der Tat, die Gewerkschaften stehen heute, wie andere traditionelle Institutionen der Arbeit auch, unter einem erheblichen Modernisierungsdruck. Andere Großorganisationen haben, so schreibt Lorenz Schwegler, im Verlauf der Geschichte der Bundesrepublik Deutschland bereits mehrere »Häutungen« hinter sich gebracht, die Gewerkschaften aber nicht. Zwar erscheinen sie dem externen wissenschaftlichen Beobachter unter dem Blickwinkel des internationalen Vergleichs immer noch als bemerkenswert erfolgreich: »Ihr Status als Tarifpartei ist institutionell geschützt, ihre Organisation robust, ihre Interessenvertretung funktioniert mit professioneller Präzision und ihre sozial-innovatorische Erneuerungsfähigkeit ist beachtlich«, schreibt z.B. O. Jacobi (1991, 682), der ihnen fast die Rolle eines »sozialen Pioniers in Europa« zuwachsen sieht. Aber man kann sich mit dem in der Tat vergleichsweise positiven Bild, das die bundesdeutschen Gewerkschaften unter diesem Blickwinkel bieten, nicht dabei beruhigen, denn erheblicher Modernisierungsbedarf ist bei näherer Betrachtung unübersehbar:

- Zwar sind die Mitgliederzahlen im internationalen Vergleich relativ stabil, aber der Anteil betriebstätiger Mitglieder dürfte im vergangenen Jahrzehnt deutlich gesunken sein;
- die Mitgliederstruktur der Mitgliedsgewerkschaften im DGB entspricht weitgehend der Beschäftigtenstruktur, die die Bundesrepublik Anfang der 50er Jahre aufwies. Organisationsprobleme im Angestelltenbereich bzw. bei den »modernen ArbeitnehmerInnen« sind unübersehbar;

---

2 Die Streecksche »Dynosaurierthese« lautet: »Die hier vertretene These ist..., daß Organisationen in ihrer Entwicklung evolutionäre Schwellen überschreiten, hinter die sie nicht zurückkönnen und jenseits derer ihre strategischen und strukturellen Optionen irreversibel eingeschränkt sind. ›Nicht konvertierbare Organisationen‹ dieser Art mögen mit sich selbst und ihrer institutionellen Umwelt im Gleichgewicht sein; aber indem sie sich als soziale Systeme stabilisieren, reduzieren sie die Zahl der Situationen, unter denen sie funktionieren können, und legen sich immer weiter auf externe Bedingungen fest, deren Fortbestehen sie nicht unter allen Umständen kontrollieren können. In diesem Sinne besteht die Möglichkeit, daß sie, indem sie ihre Probleme lösen, ihre Anpassungsfähigkeit zerstören und damit neue, diesmal unlösbare Probleme schaffen.« (Streeck 1979, 28f.)

- massiv erschwert werden gewerkschaftliche Handlungsprobleme zugleich im Zeichen des deutschen Einigungsprozesses. Gilt es im Westen Deutschlands den Anschluß an gesellschaftliche Modernisierungsprozesse zu erreichen, so sind im Osten – gleichsam historisch ungleichzeitig – zusammen mit der Bewältigung eines ökonomischen und technologischen Strukturbruchs und dem Aufbau neuer institutioneller Strukturen nachholende Modernisierungsprozesse zu vollziehen und haben es die Gewerkschaften mit einer ArbeitnehmerInnenschaft zu tun, die noch in mancher Hinsicht stärker traditionellen Mustern verhaftet ist;
- zugleich werden die in den 80er Jahren ohnehin schon schwieriger gewordenen, tarifpolitischen Handlungsbedingungen im Zuge des Einigungsprozesses weiter gefährdet, die Lücken im sozialen Netz drohen größer zu werden usw.;
- auf den Feldern von Mitbestimmung und gewerkschaftlicher Betriebspolitik sind die bestehenden institutionellen Strukturen zwar noch relativ stabil, die Gewerkschaften sind aber mit dem Versuch einer »Offensivverteidigung« der Montanmitbestimmung in den 80er Jahren gescheitert, das MitbestG '76 ist zunehmend zum Leitbild von Mitbestimmung geworden, und Betriebsräte und ArbeitnehmerInnenvertreter in den Aufsichtsräten sehen sich zunehmend mit der Herausforderung moderner Managementkonzepte im Zeichen von Dezentralisierung, Gruppenarbeit, lean-production konfrontiert (Martens 1992b);
- die betriebszentrierten gewerkschaftlichen Organisationsstrukturen – in ihrer symbiotischen Verschränkung mit den betriebsverfassungsrechtlichen Vertretungsstrukturen – sind so beides: vergleichsweise stabil und unter Modernisierungsdruck; zugleich verstärken sie – verbunden mit einem durch Sparmaßnahmen erzwungenen, allmählichen »Rückzug aus der Fläche« – eine Zentrierung gewerkschaftlichen Handelns auf die Kernbereiche der Tarif- und Betriebspolitik. Im Maße, wie diese Zentrierung gewerkschaftlichen Handelns organiatorisch abgestützt und verfestigt wurde, vergrößerte sich auch die Gefahr des Verlustes gesamtgesellschaftlicher Gestaltungsansprüche; zugleich ist im Zuge der Erfahrungen des Organisationsaufbaus in Ostdeutschland eine Ermüdung traditioneller Paradigmata gewerkschaftlichen Handelns festzustellen (Martens 1992a);
- schließlich ist bislang offen, ob die Herausforderungen des

deutschen Einigungsprozesses als Chance zu einer überfälligen »Reform an Haupt und Gliedern« (Hans-Böckler-Kreis 1990) genutzt werden oder ob Organisationsentwicklung sich hier unter dem Vorzeichen heftiger, z.T. erbitterter Konkurrenz um neue Mitgliederpotentiale vollzieht, wie dies zunächst den Anschein hatte.

Zusammengefaßt ergibt sich so ein Bild, das einerseits auf vielfältige organisatorische und programmatische Modernisierungserfordernisse verweist und in dem andererseits die relative Stabilität der in vier Jahrzehnten erfolgreich durchgesetzten institutionellen Strukturen mit den sie prägenden organisatorischen Strukturen und Deutungsmustern in den Köpfen der Funktionäre und Mitglieder zugleich die relative Stärke, aber auch eine offenkundige Schwäche der bundesdeutschen Gewerkschaften ausmachen. Deren Krise besteht so gesehen vor allem darin, daß ein verändertes institutionelles Leitbild, auf das hin Schritte institutioneller Reformen gedacht und in operative Schritte umgesetzt werden könnten, noch nicht in hinreichend scharfen Konturen entwickelt ist. In ihrer Praxis immer stärker auf die Rolle bloßer Interessenvertretungsverbände (im engeren Sinne funktionaler Bezüge auf die Ökonomie)[3] zurückgeworfen, ist programmatisch noch immer ein weitreichender Anspruch der Umgestaltung von Wirtschaft und Gesellschaft hin zu einer solidarischen Gesellschaft jenseits des Kapitalismus für viele FunktionärInnen von Bedeutung; aber das Auseinanderfallen von Alltagspraxis und Programmatik ist unübersehbar geworden und produziert ein wachsendes Bedürfnis nach neuer Orientierung.

---

3 In diesem Zusammenhang ist es u.E. wichtig hervorzuheben, daß die Gewerkschaften als eine der organisatorischen Säulen der vergangenen Arbeiterbewegungen schon sehr früh zu einer im Kern ökonomischen Interessenvertretung wurden. Negt u.a. (1989) gehen deshalb nicht zufällig historisch noch weiter in die Anfänge der Arbeiterbewegung zurück, um das historische Mandat für die aus ihrer Sicht bestehende Notwendigkeit einer Erweiterung des Interessenbegriffs begründen zu können. U.a. deshalb aber auch, weil ideengeschichtlich der Begriff des Interesses diesen ökonomischen Kern hat (Hirschmann 1980), schlagen wir vor, Gewerkschaften zunächst als im Kern ökonomische Interessenvertretungen anzusehen. Sie vertreten arbeitsbezogene Interessen von lohnabhängig Beschäftigten. Sie haben z.B. aus dieser Perspektive heraus u.a. auch ein Interesse an wirkungsvoller Solidarität mit Arbeitslosen, weil Arbeitslosigkeit die Chancen zur Durchsetzung von Interessen erwerbstätiger ArbeitnehmerInnen erheblich beeinträchtigt; aber als Institutionen der Arbeit ist ihnen doch schon früh die Zentrierung auf (industrielle) Erwerbsarbeit eigen (Martens 1989c). Zwar haben sie ihre Wurzeln – und

2. Gewerkschaftspolitik und Gewerkschaftssoziologie – Zum möglichen Stellenwert theoretischer Praxis

Die gewerkschaftssoziologische Diskussion hat dem komplexen Modernisierungsprozeß, dessen gewerkschaftspolitische Folgen wir eben zu skizzieren versucht haben, lange Zeit nur sehr unzureichend Rechnung getragen.

Systemtheoretisch orientierte Ansätze haben über die Analyse des Wechselverhältnisses von systemisch induzierten, funktionalen Anforderungen an die Gewerkschaften und darauf bezogenen, innerorganisatorischen »administrativen Modernisierungsprozessen« zwar viel zur Erklärung vollzogener Anpassungsprozesse in den sechziger und siebziger Jahren beigetragen und einen deutlich ernüchterten Blick (der Wissenschaft) auf die Gewerkschaften befördert[4]; aber sie bieten wenig für den, der angesichts der Ermüdung traditioneller Paradigmata gewerkschaftlichen Handelns nach neuen Orientierungen und praktischen Handlungsansätzen fragt. Indem sie Gewerkschaft als soziales System verstehen, konstituieren sie sie »von oben«, von den Bezügen zu ihren Systemumwelten her, und verzichten darauf, Organisationsanalyse zu Institutionenanalyse zu erweitern und forschend auch auf der Ebene typischer alltäglicher Handlungssituationen und -probleme anzusetzen, um von daher auch die Frage aufzuwerfen, welche gegenüber einer Selbstbeschränkung auf bloße Interessenvertretung gegebenenfalls erweiterten Handlungsbezüge auf gesellschaftliche Funktionssysteme hier durch geeignete Reformschritte alltagsfest implementiert werden könnten. Indem sie Gewerkschaften im Sinne eines engen, nicht näher proble-

---

zogen daraus einen erheblichen Teil ihrer organisatorischen Kraft – aus einer viel umfassenderen sozialen Bewegung (die sich in der Phase ihrer erfolgreichen Institutionalisierung in politische Parteien, Genossenschaftsbewegung, Arbeiterkulturbewegung und Gewerkschaften ausdifferenzierte), aber sie sind spezifischer Ausdruck der Institutionalisierung lohnarbeiterbezogener Interessen der Angehörigen eines im deutschen Kaiserreich im letzten Drittel des vorigen Jahrhunderts neu entstandenen, proletarischen Milieus.

4 Vgl. dazu zuletzt unter dem gleichsam programmatischen Titel »Abklärung statt Aufklärung« Rustemeyer (1992).

matisierten Interessenbegriffs als Interessenverbände verstehen, nageln sie sie gewissermaßen auf ihre ökonomischen Kernfunktionen fest (Streeck 1981b).

Wichtige Protagonisten einer sich kritisch verstehenden Gewerkschaftsforschung haben in der Auseinandersetzung mit dem 1979 von W. Streeck eingeleiteten paradigmatischen Durchbruch organisationssoziologischer Forschungsansätze noch bis weit in die 80er Jahre gebraucht, um frühere Konzeptionalisierungen von und Hoffnungen auf eine emanzipatorische Gewerkschaftspolitik gründlich in Frage zu stellen (Brandt u.a. 1982; Müller-Jentsch 1984). Befördert durch den vorwiegend international vergleichenden Blick der Gewerkschaftsforschung der 80er Jahre trat mit der Revision älterer Konzepte zutage, daß – gleichsam zusammen mit der Kapitulation vor systemtheoretischen Ansätzen – nunmehr kein Bezugspunkt einer kritischen Analyse mehr gegeben war. An die Stelle politisch aufgeladener, anspruchsvoller theoretischer Konzepte in der Tradition Marxscher oder kritischer Theorie trat gewissermaßen theoretische Bescheidenheit. Hervorgehoben und im wesentlichen unkritisch bestätigt wurde der relative Erfolg des westdeutschen Modells industrieller Beziehungen (Jacobi 1989). Und neben diesem mainstream sozialwissenschaftlicher Gewerkschaftsforschung, dessen Krise aus einem auf Handlungs- und Praxisnähe gerichteten Blickwinkel heraus schon Mitte der achtziger Jahre diagnostiziert werden konnte (Martens 1986), hielten einige andere Autoren an tragenden Elementen der Marxschen Theorie fest und versuchten von daher, zukünftige Aufgaben und »die Herausforderung der Gewerkschaften« (Negt 1989) zu skizzieren und zugleich über empirische Forschung Ansatzpunkten zur Entfaltung eines »erweiterten gewerkschaftlichen Interessenbegriffs« nachzuspüren (Negt u.a. 1989). Den im übrigen nicht näher zur Kenntnis genommenen systemtheoretisch-organisationssoziologischen Ansätzen und ihrer Fixierung auf einen engen Interessenbegriff wird hier ungebrochen ein Konzept entgegengehalten, in dem Gewerkschaften als »Menschenrechtspartei« zur allgemeinen Politisierung von Interessenhandeln berufen sind.

Aktuell wird in der wissenschaftlichen Diskussion allerdings kaum mehr bestritten, daß die Entwicklungsprobleme und

Krisenphänomene der fortgeschrittenen westlichen Gesellschaften – und mithin auch darauf bezogene Konzepte der Weiterentwicklung gewerkschaftlicher Politik und Organisation – nicht vom Kapital/Arbeit-Paradigma als der zentralen Strukturlogik her erklärt werden können.

– So wird z.B. in dem Gutachten »Jenseits der Beschlußlage« (Hoffmann u. a. 1989) von einem Bedeutungsverlust des Kapital/Arbeit-Paradigmas ausgegangen, und es werden nicht mehr ökonomische Analysen, sondern die Selbstbestimmungs- und Gestaltungsansprüche der Menschen zum strukturierenden Prinzip gemacht. Zugleich wird aber, in allerdings aufgelockerter Weise, die Möglichkeit des Gegenentwurfs einer solidarischen und ökologischen Gesellschaft jenseits des Kapitalismus, die also »Systemgrenzen« überschreiben soll, als dankbare Option gewerkschaftlichen Handelns festgehalten. Den Gewerkschaften scheint in diesem Zusammenhang immer noch eine besondere Rolle zugewiesen zu werden, auch wenn nicht mehr, wie noch bei Negt (1989), von »historischen Aufgaben« der Gewerkschaften die Rede ist.

– Wir selbst haben in Zuspitzung dieser Argumentation vorgeschlagen, den erfolgreichen Institutionalisierungsprozeß gewerkschaftlichen Handelns seit 1945 ernster zu nehmen und die Gewerkschaften als traditionelle Institutionen der Arbeit, die krisenhaft erfahrenen Anpassungszwängen ausgesetzt sind, unter dem Aspekt ihres »stabilen institutionellen Wandels« zu thematisieren (Martens 1991 a). Dabei sollte – im Zeichen der nunmehr offenkundigen Krise des Marxismus – nicht länger von einer strukturtheoretisch begründeten, quasi »objektiven«, besonderen Rolle der Gewerkschaften für systemüberwindende gesellschaftliche Reformprozesse ausgegangen werden. Vielmehr scheint es uns fruchtbarer zu sein, von einem konstruktivistischen Konzept auszugehen, in dem über die Kategorien Situation, Institution und System eine phänomenologische Analyse von Handlungssituationen (und ihre Bedeutung für die konkret handelnden Personen) mit einer systemischen Analyse von Handlungssystemen (hinsichtlich ihrer funktionalen Bezüge) komplementär aufeinander bezogen werden, wozu Ergebnisse des neueren institutionentheoretischen Diskurses sinnvoll mitverarbeitet werden können (grundlegend: Peter

1991 u. 1992)[5]. Ausgehend von einem solchen Konzept versuchen wir, entgegen früheren organisationssoziologischen Analysen (Streeck 1981a u. b), die Gewerkschaften auf die Funktion bloßer Interessenverbände ohne weitreichenden gesellschaftspolitischen Gestaltungsanspruch reduziert haben, die nach unserer Auffassung (heute noch) vorhandenen Ansatzpunkte und Möglichkeiten einer »arbeitspolitischen Erweiterung von gewerkschaftlicher Interessenvertretung« herauszuarbeiten (so bereits Martens/Peter/Wolf 1984).

- Unübersehbar ist allerdings, daß die zuerst von Organisationssoziologen wie W. Streeck in bezug auf die Gewerkschaften formulierte »Dynosaurierthese« inzwischen als symbolträchtige Beschreibung einer manifesten, kaum mehr ernsthaft bestrittenen Krise der Gewerkschaften auch auf den Titelseiten gewerkschaftlicher Publikationen ihren Ausdruck findet (s.o.). Dies sollte u.E. Anlaß dazu geben, die Herausforderung systemtheoretisch orientierter Analysen ernster zu nehmen als bisher und zumindest probeweise die ausgetretenen Pfade »linker« kritischer Gewerkschaftssoziologen einmal zu verlassen, die letztlich doch in der einen oder anderen Art versuchen, in eins an der besonderen herausgehobenen Rolle der Gewerkschaften für gesellschaftliche Reformprozesse und ihrer eigenen, herausgehobenen theoretischen Praxis als kritische Gewerkschaftsforscher festzuhalten.

---

5 Dieses Konzept ist für verschiedene empirische Forschungsprojekte im Forschungsbereich »Arbeitspolitik, Mitbestimmung und Interessenvertretung« der Sozialforschungsstelle Dortmund leitend. Es zeichnet sich durch eine große Offenheit aus, denn es soll zwar Orientierungen für empirische Projekte liefern, an diesen aber auch immer wieder überprüft werden können und zugleich anschlußfähig für die Fortentwicklungen der wissenschaftlichen Diskussion bleiben. Die Elementarfiguren von Situation, Institution und System stellen in seinem Rahmen einen Versuch dar, phänomenologische und systemtheoretische Überlegungen zu verknüpfen (Srubar 1989), unter Beachtung einer grundlegenden Differenz von Lebenswelt und Systemwelt, wie sie von Habermas (1981) angemahnt wird. Organisationsanalyse wird als wesentliches Moment von Institutionenanalyse begriffen, und ebenso wird Deutungsmusteranalyse als Teil der Institutionenanalyse aufgefaßt. Deutungsmusteranalyse setzt aber nach diesem Verständnis Strukturbildung über Typisierung des Alltagshandelns in typischen Situationen voraus. Eine Fundierung außerhalb des Bewußtseins wie bei Oevermann (1986) ist damit zur genetischen Erklärung nicht mehr notwendig.

Welchen Stellenwert können nun theoretische Anstrengungen der Gewerkschaftssoziologie und die durch sie geleiteten empirischen Forschungen für die Bewältigung von konkreten Handlungsproblemen in der gewerkschaftlichen Praxis haben, und mit welchem Anspruch betreiben wir selbst unsere Forschung? Es ist hier sicherlich nicht der Ort, systematisch die Diskussion der 70er und frühen 80er Jahre um anwendungsnahe und arbeitnehmerorientierte Forschung aufzunehmen[6], und schon gar nicht ist hier so etwas wie eine Wirkungsanalyse der skizzierten Entwicklung gewerkschaftssoziologischer Forschung möglich (vgl. dazu in Ansätzen Martens 1986), aber wir halten es doch für angebracht, einige Anmerkungen zu diesem Fragenkomplex zu machen.

Zunächst ist festzuhalten, daß die zuvor zitierten Gewerkschaftssoziologen natürlich sämtlich an einer Rückkopplung ihrer Ergebnisse mit der Praxis interessiert waren. Veröffentlichungen in einschlägigen gewerkschaftlichen Publikationen oder in Zeitschriften, die innerorganisatorisch kritisch eingestellte Teilöffentlichkeiten erreichten, bzw. selbst mit herstellten, legen davon Zeugnis ab. Auch dann, wenn in den verschiedenen, eher struktur- oder systemtheoretisch geleiteten und in aller Regel makrosoziologisch ansetzenden Untersuchungen konkrete Handlungsprobleme in typischen Alltagssituationen nicht Gegenstand von Forschung geworden sind, ihre Autoren wollten schon einen Beitrag zur Aufklärung des von ihnen behandelten Ausschnitts gesellschaftlicher Praxis leisten, und sie haben dies auch sicherlich getan. Wenn es allerdings zutreffend ist, neben einer Krise der Gewerkschaften auch eine solche der Gewerkschaftsforschung zu behaupten, dann deshalb, weil die Gewerkschaftssoziologie mit ihren Ergebnissen zur Bewältigung des nach unserer Auffassung zentralen Problems eines stabilen institutionellen Wandels und zu einer Selbstverständigung über erforderliche Veränderungen eines institutionellen Leitbildes wenig beizutragen hatte.

---

[6] Vgl. zu dieser industriesoziologischen Debatte aus Anlaß der Erfahrungen mit dem HdA-Programm den Beitrag von Deeke (1982), der die Auffassung vertritt, daß Befürworter wie Gegner des damit angezielten Forschungskonzepts defizitäre und kritikbedürftige Positionen vorgelegt haben. Vgl. ferner die Beiträge von Lutz und Schultz-Wild (1986) sowie von Grumbach und Tolksdorf (1987).

Eine Rolle spielt hierbei sicherlich auch, daß in diesen, stärker objektiv gerichteten Untersuchungen – sei es vor dem Hintergrund strukturtheoretischer, sei es vor dem systemtheoretischer Bezüge – mit dem Verzicht auf ein subjektives Bezugsschema der Untersuchungen immer auch ein Gegenstandsverständnis gegeben war, das die Offenheit sozialer Prozesse unterschätzt, weil es die die Wirklichkeit konstituierende, leistende Seite des Handelns von Personen (Gruppen) oder Subjekten in institutionell geprägten, typischen Alltagssituationen vernachlässigte.

Folgerichtig versuchen die erwähnten Untersuchungen empirischer Gewerkschaftsforschung vielfach – darin anderen industriesoziologischen Untersuchungen nicht unähnlich – den Eindruck zu erwecken, daß die jeweils von den Autoren favorisierten theoretischen Konzepte und Modelle, mittels derer die empirische Wirklichkeit erklärt werden soll, durch diese sozusagen weitestgehend abgedeckt und bestätigt seien. Selten wird man in diesen Untersuchungen finden, daß die Empirie zur Falsifizierung theoretischer Modelle und Annahmen führt[7].

Läßt man einmal wissenssoziologische Überlegungen außer Anschlag, die man daran festmachen könnte, daß es sich bei den meisten der genannten Projekte um Hochschulforschung handelte[8], so ist vielleicht folgender Aspekt hervorhebenswert: Bei der Lektüre der Bezugsrahmen empirischer Untersuchungen gewinnt man oft den Eindruck, daß solche Texte mindestens implizit vor dem Hintergrund eines erkenntnistheoretischen Gedankenmodells geschrieben sind, demzufolge theoretischer Ansatz und anschließend in seinem Lichte

---

7 Die selbstkritische Wiederaufnahme der Typisierung von »kooperativer« und »konfliktorischer« Gewerkschaftspolitik durch G. Brandt (1982) am Ende des zweiten Frankfurter Gewerkschaftsprojekts ist insofern eher eine Ausnahme. Im Zusammenhang mit seiner späteren Reflexion auf den systemtheoretisch geleiteten Ansatz von W. Streeck (Brandt 1984) verweist sie erkennbar auf eine Akzeptanz der von Streeck 1979 durchgesetzten, paradigmatischen Wende.

8 Deren spezifischer institutioneller Zuschnitt dem kontinuierlichen Auf- und Ausbau praxisbezogener Forschung ebenso Schranken setzt wie einer politischen Reflexion solcher Praxisbezüge selbst innerhalb eines Erkenntnisfortschrittes. Vgl. am Beispiel der Mitbestimmungsforschung Pirker (1978) sowie zur Wirkungsanalyse der frühen Mitbestimmungsforschung Hartmann (1977) und zur Diskussion beider Aspekte im Lichte der Mitbestimmungsforschung der 80er Jahre Martens (1989a).

präsentierte empirische Befunde eine in sich konsistente Darstellung empirischer Wirklichkeit liefern sollen. Letztlich scheint es um die darstellende und analytisch erklärende »Widerspiegelung« objektiv vorfindlicher Wirklichkeiten zu gehen. Wir hätten es also mit einem auch in den Sozialwissenschaften sehr verbreiteten Wissenschaftsverständnis zu tun, das nicht so sehr weit vom erkenntnistheoretischen Dogma vulgärmaterialistischer Theorien entfernt ist und dem inzwischen konstruktivistische erkenntnistheoretische Konzepte (Maturana/Varela 1987; Varela 1991) längst den Boden entzogen haben[9].

Beides, die system- oder strukturtheoretisch verfahrende Akzentsetzung auf Objektivierungen der gesellschaftlichen Makroebene wie auch die (meist implizite) Zugrundelegung erkenntnistheoretischer Konzepte, in denen ein subjektives Bezugsschema fehlt, verkürzen u. E. den möglichen Beitrag, den theoretische Praxis und durch sie geleitete empirische Forschung für die Bewältigung praktischer Probleme leisten kann. Nimmt man diese Dimensionen hingegen als SozialwissenschaftlerIn systematisch in den Blick und eröffnet sich darüber die Chance, alltags- und handlungsnähere Ergebnisse zu produzieren, so bedeutet dies zugleich, daß man zu einer nüchternen Einschätzung der Reichweite der eigenen Anstrengungen kommt[10]. Als WissenschaftlerInnen, deren All-

---

9 In einer, insoweit deutlich unorthodoxen Variante Marxscher Theorie haben Negt/Kluge (1981) und Negt (1984) dagegen in Konzept von Soziologie nicht als Wirklichkeits-, sondern als Möglichkeitswissenschaft gestellt, auf das wir uns früher mit großer Zustimmung bezogen haben (Martens 1986). Insoweit darin die Offenheit, Unabgeschlossenheit, Unfertigkeit sozialer Prozesse und sozialer Wirklichkeit aufgrund ihrer immer auch subjektiven Konstituiertheit betont wird, bleibt dies für uns auch heute zentral, insoweit über einer »falschen Wirklichkeit«, die zukunftsträchtigen, »richtigen«, latenten Tendenzen entgegengestellt werden, die unterhalb der gesellschaftlichen Oberfläche am Werk sind, würden wir heute doch sehr viel nachdrücklicher auf auch in solchen Formulierungen anklingende Restbestände marxistischer oder auch hegelianischer Geschichtsmetaphysik verweisen, die uns problematisch geworden sind.

10 Denn dies ist sozusagen das Paradoxon, das in dem skizzierten Zusammenhang enthalten ist: Wer sich von einem objektivistisch verkürzten Ansatz leiten läßt, der aufgrund seiner Verkürzungen nur in spezifisch begrenzter Weise erlaubt, zur Aufklärung der gesellschaftlichen Praxis beizutragen, weil er eben nicht mehr die wirklich handelnden Menschen auf die Bedingungen ihres Handelns verweisen kann (v. Ferber 1970), da er deren Handeln mangels subjektiver Bezugsschemata ja gar nicht thematisiert, kommt aufgrund seines objektivistisch verkürzten Wirklichkeitsverständnisses aber

tagsgeschäft empirische Auftragsforschung ist, die unter dem Zwang steht, Ergebnisse zu produzieren, die im Sinne von Alltagstauglichkeit praxisnah sein sollen[11], stehen wir – nicht nur mit der Gewerkschaftsforschung an der sfs (Martens 1991a) – einerseits durchaus in einer bestimmten Tradition praxisorientierter, anwendungsnaher Forschung. Andererseits ist der vielleicht wichtigste Lernprozeß, der darin über eine längere Kette von Forschungsprojekten ermöglicht wurde, gerade darin zu sehen, daß über den Versuch einer neuerlichen phänomenologischen Re-Fundierung dieser Forschung, verbunden mit der Revision früher forschungsleitender strukturtheoretischer Konzepte in Marxscher Theorietradition (Dzielak u.a. 1978) die Widerständigkeit alltäglicher – zusätzlich institutionell gestützter und verfestigter – Handlungsmuster und -strukturen gegenüber den Intentionen gesellschaftlicher Reformprojekte viel stärker ins Bewußtsein getreten ist. Zur Umgestaltung sozialer Wirklichkeit im Zuge gesellschaftlicher Reformprozesse mit den Mitteln der Sozialwissenschaften beizutragen, war die selbstverständliche, selbstgestellte Aufgabe der Generation junger Sozialwissenschaftler, die nach 1968 aus den Universitäten in die dort und anderswo institutionalisierte Forschung drängten. Die selbstkritische Reflexion mancher, aus heutiger Sicht eher naiver damaliger Ansprüche erscheint uns deshalb als ein notwendiges Element der theoretischen Arbeit an Forschungsprojekten, die sich wie unseres in reflektierter Weise in eine entsprechende Tradition stellen wollen.

Wenn wir also
- nachdrücklich (aber ohne falsche Emphase) auf die Offenheit und Unfertigkeit der empirischen Prozesse hinweisen, denen in dieser Untersuchung unsere Aufmerksamkeit galt,
- die Begrenzungen objektiver Bezugsschemata und Konzepte, auch in deren avanciertesten systemtheoretischen Varianten, hervorheben und

---

sehr viel leichter dazu, die Tragweite seiner mit »möglichst umfangreichen Sicherheitsapparaten der Methode« (Negt 1984, 16) denkbar gut gestützten Befunde besonders hoch einzuschätzen. Geschieht all dies dann noch im Kontext Marxscher Theoriekonstrukte, so ist der Anspruch auf eine große Reichweite des einer vermeintlich notwendigen gesellschaftlichen Praxis vorauseilenden, theoretischen Denkens nur noch um so gewichtiger.

11 Vgl. zur Mitbestimmungsforschung der sfs unter diesem Aspekt die rückblickenden Überlegungen bei Martens (1989b).

- deshalb das Erfordernis auch eines subjektiven Bezugsschemas unterstreichen – sei es im Sinne eines Perspektivenwechsels (Pöhler 1969; v. Ferber 1991), sei es im Versuch der Entfaltung eines integrierten theoretischen Konzepts (Peter 1992),
- um so die Voraussetzungen zu schaffen, im Kontext systemischer Modernisierungsprozesse und institutioneller Strukturen das Handeln von Personen(-Gruppen) auf deren Handlungsbedingungen und -möglichkeiten hin zu analysieren,

dann geschieht dies in dem Bewußtsein, daß Wissenschaft darüber, also über einen hinreichend komplexen Forschungsansatz, vielleicht Diskussionsbeiträge erarbeiten kann, die – eine entsprechende gezielte Aufbereitung der Befunde vorausgesetzt – möglicherweise in Diskussions- und Arbeitsprozessen von Praktikern Eingang finden werden. Sind sie gut genug, mögen sie auch zusätzliche wissenschaftsgestützte Beratung fundieren und einleiten können. Erst in solchen Prozessen dürften die Schwierigkeiten »stabiler institutioneller Reformen«, von denen hier verschiedentlich die Rede ist, wissenschaftlich in vollem Umfang zugänglich werden – und damit auch die Grenzen, die anwendungsnahe Forschung anzuerkennen hat[12].

3. Die Gewerkschaften vor der Herausforderung zu einer institutionellen Reform – Ein Interpretationsvorschlag

Daß sich die Gewerkschaften der Bundesrepublik Deutschland in einer – teils latenten, teils offen sichtbaren – Anpassungskrise an gesellschaftliche Modernisierungsprozesse befinden, ist spätestens seit der Hattinger Rede des DGB-Vorsitzenden Heinz-Werner Meyer (FR 17. 11. 90) eine auch innergewerkschaftlich an prominenter Stelle vertretene Position. Die Gewerkschaften selbst haben in ihren Zukunftsdebat-

---

12 Das Projekt, dessen Ergebnisse wir hier vorgelegt haben, zielt in diesem Sinne auf möglichst große Praxisnähe. Sein enger thematischer – und im Sinne einer rückkopplungsintensiven Empirie möglichst auch praktischer – Bezug zur Struktur- und Programmreformdiskussion des DGB war von Beginn an gewollt. Der gegen Ende der Erhebungsphase eingeleitete Fusionsprozeß von IGBE und IGCPK bietet im Anschluß an die hier vorliegende Untersuchung u.U. die Chance, mit einer Dokumentation und Evaluation dieses Fusionsprozesses, v.a. unter organisationspolitischen Gesichtspunkten, im Sinne einer wissenschaftsgestützten Beratung noch näher an aktuelle Entwicklungs- und Veränderungsprozesse heranzukommen.

ten Ende der 80er Jahre begonnen, auf die Herausforderungen ökonomischer und technologischer Modernisierungsprozesse im Produktions- und Dienstleistungsbereich, auf die Veränderungen im politischen System wie auch auf die ökologischen und globalen verteilungspolitischen Herausforderungen zwischen erster und dritter Welt zu reagieren (IGM 1989; Kempe 1990). Die Diskussion gewerkschaftsnaher SozialwissenschaftlerInnen hat dieser Entwicklung mit Stellungnahmen »Jenseits der Beschlußlage« (Hoffmann u.a. 1990) zuzuarbeiten versucht. Die seit 1989 unübersehbar gewordenen Umbrüche in Mittel- und Osteuropa mit dem vollständigen Zusammenbruch des real existierenden Sozialismus schließlich haben für die Gewerkschaften in der größer gewordenen Bundesrepublik des vereinigten Deutschland neue gravierende Handlungsprobleme aufgeworfen. Die begonnene Modernisierungsdebatte der vorausgegangenen Jahre wurde durch die aktuellen Handlungsprobleme des organisatorischen Neuaufbaus in den neuen Bundesländern z.T. in den Hintergrund gedrängt. Die »Sozialismus-Debatte« in den Gewerkschaftlichen Monatsheften signalisierte zugleich einen nochmals erweiterten Orientierungsbedarf – jedenfalls in bezug auf gewerkschaftliche Führungseliten und mittlere Funktionärskörper; denn für die Masse der einfachen ehrenamtlichen FunktionärInnen und der Mitglieder waren die Gewerkschaften der Bundesrepublik (alt) wohl ohnehin schon im wesentlichen zwar erfolgreiche und unverzichtbare Interessenverbände, aber als solche eben doch Organisationen und Institutionen innerhalb der bestehenden gesellschaftlichen Ordnung ohne weitgehenden, gar auf grundlegende gesellschaftliche Veränderung zielenden politischen Gestaltungsanspruch.

Unsere empirische Untersuchung zu Gewerkschaften und lokaler Arbeitspolitik zielt darauf ab, am Beispiel einer traditionellen Industrieregion, die in den vergangenen beiden Jahrzehnten einem durchaus krisenhaften Strukturwandel unterworfen war, den sie aber in einer bisweilen sogar als modellhaft angesehenen Weise bewältigen konnte, der These von der Krise der Gewerkschaften in der Bundesrepublik Deutschland und Ansatzpunkten zu einer institutionellen Reform der Gewerkschaften als Antwort auf die krisenhaften Anpassungsprozesse nachzuspüren. Zwei Vergleichsregionen – eine großstädtisch, aber nicht montanindustriell geprägt, die andere mit eher ländlichem Charakter – erweitern unseren empirischen Überblick.

Die Redeweise von Gewerkschaften als Institutionen der Arbeit (Martens 1989c und 1991b) und die Frage nach den Möglichkeiten ihres »stabilen institutionellen Wandels« liegt sozusagen quer zu der vorherrschenden wissenschaftlichen Diskussion im Kreise gewerkschaftsnaher SozialwissenschaftlerInnen, die mehr oder weniger ungebrochen an Konzepte von Gewerkschaften als Organisationen einer (alten, aber erneuerungsfähigen) sozialen Bewegung anknüpfen. Ausgangspunkt unserer Überlegungen ist demgegenüber eine aus vielfältigen Erfahrungen mit anwendungsorientierten Projekten wesentlich begründete Entscheidung, Gesellschaft als einen Strukturzusammenhang zu begreifen, der ganz entscheidend durch Institutionen geprägt ist. Institutionen werden dabei in einem sehr weiten Sinne definiert, wobei Strukturzusammenhänge unterschiedlicher Allgemeinheit von diesem Begriff aus verstanden werden können. Man kann davon sprechen, daß die Institutionalisierung von Lohnarbeit ein ganzes Gefüge arbeitsbezogener Institutionen hervorgebracht hat, und man kann auch die Erwerbsarbeit in industriellen Gesellschaften selbst im Ergebnis dieses historischen Entwicklungsprozesses als Institution begreifen.

Wir gehen davon aus, daß in diese Institution »Arbeit«, die in unserem Jahrhundert als Voraussetzung eines allgemeinen Prozesses der Rationalisierung (M. Weber) eine spezifische, gesellschaftliche dominante Vorstellung des Zusammenhangs von Arbeit, Fortschritt und Lebensglück hervorgebracht hat, mittlerweile in eine tiefe Krise geraten ist (Martens/Peter/Wolf 1984). Die Rationalisierung der Arbeit hat die Grenzen sinnvoller Arbeitsteilung überschritten, bestimmte Flexibilitätsleistungen können von den Betrieben nicht mehr erbracht werden. Der Fortschrittsgedanke, mit Arbeit über Muster der Produktivitäts- und Leistungsorientierung verbunden, ist an Grenzen verfügbarer Ressourcen gestoßen, ökologische Lebensgrundlagen sind gefährdet. Lebensglück schließlich stellt sich in den Turbulenzen eines, die westlichen hochindustrialisierten Länder erfassenden Wertewandels in einem anderen Kontext als dem der Arbeitsgesellschaft dar.

Wenn die Philosophin Hannah Arendt vor Jahren die Frage stellte, was eine Arbeitsgesellschaft anstelle, der die Arbeit ausgehe (Arendt 1956), so wollte sie keinen Beitrag zur aktuellen Frage der Massenarbeitslosigkeit leisten, auch nicht zum modischen Diskurs der postindustriellen Gesellschaft. Gefragt hat sie vielmehr zu Recht, wie sich eine Gesellschaft organisiert und versteht, deren zentrale Institution die Arbeit ist, eine Institution, die ihren spezifischen Charakter, zugleich sowohl grundlegende Orientierung zu liefern wie spezifische Leistungszusammenhänge zu garantieren, sowohl Lebenshilfe zu sein wie auch praxisfeste Hintergrundüberzeugungen zu liefern, zunehmend verliert. Die Relativierung der Zentralität der Institution Arbeit bedeutet also nicht, daß nicht mehr gearbeitet würde oder zu werden brauchte, auch nicht, daß Arbeit im Zuge von Wertewandel und Individualisierung nicht in spezifischer Gestalt, etwa der der »normativen Subjektivierung« (Baethge 1990), andere Bedeutung für bestimmte Beschäftigtengruppen gewinnt; ihr Funktions- und Bedeutungsverlust besagt vielmehr, daß sich über Arbeit immer weniger Leistungs- und Deutungszusammenhänge definieren und in dieser Hinsicht an ihre Stelle z.B. Technik, Geld oder Macht treten.

Die Entwertung der Institution Arbeit nun berührt den engen Zusammenhang der sozialen Einheit von Arbeitswelt, Lebensstandard und Sozialpolitik (v. Ferber 1961), gefährdet das hieraus erwachsene Institutionengefüge in vielen Aspekten. Die über diesen Zusammenhang hergestellte arbeitspolitische Überformung des institutionalisierten Wirtschaftshandelns »Arbeit« ermöglicht jedoch (noch) arbeitspolitische Eingriffe im Sinne einer Reform oder eines stabilen institutionellen Wandels. Denn die gesellschaftliche Institution Arbeit hat ein komplexes Gefüge der Institutionen der Arbeit hervorgebracht, teilweise »von oben« (Sozialversicherung), teilweise »von unten« (Gewerkschaft), die jeweils spezifisch diesem Wandlungsprozeß unterworfen sind und ihn zugleich beeinflussen. Entsprechend bezeichnet v. Ferber die industrielle Gesellschaft prägnant als »institutionell verfaßte Form der Vergesellschaftung« (v. Ferber 1961, 211).

Kerndefinition von Institution in diesem Sinne ist (Peter 1991): Institutionen erwachsen aus den Formen des Alltagshandelns, sind aber dieser Sphäre im eigentlichen Sinne nicht mehr zugehörig, vielmehr beziehen sie sich auf Gemeinschaft wie Gesellschaft gleichermaßen, haben auf beide bezogen eine Leistungsseite (Anpassung, Abstimmung). In ihrer Verschränkung zwischen Bedürfnissen und sachlichen Notwendigkeiten erfüllen sie als stabilisierende Gewalten für den und die Menschen in der Gesellschaft lebenswichtige Aufgaben. Entsprechend sind Menschen im Rahmen vielfacher institutioneller Bezüge tätig, und Institutionen erfüllen in »ihrem Leistungsspektrum« gleichzeitig mehrere kulturelle Bedürfnisse und gesellschaftliche Funktionen. Institutionen zeichnen sich durch eine grundlegende Idee aus, ihre Stabilität ist eine des Machtgefüges: Sie bilden Apparate und Organisationen, minimieren Transaktionskosten, erfüllen Zwecke, handeln also derart auch im strategischen Sinne. Damit sind sie eingebettet in den Strom sozialen Wandels und der Notwendigkeit der Anpassung über Akte der Reflexion und politischer Gestaltung unterworfen, wofür Vorkehrungen im Sinne von institutionellem öffentlichem Diskurs und Mitbestimmung getroffen werden können. Gelingt dies nicht, können Institutionen zu ideologischen Apparaten und Orten struktureller Gewalt verkommen und als solche ihrer Doppelgesichtigkeit verlustig gehen, zuungunsten der Menschen, ihrer politischen Freiheit und persönlichen Identität.

Den Institutionen der Arbeit zuzurechnen sind z.B. gleichermaßen: der Tarifvertrag und die Mitbestimmung (Martens 1982 und 1991b), die Sozialversicherung (Evers/Nowotny 1987) und die Berufsausbildung (Kruse u.a. 1990), der Arbeitsschutz (Peter/Pröll 1990; Pröll 1991) und die technische Normierung (Schwitajewski-Schürkmann 1991). Sie sind alle durch spezifische arbeitsbezogene Leitideen (Leistung, Solidarität, Sicherheit) gekennzeichnet, sind durch organisierte Leistungsbeziehungen untereinander wie auch mit anderen sozialen Systemen verbunden und haben eine breite Geltung im Alltagsleben der arbeitenden Menschen. Sie stellen eine Zwischenwelt (Gehlen) dar zu den großen Systemen von Wirtschaft, Politik, Recht sowie Kultur und dem konkreten alltäglichen Arbeitshandeln in den Betrieben, Werkstätten, Büros, Geschäften, auf den Arbeitsplätzen.

Am Beispiel der Gewerkschaften sind es die innere Verfaßtheit so verstandener institutioneller Strukturen, ihre Widerständigkeit gegen Veränderungen, die der gesellschaftliche Wandel ihnen aufnötigt, aber auch die gezielten Ansätze zu ihrer Weiterentwicklung, die von den handelnden Personen auf der örtlichen Ebene von DGB und Einzelgewerkschaften unternommen werden, auf die sich unser Forschungsinteresse richtet. Am Beispiel einer relativ dicht erhobenen Einzelfallstudie sowie zweier Kontrastfälle, die nur in ersten evaluativen Schritten einbezogen werden konnten, haben wir anhand der Analyse gewerkschaftlichen Handelns im lokalen und regionalen Politikfeld über unser Projekt mehr über die Schwierigkeiten, aber auch die Chancen jenes »stabilen institutionellen Wandels« erfahren, den wir für die Gewerkschaften in der Bundesrepublik Deutschland insgesamt als eine unabweisbare Herausforderung ansehen. Wir können an dieser Stelle nicht in der Ausführlichkeit auf die Grundlegungen unseres Verständnisses von Gewerkschaften als Institutionen der Arbeit zwischen Alltagshandeln und systemisch induziertem Modernisierungsdruck eingehen, das mancher Leser an dieser Stelle vielleicht erwarten mag (Martens 1989c u. 1991c; Klatt 1992; Klatt/Martens 1992); aber wir wollen doch wesentliche Konsequenzen dieses Verständnisses von Gewerkschaften noch einmal hervorheben:

Die auch von anderer Seite erhobene Forderung einer »Reform der Gewerkschaften an Haupt und Gliedern« (Hans-Böckler-Kreis 1990) wäre nach der von uns vorgeschlagenen analytischen Perspektive als die Aufgabe zu verstehen, angesichts ablaufender systemischer Modernisierungsprozesse einerseits, veränderter Lebensentwürfe, Handlungsmotive und Orientierungen der Menschen in ihrer Arbeits- und Lebenswelt andererseits, über die Möglichkeiten eines »stabilen institutionellen Wandels« nachzudenken.

Wer sich auf den Begriff der Institution einläßt, kommt dabei nicht umhin, sich mit den Vertretern einer Institutionentheorie auseinanderzusetzen, die in aller Regel dem konservativen Lager zuzurechnen sind – nicht überraschend, denn Institutionen sind ja in der Tat konservative Strukturen. Ganz bewußt ist deshalb in dieser These mit der Formel vom »stabilen institutionellen Wandel« ein als konservativ oder richtiger vielleicht als liberal einzuordnender Soziologe, nämlich H. Schelsky zitiert worden. Er ist zweifellos mit dem in dieser Formel ausgedrückten Programm, das ihn von dem konservativen Soziologen A. Gehlen absetzt, gescheitert; aber das Programm ist, wie die gegenwärtige wissenschaftliche Diskussion zeigt, höchst aktuell. Und es gehört zu den erstaunlichen Aspekten der Geschichte einer jüngeren sozialen Bewegung, nämlich der Studentenbewegung von 1968, daß sie einmal unter der Formel des »langen Marsches durch die Institutionen« antrat. Viele der Aktiven aus dieser Bewegung haben diesen langen Marsch auch wirklich begonnen und sind heute in den Institutionen der Wissenschaft und der Politik anzutreffen. Sie haben aber offenbar gründlich darauf verzichtet, sich im Lichte vorhandener Analyseangebote einen Begriff von der Sache zu machen, auf die sie sich einließen. Zu Recht wird heute in der politischen Diskussion hinsichtlich der Institutionentheorie von der »Wiederkehr des Verdrängten« (Rehberg 1990) gesprochen.

An dieser Stelle sind nur wenige allgemeine Bemerkungen angebracht, um Konsequenzen einer entsprechenden analytischen Perspektive anzudeuten:

- Angesichts der zu konstatierenden Krise der alten Leitidee der Gewerkschaften müßte die Formulierung eines veränderten Leitbildes ganz oben auf der Tagesordnung einer institutionellen Reform der Gewerkschaften stehen. Die Diskussionen auf der Vertrauensleute- und Betriebsrätekonferenz der IGM 1990 (FR 24. 11. 90) oder Ergebnisse eines jüngeren Projekts der Sozialforschungsstelle über »Mitbestimmung und gewerkschaftlichen Organisationsaufbau in Ostdeutschland« (Martens 1992a) bringen in wünschenswerter Klarheit zum Ausdruck, daß der Zusammenbruch des real existierenden Sozialismus nicht allein mit einer Sozialismusdiskussion in den Gewerkschaftlichen Monatsheften beantwortet werden kann. Daß Orientierungsbedarf im mittleren Funktionärskörper gerade dort besteht, wo bisher die »alte traditionalistische Verbandsideologie« noch stark verwurzelt war respektive durch entsprechende Bildungsarbeit wach gehalten wurde, ist offenkundig und z.B. in unseren teilnehmenden Beobachtungen örtlicher Organisationsgliederungen der IGM im Winter 1990/91 vielfältig bestätigt worden. Und Krisensymptome, in denen ein massives Bedürfnis nach erneuter gesellschaftspolitischer Orientierung zum Ausdruck kommt, signalisieren vor allen Dingen Chancen gegenüber der Gefahr kooperatistischer Selbstbescheidung als Interessenverband.
- Ein stabiler institutioneller Wandel würde in hohem Maße geeignete organisatorische Innovationen erfordern, die unter den heutigen gesellschaftlichen Bedingungen (also an-

gesichts moderner, komplexer Gesellschaften) sicherstellen, daß die Reflexivität von Institutionen erhöht wird. Das im stillen wirkende – weil so natürlich von keinem mehr theoretisch begründete und verteidigte – Prinzip des »demokratischen Zentralismus« bedarf der selbstkritischen Reflexion; und das Referat des DGB-Vorsitzenden auf dem Hattinger Forum 1990 stimmt hoffnungsvoll, daß eine solche Reflexion in Gang kommen kann.

– Stabiler institutioneller Wandel müßte darauf zielen, mittels geeigneter organisatorischer Vorkehrungen einen lebendigen Rückbezug zur Arbeits- und auch Lebenswelt derjenigen Menschen herzustellen, die Mitglieder bzw. Klientel der Institution Gewerkschaft sind bzw. werden sollen. Was es zu verhindern gilt, ist eine Erstarrung der Institution Gewerkschaft, die z. T. schon viel weiter fortgeschritten ist, als es viele solidarische Kritiker der Gewerkschaften wahrhaben wollen. Dies schließt neben der Entfaltung neuer, beteiligungsorientierter Formen einer »offenen gewerkschaftlichen Betriebspolitik« (Frerichs/Bundesmann-Jansen 1992), die tarifpolitisch flankiert werden müßte, ein, daß auch über geeignete organisatorische Strukturen nachgedacht werden muß und es modellhafte Versuche ihrer Erprobung braucht, um die Gewerkschaften als einen Akteur neben anderen im lokalen und regionalen Politikfeld wirklich als für das alltägliche Handeln der Menschen in relevanter Weise wahrnehmbar und präsent zu machen[13].

---

13 Wenn wir in diesem Sinne von arbeitspolitischer Erweiterung der Interessenvertretung sprechen, so ist eine politische Handlung nach unserem Verständnis ein Handeln, das sich nicht auf die Grenzen der alltäglichen Relevanzbereiche reduzieren läßt – also auch nicht auf in diesem Sinne alltägliche Interessenvertretungsarbeit. Politik und Interessenvertretung sind also zunächst einmal deutlich unterschieden (zum Interessenbegriff: Hirschmann 1980), und gewerkschaftliche Arbeitspolitik zielt dann auf die Stützung, Veränderung oder Schaffung von Institutionen, deren Aufgaben die Gestaltung der öffentlichen Ordnung, ihre Erhaltung, Veränderung und Anpassung an neue Regulierungserfordernisse sind. Davon abzugrenzen ist anderweitig begründetes, soziales Handeln, das aber in den Bereich der politischen Institutionen insoweit hineinreicht, als es funktional betrachtet politische Wirkungen zeigt. Die historische Unterscheidung zwischen politischen und ökonomischen Streiks mag dies verdeutlichen. Anderweitig begründetes Handeln ist insofern für das Funktionieren des politischen Systems unverzichtbar, wie immer es auch den professionellen Akteuren im politischen System auf der Ebene ihres alltäglichen Handelns unbequem und unwillkommen sein mag.

- Ein Verständnis von Institution, das organisatorische Strukturen (die bestimmte Regeln, Professionalisierungen und Bürokratisierungen einschließen müssen) einerseits, spezifische Deutungsmuster (die in ihrer allgemeinsten Form in dem Begriff eines Leitbildes zum Ausdruck kommen) auf der anderen Seite beinhaltet, setzt ganz selbstverständlich bestimmten basisdemokratischen Vorstellungen Grenzen, die vielleicht für soziale Bewegungen funktional, ja mitkonstitutiv sein mögen, im Zuge ihrer erfolgreichen Institutionalisierung aber regelmäßig problematisch werden (wie in der jüngeren Vergangenheit an der Geschichte der Grünen einmal mehr zu studieren war). Über Demokratisierungsschritte, vielfältigere Formen der Beteiligung und aktive Einbeziehung der einfachen Mitgliedschaft usw. ist nicht nur gründlich nachzudenken, sondern hier wären auch Schritte einzuleiten. Sie sind überlebensnotwendig, wenn die Institution Gewerkschaft für die Menschen in ihren Arbeits- und Lebenszusammenhängen neue Attraktivität gewinnen und ein wirklicher Bezugspunkt ihres Handelns sein soll. Aber man darf nicht übersehen, daß Gewerkschaften als Institutionen in systemischen Zusammenhängen agieren; und nicht zuletzt in ihnen definieren sich die spezifischen Leistungen, die sie für die ArbeitnehmerInnen erbringen. Und über sie ergibt sich, daß sie, auch wenn es gelingt, in höherem Maße selbstreflexiv zu werden, ihren Zwangscharakter gegenüber ihrer Mitgliedschaft nie werden voll abstreifen können.
- Ein Verständnis von Gewerkschaften als Institutionen ist schließlich hilfreich, wenn es darum geht, sich die Begrenztheit jeweils institutionell strukturierter Handlungsfelder und -perspektiven klar zu machen. Im konkreten Fall: Auch wenn es den Gewerkschaften gelingen sollte, einen über Erwerbsarbeit hinaus erweiterten Arbeitsbegriff für ihre Praxis leitend zu machen – und die in Hattingen 1990 vom DGB-Vorsitzenden erstmals erhobene Forderung nach einer sozialen Grundsicherung weist ja in eine solche Richtung –, die Gewerkschaften werden Institutionen bleiben müssen, die arbeitszentrierte Interessen ihrer Mitglieder in besonderer Weise zum Gegenstand ihres Handelns machen. Die Themen der neuen sozialen Bewegungen werden primär von den aus ihnen hervorgehenden/hervorgegangenen neuen Institutionalisierungsformen mit den in ihnen gebundenen je besonderen Kompetenzen besetzt werden

müssen. Worauf es ankommt ist, daß die Gewerkschaften sich für gesellschaftliche Diskurse, die solche sozialen Bewegungen und Institutionalisierungsprozesse eröffnen und etablieren, ihrerseits öffnen – und zwar so, daß sie daraus resultierende gesellschaftspolitische Forderungen im Rahmen ihrer Handlungsmöglichkeiten auch für sich selbst handlungsrelevant machen können. Und auch in diesem Zusammenhang dürfte dezentralen Organisationsgliederungen mit Bezügen zum außerbetrieblichen Lebenszusammenhang der Arbeitnehmer große Bedeutung zukommen.

Zusammengefaßt: Das Problem der Gewerkschaften in ihrer aktuellen (sei es schleichenden, sei es in Teilbereichen manifesten) Krise liegt primär darin,

1. den Borniertheiten eines erstarrenden, unwirklich werdenden, alten Leitbildes zu entgehen, ohne gleichzeitig die eigene Identität als historisch entstandene Institution der Arbeit, die ein Erbe aus der alten, vergangenen Arbeiterbewegung festhält, zu verlieren;
2. mit einem erneuerten Leitbild und mit veränderten organisatorischen Formen die gleichsam angestammten Praxisfelder besser zu bewältigen und
3. dabei viel offener für die politischen und wissenschaftlichen Diskurse einer Gesellschaft zu werden, in der Reformprozesse, die diesen Namen verdienen, ohne die Gewerkschaften schwerlich vorgestellt werden können.

In einer komplexen, modernen, durch Zukunftsoffenheit und Unsicherheit geprägten Gesellschaft ist aber auf der anderen Seite gesellschaftliche Reform mit einer herbeibeschworenen Gewerkschaftsbewegung als Speerspitze immer mehr zu einer unwirklichen Vorstellung geworden. Sie verstellt nicht nur den Blick auf die begrenzten gewerkschaftlichen Handlungsmöglichkeiten, sondern sie erleichtert auch nicht immer den nüchternen Blick für solche Analysen und praktischen Schritte, die auf eine Erweiterung dieses Möglichkeitsraumes abzielen und verstellt insbesondere den Blick auf die Notwendigkeit, aber auch Machbarkeit realistischer institutioneller Reformen der Gewerkschaften selbst.

Im Lichte unserer Befunde kann man sagen, daß der von uns vertretene konzeptionelle Zugriff Risiken, aber auch Chancen der Zukunft der Gewerkschaften in mancher Hinsicht klarer gemacht hat, als sie uns zumindest aus der gewerkschaftssoziologischen Literatur bekannt sind. Dabei ist sicherlich offen, ob die Gewerkschaften den Versuch zu einer arbeitspolitischen Erweiterung von Interessenvertretung ernsthaft betreiben werden, und es ist keineswegs ausgemacht, daß sie ihn mit Erfolg betreiben können. Wir folgern aber aus unseren Befunden, daß die Gewerkschaften, die als Organisationen und Institutionen der Arbeit gewöhnt sind, die Kärrnerarbeit alltäglichen Interessenvertretungshandelns zu verrichten, ein zukünftiges Leitbild diesseits der Utopie, das gleichwohl über den Alltag von Interessenvertretungsarbeit hinauszielt, sich relativ leicht zu eigen machen könnten. Es wäre anschlußfähig an den derzeitigen Alltag der haupt- und ehrenamtlichen FunktionärInnen, auch wenn es ihn letztlich erheblich verändern müßte. Mehr Probleme vermuten wir auf seiten der kritischen Gewerkschaftswissenschaft, wo sie sich der Herausforderung einer Zuarbeit und gleichzeitigen Ausdifferenzierung entsprechender Konzepte stellen müßte. Denn sie müßte liebgewordene Konzeptualisierungen ihrer »obskuren Objekte der Begierde« in Frage stellen und sich zugleich für neue Ansätze der Verknüpfung von grundlagen- und anwendungsorientierter Forschung öffnen.

Anhang

Einige Bemerkungen zum methodischen Vorgehen

Wir gehen in dieser Untersuchung von einem sehr komplexen Institutionenbegriff aus und fassen darunter stabile soziale Zusammenhänge (Ordnungen), in denen eine Leistungsseite (Funktionssysteme, Organisationen) mit einer Bedeutungsseite (Normen und Werte von Funktionsträgern und Mitgliedern) über eine Leitidee sowie entsprechende gemeinsame Deutungsmuster und Hintergrundüberlegungen (Lebenswelten, Alltag) integriert werden. Krisenhafte Veränderungen oder stabiler institutioneller Wandel sind deshalb ebenfalls als hochkomplexe Prozesse zu begreifen, in denen sich Veränderungen von Funktionen, Leistungen, Rechten, Zahlungen, Normen, Werten, aber auch Grundorientierungen, Deutungen der Wirklichkeit, Kooperationsbezüge, Alltagsroutinen usw. in ihrem aufeinander abgestimmten Zusammenwirken auf die Ebene alltäglichen Handelns vollziehen. Für unsere Fallstudie Dortmund – und sehr viel eingeschränkter auch für die beiden Vergleichsregionen – haben wir deshalb ein methodisches Vorgehen gewählt, das es gestattet, sowohl die objektiv gerichteten Bezüge dieses Ansatzes zu operationalisieren, als auch diejenigen theoretisch-konzeptionellen Überlegungen, die sich auf die »subjektive Seite« unseres Gegenstandes richten[1]. Wir haben deshalb ein methodisches Vorgehen gewählt, das wir als phänomenologisch geleitet bezeichnen möchten.

---

1 Wobei dies Zerlegen in eine objektive (besser: objektivierte) und eine subjektive (besser: praktisch leistende) Seite schon sprachlich immer unbefriedigend ist. Und wenn A. Kluge (1982, 80) feststellt: »Es geht nicht um subjektiv *und* objektiv. Diese und-Verbindungen bezeichnen meist Verlegenheiten. Schließlich gibt es im marxistischen Sinn ja beides nicht in Reinform. Es gibt subjektiv-objektive Beziehungen und nur die haben elementaren Charakter und nur sie bilden Geschichte«, dann wäre dem aus einer phänomenologisch

Unser Blick war zuallererst gerichtet auf die Rekonstruktion und Analyse von gewerkschaftlichem Handeln im lokalen Politikfeld. Handeln tun aber immer konkrete Personen; und für uns waren das in diesem Zusammenhang maßgebliche hauptamtliche GewerkschaftsfunktionärInnen am Ort (DGB und die ausgewählten Mitgliedsgewerkschaften) sowie ehrenamtliche FunktionärInnen in den dezentralen örtlich gerichteten Organisationsgliederungen. Dabei mußten wir methodisch das Problem lösen, daß es einerseits galt, längerfristige Entwicklungen zu rekonstruieren, wofür aus unserer Sicht narrative Interviews, Expertengespräche und Dokumentenanalyse die geeigneten Zugänge waren; daß es zugleich aber auch wichtig war, wenigstens in einigen kleinen Ausschnitten typisches gewerkschaftliches Alltagshandeln vor Ort auf zugrundeliegende Kooperationsformen, Handlungsmuster und -routinen hin zu untersuchen. Anders als in vergleichbaren Untersuchungen, die im Forschungsbereich Arbeitspolitik, Mitbestimmung und Interessenvertretung z.B. zum Mitbestimmungs- oder Arbeitsschutzhandeln von Betriebsräten und Arbeitsschutzexperten durchgeführt wurden, bot es sich in diesem Fall für die meisten der uns in ihrem Handeln interessierenden Personen nicht an, das Instrument einer Dauerbeobachtung für einen bestimmten Zeitraum, z.B. eine Woche, einzusetzen[2]. Dies hätte man sich vielleicht angesichts des uns interessierenden Gegenstands »lokale Arbeitspolitik« für einen DGB-Kreisvorsitzenden vorstellen können; aber schon den/die SekretärIn einer Mitgliedsgwerkschaft oder Vorsitzende eines DGB-Ortskartells oder einer Stadtteil- bzw. Ortsgruppe hätte man dann wohl vornehmlich in ihrer betrieblich gerichteten Betreuungsarbeit oder Betriebsratstätigkeit begleitend beobachtet.

Das Instrument der teilnehmenden Beobachtung wurde folgerichtig auf von vornherein festgelegte spezifische Situationen beschränkt. Dies waren Stadtteil- und Ortsgruppensitzungen, Sitzungen weiterer gewerkschaftlicher Gremien am Ort

---

geleiteten Perspektive oder von konstruktivistischen erkenntnistheoretischen Positionen aus zuzustimmen; und insofern ist der Versuch eines integrierten theoretischen Konzepts, das objektive und subjektive Bezugsschemata verknüpfen kann (Peter 1992), auf dieser Argumentationslinie auch gut begründet.

2 Vgl. dazu in bezug auf die anderen genannten thematischen Schwerpunkte Peter u.a. 1986, Thon-Jacobi 1989, sfs 1991, Bürger 1992.

(Kreisvorstand, Delegiertenversammlung, örtliche Ausschüsse, Mitglieder- oder Vertrauensleuteversammlungen aus besonderem Anlaß o.ä.). Derartige Beobachtungen waren aus unserer Sicht unverzichtbar, um zu erfahren, wie und mit welchen Akzentsetzungen bestimmte Themen in örtlich gerichteten Gremien bearbeitet werden, was in den Diskussionen der anwesenden Mitglieder außerhalb der offiziellen Tagesordnung vorkommt, um genauer abschätzen zu können, wieviele Mitglieder an den Versammlungen regelmäßig teilnehmen und aus welchen Beschäftigtensegmenten sie sich rekrutieren, um die räumlichen Gegebenheiten (Versammlungslokale, Größe der räumlichen Einzugsbereiche) näher beurteilen zu können usw.

In Kombination mit dem Instrument der teilnehmenden Beobachtung waren Intensivinterviews und Expertengespräche von entscheidender Bedeutung, um über die Beschreibung und Bewertung von Veränderungen in der Zeit oder auch von konkreten, im örtlichen Handlungskontext aufgegriffenen oder aber nur am Rande behandelten Problemen die Intentionen der handelnden Personen zu erfassen und die dahinter stehenden Deutungsmuster und Leitbilder gewerkschaftlichen Handelns zu erschließen. Darüber hinaus wurden Expertengespräche und narrative Interviews auch genutzt, um in bezug auf spezifische arbeitspolitisch bedeutsame Themen und Vorgänge sowie das darauf gerichtete gewerkschaftliche Handeln auch die Außensicht anderer Personen/Organisationen/Institutionen zu erfassen (z.B. Parteien, Behörden, Bürgerinitiativen). Unser methodisches Vorgehen nimmt insofern Überlegungen auf, wie sie Schütze (1977) hinsichtlich der Bedeutung »des narrativen Interviews in Interaktionsfeldstudien« am Beispiel eines Projekts zur Erforschung von kommunalen Machtstrukturen dargelegt hat. Die Expertengespräche dienen aber auch, im Zusammenhang mit der Auswertung von Dokumentenmaterial, Statistiken usw. dazu, ein möglichst genaues Bild lokaler/regionaler Wirkungen allgemein ablaufender systemischer Modernisierungsprozesse v.a. auf den Feldern von Ökonomie, Technik und Politik zu ermitteln.

Wie bei jedem Forschungsprojekt waren der Umfang, in dem die genannten methodischen Instrumente eingesetzt werden konnten, und nicht zuletzt die Intensität, mit der die darüber gewonnenen Texte zur Beschreibung der uns interessierenden sozialen Wirklichkeit systematischen Auswertungsschritten unterzogen werden konnten, auch von den zur Verfügung stehenden Ressourcen abhängig. Obwohl unser Forschungsvorhaben gemessen an den üblichen Schwerpunktsetzungen einer gewerkschaftsnahen Forschungsförderungseinrichtung wie der Hans-Böckler-Stiftung eher als grundlagenorientiert bezeichnet werden kann und obwohl das Fördervolumen eher an der Obergrenze dort geförderter Projekte gelegen hat, war in unserem Fall von Beginn an klar, daß eine Untersuchungsanlage, die zugleich eine gewisse Tiefenschärfe (Analyse konkreter Handlungssituationen mittels teilnehmender Beobachtungen) und eine relativ breite, zunächst deskriptive Erfassung des lokalen Handlungsfeldes in räumlicher, sachlicher und zeitlicher Hinsicht anstrebte, vielleicht noch einen hinreichend großen Umfang an Erhebungsschritten zulassen würde, jedenfalls aber bei der Verarbeitung des Materials zu deutlichen Pragmatisierungen zwingen müßte.

Was den Umfang der Erhebungen anbelangt, so ergaben sich Einschränkungen insbesondere bei den thematisch gerichteten evaluativen Kontrastfallstudien, die im wesentlichen auf einige wenige narrative Interviews gestützt sind. Im einzelnen liegen der Untersuchung die folgenden Primärerhebungen zugrunde (ohne gesammelte und ausgewertete Dokumente):

1. DGB-Kreis Dortmund und Nebenstelle Lünen des DGB-Kreises Unna sowie andere Akteure auf dem Feld lokaler Arbeitspolitik:
   - 2 Expertengespräche und 3 Intensivinterviews mit DGB-FunktionärInnen,
   - 1 Expertengespräch und 1 Intensivinterview mit FunktionärInnen von Einzelgewerkschaften außer IGM und IGBE in bezug auf lokale Arbeitspolitik,
   - 3 Interviews bezogen auf das EWZ und die Kooperationsstelle,
   - 3 Interviews und ein Expertengespräch mit Repräsentanten anderer politischer Akteure am Ort (Parteien, Kirche, alternative Szene),
   - 4 Beobachtungsprotokolle zu örtlichen Aktivitäten des DGB,
   - das Beobachtungsprotokoll einer Diskussion im DGB-Kreisvorstand aus Anlaß der Präsentation von Zwischenergebnissen zum Projekt.

Ergänzend konnte außerdem Interviewmaterial herangezogen werden, das aus zwei älteren Projekten des Instituts vorlag (Evaluation des EWZ und Gutachten über die Errichtung einer Beschäftigungsgesellschaft für die Stadt Dortmund: Mengelkamp 1990 u. 1991). Genutzt werden konnten ferner Protokolle von Expertengesprächen, die E. Domnik im Rahmen eines Praktikums der Hans-Böckler-Stiftung, das u.a. auf den Werdegang des EWZ in Dortmund zielte, durchgeführt hat (1986 u. 1992). Das Praktikum wurde in seiner zweiten Phase in Verbindung mit unserem Projekt durchgeführt.

2. Stadtteilgruppenarbeit der IGM-Dortmund:
   - 17 Beobachtungsprotokolle von Mitgliederversammlungen (in einem Fall auch einer Vorstandssitzung) in bezug auf 5 Stadtteilgruppen,
   - 4 Expertengesrpäche und 11 Intensivinterviews mit hauptamtlichen FunktionärInnen und (z.T. ehemaligen) Stadtteilgruppenvorsitzenden,
   - 5 Beobachtungsprotokolle zentraler örtlicher Veranstaltungen
   - das Protokoll der Diskussion einer Zwischenauswertung aus dem Projekt auf einer Sitzung des erweiterten Ortsvorstandes der IG Metall (d.h. einer Sitzung des Ortsvorstandes zuzüglich der Vorsitzenden der 36 Stadtteilgruppen),
   - Protokolle von 2 Rückkopplungsgesprächen mit dem 1. bzw. dem 2. Bevollmächtigten der IG Metall Dortmund.

3. Ortsgruppenarbeit der IGBE:
   - 14 Protokolle teilnehmender Beobachtungen von Ortsgruppensitzungen (Mitgliederversammlungen, in einem Fall eine Vorstandssitzung),
   - 3 Expertengespräche mit hauptamtlichen Funktionären (Bezirk/Ort),
   - 3 Intensivinterviews mit hauptamtlichen Funktionären (Vorstand/Bezirk/Ort),
   - 3 Intensivinterviews mit Ortsgruppenvorsitzenden,
   - 1 Gruppendiskussion mit 5 Ortsgruppenvorsitzenden,
   - 3 Intensivinterviews mit weiteren Mitgliedern von Ortsgruppenvorständen,
   - Protokollnotizen zur Diskussion auf einer Bildungsveranstaltung mit Bildungsobleuten und Ortsgruppenvorsit-

zenden aus verschiedenen Bezirken der IGBE, auf Grundlage einer Präsentation von Ergebnissen des Projekts,
- Protokoll eines Rückkopplungsgespräches mit einem hauptamtlichen Funktionär der IGBE,
- Protokoll der (ausländischen) Mieterversammlung.

4. In bezug auf die beiden Vergleichsregionen stützen wir uns:
hinsichtlich des DGB-Kreises Recklinghausen auf
- 1 Interview mit den beiden hauptamtlichen DGB-Sekretären am Ort,
- 3 Interviews mit Ortskartell-Vorsitzenden (in einem Fall unter Beteiligung weiterer Ortskartell-Mitglieder) sowie
- die Auswertung der Protokolle aller 8 Ortskartelle des DGB-Kreises über einen Zeitraum von ca. 2 Jahren;

hinsichtlich des DGB-Kreises Hamburg auf
- 1 Interview mit dem für die Schwerpunktaktion Angestellte des DGB zuständigen hauptamtlichen Funktionärs,
- 2 Interviews mit Geschäftsführern/Bevollmächtigten zweier Mitgliedsgewerkschaften am Ort,
- 1 Expertengespräch mit dem Sekretär einer dritten Mitgliedsgewerkschaft,
- die teilnehmende Beobachtung einer Projektgruppensitzung (Projekt City-Nord) und einer Pressekonferenz,
- sowie auch hier die Sichtung vielfältiger Dokumente und Unterlagen.

Im einzelnen nicht aufgeführt sind in dieser Gesamtübersicht Expertengespräche mit WissenschaftlerInnen, die unter anderer Perspektive zu benachbarten, auch auf die Dortmunder Region bezogenen Themenstellungen arbeiten, sowie evaluierende Gespräche und Beobachtungen (z.B. auf den Zukunftsforen des DGB in Hattingen 1990 und 1991 und auf zwei Info-Börsen des DGB NW für DGB-Ortskartelle), die von uns in Gedächtnisprotokollen festgehalten wurden, um Erfahrungsberichte und allgemeinere Entwicklungstrends in bezug auf die uns beschäftigenden Fragestellungen zu erfassen und u.a. auch eine sinnvolle Auswahl von Vergleichsregionen vorzubereiten[3].

---

3 Die Dokumentation zum Hattinger Forum 1991 (HBS, 1992) wurde uns erst nach Abschluß der Arbeiten zu diesem Bericht zugänglich.

Ein paar abschließende Bemerkungen zu den pragmatisch erzwungenen Grenzen bei der Verarbeitung unseres umfänglichen Materials sind angebracht.

Zunächst ist hervorzuheben, daß alle Beobachtungsprotokolle, von denen ja eines in diesem Bericht ausführlich dokumentiert ist, in Form von Gedächtnisprotokollen abgefaßt wurden. Wir sind also davor zurückgeschreckt, die gewerkschaftlichen Funktionsträger, die uns Zugänge zum Forschungsfeld geöffnet haben, mit der Frage zu konfrontieren, ob wir eine Vorstandssitzung oder eine Mitgliederversammlung einer Orts- oder Stadtteilgruppe technisch aufzeichnen könnten – unter anderem auch deshalb, weil uns schon zu Beginn des Projekts klar war, daß wir zu einer aufwendigen hermeneutischen Interpretation ausgewählter Interaktionssequenzen nicht den erforderlichen Raum haben würden; dabei spielte auch die Überlegung eine Rolle, daß ein solches methodisches Vorgehen auf Mitgliederversammlungen, die wir ja vornehmlich beobachtet haben, erst aufwendig hätte erklärt werden müssen und möglicherweise lange Diskussionen ausgelöst hätte. Auf der anderen Seite gehen wir davon aus, daß geübte BeobachterInnen in der Lage sind, den Ablauf solcher Versammlungen sehr differenziert in Gedächtnisprotokollen festzuhalten – unbeschadet der Einschränkung, daß natürlich Selektionsprozesse durch den subjektiven Filter der BeobachterIn auftreten, die nicht in vollem Umfang kontrolliert werden können[4]. Für die von uns angezielten Zwecke glaubten wir die darin enthaltenen Probleme vernachlässigen zu können. Unsere Auswertung der Beobachtungsprotokolle zielt vorrangig auf funktionale Analysen und ist an keiner Stelle systematisch darauf gerichtet, eine eidetische Reduktion der Situation vorzunehmen, also die beobachteten Handlungssituationen aus der Perspek-

---

4 Um diese Selektionsmechanismen wechselseitig transparent zu machen und so zu kontrollieren, wurden die ersten Beobachtungen gemeinsam durchgeführt – wie im übrigen auch ein nicht geringer Teil der Interviews, hier nicht nur zu Projektbeginn. Später wurde, allerdings nie strikt, eine Arbeitsteilung vorgenommen, die sich in etwa in der Aufteilung der empirischen Berichtsteile widerspiegelt. Alles darüber erstellte Textmaterial wurde zunächst gemeinsam gesichtet, und alle in diesem Bericht in Einzelautorenschaft ausgewiesenen Texte entstanden nach wiederholter gemeinsamer Diskussion im Projektteam, z. T. unter Einbezug weiterer Kollegen.

tive der beteiligten Personen als für sie gegebene Situation zu analysieren[5].

Wie auch immer, die von uns gewählten Interpretationsverfahren zur Auswertung unseres qualitativen Materials sind relativ schlicht. Gelegentlich lassen wir längere Passagen geradezu »für sich selbst« sprechen; manchmal heben wir uns wichtig erscheinende Deutungen, z.B. in bezug auf das gewerkschaftliche Organisationsverständis, das Verhältnis von haupt- und ehrenamtlichen FunktionärInnen (Führung) zu den Mitgliedern (Geführten) interpretierend hervor, oder wir verwenden Interviewpassagen zur Illustration grundlegender Züge eines gewerkschaftlichen Leitbildes, wie sie sich u.E. aus der Gesamtheit von Interviewtexten und Dokumentenmaterial ergeben. Hingegen findet man an keiner Stelle konsequent durchgeführte Sequenzanalysen, die sich am Methodenverständnis einer »objektiven Hermeneutik« orientieren würden. Unsere Experimentierfreudigkeit bei der Verarbeitung qualitativen Materials dort, wo es um die Rekonstruktion von Subjektperspektiven geht, ist – durch den begrenzten zeitlichen und sachlichen Rahmen des Projekts erzwungen – durchaus eingeschränkter Natur. Wir wollen schließlich auch nicht verhehlen, daß für unsere Interpretationen dort, wo es um gewerkschaftliche Leitbilder oder aus unserer Sicht sehr grundlegende Deutungsmuster (wir verweisen nochmals auf das vorherrschende gewerkschaftliche Organisationsverständnis) geht, unsere langjährige Forschungspraxis und Erfahrung, gerade auch in der Anwendung qualitativer Methoden manche pragmatische Verkürzung erleichtert hat. So haben wir z.B. vieles, was aus unserer Sicht für das alltägliche gewerkschaftliche Handeln in der Verwaltungsstelle Dortmund der IGM strukturierend ist, bzw. aus historisch zurückliegenden Entwicklungsphasen immer noch strukturierend wirkt, »wiedererkannt«. Es ist uns vor 14 Jahren bei einer mit vergleich-

---

[5] Dazu sei aber angemerkt, daß derartige Analysen auf der Grundlage von Gedächtnisprotokollen ohne weiteres durchführbar sind. Dies belegt nicht nur die klassische Untersuchung von Popitz u.a. (1957), die sich ja im übrigen auch hinsichtlich der darin analysierten Topoi des Arbeiterbewußtseins auf Gedächtnisprotokolle und nicht auf Tonbandaufzeichnungen stützt, und dafür sprechen Situationsanalysen zu Betriebsratshandeln, die neben der funktionalen Seite auch die »Bedeutungsseite« typischer Situationen anzielen, die z.Z. im Rahmen anderer Projekte unseres Forschungsbereichs durchgeführt werden.

baren methodischen Instrumentarien durchgeführten Untersuchung eines gewerkschaftlichen Streiks in der Verwaltungsstelle Stuttgart der IG Metall schon einmal begegnet, auch wenn die damalige Untersuchung anders fokussiert war und die empirischen Materialien z. T. unter anderen Aspekten ausgewertet wurden (Martens 1991c).

Hervorzuheben ist schließlich noch ein sehr wichtiger Erhebungs- und Auswertungsschritt, den wir im Rahmen dieser Untersuchung bezogen auf alle Teilkomplexe der Fallstudie Dortmund und in etwas abgeschwächter Form (telefonische Rückkopplung) auch in bezug auf die Vergleichsregionen durchgeführt haben. Er hat nicht zuletzt mit unserem Anspruch auf Praxisnähe und Anwendungsorientierung zu tun. Wir haben nämlich in Verfolgung einer rückkopplungsorientierten Empirie in bezug auf den örtlichen DGB wie auch die IGM und die IGBE Dortmund systematisch Rückkopplungsschleifen in unseren Erhebungs- und Interpretationsprozeß eingebaut[6]. Nachdem wir nach einem ersten Durchgang durch unser empirisches Material zur Fallstudie Dortmund eine Vorauswertung vorgenommen haben, die veröffentlicht worden ist (Martens 1992d), haben wir die Ergebnisse, jeweils zugespitzt auf die unterschiedlichen und nur z. T. überlappenden Handlungskontexte von örtlichem DGB und seinen beiden Mitgliedsgewerkschaften für deren haupt- und ehrenamtliche Funktionäre aufbereitet und auf örtlichen Versammlungen bzw. überörtlichen Schulungsveranstaltungen wiederholt zur Diskussion gestellt. Solche Diskussionen stellen im Zusammenhang der Gesamtanlage unserer Untersuchung zuallererst eine zusätzliche Erhebungssituation dar. Die teilnehmenden Funktionäre, z. T. diejenigen, deren Stadtteil- und Ortsgruppensitzungen von uns beobachtet wurden, werden mit einer Interpretation ihres Handelns konfrontiert und zu Stellungnahmen provoziert. Die Protokollierung der Ergebnisse einer solchen Diskussion ermöglicht es den WissenschaftlerInnen, ihre Ergebnisse zum einen einem gewissen »Härtetest« auszusetzen – ob

---

6 In ähnlicher Absicht wurden auch Rückkopplungsgespräche mit maßgeblichen hauptamtlichen Funktionären von DGB und Mitgliedsgewerkschaften am Ort geführt. Textgrundlage war dabei die den Gesprächspartnern jeweils zuvor zugestellte Zwischenauswertung, die erst im Anschluß an diese Gespräche – im übrigen ohne inhaltliche Veränderungen – veröffentlicht wurde. Einige Akzentsetzungen im vorliegenden Abschlußbericht verdanken sich allerdings Anregungen aus diesen Gesprächen.

grundlegende Interpretationsrichtungen auf heftigen Widerspruch stoßen und welche Argumente dabei ins Feld geführt werden, ist schon ein wichtiger Indikator für die Tragfähigkeit der eigenen Interpretationsschritte –, zum anderen können sich aber auch Anhaltspunkte für Differenzierungen, bislang zu wenig beachtete Aspekte örtlich gerichteter gewerkschaftlicher Arbeit z.B., ergeben, die dann am gesamten, auch schon zuvor erhobenen Material nochmals abgeprüft werden müssen und gegebenenfalls in Modifikationen der Interpretation einfließen können[7].

---

7 Z.B. wurde uns die erst seit kurzem erfolgte Umstellung auf eine persönliche Überreichung von Geburtstagsgeschenken (im Falle herausgehobener Geburtstage vom 75. Geburtstag an) durch Vorstandsmitglieder der Stadtteilgruppen der IGM erst im Zuge einer solchen »Rückkopplungsveranstaltung« bekannt. Die Diskussion dazu bestätigt auf einem bis dahin noch nicht eingeblendeten Feld alltäglicher Gewerkschaftsarbeit im Stadtteil sehr eindrucksvoll unsere Thesen von der Gebrochenheit des lokalen Organisationsprinzips der IGM. In den Einzelgesprächen (narrative Interviews) war dieser Aspekt der gewerkschaftlichen Arbeit im Sinne eines erst seit kurzem unternommenen Versuchs stärkerer, persönlicher Rückbindung ans tradtionelle Arbeitermilieu an keiner Stelle aufgetaucht.

Literatur

Arendt, H. (1956): Vita activa oder Vom tätigen Leben, Stuttgart

Baethge, M. (1990): Arbeit, Vergesellschaftung, Identität – zur zunehmenden normativen Subjektivierung der Arbeit, in: SOFI-Mitteilungen. Dezember 1990, Göttingen, S. 1–10
Bayer, H. (1979). Die Integration heterogener Mitgliedergruppen in Industriegewerkschaften 1960–1975. Ein Beitrag zur Diskussion innergewerkschaftlicher Demokratie, in: Soziale Welt 3/79
Bergmann, J./Jacobi, O./Müller-Jentsch, W. (1975): Gewerkschaften in der Bundesrepublik, Frankfurt a.M./Köln
Bogart, H. (1987): Sieben Jahre Feminat in der gewerkschaftlichen Tarifpolitik, in: Kurz-Scherf, I./Breil, G. (Hrsg.): Wem gehört die Zeit? Hamburg
Bosch, G. (1974): Wie demokratisch sind Gewerkschaften? Berlin-W.
Brandt, G. (1983): Karl Marx und die neuere deutsche Industriesoziologie. Referat vor der Sektion Industriesoziologie, in: Brandt, G. (1990): Arbeit, Technik und gesellschaftliche Entwicklung. Frankfurt
Brandt, G. (1984): Zwischen Charisma und Routine. Das Dilemma der Gewerkschaften, in: Soziologische Revue, Sonderheft 1, »Aspekte der Arbeitsgesellschaft«
Brandt, G./Jacobi, O./Müller-Jentsch, W. (1982): Anpassung an die Krise: Gewerkschaften in den siebziger Jahren, Frankfurt a.M./New York
Braszeit, A. (1992): Moderne Managementkonzepte – Eine Herausforderung für die Mitbestimmung, sfs-Beiträge aus der Forschung, Bd. 57
Brigl-Matthiaß, K. (1926): Das Betriebsräteproblem, Berlin/Leipzig
Bürger, M. (1992): Betriebsalltag zwischen Kooperation und Konfliktfähigkeit, in: Die Mitbestimmung 2/92
Bullmann, U. (1991): Kommunale Strategien gegen Massenarbeitslosigkeit, Opladen

Deeke, A. (1982): Industriesoziologie als Gestaltungswissenschaft, in: Fricke, W./Peter, G./Pöhler, W. (Hrsg.): Beteiligen, Mitgestalten, Mitbestimmen. Arbeitnehmer verändern ihre Arbeitsbedingungen, Köln

Droll, M./Raguse, R. (1989): Die Westfalenhütte – Kämpfe und Aktionen der Belegschaft 1969–1989 (wiss. Hausarbeit an der Sozialakademie Dortmund)
Dzielak, W./Hindrichs, W./Martens, H./Stanislawski, V./Wassermann, W. (1978): Belegschaften und Gewerkschaft im Streik. Am Beispiel der chemischen Industrie, Frankfurt a.M./New York
Dzielak, W./Hindrichs, W./Martens, H./Schophaus, W. (1991): Arbeitskampf um Arbeitsplätze. Der Tarifkonflikt 1978/79 in der Stahlindustrie, Frankfurt a.M./New York

EfaS (Hrsg.) (1992): ZIN am Scheideweg – Zwischenbilanz und Vorschläge zur Strukturpolitik in NRW, Bochum
Eichler, K. (1985): Überbetriebliche Beschäftigungsinitaitiven als Kooperationsprozeß, in: Fricke, W./Johannson, K./Krahn, K./Kruse, W./Peter, G. (Hrsg.): Jahrbuch Arbeit und Technik in Nordrhein-Westfalen 1985, Bonn
Engholm, B. (1991): Wer Opfer verlangt, muß die Opfer gerecht verteilen, in: FR 1. 6. 91
Evers, A./Novotny, H. (1987): Über den Umgang mit Unsicherheit. Die Entdeckung der Gestaltbarkeit von Gesellschaft, Frankfurt a.M.

Faulenbach, B. (1987): Montanindustrielle Struktur und politische Kultur im Ruhrgebiet – zur neueren Diskussion, in: Fricke, W. u.a. (Hrsg.): Jahrbuch Arbeit und Technik in Nordrhein-Westfalen 1987, Bonn
Faulenbach, B. (1989): »Die Mitbestimmung als Faktor regionaler politischer Kultur«, in: FfAB (Hrsg.): Beiträge, Informationen, Kommentare, Nr. 8/89
Faulenbach, B. (1989): Mitbestimmung und politische Kultur im Ruhrgebiet, in: Martens, H./Peter, G. (Hrsg.): Mitbestimmung und Demokratisierung. Stand und Perspektiven der Forschung, Wiesbaden
Ferber, C. v. (1961): Die Institution der Arbeit in der industriellen Gesellschaft, Ms., Göttingen
Ferber, C. v. (1970): Die Gewalt in der Politik. Auseinandersetzung mit Max Weber, Stuttgart/Berlin/Köln/Mainz
Ferber, C. v. (1991): Subjektive und objektive Arbeitssituation – wo stehen wir in der phänomenologischen Analyse heute?, in: Peter, G. (Hrsg.): Arbeitsforschung? Methodologische und theoretische Reflexion und Konstruktion, Dortmund
Franz, H.-W. (1991): Gewerkschaftliche Beschäftigungsinitiativen für umweltrelevante Produktentwicklung und Weiterbildung in Technik und Handwerk, in: Kooperationsstelle Wissenschaft-Arbeitswelt und HBS (Hrsg.): Brücken zwischen Wissenschaft und Arbeitswelt, in: Materialien a.d. Kooperationsarbeit, Bd. 9, Dortmund
Frerichs, J./Bundesmann-Jansen, J. (1992): Zusammenfassung von Ergebnissen zum Projekt »Praxisbeispiele offener Betriebspolitik«, Vorlage zum HBS-Workshop am 2. 7. 92 in Düsseldorf (Ms.)

Frerichs, P./Morschhäuser, M. u.a. (1986): »Weibliches Arbeitsvermögen und Politikzugänge von Frauen...«, in: Fricke u.a. (Hrsg.): Jahrbuch Arbeit und Technik in Nordrhein-Westfalen, Bonn
Frerichs, P./Steinrücke, M. (1989): Fraueninteressen und neue Politikformen im Betrieb, Köln

Glotz, P. (1988): Zukunft der Arbeit – Zukunft der Gewerkschaften. Referat auf dem internationalen Zukunftskongreß der IG Metall vom 27.–29. 10. 1988 in Frankfurt
Grumbach, J./Tolksdorf, G. (1987): Sozialverträgliche Technikgestaltung und »arbeitnehmerorientierte Wissenschaft«, in: WSI-Mitteilungen, Heft 1/1987
Gutke, B./Göbel, E./Czock, H. (1991): Der eine rastet aus, beim anderen macht die Pumpe nicht mehr mit. Berliner Berater machten sich Gedanken, warum Rücksicht auf Gesundheit in der Arbeitskultur so ziemlich an letzter Stelle rangiert, in: FR 14. 1. 1991

Habermas, J. (1981): Theorie des kommunikativen Handelns. 2 Bde. Frankfurt a.M.
Hans-Böckler-Kreis (1990): Die geeinten deutschen Gewerkschaften in der Gemeinschaft der europäischen Staaten – Erklärung des Hans-Böckler-Kreises, in: Gewerkschaftliche Monatshefte 9/1990
HBS (Hg.) (1992): Hattinger Forum. Modernisierung – Gewerkschaften zwischen Marginalisierung und Zukunftsfähigkeit, Düsseldorf
Hermsen, C./Kalle, D: (1990): Die Dortmund-Konferenz – Ziele und Aufgaben, in: ibv, Nr. 49
Hirschmann, A.D. (1980): Leidenschaften und Interessen. Politische Begründungen des Kapitalismus vor seinem Sieg, Frankfurt a.M.
Hoffmann, J./Hoffmann, R./Mückenberger, U./Lange, D. (Hrsg.) (1990): Jenseits der Beschlußlage – Gewerkschaften als Zukunftswerkstatt, Köln

ILS (Hg.) (1992): Regionale Politik und regionales Handeln. Beiträge zur Analyse und Ausgestaltung der regionalen Strukturpolitik in Nordrhein-Westfalen, Duisburg
ISA-Consult (1992): ZIN am Scheideweg – Zwischenbilanz und Vorschläge zur Strukturpolitik in NRW. ISA-Schriftenreihe 1/92, Bochum

Jacobi, O. (1989): Industrielle Beziehungen im Wandel, Ein internationaler Vergleich: Großbritannien, Italien und BRD, in: Martens, H./Peter, G. (Hrsg.): Mitbestimmung und Demokratisierung. Stand und Perspektiven der Forschung, Wiesbaden
Jacobi, O. (1991): Pionierrolle, aber keine Vormachtstellung für die deutschen Gewerkschaften, in: Gewerkschaftliche Monatshefte 11/1991

Kempe, M. (1990): Die Kraft kommt von den Wurzeln. Perspektiven der Gewerkschaftsbewegung in Deutschland, Frankfurt a.M./Wien
Kern, H./Sabel, C.F. (1989): Gewerkschaften im Prozeß der industriellen Reorganisation. Eine Skizze strategischer Probleme, in: Gewerkschaftliche Monatshefte 10/1989, 602–619
Kern, H./Sabel, C.F. (1990): Gewerkschaften in offenen Arbeitsmärkten – Überlegungen zur Rolle der Gewerkschaften in der industriellen Reorganisation, in: Soziale Welt Nr. 2
Kilper, H. (1991): Konzeptionen und Strategien regionaler Entwicklung, IAT PS 01 (Institut Arbeit und Technik, Oberhausen)
Klatt, R. (1991): Situation – Institution – System: systemtheoretisch betrachtet. Zur Dynamik emergenter Ordnungen in komplexen, funktional differenzierten Gesellschaften. Das Beispiel der Gewerkschaften, sfs-Beiträge aus der Forschung, Bd. 55
Klatt, R./Martens, H. (1992): Traditionelle Institutionen der Arbeit unter Modernisierungsdruck – Überlegungen zur gewerkschaftlichen Zukunftsdebatte, Dortmund (Ms.)
Kruse, H. (1990): Reform durch Regionalisierung. Eine politische Antwort auf die Umstrukturierung der Wirtschaft, Frankfurt/New York
Kruse, W. (1986): Ms., sfs, Dortmund
Kruse, W. (1990): 20 Jahre Berufsbildungsgesetz. Funktions- und Strukturwandel der beruflichen Bildung, in: Hans-Böckler-Stiftung (Hrsg.) (1990): 20 Jahre Berufsbildungsgesetz – Bilanz und Perspektiven, Düsseldorf
Kruse, W./Lichte, R. (1991): Helmut Neukirch erzählt sein Leben, Ms., Dortmund

Lauschke, K. (1984): Schwarze Fahnen an der Ruhr, Marburg
Lutz, B./Schultz-Wild, R. (1986): Aufklärung als Gestaltung – zur Rolle der Sozialwissenschaften bei technisch-organisatorischen Innovationsvorhaben, in: WSI-Mitteilungen, 10/1986

Mahlberg, D./Schäfer, W. (1990): Neue Pfade der regionalen Strukturpolitik in Nordrhein-Westfalen, in: TBS, Regionale Struktur- und Technologiepolitik. Handlungsmöglichkeiten von Betriebsräten und Gewerkschaften, Oberhausen
Mahlberg, D. (1991): Eröffnungsrede anläßlich der Kultur- und Info-Börse für DGB-Ortskartelle am 22. 6. 91 in Hattingen
Martens, H. (1982): Betriebliche Voraussetzungen gewerkschaftlicher Arbeitskampffähigkeit. Das Beispiel der Bundesrepublik Deutschland, in: Kühne, P. (Hrsg.): Gewerkschaftliche Betriebspolitik in Westeuropa, Berlin-W.
Martens, H. (1985): Belegschaftsinitiativen zur Fortführung von Betrieben. Eine Herausforderung für Gewerkschaften und sozialdemokratische Wirtschaftspolitik, in: Fricke u.a. (Hrsg.): Jahrbuch Arbeit und Technik in Nordrhein-Westfalen, Bonn

Martens, H. (1986): Krise der Gewerkschaften oder Krise der Gewerkschaftsforschung, in: sfs-Beiträge aus der Forschung, Dortmund

Martens, H. (1988): Die Gewerkschaften im reformpolitischen Block. Überlegungen aus Anlaß der »Lafontaine-Debatte«, sfs-Beiträge aus der Forschung, Bd. 29, Dortmund

Martens, H. (1989a): Entwicklung und Perspektiven der Mitbestimmungsforschung in der Bundesrepublik Deutschland. Gutachterliche Stellungnahme für die Hans-Böckler-Stiftung, Dortmund

Martens, H. (1989b): Die Abgrenzung der leitenden Angestellten in der betrieblichen Praxis – Stand und Perspektiven, Dortmund, Forschungsbericht

Martens, H. (1989c): Praxis und anwendungsnahe Forschung. Die Bestandsaufnahmeuntersuchung zum Mitbestimmungsgesetz 1976, in: Die Mitbestimmung 1/1989

Martens, H. (1989c): Gewerkschaften als Interessenverband oder soziale Bewegung. Überlegungen zu einer irreführenden Alternative angesichts der Notwendigkeit einer arbeitspolitischen Erweiterung gewerkschaftlicher Interessenvertretung, in: sfs-Beiträge aus der Forschung, Bd. 46, Dortmund

Martens, H. (1990): Mitbestimmung und Demokratisierung. Überlegungen zu einer Bestandsaufnahme des gewerkschaftlichen Reformkonzepts, in: Gewerkschaftliche Monatshefte 8/1990

Martens, H. (1991): Die Institution der Mitbestimmung unter Modernisierungsdruck, in: Peter, G. (Hrsg.): Arbeitsforschung? Methodologische und theoretische Reflexion und Konstruktion, Dortmund

Martens, H. (1991a): Gewerkschaftspolitik und Gewerkschaftssoziologie. Gewerkschaftsforschung am Landesinstitut Sozialforschungsstelle Dortmund, Dortmund

Martens, H. (1991b): Gewerkschaften als Institutionen der Arbeit: Acht Thesen zum Gutachten »Jenseits der Beschlußlage«, projektinternes Arbeitspapier vom Dezember 1990, überarbeitet März 91, veröffentlicht in: Ders. 1991a

Martens, H. (1991c): Methodische Überlegungen aus Anlaß einer Untersuchung des Metallstreiks 1978 in Nordwürttemberg/Nordbaden, in: Ders. 1991a

Martens, H. (1992): Betriebspolitik und Mitbestimmung. Bestandsaufnahme und Vorschläge, in: Gewerkschaftliche Monatshefte 10/92

Martens, H./Peter, G./Wolf, F.O. (1984): Arbeit und Technik in der Krise. Gewerkschaftliche Politik und alternative Bewegung, in: sfs-Beiträge aus der Forschung, Bd. 2, Dortmund

Materialien aus der Kooperationsarbeit (1987): Zwischenbericht des Projekts »Regionale Öffnung der Hochschulforschung für Arbeitnehmerprobleme durch Kooperationsstellen«, Düsseldorf

Maturana, H.R./Varela, F.J. (1987): Der Baum der Erkenntnis. Wie wir die Welt durch unsere Wahrnehmung erschaffen – die biologischen Wurzeln des menschlichen Erkennens, Bern/München/Wien

Mengelkamp, W. (1989): (internes Papier der sfs Dortmund)
Mengelkamp, W. (1990): (internes Papier der sfs Dortmund)
Mengelkamp, W. (1990a): Das Entwicklungszentrum Dortmund (EWZ). Eine Wirksamkeitsuntersuchung, in: sfs-Beiträge aus der Forschung, Bd. 45, Dortmund
Mengelkamp, W. (1990b): Dortmunder Gesellschaft für Arbeit, Beruf und Stadtentwicklung. Eine Arbeits- und Berufsforschungseinrichtung für Dortmund, Dortmund
Mengelkamp, W./Franz, H.W. (1990): Entwicklungszentrum Dortmund. Ein Beschäftigungs- und Umwelttechnik-Labor, Ms., Dortmund
Mengelkamp, W./Michel, M. (1991): Beschäftigungskonzepte für die von Truppenreduzierung betroffenen Arbeitnehmer/innen und Regionen in Nordrhein-Westfalen, Zwischenbericht, Dortmund
Merz-Benz, P. U. (1991): Die Vernunft, die vom Herzen in den Kopf steigt, in: Brommé, Arno (Hrsg.): Ferdinand Tönnies: Soziologie aus Oldenswort, Ferdinand Tönnies und die Frage nach den Bedingungen rationaler Wirklichkeitsgestaltung, München/Wien
Meyer, H.W. (1990): Gewerkschaftliche Perspektiven in den 90er Jahren. Rede auf dem Hattinger Forum »Jenseits der Beschlußlage«, in: Die Mitbestimmung 1/91
Michel, M. (1992): Beschäftigungskonzepte für die von Truppenreduzierung betroffenen Arbeitnehmer/innen und Regionen in Nordrhein-Westfalen, Forschungsbericht, Dortmund
Morgenroth, C. (1989): Frauen sind keine Randgruppen, in: Negt, O./ dies. u.a.: Emanzipationsinteressen und Organisationsphantasie, Köln
Müller, S. (1991): Das Ruhrgebiet als Parklandschaft?, in: AKP 4/91

Negt, O. (1984b): Vorwort zu Bierwirth u.a.: Arbeitszeit ist Lebenszeit! Argumente für die Verkürzung der Arbeitszeit, Frankfurt a.M./Olfen/Wien
Negt, O. (1989): Die Herausforderung der Gewerkschaften. Plädoyers für die Erweiterung ihres politischen und kulturellen Mandats, Frankfurt a.M./New York
Negt, O./Kluge, A. (1981): Geschichte und Eigensinn, Frankfurt a.M.
Negt, O./Kluge, A. (1982): Die Geschichte der lebendigen Arbeitskraft. Diskussion mit Oskar Negt und Alexander Kluge, in: Ästhetik und Kommunikation. Beiträge zur politischen Erziehung, Heft 48
Negt, O./Morgenstern, C./Geiling, H./Niemeyer, E. (1989): Emanzipationsinteressen und Organisationsphantasie. Eine ungenutzte Wirklichkeit der Gewerkschaften, Köln
Neumann, K. (1990): Der DGB in der Fläche – Organisatorische Möglichkeiten und Grenzen der Ortskartellarbeit. Referat anläßlich der Bezirkskonferenz der Deutschen Postgewerkschaft Hannover/ Braunschweig am 12. Dezember 1990, Ms.

Niemeyer, E. (1988): Gewerkschaftliche Krise und lokale Handlungsfelder – Eine empirische Studie über die IG Metall-Stadtteilgruppen in Dortmund, unveröffentl. Diplomarbeit, Hannover 1988

Nottenbohm, H.G./Hammel, G. (1984): Betriebe in Belegschaftshand, Düsseldorf

Nüse, J.-C. (1991): Hoffnung, Image, Zusammenwirken – der Stoff aus dem die wirtschaftliche Zukunft ist, in: Die Mitbestimmung 5/91

Oevermann, U. (1986): Kontroversen über sinnverstehende Soziologie. Einige wiederkehrende Probleme und Mißverständnisse in der Rezeption der »objektiven Hermeneutik«, in: Aufenanger, S./Jennsen, M. (Hrsg.): Handlung und Sinnstruktur, Bedeutung und Anwendung der objektiven Hermeneutik, München

Peter, G. (1991): Situation-Institution-System als Grundkategorien einer komplementären phänomenologischen und systemischen Analyse, in: Ders. (Hrsg.): Arbeitsforschung? Methodologische und theoretische Reflexion und Konstruktion, Dortmund

Peter, G. (1992): Theorie der Arbeitsforschung, Frankfurt a.M./New York

Peter, G./Pröll, U. (1990): Präventiver Arbeitsschutz als betriebliche Normalität. Elemente eines Konzepts sozialwissenschaftlicher Analyse und arbeitspolitischer Gestaltung des Arbeitsschutzes, in: Dies. (Hrsg.): Arbeitsschutz, Gesundheit und neue Technologien, Opladen

Peter, G./Thon, W. (1985): Arbeitsverhältnisse, technische Entwicklung und Krisenbewältigung im Steinkohlenbergbau, in: Fricke, W. u.a. (Hrsg.): Jahrbuch Arbeit und Technik in Nordrhein-Westfalen, Bonn

Peter, G./Thon, W./Vollmer, H. (1986): Der Arbeitsschutzbeauftragte, Interessenvertretung und Arbeitspolitik im Steinkohlenbergbau, Frankfurt a.M./New York

Plessner, H. (1924): Die Grenzen der Gemeinschaft, Bonn

Pöhler, W. (1969): Information und Verwaltung. Versuch einer soziologischen Theorie der Unternehmensverwaltung, Stuttgart

Pollmeyer, B. (1986): Lokale Beschäftigungspolitik und gewerkschaftliche Interessenvertretung am Beispiel Dortmund, in: Fricke, W. (Hrsg.): Mehr Arbeit in der Region, Bonn

Popitz, H./Bahrdt, H. P./Jüres, E. A./Kesting, H. (1957): Das Gesellschaftsbild des Arbeiters, Tübingen

Pröll, U. (1991): Neue Technik, neue Arbeit: neuer Arbeitsschutz, Opladen

Ranft, N. (1988): Vom Objekt zum Subjekt. Montanmitbestimmung, Sozialklima und Strukturwandel im Bergbau seit 1945, Köln

Rehberg, K.-S. (1990): Leitfragen einer institutionellen Analyse. Vor trag beim 1. Kolloquium des DFG-Schwerpunktprogramms »Theorie politischer Institutionen« am 3. 2. 1990 in Bonn-Bad Godesberg, Ms.

Reich, J. (1991): Referat auf der Sitzung des Beirats der IG Metall am 4. Juni 1991, Frankfurt/M., Ms.

Rustemeyer, D. (1992): Abklärung statt Aufklärung? Anmerkungen zur Diskussion über die Zukunft der Gewerkschaften, in: Jahrbuch Arbeit-Bildung-Kultur 1992, Forschungsinstitut für Arbeiterbildung, Recklinghausen

Schäffer, W.D. (1990): Neue Pfade der regionalen Strukturpolitik in NRW, in: WSI-Mitteilungen 7/90

Scharpf, F.W. (1988): Regionalisierung des europäischen Raumes. Die Zukunft der Bundesländer im Spannungsfeld zwischen EG, Bund und Kommunen. Vortrag beim 24. Cappenberger Gespräch der Freiherr-vom-Stein-Gesellschaft am 27. 9. 1988 in Ettlingen, Ms.

Schmid, J./Tiemann, H. (1991): Organisation ist auch Politik, in: Gewerkschaftliche Monatshefte 6/91

Schütze, F. (1977): Die Technik des narrativen Interviews in Interaktionsfeldstudien – dargestellt an einem Projekt zur Erforschung von kommunalen Machtstrukturen (o.O.), Ms.

Schwitajewski-Schürkmann, E. (1991): Institutionen von Arbeit, Technik, Wirtschaft und die Sicherheit und Gesundheit im Betrieb, Forschungsbericht, Dortmund

sfs (1989): Bericht zum Workshop: »Moderne Managementkonzepte und Mitbestimmung« 10. 4. 1991, Katholische Akademie Schwerte, Dortmund, Mai 1991

Spies, B.-G. (1984): Beschäftigungs- statt Wirtschaftsförderung. Lokale Strategien zur Bekämpfung der Massenarbeitslosigkeit in Großbritannien, in: WSI Mitteilungen 10/1984

Srubar, I. (1989): Vom Milieu zur Autopoiesis. Zum Beitrag der Phänomenologie zur soziologischen Begriffsbildung, in: Jamme, C./Pöggeler, O. (Hrsg.): Phänomenologie im Widerstreit, Frankfurt a.M.

Streeck, W. (1979): Einige Stabilitätsprobleme industriegewerkschaftlicher Interessenvertretung und ihre Lösung im System der industriellen Beziehungen der Bundesrepublik Deutschland. Beiträge zum 19. Deutschen Soziologentag. Abteilung industrielle Beziehungen, Berlin-W., Ms.

Streeck, W. (1981a): Gewerkschaftliche Organisationsprobleme in der sozialstaatlichen Demokratie, Königsstein, Ts.

Streeck, W. (1981b): Einheitsorganisation und Interessendifferenzierung, in: Gewerkschaftliche Monatshefte 6/81

Surkemper, K.P. (1977): Inoffizielle Streiks, informelle Systeme und betriebliche Gegenmacht. Eine empirische Untersuchung ausgewählter inoffizieller Streiks. Dissertation, Hannover

TBS Oberhausen (Hrsg.) (1990): Regionale Struktur- und Technologiepolitik, Oberhausen
Technologieregion Dortmund-Hamm-Unna (Hrsg.) (1991): Transferbrief 1, o. O.
Thon-Jacobi (1989): Arbeitsschutzalltag – Eine empirische Studie zu Handlungsstrukturen im Betrieb, Frankfurt a. M./New York
Treu, E. (1977): Gewerkschaftliche Organisation in einer schrumpfenden Branche, in: Soziale Welt, H. 1/2

Varela, F. J. (1990): Kognitionswissenschaft, Kognitionstechnik. Eine Skizze aktueller Perspektiven, Frankfurt a. M.
Vester, M. /Clemens, B. /Geiling, H. /Hermann, T. /Müller, D. /v. Oertzen, P. (1987): Der Wandel der Sozialstruktur und die Entstehung neuer gesellschaftlich-politischer Milieus in der Bundesrepublik Deutschland. Forschungsantrag an die Stiftung Volkswagenwerk vom 12. Oktober 1987; 2. red. bearb. Auflage, Hannover 1989
Vester, M. /v. Oertzen, P. /Clemens, B. /Geiling, H. /Müller, D. /Hermann, T. (1990): Zweiter Zwischenbericht zum Forschungsvorhaben. Der Wandel der Sozialstruktur und die Entstehung neuer gesellschaftlich-politischer Milieus in der Bundesrepublik Deutschland, Manuskript, Hannover
Voelzkow, H. (1990): Mehr Technik in die Region, Wiesbaden
Vogel, H.-J. (1988): SPD und Gewerkschaften, in: Gewerkschaftliche Monatshefte 7/88
Volkholz, V. (1988): Spaltung oder Solidarität? Die Industrielandschaft im Jahre 2000, in: IG Metall (Hg.): Diskussionsforum. Die andere Zukunft Solidarität und Freiheit, Bd. 4 Technologieentwicklung und Techniksteuerung, Köln

Wichert, U. (1989): Aus dem Zusammenführen von jung und alt können wir Kraft schöpfen, Interview in: Die Mitbestimmung 3/89
Wichert, U. (1991): einheit-Buchbesprechung, in: die einheit 4/91 (zu: G. Fülberth: KPD und DKP 1945–1990, Heilbronn 1990)

Zwickel, K. (1991): Auch der Osten profitiert von guten Abschlüssen im Westen, in: FR 22. 3. 91

Veröffentlichungen von Verbänden, Behörden und politischen Institutionen

Arbeitsamt Dortmund (Hrsg.) (1992): Daten – Fakten zur Analyse des Arbeitsmarkts, Dortmund
Arbeitsamt Dortmund (1992a): Der Arbeitsmarkt, Dortmund

DGB-Bildungswerk/DGB-Bundesvorstand (1990) (Hrsg.): Frauenpolitik 2. – Materialien zur gewerkschaftlichen Bildungsarbeit, Düsseldorf

DGB Bundesvorstand (Hrsg.) (1993): Tatort Pilotprojekt. Neue Wege der Angestellten-Arbeit im DGB, Düsseldorf

DGB-Kreis Dortmund (Hrsg.) (o.J.): Geschäftsbericht 1985–1988, Dortmund

IG Bergbau und Energie, Hauptvorstand (Hrsg.) (1991): 15. Gewerkschaftskongreß der IG Bergbau und Energie vom 7.–11. Mai 1991 in Dortmund. Protokoll, Bochum

IG Bergbau und Energie, Hauptvorstand, o.J.: Gewerkschaftsarbeit in den Betrieben und Ortsgruppen. Arbeitsmaterial für Funktionäre, Bochum

IG Metall (Hrsg.) (1963): Automation und technischer Fortschritt in Deutschland und in den USA

IG Metall (Hrsg.) (1966): Automation. Risiko und Chance, 2 Bde., Frankfurt a.M.

IG Metall (1973): Aufgabe Zukunft. Qualität des Lebens. 10 Bde., Frankfurt a.M.

IG Metall, Verwaltungsstelle Dortmund (1989): Ortsstatut

IG Metall (Hrsg.) (1989): Wofür wir streiten – Solidarität und Freiheit. Internationaler Zukunftskongreß 1988, Köln

IG Metall, Abt. Vertrauensleute (1990): Eckpunkte gewerkschaftlicher Betriebspolitik der IG Metall für die 90er Jahre, Frankfurt a.M.

IG Metall, Verwaltungsstelle Dortmund (1990): Geschäftsbericht

IG Metall, Verwaltungsstelle Dortmund (Hrsg.) (1991): Organisationshandbuch, Dortmund

IG Metall (Hrsg.) (1991): (internes Papier)

Industrie- und Handelskammer Dortmund (Hrsg.) (1992): Strukturwandel im westlichen Ruhrgebiet, Dortmund

Ministerium für Wirtschaft, Mittelstand und Technologie des Landes NRW (1989): Kabinettspressekonferenz zur weiteren Regionalisierung der Strukturpolitik des Landes, Düsseldorf